Über den Verfasser

Uwe Flick, Prof. Dr. phil., geb. 1956 in Heidelberg, Studium der Psychologie und Soziologie in München und Berlin. Wissenschaftlicher Mitarbeiter an der Freien Universität Berlin (1985–1989). 1989 bis 1996 Wissenschaftlicher Assistent und Oberassistent an der Technischen Universität Berlin, Institut für Psychologie. Habilitation 1994 an der Technischen Universität Berlin. 1996 bis 1997 Hochschuldozent und Leiter des Arbeitsbereiches Medizinische Soziologie an der Medizinischen Hochschule Hannover. Lehr- und Forschungstätigkeiten an der École des Hautes Études en Sciences Sociales, Paris (1991), und der London School of Economics (1996, 1997). Seit 1997 Professor für Methoden der Empirischen Pflegeforschung an der Alice Salomon Fachhochschule Berlin und Privatdozent an der Technischen Universität Berlin, Institut für Sozialwissenschaften. Forschung und Lehre zu Qualitativen Methoden, Technischem Wandel im Alltag, Alltagswissen, individuelle und öffentliche Gesundheit. Leiter des Projekts «Qualitative Methodenberatung» im Norddeutschen Forschungsverbund Public Health.

Buchpublikationen: Handbuch Qualitative Sozialforschung (hg. mit E. v. Kardorff, H. Keupp, L. v. Rosenstiel, S. Wolff; München 1991, ²1995); An Introduction to Qualitative Research (London, Delhi, Thousand Oaks 1998); Psychologie des Sozialen – Repräsentationen in Wissen und Sprache (Hg.; Reinbek 1995; Cambridge, New York 1998); Psychologie des technisierten Alltags – Soziale Repräsentation und Konstruktion technischen Wandels (Opladen 1996); Alltagswissen über Gesundheit und Krankheit – Subjektive Theorien und Soziale Repräsentationen (Hg.; Heidelberg 1991, Paris 1993); *Wann fühlen wir uns gesund?* – Subjektive Vorstellungen über Gesundheit und Krankheit (Hg.; Weinheim 1998); Vertrauen, Verwalten, Einweisen – Subjektive Vertrauenstheorien in sozialpsychiatrischer Beratung (Opladen 1989); Einsichten – Zugänge zur Sicht des Subjekts (hg. mit J. Bergold; Tübingen 1987).

Uwe Flick

Qualitative Forschung

Theorie, Methoden, Anwendung
in Psychologie und
Sozialwissenschaften

rowohlts enzyklopädie
im Rowohlt Taschenbuch Verlag

**rowohlts enzyklopädie
Herausgegeben von Burghard König**

5. Auflage Dezember 2000

Originalausgabe
Veröffentlicht im Rowohlt Taschenbuch Verlag GmbH,
Reinbek bei Hamburg, Oktober 1995
Copyright © 1995 by Rowohlt Taschenbuch Verlag GmbH,
Reinbek bei Hamburg
Umschlaggestaltung Jens Kreitmeyer
Satz Aldus (Linotronic 500)
Gesamtherstellung Clausen & Bosse, Leck
Printed in Germany
ISBN 3 499 55546 8

Inhalt

1. Qualitative Forschung – Aktualität, Geschichte, Kennzeichen 9

Zur Aktualität qualitativer Forschung (S. 9) · Grenzen quantitativer Forschung als Ausgangspunkt (S. 10) · Kennzeichen qualitativer Forschung (S. 13) · Zur Geschichte qualitativer Forschung (S. 16) · Prozeßbezogene Darstellung als Orientierung im Feld qualitativer Methoden (S. 21) · Qualitative Forschung am Ende der Moderne (S. 23)

Von der Theorie zum Text

2. Theoretische Positionen 28

Forschungsperspektiven im Feld qualitativer Forschung (S. 28) · Subjektiver Sinn: Symbolischer Interaktionismus (S. 29) · Herstellung sozialer Wirklichkeiten: Ethnomethodologie (S. 32) · Kulturelle Rahmung sozialer und subjektiver Wirklichkeit: strukturalistische Modelle (S. 36) · Rivalität der Paradigmen oder Perspektiven-Triangulation (S. 38) · Gemeinsamkeiten der verschiedenen Positionen (S. 40)

3. Konstruktion und Verstehen von Texten 43

Text und Wirklichkeiten (S. 43) · Text als Welterzeugung: Konstruktionen erster und zweiter Ordnung (S. 44) · Welterzeugung im Text: Mimesis (S. 47) · Mimesis im Verhältnis von Biographie und Erzählung (S. 51)

Forschungsdesign

4. Prozeß und Theorien in qualitativer Forschung 56

Forschung als linearer Prozeß (S. 56) · Das Prozeßverständnis der gegenstandsbegründeten Theoriebildung (S. 57) · Linearität und Zirkularität des Prozesses (S. 59) · Theorien im Forschungsprozeß als Versionen der Welt (S. 60)

5. Fragestellungen in qualitativer Forschung 63

Zuschnitt von Fragestellungen (S. 65) · Festlegung des Ausschnitts und Begrenzung des Gegenstands (S. 65) · Schlüsselkonzepte und Perspektiven-Triangulation (S. 66) · Typen von Fragestellungen (S. 68)

6. Zugang zum Feld 70

Zumutungen qualitativer Forschung und das Problem des Zugangs (S. 70) · Rollendefinitionen beim Einstieg in ein offenes Feld (S. 71) · Zugang zu Institutionen (S. 72) · Zugang zu Einzelpersonen (S. 74) · Fremdheit und Vertrautheit (S. 76)

7. Auswahlstrategien 78

Auswahlentscheidungen im Forschungsprozeß (S. 78) · Vorab-Festlegung der Samplestruktur (S. 79) · Schrittweise Festlegung der Samplestruktur im Forschungsprozeß: Theoretisches Sampling (S. 81) · Schrittweise Auswahl als allgemeines Prinzip qualitativer Forschung (S. 85) · Neuere Konzepte zur Beschreibung der schrittweisen Auswahl (S. 87) · Breite oder Tiefe als Ziel der Auswahl (S. 89) · Fallkonstituierung im Sample (S. 89)

Verbale Daten

8. Leitfaden-Interviews 94

Das fokussierte Interview (S. 94) · Das halbstandardisierte Interview (S. 99) · Das problemzentrierte Interview (S. 105) · Anwendungsfeldbezogene Ansätze (S. 109) · Leitfaden-Interviews zwischen Vermittlungsproblemen und Steuerung (S. 112)

9. Erzählungen als Zugang 115

Das narrative Interview (S. 116) · Das episodische Interview (S. 124) · Erzählungen zwischen Biographie und Episode (S. 129)

10. Gruppenverfahren 131

Gruppeninterviews (S. 131) · Gruppendiskussionen (S. 132) · Gemeinsames Erzählen (S. 140)

11. Verbale Daten – Zugänge im Überblick 143

Erster Bezugspunkt: Kriterienbezogener Vergleich der Ansätze (S. 143) · Zweiter Bezugspunkt: Die Auswahl der Methode und die Überprüfung ihrer Anwendung (S. 144) · Dritter Bezugspunkt: Gegenstandsangemessenheit der Methode (S. 148) · Vierter Bezugspunkt: Einordnung der Methode in den Forschungsprozeß (S. 148)

Visuelle Daten

12. Beobachtungsverfahren 152

Beobachtung (S. 152) · Teilnehmende Beobachtung (S. 157) · Ethnographie (S. 166) · Photos als Instrument und Gegenstand (S. 168) · Filmanalyse als Instrument (S. 172)

13. Visuelle Daten – Zugänge im Überblick 176

Erster Bezugspunkt: Kriterienbezogener Vergleich der Ansätze (S. 177) · Zweiter Bezugspunkt: Die Auswahl der Methode und die Überprüfung ihrer Anwendung (S. 177) · Dritter Bezugspunkt: Gegenstandsangemessenheit der Methode (S. 181) · Vierter Bezugspunkt: Einordnung der Methode in den Forschungsprozeß (S. 181)

Vom Text zur Theorie

14. Dokumentation von Daten 186

Neue Möglichkeiten und Probleme der Datenaufzeichnung (S. 186) · Feldnotizen (S. 189) · Forschungstagebuch (S. 191) · Dokumentationsbögen (S. 192) · Transkription (S. 192) · Realität als Text – Text als neue Realität (S. 194)

15. Kodierung und Kategorisierung 196

Theoretisches Kodieren (S. 197) · Thematisches Kodieren (S. 206) · Qualitative Inhaltsanalyse (S. 212) · Globalauswertung (S. 215)

16. Sequentielle Analysen 218

Konversationsanalyse (S. 218) · Narrative Analysen (S. 223) · Objektive Hermeneutik (S. 227)

17. Textinterpretation – Methoden im Überblick 232

Erster Bezugspunkt: Kriterienbezogener Vergleich der Ansätze (S. 233) · Zweiter Bezugspunkt: Die Auswahl der Methode und die Überprüfung ihrer Anwendung (S. 233) · Dritter Bezugspunkt: Gegenstandsangemessenheit der Methode (S. 236) · Vierter Bezugspunkt: Einordnung der Methode in den Forschungsprozeß (S. 238)

18. Geltungsbegründung 239

Reliabilität (S. 240) · Validität (S. 243) · Triangulation (S. 249) · Analytische Induktion (S. 251) · Neue Kriterien (S. 252) · Verallgemeinerung bei qualitativer Forschung (S. 254) · Kriterien zur Evaluation der Theoriebildung (S. 256) · Alte oder neue Kriterien – neue Antworten auf alte Fragen? (S. 259)

19. Darstellung qualitativer Forschung 261

Pragmatische Funktion des Schreibens: Darstellung von Ergebnissen (S. 261) · Legitimative Funktion des Schreibens (S. 267) · Reflexive Funktion des Schreibens (S. 270) · Auflösung der Wissenschaft im Schreibstil? (S. 272)

20. Perspektiven 273

Computer in qualitativer Forschung (S. 273) · Qualitative und quantitative Forschung (S. 280) · Qualität in der qualitativen Forschung: Prozeßevaluation und Qualitätsmanagement (S. 284) · Didaktische Fragen (S. 288) · Qualitative Forschung: Kunst oder Methode? (S. 290)

Literatur 292
  Ergänzungen 306

Verzeichnis der Abbildungen 307

Verzeichnis der Tabellen 307

Namenregister 308

Sachregister 310

1. Qualitative Forschung – Aktualität, Geschichte, Kennzeichen

Qualitative Forschung etabliert sich in den Sozialwissenschaften und der Psychologie. Mittlerweile steht eine ganze Reihe von speziellen Methoden für die qualitative Forschung zur Verfügung, die von verschiedenen Voraussetzungen ausgehen und unterschiedliche Ziele verfolgen. Jede Methode legt ein spezifisches Verständnis ihres Gegenstandes zugrunde. Qualitative Methoden lassen sich jedoch nicht isoliert betrachten. Sie sind auf besondere Weise in den jeweiligen Forschungsprozeß eingebettet und auch am sinnvollsten unter einer prozeßbezogenen Perspektive zu verstehen und zu beschreiben (vgl. Flick 1991c). Deshalb steht im Zentrum dieses Buchs die Darstellung der verschiedenen Stationen, die der Prozeß bei qualitativer Forschung durchläuft. In diesen prozeßorientierten Rahmen werden die wichtigsten Verfahren zur Erhebung und Interpretation von Daten sowie zur Absicherung und Darstellung von Ergebnissen eingeordnet. Damit soll der Leser einen Überblick über das Feld qualitativer Forschung, die konkreten methodischen Alternativen darin, ihre Ansprüche, Anwendung und Grenzen gewinnen, so daß er sich mit Blick auf seine jeweilige Fragestellung für die seinem Gegenstand angemessene methodische Strategie entscheiden kann.

Zur Aktualität qualitativer Forschung

Qualitative Forschung gewinnt besondere Aktualität für die Untersuchung sozialer Zusammenhänge, da die Pluralisierung der Lebenswelten in modernen Gesellschaften – im Sinne der «neuen Unübersichtlichkeit» (Habermas 1985), der zunehmenden «Individualisierung von Lebenslagen und Biographiemustern» (Beck 1986) oder der Auflösung alter sozialer Ungleichheiten in die neue Vielfalt der Milieus, Subkulturen, Lebensstile und Lebensweisen (Hradil 1992) – eine neue Sensibilität für empirisch untersuchte Gegenstände erforderlich macht. Nachdem Vertreter der Postmoderne erklären, daß die Zeit der großen Erzählungen und Theorien zu Ende sei (Lyotard 1986), sind eher lokal, zeitlich und situativ begrenzte Erzählungen zeitgemäß. Angesichts dieser Pluralisierung der Lebenslagen und Deutungsmuster in der modernen und postmodernen Gesellschaft bekommt die Feststellung Herbert Blumers (1969/1973, S. 118) neue Aktualität: «Die Ausgangsposition des Sozialwissenschaftlers und des Psychologen ist praktisch immer durch das Fehlen des Vertrautseins mit dem, was tatsächlich in dem für die Studie ausgesuchten Bereich des Lebens geschieht, gekennzeichnet.»

Der rasche soziale Wandel und die resultierende Diversifikation von Lebenswelten konfrontieren Sozialforscher zunehmend mit sozialen Kontexten und Perspektiven, die für sie so neu sind, daß ihre klassischen deduktiven Methodologien – die Fragestellungen und Hypothesen aus theoretischen Modellen ableiten und an der Empirie überprüfen – an der Differenziertheit der Gegenstände vorbeizielen. Forschung ist dadurch in stärkerem Maß auf induktive Vorgehensweisen verwiesen: Statt von Theorien und ihrer Überprüfung auszugehen, erfordert die Annäherung an zu untersuchende Zusammenhänge ‹sensibilisierende Konzepte›, in die – entgegen einem verbreiteten Mißverständnis – durchaus theoretisches Vorwissen einfließt. Damit werden Theorien aus empirischen Untersuchungen heraus entwickelt und Wissen und Handeln als *lokales* Wissen und Handeln untersucht (Geertz 1983a).

Speziell für psychologische Forschung wird ihre immer noch fehlende Alltagsrelevanz damit begründet, daß sie sich zuwenig der genauen Beschreibung von Sachverhalten (Dörner 1983) in konkreten Kontexten widme. Die Untersuchung von subjektiven Bedeutungen und des alltäglichen Erlebens und Handelns (Bruner 1990) wird dabei ebenso gefordert wie die Hinwendung zu Erzählungen (Bruner 1991; Sarbin 1986) und Diskursen (Harré 1995).

Grenzen quantitativer Forschung als Ausgangspunkt

Im Laufe ihrer Geschichte haben Psychologie und Sozialwissenschaften der Entwicklung quantitativer und standardisierter Methoden besondere Aufmerksamkeit gewidmet. Dabei waren die Naturwissenschaften und ihre Exaktheit das Vorbild. Leitgedanken der Forschung(-splanung) sind dabei die klare Isolierung von Ursachen und Wirkungen, die saubere Operationalisierung von theoretischen Zusammenhängen, die Meßbarkeit und Quantifizierung von Phänomenen, die Formulierung von Untersuchungsanordnungen, die es erlauben, ihre Ergebnisse zu verallgemeinern und allgemeingültige Gesetze aufzustellen. Dazu werden repräsentative Stichproben z. B. nach dem Zufallsprinzip zusammengestellt. Aussagen sollen möglichst allgemein und unabhängig von den konkret untersuchten Fällen getroffen und beobachtete Phänomene in ihrer Häufigkeit und Verteilung bestimmt werden. Um Kausalzusammenhänge und deren Gültigkeit möglichst eindeutig zu bestimmen, werden die Bedingungen möglichst weitgehend kontrolliert, unter denen die untersuchten Phänomene oder Zusammenhänge auftreten. Die Untersuchungen werden so angelegt, daß die Einflüsse, die vom Untersucher (Interviewer, Beobachter etc.) ausgehen, soweit wie möglich ausgeschlossen werden können. Dies dient u. a. der Gewährleistung der Objektivität der Untersuchung, wobei die Subjektivität des Forschers ebenso wie die der untersuchten Subjekte weitgehend ausgeklammert wird. Dabei wurden allgemein verbindliche Standards für die Durchführung und Bewertung empirischer Sozialforschung aufgestellt. Die Vorgehensweisen – der Konstruktion von Fragebögen, der Versuchsplanung und der statistischen Auswertung – wurden immer weiter verfeinert.

Psychologische Forschung hat sich lange Zeit fast ausschließlich experimenteller Versuchsanordnungen bedient. Auf diesen Wegen sind eine Vielzahl von Daten und Ergebnissen produziert worden, bei denen die psychologischen Zusammenhänge zwischen Variablen und die Bedingungen, unter denen sie gelten, demonstriert und geprüft werden konnten. Sozialwissenschaftliche Empirie hat sich aus den genannten Gründen lange Zeit vor allem auf standardisierte Umfragen verlassen. Damit konnten soziale Phänomene – etwa bestimmte Einstellungen – in ihrer Häufigkeit und Verteilung in der Bevölkerung dokumentiert und analysiert werden. Die Standards und Vorgehensweisen quantitativer Forschung wurden im Laufe der Zeit jedoch immer weniger grundsätzlich reflektiert und etwa dahin gehend hinterfragt, welchen Forschungsgegenständen und Fragestellungen sie angemessen sind und welchen nicht.

Die Bilanz der Forschung, die mit diesen Zielsetzungen durchgeführt wurde, fällt insgesamt eher negativ aus. Die genannten Ideale der Objektivität sind inzwischen weitgehend «entzaubert»: Nachdem Max Weber (1919) die «Entzauberung der Welt» zur Aufgabe der Wissenschaft erklärt hatte, stellen Bonß und Hartmann (1985a) die zunehmende Entzauberung der Wissenschaft, ihrer Methoden und Erkenntnisse fest. Dies wird für die Sozialwissenschaften an der fehlenden Anwendung und Anschlußfähigkeit ihrer Ergebnisse festgemacht. So haben die Erkenntnisse sozialwissenschaftlicher Forschung weit weniger – und vor allem anders als erhofft – Eingang in politische und alltägliche Zusammenhänge gefunden. Die Verwendungsforschung (Beck und Bonß 1989) hat gezeigt, daß wissenschaftliche Erkenntnisse nicht im erwarteten Ausmaß in politische oder institutionelle Handlungsweisen übernommen werden. Werden sie aufgegriffen, dann werden sie deutlich umgedeutet und zerpflückt: «Wissenschaft (...) produziert keine ‹uneingeschränkten Wahrheiten› mehr, die fraglos übernommen werden können. Was sie anbietet, sind eingeschränkte Deutungsangebote, die zwar weiter reichen als Alltagstheorien, aber in der Praxis ähnlich flexibel gehandhabt werden können (...)» (S. 31).

Ebenso wird deutlich, daß sozialwissenschaftliche Forschungsergebnisse auch im Alltag kaum wahrgenommen und benutzt werden, da ihre Fragestellungen und Ergebnisse häufig nicht zuletzt zugunsten der Einhaltung methodischer Standards zu weit von Alltagsfragen und -problemen entfernt bleiben. Andererseits zeigen Analysen der Forschungspraxis, daß ein Großteil der zuvor formulierten Ideale der Objektivität darin nicht eingelöst werden kann. Trotz aller methodischen Kontrollen läßt sich nicht vermeiden, daß die Forschung und ihre Ergebnisse von Interessen, sozialen und kulturellen Hintergründen der Beteiligten mitbestimmt werden. Diese Faktoren spielen bei der Formulierung von Fragestellungen und Hypothesen ebenso eine Rolle wie bei der Interpretation von Daten und Zusammenhängen.

Die von Bonß und Hartmann diskutierte Entzauberung bleibt schließlich nicht ohne Konsequenzen für die in Psychologie und Sozialwissenschaft anzustrebende und vor allem noch realisierbare Form der Erkenntnis:

«Unter den Bedingungen der Entzauberung der objektivistischen Ideale kann nicht mehr umstandslos von objektiv wahren Sätzen ausgegangen werden. Was bleibt, ist die Möglichkeit subjekt- und situationsbezogener Aussagen, die zu begründen Aufgabe einer soziologisch akzentuierten Konzeption von Erkenntnis wäre» (Bonß und Hartmann 1985a, S. 21).

Die empirisch begründete Formulierung solcher subjekt- und situationsspezifischer Aussagen ist ein Ziel, das mit qualitativer Forschung erreicht werden kann.

Kennzeichen qualitativer Forschung

Qualitative Forschung ist von anderen Leitgedanken als quantitative Forschung bestimmt. Wesentliche Kennzeichen sind dabei die Gegenstandsangemessenheit von Methoden und Theorien, die Berücksichtigung und Analyse unterschiedlicher Perspektiven sowie der Reflexion des Forschers über die Forschung als Teil der Erkenntnis.

Gegenstandsangemessenheit von Methoden und Theorien
In seinem Lehrbuch der empirischen Forschung gibt Bortz (1984, S. 15 f) für die Bestimmung der «Tauglichkeit von Untersuchungsideen» den Rat, nur solche Fragestellungen zu wählen, die auch empirisch untersuchbar sind. Dazu zählen für ihn ausdrücklich *nicht*:

«Untersuchungsideen mit (...) philosophischen Inhalten (z. B. ... Sinn des Lebens) sowie Untersuchungen, die sich mit unklaren Begriffen befassen (...), die Untersuchung ungewöhnlicher Personen (z. B. psychische Probleme bei Zwergwüchsigen) oder ungewöhnlicher Situationen (...). Schwierigkeiten bereiten schließlich Untersuchungen über die ursächliche Bedeutung isolierter Merkmale, die in der Realität nur in Kombination mit anderen Einflußgrößen wirksam sind.»

Daß es sinnvoll ist zu überlegen, ob eine Fragestellung empirisch realisiert werden kann, steht außer Frage (vgl. hier Kapitel 5). Jedoch wird bei Bortz der zu untersuchende Gegenstand danach beurteilt, ob die zur Verfügung stehenden (und mehr noch die anerkannten) Methoden zu seiner Erforschung verwendet werden können. Entscheidend ist also, ob der Gegenstand auf die Methoden paßt oder nicht. Ungewöhnliche Personen oder Situationen lassen sich durchaus finden, jedoch nicht unbedingt in so großer Zahl, daß die Stichprobe für eine quantifizierende Untersuchung und verallgemeinerbare Ergebnisse ausreicht. Daß die wenigsten Phänomene in der Realität mit isolierten Merkmalen ursächlich erklärt werden können, liegt an der Komplexität von Realität und Phänomenen. Würden empirische Untersuchungen ausschließlich nach dem Modell der Isolierung eindeutiger Ursache-Wirkungs-Zusammenhänge gestaltet, entfielen alle komplexeren Gegenstände. Dies ist die erste Lösungsmöglichkeit für die von Bortz benannten Schwierigkeiten der Analyse von Ursachen, die sich aus verschiedenen Merkmalen zusammensetzen. Als zweiter Lösungsweg wird versucht, in komplexen Untersuchungsdesigns quantitativer Forschung (z. B. Mehrebenenanalysen – Saldern

1986) Kontextbedingungen zu berücksichtigen und komplexe Modelle empirisch und statistisch zu erfassen. Die notwendige methodische Abstraktion erschwert die Rückbindung an den untersuchten Alltag noch zusätzlich. Die grundsätzliche Schwierigkeit, daß die Analysen nur das zeigen können, was zuvor im zugrundegelegten Modell der Wirklichkeit schon erfaßt war, wird dabei nicht behoben.

Der dritte Lösungsweg – Methoden so offen zu gestalten, daß sie der Komplexität im untersuchten Gegenstand gerecht werden – wird in qualitativer Forschung beschritten. Hier ist der zu untersuchende Gegenstand Bezugspunkt für die Auswahl von Methoden und nicht umgekehrt. Gegenstände werden dabei nicht in einzelne Variablen zerlegt, sondern in ihrer Komplexität und Ganzheit in ihrem alltäglichen Kontext untersucht. Deshalb sind ihr Untersuchungsfeld auch nicht die künstliche Situation im Labor, sondern das Handeln und Interagieren der Subjekte im Alltag. Dabei werden häufig gerade ungewöhnliche Situationen und Personen untersucht (vgl. Kapitel 7). Um der Differenziertheit des Alltags gerecht zu werden, sind ihre Methoden dabei durch eine Offenheit gegenüber ihrem Gegenstand gekennzeichnet, die auf unterschiedliche Weise gewährleistet wird (vgl. Kapitel 8 bis 17). Ziel der Forschung ist dabei weniger, Bekanntes (etwa bereits vorab formulierte Theorien) zu überprüfen, als Neues zu entdecken und empirisch begründete Theorien zu entwickeln. Auch wird die Bestimmung der Gültigkeit der Untersuchung, hier wieder unter Bezug auf den Gegenstand, vorgenommen und folgt nicht – wie bei quantitativer Forschung – ausschließlich abstrakten Kriterien der Wissenschaftlichkeit. Vielmehr werden zu zentralen Kriterien, ob Erkenntnisse im empirischen Material begründet sind und ob die verwendeten Methoden dem untersuchten Gegenstand angemessen ausgewählt und angewendet wurden. Weitere Kriterien sind die Relevanz des Gefundenen und die Reflexivität des Vorgehens (vgl. Kapitel 18).

Perspektiven der Beteiligten und ihre Vielschichtigkeit
Am Beispiel psychischer Störungen läßt sich ein weiteres Kennzeichen qualitativer Forschung verdeutlichen. Epidemiologische Studien konnten zeigen, in welchen Häufigkeiten etwa die Schizophrenie in der Bevölkerung auftritt. Sie belegen weiterhin, daß ihre Verteilung in der Bevölkerung unterschiedlich ist: In unteren sozialen Schichten treten schwere psychische Störungen – wie Schizophrenie – weitaus häufiger auf als in höheren sozialen Schichten. Diese Zusammenhänge wurden von Hollingshead und Redlich (1958) in den 50er Jahren gefunden und seitdem

immer wieder bestätigt. Auf diesem Weg konnte jedoch einerseits die Richtung des Zusammenhangs nicht geklärt werden: Fördern die Lebensbedingungen in unteren Schichten das Auftreten und den Ausbruch psychischer Störungen, oder rutschen Menschen mit solchen Störungen in die unteren Schichten ab (vgl. hierzu Keupp 1982)? Andererseits können solche Ergebnisse nichts darüber aussagen, was es heißt, mit einer psychischen Krankheit zu leben: Weder werden die subjektive Bedeutung dieser Krankheit (oder von Gesundheit) für die unmittelbar Betroffenen deutlich noch die Unterschiedlichkeit der Perspektiven auf die Krankheit in ihrem Umfeld erfaßt. Wie ist die subjektive Bedeutung von Schizophrenie für den Patienten und wie für seine Angehörigen? Wie gehen die verschiedenen Beteiligten mit der Krankheit aktuell um? Was hat im Laufe des Lebens des Patienten zum Ausbruch seiner Krankheit geführt und was dazu, daß daraus eine chronische Krankheit geworden ist? Welchen Einfluß hatten die verschiedenen Institutionen, die den Patienten in seinem Leben behandelt haben, auf diesen Verlauf? Welche Vorstellungen, Ziele und Routinen bestimmen konkret deren Umgang mit dem Fall?

Qualitative Forschung, die sich einem Thema wie psychischer Krankheit widmet, orientiert sich eher an solchen Fragen (vgl. als Überblick Flick 1995c). Sie verdeutlicht die Unterschiedlichkeit der Perspektiven – des Patienten, seiner Angehörigen, der Professionellen – auf den Gegenstand und setzt an den subjektiven und sozialen Bedeutungen, die mit ihm verknüpft sind, an. Sie untersucht Wissen und Handeln der Beteiligten. Sie analysiert die diesbezüglichen Interaktionen und Umgangsweisen mit psychischer Erkrankung im jeweiligen Feld. Zusammenhänge werden im konkreten Kontext des Falls beschrieben und aus ihm erklärt. Qualitative Forschung berücksichtigt, daß die auf den Gegenstand bezogenen Sicht- und Handlungsweisen im Feld sich schon deshalb unterscheiden, weil damit unterschiedliche subjektive Perspektiven und soziale Hintergründe verknüpft sind.

Reflexivität des Forschers und der Forschung
Anders als bei quantitativer Forschung wird bei qualitativen Methoden die Kommunikation des Forschers mit dem jeweiligen Feld und den Beteiligten zum expliziten Bestandteil der Erkenntnis, statt sie als Störvariable soweit wie möglich ausschließen zu wollen. Die Subjektivität von Untersuchten *und* Untersuchern wird zum Bestandteil des Forschungsprozesses. Die Reflexionen des Forschers über seine Handlungen

und Beobachtungen im Feld, seine Eindrücke, Irritationen, Einflüsse, Gefühle etc. werden zu Daten, die in die Interpretationen einfließen und in Forschungstagebüchern oder Kontextprotokollen dokumentiert (vgl. Kapitel 14).

Spektrum der Ansätze und Methoden qualitativer Forschung
Qualitative Forschung basiert nicht auf einem einheitlichen theoretischen und methodischen Verständnis. Verschiedene theoretische Ansätze und die zugehörigen Methoden bestimmen Diskussionen und Forschungspraxis. Subjektive Sichtweisen sind dabei ein erster Ansatzpunkt. Der Herstellung und dem Ablauf von Interaktionen widmet sich ein zweiter Forschungsstrang. Die Rekonstruktion der Strukturen in sozialen Feldern und des latenten Sinns von Handlungen sind Ziel einer dritten Forschungsrichtung (vgl. ausführlicher das folgende Kapitel). Dieses Spektrum unterschiedlicher Ansätze ist das Ergebnis verschiedener Entwicklungslinien in der Geschichte qualitativer Forschung, die teils parallel, teils phasenweise nacheinander verlaufen sind.

Zur Geschichte qualitativer Forschung

Hier kann nur ein knapper und eher kursorischer Überblick über die Geschichte qualitativer Forschung gegeben werden. Die Verwendung qualitativer Methoden hat in der Psychologie und den Sozialwissenschaften jeweils lange Traditionen. In der Psychologie verwendete Wilhelm Wundt verstehende und beschreibende Methoden im Rahmen seiner Völkerpsychologie (1900–1920) gleichberechtigt neben den experimentellen Methoden seiner allgemeinen Psychologie. Etwa zur selben Zeit entfachte in der deutschen Soziologie ein Streit zwischen einem mehr monographischen Wissenschaftsverständnis, das eher induktiv und am Einzelfall orientiert war, und einer empirisch-statistischen Vorgehensweise (Bonß 1982, S. 106). In der amerikanischen Soziologie spielten lange Zeit (bis in die 40er Jahre) biographische Methoden, Fallanalysen und beschreibende Verfahren eine zentrale Rolle. Dies läßt sich exemplarisch an der Bedeutung der Studie von Thomas und Znaniecki «The Polish Peasant in Europe and America» (1918–1920) und allgemeiner an der Bedeutung der «Chicagoer Schule der Soziologie» zeigen (vgl. hierzu Fischer-Rosenthal 1991, S. 115 f).

Im Verlauf der Etablierung beider Wissenschaften haben sich jedoch zunehmend die ‹härteren›, experimentell, standardisierend und quantifizierend konzipierten Ansätze gegen ‹weiche›, verstehend, offen und qualitativ-beschreibend konzipierte Vorgehensweisen durchgesetzt. Erst in den 60er Jahren gewann in der amerikanischen Soziologie die Kritik an standardisierter, quantifizierender Sozialforschung und vor allem an deren Theorieverständnis (Cicourel 1964; Glaser und Strauss 1967) wieder an Bedeutung, die in den 70er Jahren in breiterem Maß auch im deutschen Sprachraum aufgegriffen wurde. Davon ging schließlich eine Renaissance qualitativer Methoden in den Sozialwissenschaften und mit einiger Verzögerung auch in der Psychologie (vgl. Jüttemann 1985) aus. Die Entwicklungen und Diskussionen in den USA und in Deutschland verliefen nicht nur zeitlich versetzt, sondern lassen sich auch durch unterschiedliche Phasen kennzeichnen.

Die Entwicklung im deutschen Sprachraum
In Deutschland liefert Habermas (1967) erste Hinweise auf eine ‹andere› Forschungstradition und -diskussion in der amerikanischen Soziologie, die mit Namen wie Goffman, Garfinkel oder Cicourel verknüpft ist. Nach der 1970 erfolgten Übersetzung der methodenkritischen Arbeit von Cicourel (1964) werden Anfang der 70er Jahre in Sammelbänden verschiedene Beiträge aus der amerikanischen Diskussion importiert (z. B. Bühl 1972; Steinert 1973; Arbeitsgruppe Bielefelder Soziologen 1973; Weingarten, Sack und Schenkein 1976; Gerdes 1979; Hopf und Weingarten 1979). Damit werden grundlegende Texte etwa zur Ethnomethodologie oder zum symbolischen Interaktionismus der deutschen Diskussion zugänglich. Breiten Raum nimmt in dieser Phase das von Glaser und Strauss (1967) konzipierte Modell des Forschungsprozesses ein (z. B. bei Hopf und Weingarten 1979; Hoffmann-Riem 1980; Kleining 1982). Dabei ist die Diskussion vor allem von dem Ziel bestimmt, dem Gegenstand der Forschung in stärkerem Maß gerecht zu werden, als es in quantitativer Forschung möglich ist. Dies wird in der Propagierung des «Prinzips der Offenheit» bei Hoffmann-Riem (1980) deutlich. Entsprechend fordert Kleining (1982, S. 233), das Verständnis des Forschungsgegenstandes bis zum Abschluß der Forschung als vorläufig zu betrachten, denn der Gegenstand «wird (...) erst zu Ende seine wahre Gestalt zeigen». Auch die Auseinandersetzung mit der «naturalistischen Soziologie» (Schatzman und Strauss 1973) und mit gegenstandsangemessenen Methoden wird von einer ähnlichen, zunächst impliziten, später auch expliziten Annahme bestimmt: Bei ausreichend konsequenter Befolgung des Prinzips der Of-

fenheit oder der Regeln interpretativer Forschung, wie sie Kleining u. a. mit der Zurückstellung einer theoretischen Ausformulierung des Forschungsgegenstandes vorschlägt, läßt sich verhindern, daß der Gegenstand durch die Methoden, die man zu seiner Erforschung einsetzt, konstituiert wird. Vielmehr wird es möglich, «den Alltag erst einmal und stets wieder so zu nehmen, wie er sich jeweils präsentiert» (Grathoff 1978; zit. nach Hoffmann-Riem 1980, S. 362, die ihren Aufsatz mit diesem Zitat beschließt).

Ende der 70er Jahre beginnen in Deutschland auf breiterer Ebene eine eigenständige, d. h. nicht mehr vorwiegend übersetzend-nachvollziehende Diskussion über qualitative Methoden besonders zur Anwendung von Interviews (z. B. Kohli 1978 oder Hopf 1978), zu ihrer Auswertung (Mühlefeld et al. 1981) und zu methodologischen Fragen (Kleining 1982) sowie umfangreiche Forschung (vgl. Flick et al. 1991 als Bestandsaufnahme). Die für diese Phase kennzeichnende Frage formuliert Küchler (1980) – ob dies als «Modetrend oder Neuanfang» zu bewerten sei.

Entscheidend für den Entwicklungsschub Anfang der 80er Jahre sind das Auftauchen und die Rezeption zweier eigenständiger Methoden – des narrativen Interviews von Schütze (1977) und der objektiven Hermeneutik von Oevermann et al. (1979). Dabei handelt es sich nicht mehr – wie bei der Anwendung teilnehmender Beobachtung oder von Leitfaden-Interviews, die sich am fokussierten Interview orientieren (vgl. Hopf 1978) – um den Nachvollzug amerikanischer Entwicklungen. Auf beide Methoden geht eine ausgedehnte Forschungspraxis (v. a. im Rahmen biographischer Forschung – vgl. als Überblick Kohli und Robert 1984; Krüger und Marotzki 1994) zurück. Mindestens ebenso einflußreich sind Impulse für die allgemeine Diskussion um qualitative Methoden, die von den sich um diese beiden Methoden rankenden Methodologien ausgehen.

Mitte der 80er Jahre finden schließlich das Problem der Gültigkeit und Verallgemeinerung von Ergebnissen, die mit qualitativen Methoden erzielt wurden, sowie die Frage angemessener Kriterien zu ihrer Überprüfung (z. B. Gerhardt 1985; Flick 1987; Legewie 1987) größere Aufmerksamkeit. Damit verbunden erfahren die Darstellung und Nachvollziehbarkeit solcher Ergebnisse verstärkte Beachtung. Die vielen und vor allem unstrukturierten Daten erfordern aktuell die Verwendung von Computern auch in der qualitativen Forschung (Fielding und Lee 1991; Flick 1991a; Huber 1991; Böhm et al. 1994; Richards und Richards 1994; Weitzman und Miles 1995). Schließlich werden Ende der 80er Jahre die ersten Lehrbücher bzw. Einführungen vor dem Hintergrund der skizzierten Diskussionen im deutschsprachigen Raum konzipiert (z. B. Lamnek 1988, 1989; Spöhring 1989; Bohnsack 1991).

Verlauf der Diskussion in den USA
Denzin und Lincoln (1994a, S. 7 f) beziehen sich auf andere Phasen als die für den deutschen Sprachraum gerade Beschriebenen. Zu den «fünf Momenten qualitativer Forschung» zählen sie:
Die *Periode der traditionellen Forschung* erstreckt sich von Beginn des 20. Jahrhunderts bis zum Zweiten Weltkrieg. Sie wird festgemacht an den Forschungen von Malinowski (1916/1948) in der Ethnographie und der Chicagoer Schule in der Soziologie. Qualitative Forschung ist zu dieser Zeit interessiert am Fremden und an dessen mehr oder minder objektiver Beschreibung und Interpretation. Gegenstand sind dabei vor allem fremde Kulturen in der Ethnographie und Außenseiter in der eigenen Gesellschaft in der Soziologie.
Die modernistische Phase erstreckt sich bis in die 70er Jahre. Sie ist durch Versuche gekennzeichnet, qualitative Forschung zu formalisieren; zu diesem Zweck erscheinen auch die ersten Lehrbücher in Amerika. Die Haltung dieser Forschung ist immer noch virulent in der Tradition von Glaser und Strauss (1967), Strauss (1991) und Strauss und Corbin (1990) sowie bei Miles und Huberman (1994).
Die *verwischten Genres* (Geertz 1983a) prägen die Entwicklung bis Mitte der 80er Jahre. Dabei stehen unterschiedliche theoretische Modelle und Verständnisweisen von Gegenstand und Methodik nebeneinander, aus denen der Forscher auswählen und die er gegeneinander abwägen bzw. miteinander kombinieren kann: Symbolischer Interaktionismus, Ethnomethodologie, Phänomenologie, Semiotik oder Feminismus gelten hier als einige der «alternativen Paradigmen» (vgl. auch Jacob 1987; Guba 1990).
Mitte der 80er Jahre erreicht die *Krise der Repräsentation*, die bis dahin u. a. in der Forschung zur Künstlichen Intelligenz (Winograd und Flores 1986) und in der Ethnographie (Clifford und Marcus 1986) diskutiert wurde, die qualitative Forschung insgesamt. Dadurch erfahren der Prozeß der Darstellung von Erkenntnis und Ergebnis als substantieller Teil des Forschungsprozesses und als Teil der Ergebnisse an sich zunehmende Aufmerksamkeit. Qualitative Forschung wird zu einem kontinuierlichen Prozeß der Konstruktion von Versionen der Wirklichkeit – die Version, die jemand in einem Interview erzählt, muß nicht der Version entsprechen, die er zum Zeitpunkt des Geschehens formuliert hätte. Sie muß

auch nicht der Version entsprechen, die er einem anderen Forscher mit anderer Fragestellung präsentiert hätte. Auch der Forscher, der dieses Interview auswertet und als Teil seiner Ergebnisse darstellt, produziert eine neue Version des Ganzen. Die Leser, die seinen Bericht, Artikel oder sein Buch lesen, interpretieren dies jeweils unterschiedlich, wodurch weitere Versionen des Geschehens entstehen. Dabei spielen die spezifischen Interessen, die an die Darstellung jeweils herangetragen werden, ein zentrale Rolle. Die Bewertung von Forschung und Ergebnissen wird in diesem Zusammenhang zu einem zentralen Thema der methodischen Diskussion, verbunden mit der Frage, ob klassische Gütekriterien noch ihre Gültigkeit haben und welche anderen Bewertungsmaßstäbe bei qualitativer Forschung anzulegen sind.

Die aktuelle Situation charakterisieren Denzin und Lincoln als *fünften Moment*, in dem Erzählungen an die Stelle von Theorien getreten sind bzw. Theorien als Erzählungen gelesen werden. Jedoch ist auch hier die Rede vom Ende der großen Erzählungen – wie in der Postmoderne insgesamt. Die Akzente verschieben sich zu Theorien und Erzählungen, die auf bestimmte umgrenzte, lokale, historische Situationen und Problemstellungen passen.

Phasen qualitativer Forschung

in Deutschland
- frühe Studien
  (Ende des 19., Anfang des 20. Jh.)
- Phase des Imports
  (frühe 70er Jahre)
- Beginn eigenständiger Diskussion
  (späte 70er Jahre)
- Entwicklung eigener Methoden
  (70er und 80er Jahre)
- Konsolidierung und
  Verfahrensfragen
  (späte 80er und 90er Jahre)

in den USA
- traditionelle Forschung
  (1900 bis 1945)
- modernistische Phase
  (1945 bis 70er Jahre)
- verwischte Genres
  (bis Mitte der 80er Jahre)
- Krise der Repräsentation
  (ab Mitte der 80er Jahre)
- der fünfte Moment
  (90er Jahre)

Abbildung 1: Phasen in der Geschichte qualitativer Forschung

Bei der Gegenüberstellung dieser Entwicklungslinien zeigt sich im deutschen Sprachraum eine zunehmende Konsolidierung, verbunden mit der Konzentration auf Verfahrensfragen in einer sich ausdehnenden Forschungspraxis. In den USA kennzeichnet dagegen eine Tendenz zur weiteren bzw. erneuten Infragestellung von scheinbaren Sicherheiten durch Methoden die jüngere Entwicklung: Durch die Betonung der Rolle der Darstellung im Forschungsprozeß, der Krise der Repräsentation und die Relativität des Dargestellten wird die Ausformulierung und Kanonisierung von Methoden eher sekundär – es geht hier derzeit weniger um die ‹richtige› Anwendung von Interview- oder Interpretationsverfahren als um die «Kunst und Politik der Interpretation» (Denzin 1994). Qualitative Forschung wird demnach – immer noch und in verstärktem Maß wieder – an einer spezifischen Haltung zwischen Offenheit und Reflexivität des Forschers festgemacht.

Prozeßbezogene Darstellung als Orientierung im Feld qualitativer Methoden

Ziel der Darstellung
Im Laufe der gerade skizzierten Geschichte ist eine Vielzahl von Methoden entstanden, die durch verschiedene Ausgangspunkte und Ziele gekennzeichnet sind. Sie unterscheiden sich in ihrem Verständnis des untersuchten Gegenstandes und tragen auf ihre Weise zur allgemeinen Diskussion über qualitative Forschung und ihre Weiterentwicklung bei. Qualitative Methoden nicht isoliert, sondern im Rahmen des Forschungsprozesses zu behandeln, erscheint notwendig vor dem Hintergrund von Erfahrungen sowohl aus ihrer praktischen Anwendung in der Empirie wie aus der Lehre mit Studenten und aus der Fortbildung mit Mitarbeitern aus laufenden Forschungsprojekten. Eine solche prozeßbezogene Darstellung will dieses Buch liefern. Damit soll einerseits ein Überblick zur Entscheidung für bestimmte Methoden der Erhebung oder Auswertung gegeben werden, der andererseits erlaubt, die Stimmigkeit der einzelnen Methode mit den anderen Bestandteilen des Prozesses zu beurteilen: Inwieweit paßt das aus den jeweils möglichen Alternativen gewählte Interpretationsverfahren (Kapitel 17) mit der Methode der Erhebung (Kapitel 11 oder 13) und der Gestaltung des Forschungsprozesses (Kapitel 4) oder dem angewendeten Auswahlverfahren (Kapitel 7) zusammen? Zur Vertiefung und bei der Anwendung der einzelnen Me-

thode erscheint die Auseinandersetzung mit weiterer Literatur über das jeweilige Verfahren notwendig, weshalb sich Verweise zu den wesentlichen Arbeiten in den Kapiteln finden.

Vorgehen der Darstellung

Ein Ausgangspunkt der hier gewählten Darstellung ist, daß qualitative Forschung vor allem mit Texten arbeitet: Erhebungsverfahren – wie Interviews oder Beobachtungen – produzieren Daten, die durch Aufzeichnung und Transkription in Texte überführt werden, an denen Interpretationsverfahren ansetzen. Dabei werden verschiedene Wege beschritten, die zu den Texten im Zentrum der Forschung hinführen und von ihnen wegführen. Ganz knapp läßt sich der qualitative Forschungsprozeß als Weg von der Theorie zum Text und als Weg vom Text zur Theorie skizzieren, deren Schnittpunkt in einem spezifischen Forschungsdesign die Erhebung verbaler oder visueller Daten und ihre Interpretation sind.

Auf dem *Weg von der Theorie zum Text* steht die theoretische Position im Hintergrund der jeweiligen Methode, die später angewendet wird. Dabei können verschiedene theoretische Positionen, die das Feld der qualitativen Forschung traditionell und aktuell bestimmen, unterschieden werden, die jedoch einige Merkmale gemeinsam haben (Kapitel 2). Neben der Verwendung von Texten als empirischem Material ist eine dieser Gemeinsamkeiten, daß sich qualitative Forschung mit Konstruktionen von Wirklichkeit beschäftigt – ihren eigenen Konstruktionen und vor allem denjenigen, welche sie in den Feldern oder bei den Subjekten antrifft, die sie untersucht. Kapitel 3 beleuchtet das Verhältnis von Konstruktion, Text und Wirklichkeit näher.

Vor der ersten Begegnung mit konkreten Daten wird bereits ein bestimmtes Verständnis des Forschungsprozesses – linear oder in verzahnter Form (Kapitel 4) – in ein *Forschungsdesign* umgesetzt, die Fragestellung formuliert (Kapitel 5) und Zugang zum untersuchten Feld und zu den untersuchten Subjekten auf spezifische Weise gesucht und gefunden (Kapitel 6). Dabei wird eine bestimmte Auswahlstrategie für Fälle oder Untersuchungsgruppen angewendet (Kapitel 7).

Qualitative Forschung arbeitet im wesentlichen mit zwei Gruppen von Daten: *Verbale Daten* werden in Leitfaden-Interviews (Kapitel 8) oder als Erzählungen (Kapitel 9) erhoben, wobei auch verschiedene Gruppenverfahren (Gruppeninterviews und -diskussionen, gemeinsames Erzählen – Kapitel 10) verwendet werden. In Kapitel 11 werden die methodischen Alternativen zur Erhebung verbaler Daten vergleichend gegenübergestellt und Kriterien für die Auswahl der konkreten Methode und deren Überprüfung entwickelt. Als zweite große Gruppe kommen *visuelle Daten* durch Anwendung der verschiedenen Beobachtungsverfahren zustande, die von teilnehmender und nicht-teilnehmender Beobachtung über Ethnographie bis zu Photo- und Filmanalysen reichen (Kapitel 12) und sich anhand von Kriterien für ihre Auswahl und Bewertung vergleichen lassen (Kapitel 13).

Verbale oder visuelle Daten werden im nächsten Schritt durch Dokumentation und Transkription in Texte verwandelt, womit die Forschung sich auf den zweiten Teil ihres Wegs – *vom Text zur Theorie* – begibt. Die Dokumentation ist nicht nur neutrale Aufzeichnung, sondern ein wesentlicher Schritt zur Konstruktion von Wirklichkeit im qualitativen Forschungsprozeß (Kapitel 14). Interpretationen von Texten sind entweder an der Kodierung und Kategorisierung von Daten (Kapitel 15) oder an der sequentiellen Struktur des Textes (Kapitel 16) orientiert. Der Vergleich der hauptsächlichen Methoden für beide Strategien der Textinterpretation (Kapitel 17) liefert Anhaltspunkte für die Entscheidung für eine konkrete Vorgehensweise. Die Geltungsbegründung qualitativer Forschung (Kapitel 18) beschäftigt sich mit der Frage, wie die Gültigkeit, Angemessenheit o. ä. im Forschungsprozeß und für die gefundenen Daten bestimmt werden können. Alternativen sind hier die Anwendung klassischer Kriterien (Validität, Reliabilität) und die Entwicklung neuer Kriterien, wobei die Darstellung qualitativer Forschung, ihrer Vorgehensweisen und Ergebnisse in diesem Zusammenhang größere Aufmerksamkeit erfährt (Kapitel 19).

Verschiedene *Perspektiven* der weiteren Entwicklung qualitativer Forschung – z. B. die Verwendung von Computern, die Verbindung qualitativer und quantitativer Forschung, Konzepte und Strategien aus der Diskussion um Qualitätsmanagement und Prozeßevaluation als neuer Weg der Geltungsbegründung – werden zum Abschluß aufgegriffen (Kapitel 20).

Qualitative Forschung am Ende der Moderne

Am Anfang wurden Veränderungen potentieller Gegenstände qualitativer Forschung zur Verdeutlichung ihrer Aktualität angeführt. Die Notwendigkeit zur verstärkten Hinwendung zu qualitativer Forschung läßt sich jedoch auch aus aktuellen Diagnosen der Wissenschaften insgesamt ableiten. Toulmin (1994) begründet in seiner Auseinandersetzung mit den «unerkannten Aufgaben der Moderne» ausführlich seine Einschätzung der Dysfunktionalität der modernen Wissenschaften. Als Auswege sieht er für die Philosophie und Wissenschaften generell – und damit auch für die empirische Sozialforschung – vier Tendenzen:

- die Rückkehr zum Mündlichen, die sich im Interesse von Philosophie, Sprach-, Literatur- und Sozialwissenschaften an Erzählungen, an Sprache und an Kommunikation manifestiert;
- die Rückkehr zum Besonderen, die sich bei der Formulierung von Theorien und der Durchführung von empirischen Untersuchungen in der Tendenz manifestiert, «sich nicht ausschließlich auf abstrakte und universale Fragen zu konzentrieren, sondern auch wieder besondere, konkrete Probleme zu behandeln, die nicht allgemein, sondern in bestimmten Arten von Situationen entstehen» (S. 301);
- die Rückkehr zum Lokalen, die darin zum Ausdruck kommt, daß Wissenssysteme, Handlungs- und Erfahrungsweisen wieder im Kontext der (lokalen) Traditionen und Lebensformen untersucht werden, in denen sie eingebettet sind, statt ihre universale Gültigkeit anzunehmen und überprüfen zu wollen;
- die Rückkehr zum Zeitgebundenen, die sich darin ausdrückt, daß zu untersuchende Probleme und zu entwickelnde Lösungen in ihren jeweiligen zeitlichen bzw. historischen Kontext einzuordnen und darin zu beschreiben bzw. daraus zu erklären sind.

Mit ihrer Orientierung an der Analyse konkreter Fälle in ihrer zeitlichen und lokalen Besonderheit, bei der sie an den Äußerungen und Handlungen der Menschen in ihren alltäglichen Kontexten ansetzt, kann qualitative Forschung für die Psychologie und die Sozialwissenschaften Wege skizzieren, die die von Toulmin genannten Tendenzen konkretisieren, in Forschungsprogramme umsetzen und dabei die notwendige Flexibilität ihren Gegenständen und Aufgaben gegenüber behalten:

«Wie Gebäude, die auf menschliche Bedürfnisse abgestimmt sein sollten, werden unsere wissenschaftlichen und gesellschaftlichen Verfahren in den kommenden Jahren nur dann das Nötige leisten, wenn wir überflüssige oder übermäßige Stabilität vermeiden und sie auf eine Weise im Fluß halten, daß sie gegenüber unvorhergesehenen – ja unvorhersehbaren – Situationen und Funktionen anpassungsfähig sind» (Toulmin 1994, S. 297).

Konkrete Vorschläge und Methoden zur Realisierung solcher Forschungsprogramme werden im folgenden skizziert.[1]

---

[1] Dieses Buch ist im Rahmen des als Teil des Berliner Forschungsverbundes Public Health vom Bundesministerium für Forschung und Technologie geförderten Querschnittsprojekts «Q1b – Qualitative Methoden in den Gesundheitswissenschaften» entstanden.

Von der Theorie zum Text

2. Theoretische Positionen

Forschungsperspektiven im Feld qualitativer Forschung

Mit dem Begriff qualitative Forschung werden verschiedene Ansätze der Forschung zusammengefaßt, die sich in ihren theoretischen Annahmen, in ihrem Gegenstandsverständnis und ihrem methodischen Fokus unterscheiden. Im Rückblick auf die Diskussionen der letzten Jahre im deutschen Sprachraum zeigt sich, daß diese sich an drei grundsätzlichen Positionen orientieren: einerseits an der Tradition des *symbolischen Interaktionismus*, der eher subjektiven Bedeutungen und individuellen Sinnzuschreibungen nachgeht, andererseits an der *Ethnomethodologie*, die an den Routinen des Alltags und ihrer Herstellung interessiert ist, und schließlich an *strukturalistischen* oder *psychoanalytischen* Positionen, die von Prozessen des psychischen oder sozialen Unbewußten ausgehen. Dies hat Konsequenzen für die mit der Forschung verfolgten Ziele und die gewählten Ausgangspunkte. Zu unterscheiden sind dabei Ansätze, bei denen die «Sicht des Subjekts» (Bergold und Flick 1987) im Vordergrund steht, von solchen, deren Ziel eher die Beschreibung vorhandener (alltäglicher, institutioneller oder allgemein: sozialer) Milieus ist (z. B. Hildenbrand 1983). Daneben stehen Vorgehensweisen, die den Aspekt der Herstellung sozialer Ordnung in den Vordergrund stellen (etwa die ethnomethodologischen Sprachanalysen) bzw. an der Rekonstruktion von «handlungs- und bedeutungsgenerierenden Tiefenstrukturen» im Sinne psychoanalytischer oder objektiv-hermeneutischer Konzeptionen orientiert sind (Lüders und Reichertz 1986).

Dabei wird von einem jeweils unterschiedlichen Verhältnis von untersuchten Subjekten – ihren Erfahrungen, Handlungen und Interaktionen – zum jeweiligen Kontext, in dem sie untersucht werden, ausgegangen.

Subjektiver Sinn: Symbolischer Interaktionismus

In der ersten Perspektive wird der subjektive Sinn, den Individuen mit ihren Handlungen und ihrer Umgebung verbinden, zum empirischen Ansatzpunkt. Solche Forschungsrichtungen beziehen sich vor allem auf Traditionen des symbolischen Interaktionismus. Der Begriff «Symbolischer Interaktionismus» wurde von Herbert Blumer (1938) geprägt.

«Er kennzeichnet, daß diese Richtung soziologischer und sozialpsychologischer Forschung ihr Augenmerk auf Prozesse der Interaktion – der unmittelbar wechselseitig orientierten sozialen Handlung – richtet und daß dabei ein bestimmter Begriff von Interaktion zugrundegelegt wird, welcher den symbolvermittelten Charakter sozialen Handelns akzentuiert» (Joas 1988, S. 419).

Wie Joas zeigt, hat sich diese Position aus der philosophischen Tradition des amerikanischen Pragmatismus entwickelt. Sie steht gemeinhin für das Theorie- und Methodenverständnis der Chicagoer Schule (W. I. Thomas, Robert Park, Charles Horton Cooley, George Herbert Mead) der amerikanischen Soziologie. Die zentrale Rolle, die diese Richtung in der qualitativen Forschung insgesamt spielt, läßt sich historisch und aktuell daran festmachen, daß Soziologen wie Anselm Strauss, Barney Glaser, Norman K. Denzin, Howard Becker u. a. sich direkt auf diese Position berufen und daß Blumers (1969/1973) Arbeit zum «methodologischen Standpunkt des Symbolischen Interaktionismus» großen Einfluß auf die methodische Diskussion in den 70er Jahren hatte.

Grundannahmen

Die Ausgangspunkte des symbolischen Interaktionismus werden von Blumer (1973, S. 81) in «drei einfachen Prämissen» zusammengefaßt:

«Die erste Prämisse besagt, daß Menschen ‹Dingen› gegenüber auf der Grundlage von Bedeutungen handeln, die diese Dinge für sie besitzen. (...) Die zweite Prämisse besagt, daß die Bedeutung solcher Dinge aus der sozialen Interaktion, die man mit seinen Mitmenschen eingeht, abgeleitet ist oder aus ihr entsteht. Die dritte Prämisse besagt, daß diese Bedeutungen in einem interpretativen Prozeß, den die Person in ihrer Auseinandersetzung mit den ihr begegnenden Dingen benutzt, gehandhabt und abgeändert werden.»

Daraus leitet sich die Konsequenz ab, daß zum zentralen Ansatzpunkt der Forschung die unterschiedlichen Weisen werden, in denen Subjekte Gegenstände, Ereignisse, Erfahrungen etc. mit Bedeutung versehen. Die Rekonstruktion solcher subjektiver Sichtweisen wird zum Instrument der Analyse sozialer Welten. Eine weitere zentrale Annahme ist im sog. Thomas-Theorem formuliert, das das genannte methodische Prinzip zusätzlich begründet: Thomas'

«Behauptung, daß dann, wenn eine Person eine Situation als real definiert, diese Situation in ihren Konsequenzen real ist, führt direkt zum fundamentalen methodologischen Prinzip des symbolischen Interaktionismus: Der Forscher muß die Welt aus dem Gesichtswinkel der Subjekte sehen, die er untersucht» (Stryker 1976, S. 259).

Aus dieser Grundannahme folgt die methodische Konsequenz, die Sicht des Subjekts (Bergold und Flick 1987) in verschiedener Hinsicht zu rekonstruieren:

- in Form subjektiver Theorien, mit denen Menschen sich die Welt – oder zumindest einen bestimmten Gegenstandsbereich als Ausschnitt aus dieser Welt – erklären. So gibt es eine umfangreiche Forschung zu subjektiven Gesundheits- und Krankheitstheorien (vgl. für Überblicke Flick 1991b; Faltermaier 1994), zu subjektiven Theorien im pädagogischen Handeln (Groeben et al. 1988) oder im Beratungshandeln (z. B. Flick 1989)[1].
- in Form autobiographischer Erzählungen, in denen biographische Verläufe aus der Perspektive der Subjekte nachgezeichnet werden. Darüber soll dann jedoch auch Zugang gefunden werden zu der jeweiligen Zeit oder dem jeweiligen lokalen Kontext, wobei sich aus der Sicht des Erzählenden Zeit und Kontext rekonstruieren lassen (vgl. Kohli und Robert 1984 als Überblick).

Neuere Entwicklungen in der Soziologie: Interpretativer Interaktionismus

In den letzten Jahren vertritt Denzin (1988, 1989a, b) eine Position, die, ausgehend vom Symbolischen Interaktionismus, verschiedene alternative und aktuellere Strömungen aufgreift und integriert. Es handelt sich dabei um phänomenologische Überlegungen (im Sinne Heideggers), strukturalistische Denkweisen (Foucault), feministische und postmo-

---

[1] Dabei wird von der symbolisch-interaktiven Annahme ausgegangen: «Man muß den Definitionsprozeß des Handelnden erschließen, um sein Handeln zu verstehen» (Blumer 1973, S. 96).

derne Wissenschaftskritik, den Ansatz der «dichten Beschreibung» von Geertz (1973) und um Konzepte aus der Literatur(-wissenschaft)[2]. Ziel ist dabei: «Interpretativer Interaktionismus versucht die Welt gelebter Erfahrung für den Leser direkt zugänglich zu machen» (Denzin 1989a, S. 10). Dieser Zugang wird dabei von Denzin (ebd.) in doppelter Hinsicht spezifiziert bzw. eingeschränkt: einerseits vom Gegenstandsbereich her, denn «der (...) vertretene Ansatz sollte nur verwendet werden, wenn der Forscher die Beziehung zwischen persönlichen Problemen, z. B. Mißhandlung in der Ehe oder Alkoholismus, und den öffentlichen Programmen, die geschaffen wurden, um solche persönlichen Probleme anzugehen, untersucht». Andererseits schränkt Denzin die eingenommene Perspektive ein. So betont er immer wieder, daß die untersuchten Prozesse biographisch aufzufassen und notwendigerweise unter diesem Blickwinkel zu interpretieren sind (z. B. Denzin 1989a, S. 19 f).

Neuere Entwicklungen in der Psychologie: subjektive Theorien als Forschungsprogramm
Die Analyse subjektiver Sichtweisen erfolgt besonders konsequent im Rahmen der Forschung über subjektive Theorien (vgl. Groeben et al. 1988; Flick 1991b). Hier wird davon ausgegangen, daß Individuen im Alltag – ähnlich wie Wissenschaftler – Theorien über das Funktionieren der Welt und ihr Handeln entwickeln, diese im Rahmen ihres Handelns anwenden und überprüfen und – wenn nötig – revidieren. Solche Annahmen sind dabei zusammenhängend und mit einer argumentativen Struktur organisiert, die der Aussagenstruktur wissenschaftlicher Theorien (im Sinne des Statement-view von Theorien; vgl. Stegmüller 1973) entspricht. Ziel der Forschung ist, subjektive Theorien zu rekonstruieren, wofür ein eigenes Interviewverfahren (vgl. zum halbstandardisierten Interview Kapitel 8) entwickelt wurde. Um dem Ziel der möglichst subjektnahen Rekonstruktion zu entsprechen, wurden auch eigene Ansätze der (kommunikativen) Validierung der rekonstruierten subjektiven Sichtweisen entwickelt (vgl. Kapitel 18).

Die Konzentration auf die Sicht des Subjekts und den Sinn, den es mit Erfahrungen und Ereignissen verbindet, sowie die Orientierung an der

---

2 «Epiphany» im Sinne von James Joyce als «ein Moment problematischer Erfahrung, das den persönlichen Charakter schlagartig beleuchtet und oft einen Wendepunkt im Leben einer Person bedeutet» (Denzin 1989a, S. 141).

Bedeutung von Gegenständen, Handlungen und Ereignissen steht hinter einem großen Teil der qualitativen Forschung. Die hier vorgenommene Zuordnung von subjektorientierter Forschung und symbolischem Interaktionismus gilt sicher nicht uneingeschränkt. So bleibt der Bezug auf den symbolischen Interaktionismus etwa in der aktuellen Forschung zu subjektiven Theorien häufig eher implizit. Ebenso leiten sich andere Forschungsperspektiven, die eher an Interaktionen als an subjektiven Sichtweisen interessiert sind, aus der Tradition von Blumer und Denzin ab (vgl. etwa die Beiträge in Denzin 1993). Wesentlich bleibt jedoch auch in stärker interaktionistisch orientierten Studien, daß der Fokus sich auf die subjektiven Bedeutungen richtet, die die Gegenstände, über die interagiert wird, für die Teilnehmer an der Interaktion haben. Methodisch wird dieser Ansatz vor allem in den verschiedenen Formen von Interviews (vgl. Kapitel 8 und 9) und in teilnehmender Beobachtung (vgl. Kapitel 12) realisiert.

Diese beiden Positionen – die Erforschung subjektiver Sichtweisen und der theoretische Hintergrund des Symbolischen Interaktionismus – markieren einen Pol des Feldes qualitativer Forschung.

Herstellung sozialer Wirklichkeiten: Ethnomethodologie

Die Begrenzung auf die Sicht des Subjekts wird theoretisch und methodisch überschritten, wenn im Rahmen der von Harold Garfinkel (1967) begründeten Ethnomethodologie nach der Art und Weise gefragt wird, wie Menschen in interaktiven Prozessen soziale Wirklichkeit herstellen. Untersucht werden dabei die Methoden, mit denen solche Herstellung im Alltag realisiert wird.[3] Eine Definition der mit Ethnomethodologie verknüpften Forschungsinteressen formuliert Garfinkel (1967, S. VIII):

---

3 Zum allgemeinen Untersuchungsansatz und -interesse der Ethnomethodologie führt Bergmann (1980, S. 39) aus: «Ethnomethodologie bezeichnet die von den Mitgliedern einer Gesellschaft im Handlungsvollzug praktizierte Methodologie, die für die Handelnden die – als vorgegeben und selbstverständlich hingenommene – gesellschaftliche Wirklichkeit und soziale Ordnung erst schafft. Soziale Wirklichkeit wird von Garfinkel verstanden als eine Vollzugswirklichkeit, d. h. als eine Wirklichkeit, die lokal (also an Ort und Stelle, im Ablauf des Handelns), endogen (also aus dem Innern der Situation heraus), audiovisuell (also durch Hören und Sprechen, Wahrnehmen und Agieren) in der Interaktion der Beteiligten erzeugt wird. Ziel der Ethnomethodologie ist es, das ‹Wie›, d. h. die Methoden dieser Produktion von sozialer Wirklichkeit im Detail zu erfassen. Sie fragt z. B. danach, wie die Mitglieder einer

«Ethnomethodologische Studien untersuchen alltägliche Handlungsweisen als die Methoden der Teilnehmer, diese selben Handlungsweisen sichtbar-rational-und-berichtbar-für-alle-praktikablen-Zwecke, d. h. ‹erklärbar, als Organisationsform alltäglicher Alltagshandlungen› zu machen. Die Reflexivität dieses Phänomens ist eine besondere Eigenschaft praktischer Handlungen, praktischer Umstände, des Alltagswissens über soziale Strukturen und des praktischen soziologischen Denkens.»

Das Interesse an Alltagshandlungen, an ihrem Vollzug und darüber an der Herstellung des Kontextes, in dem diese Handlungen vollzogen werden, kennzeichnet das ethnomethodologische Forschungsprogramm insgesamt, das methodisch im wesentlichen in der Konversationsanalyse (vgl. hierzu Kapitel 16) realisiert wird.

Grundannahmen

Die Prämissen, die hinter der Ethnomethodologie und der Konversationsanalyse stehen, faßt Heritage (1985, S. 1) in drei Grundannahmen zusammen:

«(1) Interaktion ist strukturell organisiert; (2) interaktive Beiträge sind sowohl vom Kontext geformt, als sie auch diesen Kontext fortschreiben; (3) diese beiden Eigenschaften stecken in den *Details* der Interaktion, so daß keine Anordnung von Details in konversationeller Interaktion a priori als ungeordnet, zufällig oder irrelevant abgetan werden kann.»

Zentrale Punkte dieser «Grundannahmen» sind einerseits, daß Interaktion geordnet abläuft, andererseits, daß Kontext ihren Rahmen bildet und in ihr hergestellt wird, und schließlich, daß die Entscheidung über das, was relevant wird in sozialer Interaktion, erst aus der Analyse, nicht per Vorab-Setzungen entschieden werden kann. Der Fokus richtet sich dabei jedoch nicht auf die subjektive Bedeutung der Inhalte einer Interaktion für die Teilnehmer, sondern darauf, wie diese Interaktion organisiert wird. Gegenstand von Untersuchungen sind dabei eher die Routinen des Alltagshandelns als die herausragenden, bewußt wahrgenommenen und mit Bedeutung versehenen Ereignisse.

Um diese Routinen freilegen zu können, strebt der Forscher danach, die «ethnomethodologische Indifferenz» (Garfinkel und Sacks 1970) als Haltung einzunehmen und sich einer Vorab-Interpretation der Ereig-

---

Familie miteinander interagieren, so daß sie zusammen als Familie wahrnehmbar sind.»

nisse ebenso zu enthalten wie der Übernahme der Perspektive des oder eines Handelnden. Aufschlußreich für die Perspektive der Ethnomethodologie sind die Rolle des Kontextes, in dem Interaktionen ablaufen, und die Frage, wie dieser in die Untersuchung einzubeziehen ist. Wolff et al. (1988, S. 10) halten hierzu fest:

«Grundlegender Ausgangspunkt ethnomethodologischen (...) Vorgehens ist es, jegliches Geschehen als durch die Herstellungsleistungen der Beteiligten vor Ort konstituiert zu betrachten. Dies gilt nicht nur für unmittelbare Interaktionssachverhalte, wie z. B. die Abwicklung von Frage-Antwort-Sequenzen, sondern ebenso für die Realisierung sogenannter Makrotatbestände, etwa des institutionellen Kontextes eines Gesprächs.»

Nach einer solchen Auffassung wird etwa ein Beratungsgespräch durch spezifische Herstellungsleistungen der Beteiligten zu einem Beratungsgespräch (in Abgrenzung zu anderen Gesprächstypen). Erst die Redebeiträge der Beteiligten gestalten das Gespräch «Zug-um-Zug» als Beratung, nicht etwa eine Vorab-Definition. Andererseits wird der institutionelle Kontext ebenfalls durch die Beiträge der Gesprächspartner in das Gespräch transportiert und darin hergestellt. Erst spezifische Handlungsweisen von Berater und Klient machen ein Gespräch zur Beratung und machen eine Beratung zu einer solchen etwa im Kontext Sozialpsychiatrischer Dienst (vgl. Flick 1989).

Neuere Entwicklungen in den Sozialwissenschaften: Studies of Work
Die ethnomethodologische Forschungspraxis hat sich zunehmend auf die immer stärker formale Analyse von Gesprächen konzentriert und verengt. Jedoch wird seit den 80er Jahren als zweiter Schwerpunkt der Forschung die Analyse von Arbeitsprozessen in den «Studies of Work» in breiterem Umfang realisiert (vgl. Bergmann 1991a; Garfinkel 1986). Dabei werden Arbeitsprozesse im weitesten Sinn und besonders im Kontext naturwissenschaftlicher Arbeit in Forschungslabors oder die Art und Weise, wie Mathematiker ihre Beweise führen (Livingston 1986), untersucht. In diesen Studien werden verschiedene Methoden zur möglichst genauen Beschreibung von Arbeitsabläufen verwendet, von denen Gesprächsanalysen nur einen Zugang darstellen. Der Fokus wird von der Analyse interaktiver Praktiken auf das «verkörperte Wissen» erweitert, das sich in solchen Praktiken ebenso wie in den produzierten Ergebnissen materialisiert (Bergmann 1991a, S. 270). Damit reihen sich diese Studien

in den breiteren Kontext der neueren wissenschaftssoziologischen Forschung (vgl. Knorr-Cetina und Mulkay 1983; Amann und Knorr-Cetina 1991) ein, die sich insgesamt wiederum auf die Tradition der Ethnomethodologie beruft.

Neuere Entwicklungen in der Psychologie: Diskursive Psychologie
Ausgehend von der Konversationsanalyse und den Analysen der Laborforschung hat sich seit Mitte der 80er Jahre in der Britischen Sozialpsychologie ein Programm der «diskursiven Psychologie» entwickelt (vgl. Edwards und Potter 1992; Harré 1995; Potter und Wetherell 1995). Hier werden psychologische Phänomene wie Kognition und Gedächtnis an thematisch relevanten Diskursen, die von Alltagsgesprächen bis zu Texten in Medien reichen, untersucht. Der Akzent wird auf kommunikative und konstruktive Prozesse in Interaktionen gelegt. Als methodischer Ansatzpunkt wird die Analyse von «interpretativen Repertoires», die Teilnehmer an bestimmten Diskursen verwenden, um eine bestimmte Version der Wirklichkeit herzustellen und durchzusetzen, gewählt:

«Interpretationsrepertoires sind breit angelegte, klar unterscheidbare Clusters von Begriffen, Beschreibungen und Redewendungen, die oft von Metaphern oder lebhaften Vorstellungsbildern zusammengehalten werden. Man kann sie auffassen als Bausteine, die für die Interpretation von Handlungen, der eigenen Person und gesellschaftlicher Strukturen im Sprechen verwendet werden» (Potter und Wetherell 1995, S. 188 f).

Inhalte und Ablauf kognitiver Prozesse der Sinnzuschreibung werden dabei ebenso aus solchen Diskursen rekonstruiert wie die Art und Weise, wie soziales oder kollektives Gedächtnis in bezug auf bestimmte Ereignisse konstruiert und vermittelt wird (vgl. Middleton und Edwards 1990).

In diesen Ansätzen bleibt die Perspektive vor allem auf die Beschreibung des Wie in der Herstellung sozialer Wirklichkeit beschränkt. Ethnomethodologische Analysen liefern häufig beeindruckend genaue Beschreibungen der Organisation sozialer Interaktion und können darüber auch Typologien etwa von Gesprächsformen entwickeln. Dabei bleibt jedoch der Aspekt der subjektiven Zuschreibung von Sinn eher ausgeblendet, wie auch die Frage unbeantwortet bleibt, welche Rolle eigentlich bereits existierende Kontexte – wie spezifische Kulturen – bei der Konstruktion sozialer Handlungsweisen spielen.

Kulturelle Rahmung sozialer und subjektiver Wirklichkeit: strukturalistische Modelle

Gemeinsames Kennzeichen des dritten Typs theoretischer Ansätze, auf die sich qualitative Forschung stützt, ist – wenn auch mit unterschiedlicher Akzentsetzung –, daß von kulturellen Sinnsystemen (vgl. für Überblicke auch Bude 1991; Streeck 1991) ausgegangen wird, die die Wahrnehmung und Herstellung subjektiver und sozialer Wirklichkeit gleichsam rahmen.

Grundannahmen
Dabei wird zwischen der Oberfläche des Erlebens und Handelns – die den beteiligten Subjekten zugänglich ist – und den Tiefenstrukturen des Handelns – die von alltäglich-individueller Reflexion nicht mehr (unmittelbar) erreicht werden – unterschieden. Die Oberfläche wird an Intentionen und dem mit dem Handeln verbundenen subjektiven Sinn festgemacht, während Tiefenstrukturen als handlungsgenerierend verstanden werden. Solche Tiefenstrukturen sind einerseits in kulturellen Modellen (D'Andrade 1987), andererseits in Deutungsmustern bzw. latenten Sinnstrukturen (Oevermann et al. 1979) und schließlich in unbewußt bleibenden latenten Strukturen im Sinne der Psychoanalyse enthalten. Von besonderer Bedeutung sind nach diesen Verständnisweisen die impliziten und expliziten Regeln des Handelns, die sich aus solchen Strukturen ergeben. Für die objektive Hermeneutik, die im folgenden stellvertretend für die anderen genannten Ansätze behandelt werden soll, wird etwa festgehalten:

«Interaktionstexte konstituieren aufgrund rekonstruierbarer Regeln *objektive Bedeutungsstrukturen* und diese objektiven Bedeutungsstrukturen stellen die *latenten Sinnstrukturen* der Interaktion selbst dar. Diese objektiven Bedeutungsstrukturen von Interaktionstexten, Prototypen objektiver sozialer Strukturen überhaupt, sind Realität (und haben Bestand) analytisch (wenn auch nicht empirisch) unabhängig von der je konkreten intentionalen Repräsentanz der Interaktionsbedeutungen auf seiten der an der Interaktion beteiligten Subjekte» (Oevermann et al. 1979, S. 379).

Zur Rekonstruktion von Regeln und Strukturen werden methodische Prozeduren zur Analyse des ‹objektiven› (also nicht-subjektiven) Sinns angewendet – Sprachanalysen zur Herausarbeitung kultureller Modelle, streng sequentielle Analysen von Äußerungen und Handlungen zur Freilegung ihrer objektiven Bedeutungsstruktur und die gleichschwebende Aufmerksamkeit des Forschers sowie die Analyse von Übertragung und Gegenübertragung im psychoanalytischen Deutungsprozeß (vgl. Leithäuser 1991).

Insbesondere die objektive Hermeneutik in der Folge von Oevermann et al. (1979) hat eine breite Aufmerksamkeit erfahren und umfangreiche Forschungspraxis ausgelöst (vgl. Kapitel 16). Zum ungelösten Problem des Ansatzes wird dabei in den theoretischen Grundlagen das ungeklärte Verhältnis von handelnden Subjekten zu den (freizulegenden) Strukturen. Lüders und Reichertz (1986, S. 95) sprechen dabei von der «Metaphysik der Strukturen», die fast schon als ‹autonom handelnde› Strukturen untersucht würden. Ein weiteres Problem liegt in der naiven Gleichsetzung von Text und Welt («die Welt als Text»; vgl. Garz 1994) und der Annahme, wenn die Analyse weit genug vorangetrieben würde, wären die handlungsgenerierenden Strukturen des Falls das Ergebnis. Diese Annahme liegt im strukturalistischen Hintergrund des Oevermannschen Ansatzes begründet.

Neuere Entwicklungen in den Sozialwissenschaften:
Poststrukturalismus
Solche strukturalistischen Annahmen sind in der Folge von Derrida (1976) auch in der qualitativen Forschung problematisiert worden. Dabei stellt sich z. B. die Frage, ob ein Text, der zu Interpretationszwecken erstellt wird, ebenso wie der Text, der als Ergebnis der Interpretation formuliert wird, nicht nur den (Forschungs- und sonstigen) Interessen des Interpreten, sondern auch den Interessen derjenigen, die untersucht und darin zum Thema werden, entspricht (Lincoln und Denzin 1994, S. 578). Texte sind demnach weder die Welt an sich noch ein unverfälschtes Abbild von Ausschnitten dieser Welt, sondern das Resultat von Interessen desjenigen, der sie erstellt hat wie auch desjenigen, der sie liest. Verschiedene Leser lösen die Vagheit und Vieldeutigkeit, die jeder Text enthält, unterschiedlich auf – je nach den Perspektiven, die sie an den jeweiligen Text herantragen (Agger 1991, S. 112). Vor einem solchen Hintergrund werden die Vorbehalte, die gegenüber dem Strukturbegriff der objektiven Hermeneutik vorgebracht werden – daß «zwischen Oberflächen- und Tiefenstrukturen der Sprachverwendung (...) innerhalb der objektiven Hermeneutik (...) ein methodologischer Hiatus, der allenfalls über ‹Kunstlehren› geschlossen werden kann» (Bonß 1991, S. 38), bleibt –, noch zusätzlich relevant (vgl. auch Reichertz 1988, 1991).

Neuere Entwicklungen in der Psychologie: Soziale Repräsentationen
Ungeklärt ist bei strukturalistischen Ansätzen, wie sich das Verhältnis von implizitem sozialen Wissen und individuellem Wissen und Handeln gestaltet. Zur Beantwortung dieser Frage läßt sich an ein Forschungsprogramm aus der Sozialpsychologie anknüpfen, das sich mit der «sozialen Repräsentation» von Gegenständen (von wissenschaftlichen Theorien über kulturelle Objekte und Wandlungsprozesse; vgl. als aktuellen Überblick Flick 1995a) beschäftigt und sich dem Problem widmet, wie solche sozial oder kulturell geteilten Wissensbestände individuelle Wahrnehmungs-, Erfahrungs- und Handlungsweisen beeinflussen. Eine soziale Repräsentation wird dabei verstanden als

«ein System von Werten, Ideen und Handlungsweisen mit zweifacher Funktion; erstens eine Ordnung zu schaffen, die Individuen in die Lage versetzt, sich in ihrer materiellen und sozialen Welt zu orientieren und sie zu meistern; und zweitens Kommunikation unter den Mitgliedern einer Gemeinschaft zu ermöglichen, indem es diesen einen Kode für sozialen Austausch und einen Kode zur Benennung und zur eindeutigen Klassifikation der verschiedenen Aspekte ihrer Welt und ihrer individuellen Geschichte und der ihrer Gruppe liefert» (Moscovici 1973, S. xvii).

Dieser Ansatz wird zunehmend als theoretischer Rahmen für qualitative Analysen genutzt, die sich mit der sozialen Konstruktion von Phänomenen wie Gesundheit und Krankheit (Herzlich 1991), Verrücktheit (Jodelet 1991) oder technischem Wandel im Alltag (Flick 1995b) beschäftigen. Auch hier werden Regeln untersucht, die sich aus sozialem Wissen über das jeweilige Thema ableiten, ohne diese jedoch zu einer Realität sui generis zu stilisieren. Methodisch werden verschiedene Formen von Interviews (vgl. Kapitel 8) und teilnehmende Beobachtung (vgl. Kapitel 12) verwendet (z. B. bei Jodelet 1991).

Rivalität der Paradigmen oder Perspektiven-Triangulation

Die unterschiedlichen Perspektiven qualitativer Forschung und ihre jeweiligen Ansatzpunkte lassen sich folgendermaßen schematisieren:

Die erste Perspektive setzt an den an einer untersuchten Situation beteiligten Subjekten und den Bedeutungen an, die diese Situation für sie hat. Aus diesen subjektiven Bedeutungen wird – Schritt für Schritt – der situative Kontext, die Interaktion mit anderen Beteiligten und, soweit möglich, auch die soziale und kulturelle Bedeutung des Geschehens re-

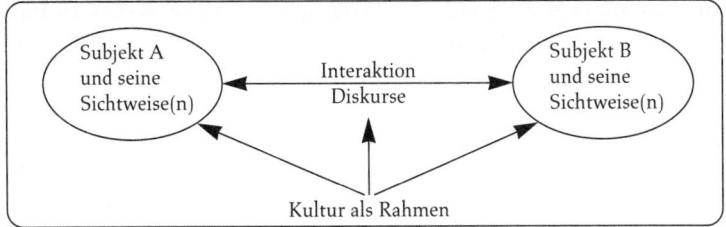

Abbildung 2: Forschungsperspektiven qualitativer Forschung und ihre Ansatzpunkte

konstruiert. Wie das Beispiel der Situation Beratung zeigt (vgl. Flick 1989), wird in dieser Perspektive aus der subjektiven Sichtweise (z. B. subjektiven Theorien über Beratung) die Bedeutung und der Verlauf des Geschehens ‹Beratung› erschlossen, möglicherweise wird auf diesem Wege auch die kulturelle Bedeutung der Situation Beratung analysiert. In der zweiten Perspektive wird mit der Interaktion in der Beratung angesetzt, und die Diskurse (des Helfens, über bestimmte Probleme etc.) werden analysiert. Dabei stehen jedoch weniger die subjektiven Bedeutungen, die das Gesagte für einzelne Beteiligte hat, im Vordergrund als die Weise, wie das Gespräch formal als Beratungsgespräch organisiert wird und wie die Beteiligten sich darin gegenseitig ihre Teilnehmerrollen (Berater bzw. Klient) zuweisen. Kulturelle bzw. soziale Kontexte außerhalb der Interaktion werden vor allem unter der Fragestellung interessant, wie sie im Gespräch neu hergestellt bzw. fortgeschrieben werden. In der dritten Perspektive wird dagegen eher untersucht, welche impliziten bzw. unbewußten Regeln das explizite Handeln in der Situation bestimmen, welche latenten bzw. unbewußten Strukturen hier handlungsgenerierend wirken. Die jeweilige Kultur und die Strukturen und Regeln, die sie den Individuen in und für Situationen ‹anbietet›, sind dabei der zentrale Ansatzpunkt. Subjektive Sichtweisen interessieren dabei ebenso wie interaktive Praktiken gerade unter dem Blickwinkel, inwieweit sich darüber Strukturen freilegen bzw. rekonstruieren lassen.

Jenseits solcher Gegenüberstellungen sind zwei Umgangsweisen mit unterschiedlichen Forschungsperspektiven zu verzeichnen: Einmal werden die jeweilige Position und ihre Perspektive auf zu untersuchende Phänomene als die ‹einzig-wahre› stilisiert und die anderen kritisch zurückgewiesen. Solche Abgrenzungen haben die Diskussion im deutschen Sprachraum lange bestimmt. Auch in der amerikanischen Diskussion sind unterschiedliche Positionen zu Paradigmen stilisiert worden und dann als konkurrierende oder «sich bekriegende» Paradigmen (vgl. Guba und Lincoln 1994, S. 117) gegenübergestellt worden.

Jedoch lassen sich Positionen auch als unterschiedliche Zugangsweisen zum untersuchten Phänomen verstehen und die jeweiligen Perspektiven daraufhin betrachten, welchen Ausschnitt des jeweiligen Phänomens sie erschließen und welche Ausschnitte sie ausschließen. Von diesem Verständnis ausgehend, werden unterschiedliche Forschungsperspektiven dann miteinander kombiniert und ergänzt. Eine solche Triangulation der Perspektiven (Flick 1992a) erweitert den Blickwinkel auf das untersuchte Phänomen, indem etwa die Sicht der beteiligten Subjekte rekonstruiert wird und anschließend gemeinsame Interaktionssituationen in ihrem Verlauf analysiert werden.

Gemeinsamkeiten der verschiedenen Positionen

Die gemeinsamen Aspekte dieser unterschiedlichen theoretischen Positionen lassen sich bei aller Unterschiedlichkeit der Perspektiven als eine Art Schnittmenge festhalten:

- Verstehen als Erkenntnisprinzip: Qualitative Forschung zielt darauf ab, das untersuchte Phänomen bzw. Geschehen von innen heraus zu verstehen (vgl. hierzu auch Hopf 1985). Verstanden werden soll die Sicht eines Subjekts (oder mehrerer Subjekte), der Ablauf sozialer Situationen (Gespräche, Diskurse, Arbeitsabläufe) oder die auf eine Situation zutreffenden kulturellen bzw. sozialen Regeln. Wie dieses Verstehen methodisch jeweils realisiert wird, hängt von der zugrundegelegten theoretischen Position ab.
- Fallrekonstruktion als Ansatzpunkt: Zweites gemeinsames Kennzeichen ist, daß mehr oder minder konsequent am Einzelfall angesetzt wird, bevor zu vergleichenden bzw. allgemeinen Aussagen übergegangen wird. Zunächst wird die einzelne subjektive Theorie, der einzelne Gesprächsverlauf, der einzelne Fall rekonstruiert, bevor andere Fallanalysen und ihre Ergebnisse vergleichend herangezogen werden (vgl. Hildenbrand 1991), um daraus eine Typologie (der verschiedenen subjektiven Theorien, der verschiedenen Gesprächsverläufe, der verschiedenen Fallstrukturen) zu entwickeln. Was dabei als Fall verstanden wird – das Subjekt und seine Sicht, eine lokal-zeitlich umgrenzte Interaktion oder ein spezifischer sozialer oder kultureller Kontext, in

dem ein Geschehen sich entfaltet –, hängt jeweils von der theoretischen Position ab, mit der der Fall untersucht wird.
- Konstruktion von Wirklichkeit als Grundlage: In den rekonstruierten Fällen (bzw. Typologien) sind jeweils unterschiedliche Konstruktionen der Wirklichkeit enthalten: Subjekte konstruieren über ihre Sicht auf ein bestimmtes Phänomen einen Ausschnitt ihrer Wirklichkeit; in Gesprächen und Diskursen werden Phänomene interaktiv hergestellt, und Wirklichkeit wird darüber konstruiert. Latente Sinnstrukturen und damit zusammenhängende Regeln tragen über die von ihnen generierten Handlungen zur Konstruktion sozialer Situationen bei. Wirklichkeit, die in qualitativer Forschung untersucht wird, ist nicht vorgegeben, sondern wird von unterschiedlichen Instanzen konstruiert. Welche Instanzen als zentral für diese Konstruktion angesehen werden, hängt wesentlich von der jeweiligen theoretischen Position ab, mit der dieser Konstruktionsprozeß untersucht wird.
- Text als empirisches Material: Im Zuge der Rekonstruktion von Fällen werden jeweils Texte produziert, an denen die eigentlichen empirischen Analysen vorgenommen werden: Die Sicht des Subjekts wird als seine subjektive Theorie rekonstruiert bzw. formuliert, ein Interaktionsablauf wird aufgezeichnet und transkribiert. Rekonstruktionen von latenten Sinnstrukturen können nur an Texten in der notwendigen Ausführlichkeit vorgenommen werden. In allen Fällen werden diese Texte zur Grundlage von Rekonstruktion und Interpretation. Welchen Stellenwert der Text jeweils hat, hängt wiederum von der jeweiligen theoretischen Position ab.

	Sicht des Subjekts	Herstellung sozialer Wirklichkeiten	kulturelle Rahmung sozialer Wirklichkeiten
Traditioneller theoretischer Hintergrund	Symbolischer Interaktionismus	Ethnomethodologie	Strukturalismus, Psychoanalyse
Neuere Entwicklungen in den Sozialwissenschaften	Interpretativer Interaktionismus	Studies of Work	Post-Strukturalismus
Neuere Entwicklungen in der Psychologie	Forschungsprogramm Subjektive Theorien	Diskursive Psychologie	Soziale Repräsentationen
gemeinsame Aspekte	<ul><li>Verstehen als Erkenntnisprinzip</li><li>Fallrekonstruktion als Ansatzpunkt</li><li>Konstruktion von Wirklichkeit als Grundlage</li><li>Text als empirisches Material</li></ul>		

Tabelle 1: Theoretische Positionen in qualitativer Forschung

3. Konstruktion und Verstehen von Texten

Wenn sich im vorangegangenen Kapitel als gemeinsame Kennzeichen qualitativer Forschung über verschiedene theoretische Positionen hinweg Verstehen, Fallbezug, Konstruktion von Wirklichkeit und die Verwendung von Text als Material festhalten ließen, so ergeben sich daraus verschiedene Fragen: Wie ist der Prozeß der Konstruktion sozialer Wirklichkeit im untersuchten Phänomen, aber auch im Prozeß seiner Untersuchung zu verstehen? Wie wird Wirklichkeit im Fall, der zu Untersuchungszwecken (re-)konstruiert wird, abgebildet bzw. hergestellt? Wie gestaltet sich das Verhältnis von Text und Wirklichkeiten?

Text und Wirklichkeiten

Texte haben im qualitativen Forschungsprozeß drei Funktionen: Texte sind nicht nur die wesentlichen Daten, auf die Erkenntnis gegründet wird, sie sind auch die Basis von Interpretationen und das zentrale Medium der Darstellung und Vermittlung solcher Erkenntnisse. Dies gilt nicht nur für die objektive Hermeneutik, für die die Textualisierung der Welt zum Programm erhoben wird (etwa bei Garz 1994), sondern generell für die gängigen Verfahren qualitativer Sozialforschung: Entweder sind Interviews die Datenbasis. Daraus werden Verschriftungen (eben Texte) erstellt, um diese dann Interpretationen zuzuführen. Bei Beobachtungen sind häufig Feldnotizen die (textuelle) Datenbasis. Oder die Forschung setzt an Aufzeichnungen natürlicher Gespräche und Situationen an und gelangt von dort zu Verschriftungen und Interpretationen. Ergebnis der Datenerhebung und Instrument der Interpretation sind in jedem Fall Texte. Wenn qualitative Forschung sich nun darauf verläßt, soziale Realitäten durch Texte zu verstehen, kommt zwei Fragen besondere Bedeutung zu: Was passiert eigentlich bei der Übersetzung von Wirklichkeit in Texte und was bei der Rückübersetzung von Texten in Wirklichkeit bzw. beim Schluß von Texten auf Wirklichkeiten?

Der Text tritt dabei an die Stelle des Untersuchten. Wenn der Forscher seine Daten ‹im Kasten hat› und daraus einen Text erstellt hat, substituiert dieser im weiteren die erforschte Realität: Interessierte ursprünglich die Biographie, steht nun die Erzählung zur Verfügung, die im Interview produziert wurde. Davon bleibt wiederum nur das erhalten, was die Aufzeichnung ‹eingefangen› hat und was weiterhin von der gewählten Form der Transkription abgebildet wurde. Der dabei produzierte Text dient nun als Basis anschließender Interpretationen und abgeleiteter Erkenntnis: Rückversicherungen an der Tonbandaufzeichnung stellen eher die Ausnahme dar, ebenso wie die Rückversicherung bei den befragten oder beobachteten Subjekten. Kontrolle darüber, was und wieviel vom ursprünglich interessierenden Gegenstand – z. B. der Biographie – letztlich der produzierte Text noch enthält und wiedergibt, ist nur schwer zu gewinnen. Solche Fragen sollten in einer Sozialwissenschaft, die zu einer Textwissenschaft (Gross 1981) geworden ist, die aber auch auf Texte als Form der Fixierung und Objektivierung angewiesen ist, besondere Beachtung erhalten. In diesem Zusammenhang ist auch das bislang noch wenig thematisierte Problem der Herstellung *neuer* Realitäten (z. B. das Leben als Geschichte) im Verlauf der Datenerzeugung und Interpretation zu diskutieren.

Text als Welterzeugung:
Konstruktionen erster und zweiter Ordnung

Daß es im Verhältnis von Text und Realität nicht um eine einfache Abbildung faktisch gegebener Zusammenhänge geht, wird unter der Überschrift «Krise der Repräsentation» in verschiedenen Zusammenhängen seit längerem diskutiert: In den Auseinandersetzungen um die Repräsentierbarkeit von Welt in Computersystemen oder in kognitiven Systemen stellen Winograd und Flores (1986) diese einfache Abbild-Vorstellung in Frage, während Ricœur (1981) solche Diskussionen als relevantes Thema der Philosophie ausmacht. Ausgehend von entsprechenden Debatten in der Ethnographie (z. B. bei Clifford und Marcus 1986; Berg und Fuchs 1993) wird diese Krise für qualitative Forschung als eine doppelte Krise der Repräsentation und der Legitimation diskutiert. In der Folge der linguistischen Wende der Sozialwissenschaften wird bezweifelt, daß Sozialforscher «direkt gelebte Erfahrung einfangen können. Solche Erfahrung, wird nun argumentiert, wird produziert im sozialen Text, der vom Forscher geschrieben wird. Dies ist die Krise der Repräsentation (...) (Sie – U. F.) problematisiert die direkte Verknüpfung zwischen Erfahrung und Text» (Denzin und Lincoln 1994b, S. 11).

Die zweite Krise ist die der Legitimation, in der die klassischen Gütekriterien für qualitative Forschung oder – in der Folge der Postmoderne – die Möglichkeit einer Legitimation wissenschaftlicher Erkenntnis insgesamt zurückgewiesen werden (vgl. Kapitel 18).

Entscheidend bleibt in diesen Diskussionen, inwieweit – insbesondere in sozialwissenschaftlicher Forschung – von einer Realität ausgegangen werden kann, die außerhalb subjektiver oder sozial geteilter Sichtweisen existiert und an der dann deren ‹Abbildung› in Texte (oder andere Forschungsprodukte) überprüft werden kann. Von den verschiedenen Spielarten des sozialen Konstruktivismus (als knappen Überblick vgl. Knorr-Cetina 1989) wird diese Annahme abgelehnt. Vielmehr wird davon ausgegangen, daß Wirklichkeit von den Beteiligten über die Bedeutungen aktiv hergestellt wird, die bestimmten Ereignissen und Gegenständen beigemessen werden, und daß Sozialforschung an diesen Bedeutungen nicht ‹vorbeikommt›, wenn sie sich mit sozialen Realitäten beschäftigen will. Die dabei gestellten und zu stellenden Fragen faßt Matthes (1985, S. 59) folgendermaßen zusammen:

«Was halten die gesellschaftlichen Subjekte jeweils für sich als wirklich und *wie*?, und: Unter welchen Bedingungen steht, in der Perspektive der sich ihnen zuwendenden Beobachter, solches Für-Wirklich-Halten?, und: Unter welchen Bedingungen halten die Beobachter ihrerseits das von ihnen *so* Beobachtete für wirklich?»

Demnach sind Ansatzpunkte der Forschung die Vorstellungen von sozialen Ereignissen, von Gegenständen oder von Tatsachen, die in einem untersuchten Feld anzutreffen sind und die Art und Weise, wie diese miteinander kommunizieren – konkurrieren, konfligieren, sich durchsetzen, geteilt und für wahr gehalten werden.

Soziale Konstruktionen als Ausgangspunkte
Daß Tatsachen erst über ihre Bedeutung und deren Interpretation relevant werden, hat schon Alfred Schütz festgehalten:

«Genau genommen gibt es nirgends so etwas wie reine und einfache Tatsachen. Alle Tatsachen sind immer schon aus einem universellen Zusammenhang durch unsere

Bewußtseinsabläufe ausgewählte Tatsachen. Somit sind sie immer interpretierte Tatsachen: entweder sind sie in künstlicher Abstraktion aus ihrem Zusammenhang gelöst oder aber sie werden nur in ihrem partikulären Zusammenhang gesehen. Daher tragen in beiden Fällen die Tatsachen ihren interpretativen inneren und äußeren Horizont mit sich» (Schütz 1971, S. 5).

Hier ergeben sich Parallelen zu Goodman (1984), für den die Welt über die verschiedenen Formen des Wissens – vom Alltagswissen über die Wissenschaften bis hin zur Kunst als verschiedene «Weisen der Welterzeugung» – sozial konstruiert wird. Ausgehend von Goodman – und Schütz – wird Sozialforschung zur Analyse solcher Weisen der Welterzeugung und der Konstruktionsleistungen, die im Alltag der Beteiligten ablaufen. Ein zentraler Gedanke ist in diesem Zusammenhang die Unterscheidung, die Schütz (1971, S. 68) zwischen Konstruktionen ersten und zweiten Grades trifft. Nach Schütz «... sind die Konstruktionen der Sozialwissenschaften sozusagen Konstruktionen zweiten Grades, das heißt Konstruktionen von Konstruktionen jener Handelnden im Sozialfeld». In diesem Sinn formuliert Schütz (1971, S. 68) als «erste Aufgabe der Methodologie der Sozialwissenschaften, die allgemeinen Prinzipien zu erforschen, nach denen der Mensch im Alltag seine Erfahrungen und insbesondere die der Sozialwelt ordnet».

Demnach werden Alltagserkenntnis und -wissen zur Basis, von der aus Sozialwissenschaftler eine in stärkerem Maße formalisierte und verallgemeinerte «Version der Welt» (Goodman 1984) entwickeln. Entsprechend nimmt Schütz (1971, S. 267 f) «mannigfaltige Wirklichkeiten» an, von denen die Welt der Wissenschaft nur eine darstellt, die sich teilweise nach anderen Prinzipien organisiert als die Welt des Alltags.

Insbesondere sozialwissenschaftliche Forschung steht dann vor dem Problem, daß sie die Welt, die sie untersuchen will, immer nur in denjenigen Versionen antrifft, die von dieser Welt im jeweiligen Feld existieren bzw. von den interagierenden Subjekten (gemeinsam oder konkurrierend) konstruiert werden. Sozialwissenschaft produziert eine weitere Version dieser Welt. Wissenschaftliche Erkenntnis und Darstellung von Zusammenhängen umfaßt damit verschiedene Prozesse der Konstruktion von Wirklichkeit: alltägliche, subjektive Konstruktionen bei den Untersuchten und wissenschaftliche (d. h. mehr oder minder kodifizierte) Konstruktionen der Untersuchenden bei der Erhebung, Aufbereitung und Interpretation von Daten sowie bei der Darstellung von Ergebnissen.

In diesen Konstruktionen werden jeweils für wirklich gehaltene Zu-

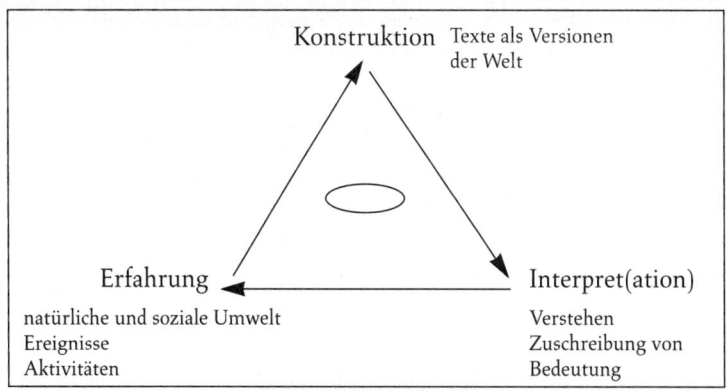

Abbildung 3: Verstehen zwischen Konstruktion und Interpretation

sammenhänge übersetzt – alltägliche Erfahrungen in Wissen bei den Untersuchten, Berichte solcher Erfahrungsweisen oder Ereignisse und Handlungsweisen in Texten bei den Forschern. Wie lassen sich solche Übersetzungsprozesse konkreter fassen?

Welterzeugung im Text: Mimesis

Zur Beantwortung dieser Frage soll das Konzept der Mimesis aus der Kunst- und Literaturwissenschaft (vgl. Kunstforum 114; Iser 1991) aufgegriffen werden, das auch für eine auf Texten basierende Sozialwissenschaft Aufschlüsse bieten kann. Mimesis hat die Transformation von (ursprünglich – etwa bei Aristoteles: natürlichen) Welten in symbolische Welten zum Gegenstand. Zunächst wurde sie als «Nachahmung der Natur» verstanden; inzwischen wird dieser Begriff umfassender diskutiert (Gebauer und Wulf 1992). Als prägnantes Beispiel wird immer wieder die Darstellung von natürlichen oder sozialen Zusammenhängen im Rahmen von literarischen oder dramatischen Texten bzw. auf der Bühne des Theaters herangezogen: Demnach «ist Mimesis Kennzeichnung der Produktion einer symbolischen Welt, die praktische und theoretische Bestandteile einbezieht» (Gebauer und Wulf 1992, S. 11). Mittlerweile richtet sich das Interesse an diesem Konzept auch über die Darstellung in literarischen Texten oder im Theater hinaus. Die aktuelle Diskussion thematisiert Mimesis als allgemeines Prinzip, mit dem sich das Verstehen von Welt – und Texten – skizzieren läßt:

«In mimetischen Prozessen gleicht sich der Mensch der Welt an. Mimesis ermöglicht es dem Menschen, aus sich herauszutreten, die Außenwelt in die Innenwelt hineinzuholen und die Innenwelt auszudrücken. Sie stellt eine sonst nicht erreichbare Nähe zu den Objekten her und ist daher auch eine notwendige Bedingung von Verstehen» (Gebauer und Wulf 1992, S. 11).

Bei der Anwendung dieser Überlegungen auf qualitative Forschung und die darin verwendeten Texte lassen sich mimetische Anteile an folgenden Stellen ausmachen:
- einerseits in der Umsetzung von Erfahrungen in Erzählungen, Berichten etc. auf seiten der Subjekte, die untersucht werden;
- andererseits in der Konstruktion von Texten auf dieser Basis und bei der Interpretation solcher Konstruktionen seitens der Forscher;
- schließlich, wenn solche Interpretationen in alltägliche Zusammenhänge zurückfließen, etwa beim Lesen der entsprechenden Darstellungen.

Um die mimetischen Prozesse für die Konstruktion und Interpretation sozialwissenschaftlicher Texte nachzuzeichnen, bieten die Überlegungen von Ricœur (1981, 1988) einen fruchtbaren Ansatzpunkt. Für literarische Texte hat Ricœur den mimetischen Prozeß «in spielerischem Ernst» in die drei Schritte Mimesis$_1$, Mimesis$_2$ und Mimesis$_3$ zerlegt:

«Die Hermeneutik hingegen bemüht sich darum, den gesamten Bogen der Vorgänge zu rekonstruieren, durch die aus der praktischen Erfahrung Werke, Autoren und Leser hervorgehen. Am Schluß der Analyse wird sich als Folge ergeben, daß der Leser der Agierende im besonderen Sinne ist, der durch seine Tätigkeit – das Lesen – die Einheit des Weges von der Mimesis$_1$ über Mimesis$_2$ zu Mimesis$_3$ auf seinen Schultern trägt» (Ricœur 1988, S. 88 f).

Lesen und Verstehen von Texten wird dabei zu einem aktiven Prozeß der Herstellung von Wirklichkeit, an dem nicht nur der Verfasser von – in unserem Fall sozialwissenschaftlichen – Texten, sondern auch derjenige beteiligt ist, für den diese geschrieben werden und der sie liest. Übertragen auf qualitative Forschung heißt das, daß bei der Herstellung von Texten (über ein bestimmtes Subjekt, eine Interaktion oder ein Geschehen) an der Konstruktion von Wirklichkeit in diesem Text derjenige, der ihn verfaßt,

ebenso involviert ist wie derjenige, der ihn liest bzw. interpretiert. Nach Ricœurs Verständnis von Mimesis lassen sich in einer auf Texten basierenden Sozialwissenschaft drei Formen von Mimesis unterscheiden:
- Alltägliche wie auch wissenschaftliche Interpretationen basieren stets auf einem Vor-Verständnis menschlichen Handelns und sozialer oder natürlicher Ereignisse – Mimesis$_1$:

«Was immer der Status dieser Geschichten sein mag, die irgendwie der Erzählung, die wir ihnen geben mögen, vorgelagert sind, bezeugt schon unsere Verwendung des Wortes Geschichte (in diesem prä-narrativen Sinne verstanden) unser Vor-Verständnis, daß Handlung in dem Ausmaß menschlich ist, in dem es eine Lebensgeschichte charakterisiert, die erzählt zu werden verdient: Mimesis$_1$ ist jenes Vorverständnis dessen, was menschliches Handeln ausmacht, seiner Semantik, seiner Symbolik, seiner Zeitlichkeit. Aus diesem Vor-Verständnis, das Dichtern und ihren Lesern gemeinsam ist, entsteht Fiktion und mit der Fiktion kommt die zweite Form der Mimesis, die textuell und literarisch ist» (Ricœur 1981, S. 20).

- Die mimetische Umsetzung bei der ‹Verarbeitung› von Erfahrungen der sozialen oder natürlichen Umwelt in Texte – ob in Alltagserzählungen gegenüber anderen, in bestimmte Dokumente etc. oder bei der Herstellung von Texten zu Forschungszwecken, ist jeweils als Vorgang der Konstruktion zu verstehen – Mimesis$_2$: «Dies ist der Bereich der Mimesis$_2$ zwischen dem Vorher und dem Nachher des Textes. Auf dieser Stufe könnte Mimesis als die Konfiguration von Handlung definiert werden» (S. 25).
- Die mimetische Transformation von Texten in Verständnisweisen erfolgt durch Prozesse der Interpretation – im Alltagsverstehen von Erzählungen, Dokumenten, Büchern, Zeitungen etc. wie in wissenschaftlichen Interpretationen von solchen Erzählungen, Forschungsdokumenten (Protokolle, Transkripte etc.) oder wissenschaftlichen Texten: «... Mimesis$_3$ bezeichnet die Schnittstelle zwischen der Welt des Textes und der Welt des Hörers oder Lesers» (S. 26).

Entsprechend dieser Sichtweise, die Ricœur für die Auseinandersetzung mit literarischen Texten formuliert hat, lassen sich mimetische Prozesse im sozialwissenschaftlichen Verstehen als Wechselspiel von Konstruktion und Interpretation von Erfahrungen so festmachen (vgl. Abb. 4):

Mimesis beinhaltet den Gang vom Vorverständnis über den Text zur Interpretation. Der Prozeß wird im Akt der Konstruktion und der Interpretation wie im Akt des Verstehens vollzogen.

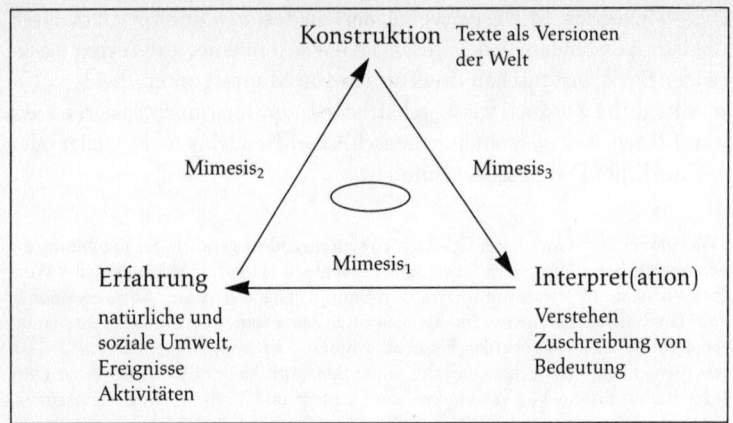

Abbildung 4: Prozeß der Mimesis

Daß Verstehen als aktiver Prozeß der Herstellung unter Einbeziehung des Verstehenden entsprechend dieser Mimesiskonzeption sich nicht auf den Zugang zu literarischen Texten beschränkt, sondern auf Verstehen insgesamt und damit auch auf Verstehen als Konzept der Erkenntnis im Rahmen sozialwissenschaftlicher Forschung erstreckt, verdeutlichen Gebauer und Wulf (1992) in ihrer verallgemeinernden Auseinandersetzung mit Mimesis. Dabei greifen sie auf Goodmans Theorie (1984) der verschiedenen Weisen der Welterzeugung und der daraus resultierenden Versionen der Welt als Ergebnis von Erkenntnis zurück:

«Erkennen gleicher Muster ist eine Sache des Erfindens: Organisationsweisen ‹werden nicht in der Welt gefunden, sondern in die Welt eingebaut›. Verstehen ist kreativ. Mithilfe von Goodmans Theorie des Welterzeugens kann die Mimesis gegen eine Tradition rehabilitiert werden, die ihr beharrlich das Schöpferische abgesprochen hat – und selbst auf falschen Voraussetzungen beruht: dem isolierten Erkenntnisobjekt, der Annahme einer außerhalb der Kodifizierungssysteme existierenden Welt, der Idee, daß Wahrheit die Korrespondenz zwischen Aussagen und einer außersprachlichen Welt sei, dem Postulat, daß es einen Ursprung des Denkens gebe. An dieser Theorie bleibt nach Goodmans Kritik kein Stein auf dem anderen: Welten werden ‹aus anderen Welten› gemacht» (Gebauer und Wulf 1992, S. 28).

Damit wird Mimesis von Gebauer und Wulf für Erkenntnis allgemein, von Ricœur für Verstehensprozesse in bezug auf Literatur in einer Weise diskutiert, die ohne die enge und strenge Vorstellung der Abbildung gegebener Wirklichkeit in Texte, ohne die entsprechende enge Auffassung von Wirklichkeit und Wahrheit auskommt.[4]

Mimesis im Verhältnis von Biographie und Erzählung

Zur Verdeutlichung soll diese Vorstellung des mimetischen Prozesses auf ein verbreitetes Vorgehen qualitativer Forschung angewendet werden. Ein großer Teil der Forschungspraxis widmet sich der Rekonstruktion von Lebensgeschichten bzw. Biographien in Interviews. Dabei wird davon ausgegangen, daß die angemessene Darstellungsform biographischer Erfahrungen die Erzählung ist (vgl. ausführlicher Kapitel 9, 10 und 16). In diesem Zusammenhang vertritt Ricœur (1981, S. 20) die «These der narrativen oder prä-narrativen Qualität der Erfahrung». Hinsichtlich der mimetischen Beziehung zwischen Lebensgeschichten und Erzählungen verdeutlicht Bruner (1987, S. 12 f),

«daß die Mimesis zwischen dem sogenannten Leben und Erzählungen eine zweiseitige Sache ist: (...) Erzählungen imitieren Leben, Leben imitiert Erzählungen. ‹Leben› in diesem Sinne ist dieselbe Art der Konstruktion der menschlichen Phantasie, wie es ‹eine Erzählung› ist. Es wird von menschlichen Wesen durch aktive Rationalisierung konstruiert, durch dieselbe Art der Rationalisierung, durch die wir Erzählungen konstruieren. Wenn jemand sein Leben erzählt (...), handelt es sich dabei in jedem Falle eher um eine kognitive Leistung als um eine glasklare Schilderung von etwas eindeutig Gegebenen. Am Ende ist eine narrative Leistung. Es gibt, psychologisch gesehen, nichts wie das ‹Leben an sich›. Zumindest handelt es sich um eine selektive Leistung der Erinnerung; darüber hinaus ist das eigene Leben zu erzählen eine interpretative Leistung».

Damit wird die biographische Erzählung des eigenen Lebens nicht zu einer Abbildung faktischer Verläufe. Sie wird zu einer mimetischen Darstellung von Erfahrungen, die zu diesem Zweck – im Interview – in Form einer Erzählung konstruiert werden. Auf der anderen Seite liefert die

---

4 «In diesem Verständnis ist Mimesis unseren Begriffen der Referenz, des Wirklichen und der Wahrheit voraus. So entzündet sie ein bislang unerfülltes Bedürfnis, über das Gegebene hinaus zu denken» (Ricœur 1981, S. 31).

Erzählung allgemein einen Rahmen, in dem Erfahrungen eingeordnet, dargestellt, bewertet etc. – kurz: in dem sie erlebt werden. Der Gegenstand, den qualitative Forschung (hier) untersucht, ist also bereits im Alltag in der Form, in der sie ihn untersuchen will, konstruiert und interpretiert. In der Situation des Interviews wird diese alltägliche Interpretations- und Konstruktionsweise genutzt, um diese Erfahrungen einer symbolischen Welt – der Wissenschaft und ihren Texten – zuzuführen. Die Erfahrungen werden dann von dieser Welt aus interpretiert: «In der mimetischen Bezugnahme wird von einer symbolisch erzeugten Welt aus eine vorgängige (aber nicht notwendigerweise existierende) Welt interpretiert, die selbst schon interpretiert ist. Mimesis erteilt eine Neudeutung von bereits gedeuteten Welten» (Gebauer und Wulf, 1992, S. 433).

Durch die Rekonstruktion des Lebens unter einer spezifischen Fragestellung wird eine Version der jeweiligen Erfahrungen konstruiert und interpretiert. Inwieweit das Leben und die Erfahrungen in der berichteten Form tatsächlich stattgefunden haben, ist dabei nicht nachprüfbar. Jedoch läßt sich feststellen, welche Konstruktion das erzählende Subjekt von beidem präsentiert und auch, welche Version in der Forschungssituation entsteht. Spätestens in der Darstellung der Ergebnisse dieser Rekonstruktion sollen diese Erfahrungen und die Welt, in der sie gemacht worden sind, in einer bestimmten Weise präsentiert und gesehen werden – etwa in Form einer (neuen) Theorie mit Geltungsansprüchen: «Im mimetischen Handeln ist die Absicht involviert, eine symbolisch erzeugte Welt so zu zeigen, daß sie als eine bestimmte gesehen wird» (Gebauer und Wulf, 1992, S. 433). Mimesis kommt an den jeweiligen Schnittstellen zwischen der in der Forschung symbolisch erzeugten Welt und dem Alltag oder den Kontexten, denen sie sich empirisch widmet, zum Tragen: «Mimesis ist ein Dazwischen, aufgespannt zwischen einer symbolisch erzeugten und einer anderen Welt» (ebd.).

Aus der Sicht verschiedener der hier angeführten Autoren vermeidet Mimesis jene Probleme, durch die das Konzept der Repräsentation in eine Krise geraten und zur Illusion geworden ist[5]. Mimesis läßt sich aus dem Kontext des literarischen Darstellens und Verstehens herauslösen und

---

5 «(...) Mimesis, die mir weniger eingesperrt, weniger abgeschlossen und reicher an Mehrdeutigkeit, also mobiler und mehr mobilisierend für einen Ausweg aus der repräsentativen Illusion erscheint» (Ricœur 1981, S. 15).

für eine Konzeption in den Sozialwissenschaften nutzen, die berücksichtigt, daß es sich beim zu Verstehenden immer schon auf verschiedenen Ebenen um etwas Dargestelltes handelt: Mimetische Prozesse lassen sich in der Verarbeitung von Erfahrungen in der Alltagspraxis, in Interviews und darüber jeweils in der Konstruktion textualisierter und textualisierbarer, damit Sozialwissenschaft zugänglicher Versionen der Welt ebenso ausmachen wie in der Herstellung von Texten zu Forschungszwecken. In mimetischen Prozessen werden Versionen der Welt erzeugt, die sich in Sozialforschung verstehen und interpretieren lassen (vgl. für eine Anwendung Flick 1995b). Die Unterscheidung verschiedener Formen der Mimesis bei Ricœur und die Unterscheidung alltäglicher und wissenschaftlicher Konstruktionen bei Schütz vermögen den Rahmen weiter auszufüllen, den Goodman mit der Annahme der verschiedenen Versionen der Welt, die durch alltägliche, künstlerische und wissenschaftliche Konstruktionsweisen erzeugt werden, absteckt. Dabei lassen sich die Illusionen und Krisen umgehen, die für die Vorstellung der Repräsentation ohne die Berücksichtigung konstruktiver Anteile im Vorgang der Repräsentation (besser: Darstellung) wie auch im Vorgang des Verstehens kennzeichnend sind.

Qualitative Forschung, die als Erkenntnisprinzip in unterschiedlicher methodischer Umsetzung das Verstehen subjektiver Sichtweisen oder sozialer Kontexte zum Ansatzpunkt nimmt, ist schon auf der Seite ihres ‹Gegenstandes› mit der Konstruktion von Wirklichkeit konfrontiert. Erfahrungen sind in Erzählungen ebensowenig einfach abgebildet wie in den sozialwissenschaftlichen Texten, die darüber erstellt werden. Die weithin in eine Krise geratene Vorstellung der Abbildung von Realität in Darstellung, Forschung und Text läßt sich durch den mehrstufigen Kreislauf der Mimesis in Anlehnung an Ricœur so ersetzen, daß dabei die Konstruktionen der an wissenschaftlichem Verstehen Beteiligten – vom untersuchen Subjekt über den Verfasser des darüber erstellten Texten bis hin zu dessen Leser – berücksichtigt werden. Der Unterschied zwischen alltäglichem und wissenschaftlichem Verstehen in qualitativer Forschung liegt in seiner methodischen Ausgestaltung im Forschungsprozeß, die in den folgenden Kapiteln ausführlicher behandelt wird.

Forschungsdesign

4. Prozeß und Theorien in qualitativer Forschung

Qualitative Forschung läßt sich nicht darauf reduzieren, daß bestimmte Methoden anstelle anderer Verfahren angewendet werden. Qualitative und quantitative Forschung sind weder unvereinbare Gegensätze, die nicht etwa auch kombiniert werden könnten (vgl. hierzu Kapitel 20), noch sollen hier alte und unfruchtbare Methodendebatten um Grundsatzfragen wieder aufgenommen werden. Jedoch setzt qualitative Forschung ein anderes Verständnis von Forschung generell voraus, das jenseits der Entscheidung zwischen beispielsweise narrativem Interview und Fragebogen liegt. Qualitative Forschung beinhaltet ein spezifisches Verständnis des Verhältnisses von Gegenstand und Methode. Weiterhin ist sie nur sehr begrenzt mit der aus der quantitativen oder experimentellen Forschung vertrauten Logik der Forschung vereinbar. Dort kann der Ablauf in eine lineare Abfolge konzeptioneller, methodischer und empirischer Schritte aufgefächert werden. Die einzelnen Schritte können nacheinander und unabhängig voneinander durchgeführt und behandelt werden. Bei qualitativer Forschung ist dagegen die wechselseitige Abhängigkeit der einzelnen Bestandteile des Forschungsprozesses in stärkerem Maß gegeben bzw. zu berücksichtigen. Am deutlichsten entwickelt ist diese Vorstellung im Ansatz der «gegenstandsbegründeten Theoriebildung» von Glaser und Strauss (1967), Corbin und Strauss (1990) und Strauss (1991).

Forschung als linearer Prozeß

Die klassische Variante in den quantifizierenden Sozialwissenschaften setzt demgegenüber an der Modellbildung an: Der Wissenschaftler konstruiert vor Eintritt in das zu untersuchende Feld ‹am Schreibtisch› ein Modell der vermuteten Bedingungen und Zusammenhänge. Ausgangspunkt sind theoretische Wissensbestände aus der Literatur oder frühere, empirisch belegte Zusammenhänge. Daraus werden Hypothesen abgeleitet, die in operationalisierter Form an empirischen Zusammenhängen überprüft werden. Die konkreten bzw. empirischen ‹Gegenstände› der Forschung wie ein bestimmtes Feld oder konkrete Subjekte, an denen Befragungen oder Beobachtungen durchgeführt werden, erhalten den Status des Exemplarischen, an dem vermutete allgemeine Zusammenhänge (in Form der Hypothesen) überprüft werden. Ziel ist die Repräsentativität der gewonnenen Ergebnisse, die etwa durch die Zufallsauswahl der untersuchten Subjekte gewährleistet werden soll. Entscheidend ist die saubere Zerlegung komplexer Zusammenhänge in unterscheidbare Variablen, deren Wirkung darüber isoliert und geprüft werden kann. Theorien und Methoden erhalten hier Priorität gegenüber dem Gegenstand der Forschung. Theorien werden auf diesem Weg überprüft, gegebenenfalls falsifiziert. Wenn sie erweitert werden, dann durch zusätzliche Hypothesen, die wiederum empirisch geprüft werden etc.

Das Prozeßverständnis der gegenstandsbegründeten Theoriebildung

Demgegenüber wird im Ansatz der gegenstandsbegründeten Theoriebildung den Daten und dem untersuchten Feld Priorität gegenüber theoretischen Annahmen eingeräumt. Diese sollen nicht an den untersuchten Gegenstand herangetragen, sondern in der Auseinandersetzung mit dem Feld und darin vorfindlicher Empirie ‹entdeckt› und als Ergebnis formuliert werden. Bei der Auswahl der untersuchten Subjekte ist deren Relevanz für das Thema statt Repräsentativität leitend. Es geht nicht um die Reduktion von Komplexität durch Zerlegung in Variablen, sondern um die Verdichtung von Komplexität durch Einbeziehung von Kontext. Auch Methoden müssen dem untersuchten Gegenstand angemessen sein und dementsprechend ausgewählt werden. Das dabei zugrunde gelegte Verhältnis von Theorie und Empirie wird folgendermaßen umrissen: «Das Prinzip der Offenheit besagt, daß die theoretische Strukturierung des Forschungsgegenstandes zurückgestellt wird, bis sich die Strukturierung des Forschungsgegenstandes durch die Forschungssubjekte herausgebildet hat» (Hoffmann-Riem 1980, S. 343). Hier wird zumindest eine Suspendierung des theoretischen Vor-Wissens, das der Forscher in den Kontakt mit dem Feld mitbringt, postuliert. Entgegen einem verbreiteten Mißverständnis gilt dies vor allem für den Umgang mit Hypothesen, weniger dagegen bei der Entscheidung für die zu untersuchende Fragestellung (vgl. das folgende Kapitel): «Die verzögerte Strukturierung bedeutet Verzicht auf Hypothesenbildung ex ante. Zwar wird die Fragestellung der Forschung unter theoretischen Aspekten umrissen (...). Die Ausarbeitung der Fragestellung gipfelt jedoch nicht (...) im Hypothesensatz» (S. 345).

Die Haltung, die dieses Verständnis qualitativer Sozialforschung dem Forscher nahelegt, wird in einem anderen Kontext mit «gleichschwebender Aufmerksamkeit» bezeichnet. Damit lassen sich nach Freud (1912, S. 377) folgende Probleme umgehen:

«Sowie man nämlich seine Aufmerksamkeit absichtlich bis zu einer gewissen Höhe anspannt, beginnt man auch unter dem dargebotenen Materiale auszuwählen, man fixiert das eine Stück besonders scharf, eliminiert dafür ein anderes, und folgt bei seiner Auswahl seinen Erwartungen oder seinen Neigungen. Gerade dies darf man aber nicht; folgt man bei der Auswahl seinen Erwartungen, so ist man in der Gefahr, niemals etwas anderes zu finden, als man bereits weiß; folgt man seinen Neigungen, so wird man sicherlich die mögliche Wahrnehmung fälschen.»

Auf qualitative Forschung übertragen bedeutet dies, daß der Forscher aufgrund seiner eigenen theoretischen Annahmen und Strukturen, die seine Aufmerksamkeit auf konkrete Punkte lenken, aber auch aufgrund eigener Ängste blind bleibt für die Strukturen im untersuchten Feld bzw. Subjekt. Damit bringt er sich und seine Forschung um die Entdeckung des tatsächlich ‹Neuen›.

Das Prozeßmodell der gegenstandsbegründeten Theoriebildung beinhaltet im wesentlichen die Bestandteile des theoretischen Sampling (vgl. Kapitel 7), des theoretischen Kodierens (vgl. Kapitel 15) und des Schreibens der Theorie (vgl. Kapitel 19). Der Ansatz fokussiert sehr stark auf die Interpretation von wie auch immer gewonnenen Daten. Datenerhebung ist dabei eher sekundär, zumindest hinsichtlich der Frage, welche Form der Datenerhebung angemessen ist. Entscheidungen über einzubeziehende Daten und die Methoden, die dafür verwendet werden sollten, werden nach dem Stand der Theorieentwicklung aufgrund der Analyse der zu dem Zeitpunkt vorliegenden Daten getroffen.

Verschiedene Bestandteile des Modells von Glaser und Strauss haben für sich genommen einen eigenen Stellenwert in der methodischen Diskussion und praktischen Durchführung qualitativer Forschung gewonnen. So wird gerade das theoretische Sampling als Strategie der schrittweisen Festlegung der Stichprobe praktiziert, auch wenn dann ganz andere

Methoden der Auswertung, als Glaser und Strauss vorschlagen, verwendet werden oder der Anspruch der Theorieentwicklung damit nicht verfolgt wird. Der Ansatz des theoretischen Kodierens als Methode der Textauswertung ist ebenfalls zu eigener Bedeutung gekommen. Auch die Idee der Theorieentwicklung durch die Analyse von empirischem Material ist unabhängig von der gleichzeitigen Verwendung der Methoden des Ansatzes zu einem Essential der Diskussion um qualitative Forschung geworden. Jedoch wird dabei häufig die Konsequenz außer acht gelassen, mit der der Ansatz von Strauss die einzelnen Bestandteile verbindet. Darin wird von der Verknüpfung von Auswahlentscheidungen mit der Datenerhebung und der Verknüpfung mit der Interpretation der erhobenen Daten ausgegangen. Das theoretische Sampling z. B. macht als Strategie eigentlich nur Sinn, wenn damit die Konsequenz verbunden ist, daß nicht zuerst alle Interviews durchgeführt werden und dann erst mit der Interpretation der Daten begonnen wird. Vielmehr ist die unmittelbare Interpretation erhobener Daten die Basis für Auswahlentscheidungen. Diese sind dann nicht auf die Auswahl von Fällen begrenzt, sondern beinhalten auch die Entscheidung über die Art der Daten, die als nächste einbezogen werden und damit im Extremfall auch den Wechsel der Methode.

Linearität und Zirkularität des Prozesses

Die skizzierte Zirkularität der Teilprozesse im Modell der gegenstandsbegründeten Theoriebildung ist ein wesentliches Kennzeichen dieses Ansatzes. Sie hat Pate gestanden für eine Vielzahl von Ansätzen, die von Fallanalysen ausgehen (z. B. Hildenbrand 1991). Diese Zirkularität bringt Probleme mit sich, wo das allgemeine lineare Modell der Forschung (Theorie – Hypothesen – Operationalisierung – Stichprobenziehung – Datenerhebung – Datenanalyse – Überprüfung) zur Beurteilung von Forschung zugrunde gelegt wird. Dies ist allgemeiner betrachtet vor allem in zwei Zusammenhängen der Fall: bei der Beantragung von Forschungsprojekten und bei der Bewertung der Forschung mit ihren Ergebnissen anhand klassischer Gütekriterien (vgl. Kapitel 18).

Jedoch liegt gerade in dieser Zirkularität eine Stärke des Ansatzes, da sie – zumindest, wenn sie konsequent angewendet wird – zu einer permanenten Reflexion des gesamten Forschungsvorgehens und seiner Teilschritte im Licht der anderen Schritte zwingt. Durch die enge (auch zeitliche) Verzahnung von Datenerhebung und -auswertung mit der Auswahl von empirischem Material läßt sich die folgende Frage nicht nur immer wieder stellen, sondern auch eher beantworten als bei einem klassisch linearen Vorgehen: Inwieweit werden die verwendeten Methoden, Kategorien und Theorien auch tatsächlich dem Gegenstand und den Daten gerecht?

Theorien im Forschungsprozeß als Versionen der Welt

Was ist nun die Funktion von Theorien[1] in einem an Glaser und Strauss orientierten Forschungsprozeß? Zur Beantwortung dieser Frage lassen sich zwei Bezugspunkte nehmen. Der eine ist das Verständnis von Goodman (1984), daß Theorien – ähnlich wie andere Formen der Darstellung empirischer Zusammenhänge – Versionen der Welt darstellen. Diese Versionen unterliegen einer kontinuierlichen Revision, Überprüfung, Konstruktion und Rekonstruktion. Theorien sind demnach nicht (richtige oder falsche) Abbildungen gegebener Fakten, sondern Versionen oder Perspektiven, in denen die Welt gesehen wird. Durch die Formulierung einer Version und durch die Sichtweise auf die Welt, die sich in ihr verbirgt, wird die Wahrnehmung der Welt in einer Weise bestimmt, die wiederum die soziale Konstruktion dieser Sichtweise und darüber der Welt um uns herum beeinflußt (vgl. Kapitel 3). Theorien als Versionen haben darüber den Charakter der Relativität und Vorläufigkeit, die durch die Weiterentwicklung der Version – etwa durch die zusätzliche Interpretation neuen Materials – zu einer zunehmenden Gegenstandsbegründetheit führen. Darüber wird der Ansatz von Glaser und Strauss zu einem Instrument zur empirisch begründeten Formulierung und Reformulierung solcher Versionen der Welt. Dabei beginnt der Forschungsprozeß nicht als Tabula rasa. Ausgangspunkt ist vielmehr ein Vor-Verständnis des zu untersuchenden Gegenstandes bzw. Feldes.

Dementsprechend ist der zweite Ausgangspunkt zur Bestimmung der Rolle von Theorien im Modell der gegenstandsbegründeten Theoriebildung die «erste Regel», die Kleining (1982, S. 231) für qualitative For-

---

[1] Theorien meint hier Annahmen über den untersuchten Gegenstand, wogegen der Begriff «theoretische Positionen» in Kapitel 2 sich auf unterschiedliche Annahmen über Art und Ziel der Forschung bezieht.

schung formuliert: «Das Vorverständnis über die zu untersuchende Gegebenheit soll als vorläufig angesehen und mit neuen, nicht kongruenten Informationen überwunden werden.»

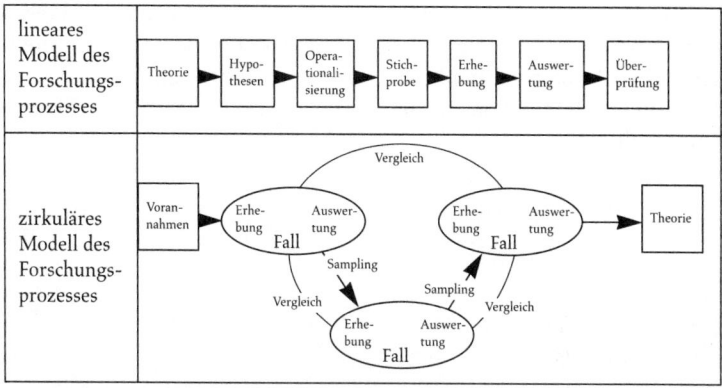

Abbildung 5: Prozeßmodelle und Theorie

Damit werden theoretische Vorannahmen als vorläufige Versionen des Verständnisses und der Sichtweise auf den untersuchten Gegenstand relevant, die im Lauf des Forschungsprozesses reformuliert und vor allem weiter ausformuliert werden. Durch diese Revision von Versionen am empirischen Material wird die Konstruktion des untersuchten Gegenstandes vorangetrieben. Methodische Entscheidungen des Forschers, wie sie in den Teilschritten des Modells von Glaser und Strauss vorgesehen sind, stellen Beiträge zu dieser Konstruktion dar.

Qualitative Forschung verträgt sich nur begrenzt mit der herkömmlichen, linearen Logik der Forschung. Die zirkuläre Verknüpfung empirischer Schritte, wie sie im Modell von Glaser und Strauss vorgesehen ist (vgl. Abb. 5), kann dem entdeckenden Charakter qualitativer Forschung eher gerecht werden. Der Kontext dieses Prozeßmodells sollte berücksichtigt werden, wenn einzelne Bestandteile – wie das theoretische Sampling – daraus entnommen und isoliert verwendet werden. Über dieses Prozeßverständnis läßt sich das Erkenntnisprinzip «Verstehen» mit größerer Sensibilität für das zu verstehende Subjekt oder Feld umsetzen. Durch die enge Verzahnung von Erhebung und Interpretation und die sich daraus ableitenden Entscheidungen für weitere Fälle läßt sich der Fallbezug als Grundlage qualitativer Forschung konsequenter realisieren als in linearen Designs. Durch den relativen Stellenwert von Theorien als zu reformulierende Versionen des Gegenstandes wird der Konstruktion von Wirklichkeit im Forschungsprozeß in stärkerem Maß Rechnung getragen. Durch die zentrale Rolle, die der Interpretation von Daten (etwa gegenüber ihrer Erhebung oder der Vorab-Konstruktion eines ausgefeilten Designs) zukommt, wird der Umstand berücksichtigt, daß das eigentliche empirische Material der Text ist, an dem letztlich auch die Theorie entwickelt wird.

5. Fragestellungen in qualitativer Forschung

Ein zentraler Schritt, von dem der Erfolg qualitativer Forschung wesentlich abhängt, der jedoch in den meisten Darstellungen der Methoden eher vernachlässigt wird[2], ist die Formulierung der Fragestellung(en). Dieses Problem stellt sich im Prozeß der Forschung nicht nur am Anfang, wenn die Studie oder das Projekt konzipiert wird, sondern in verschiedenen Phasen des Prozesses: bei der Konzeption des Forschungsdesigns, bei der Erschließung des Feldes, bei der Auswahl von Fällen und der Datenerhebung. Insbesondere bei der Entscheidung für die Methode(n) der Datenerhebung, bei der Konzeption von Interviewleitfäden, aber auch bei der Konzeption der Interpretation hinsichtlich der verwendeten Methode und des ausgewählten Materials sind die Reflexion und auch Reformulierung der Fragestellung ein wesentlicher Bezugspunkt zur Beurteilung der Angemessenheit der getroffenen Entscheidungen. Die Konkretisierung von Fragestellungen ist nicht zuletzt von dem Ziel bestimmt, Klarheit über das zu gewinnen, was konkrete Feldkontakte zutage fördern sollen. Je weniger klar die Fragestellung formuliert ist, desto größer ist die Gefahr, daß hinterher Berge von Texten entstehen, vor denen der Forscher bei der Interpretation relativ hilflos steht (vgl. hierzu Südmersen 1983). Das vielzitierte Prinzip der Offenheit qualitativer Forschung (Hoffmann-Riem 1980) problematisiert die Vorab-Formulierung von Hypothesen. Damit ist jedoch keineswegs gemeint, daß auf die Festlegung und Formulierung von Fragestellungen verzichtet werden sollte. Entscheidend ist, daß der Forscher eine klare Vorstellung über seine Fragestellung entwickelt und dabei noch offen bleibt für neue und im besten Fall überraschende Erkenntnisse. Klare Vorstellungen über die verfolgten Fragestellungen sind auch dafür nötig, die Angemessenheit von methodischen Entscheidungen in doppelter Hinsicht beurteilen zu

---

2 So ist diesem Thema in kaum einem Lehrbuch ein eigenes Kapitel gewidmet. Auch in den meisten Stichwortverzeichnissen sucht man dieses Stichwort vergebens. Ausnahmen sind Strauss (1991, S. 50) und Strauss und Corbin (1990, S. 37 f).

können: Welche Methoden sind notwendig, um die Fragestellung zu beantworten? Läßt sich die Fragestellung mit den verwendeten Methoden überhaupt untersuchen? Ist qualitative Forschung die angemessene Strategie zur Beantwortung dieser Fragestellung?[3] Allgemeiner läßt sich die Einordnung der Fragestellung in den Forschungsprozeß wie folgt charakterisieren:

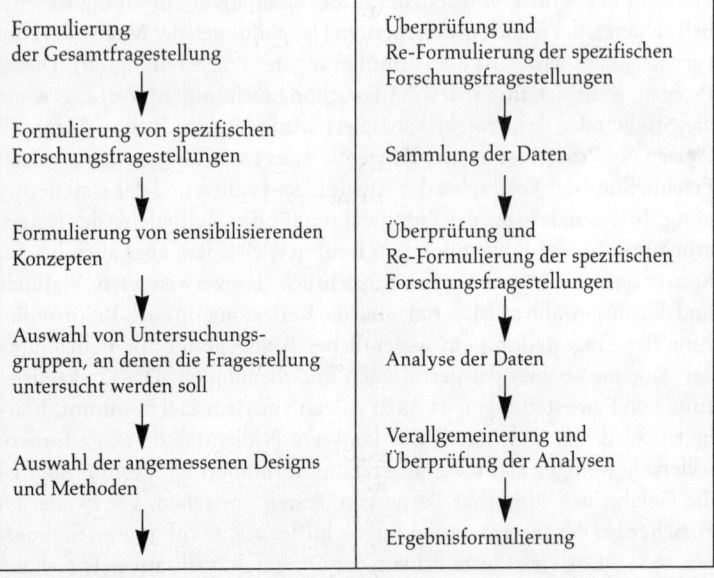

Abbildung 6: Fragestellungen im Forschungsprozeß

---

[3] Wenn die Fragestellung einer Untersuchung implizit oder explizit darauf hinausläuft, die Häufigkeit eines Phänomens zu bestimmen, sind quantitative Methoden nicht nur angemessener, sondern in der Regel auch einfacher anzuwenden.

Zuschnitt von Fragestellungen

Fragestellungen erwachsen nicht aus dem Nichts. Sie haben häufig ihren Ursprung in der persönlichen Biographie des Forschers und in seinem sozialen Kontext. Die Entscheidung für eine bestimmte Fragestellung hängt zumeist von lebenspraktischen Interessen des Forschers und seiner Einbindung in bestimmte soziale oder historische Kontexte ab. Dabei spielen alltägliche und wissenschaftliche Kontexte eine Rolle. In der neueren Wissenschaftsforschung ist immer wieder gezeigt worden, wie sehr die Denktraditionen und Denkstile (Fleck 1935) die Formulierung von Fragestellungen in naturwissenschaftlichen Labors ebenso beeinflussen wie in sozialwissenschaftlichen Arbeitsgruppen (vgl. Amann und Knorr-Cetina 1991 als Überblick).

Mit der Entscheidung für eine konkrete Fragestellung ist jeweils auch eine *Reduktion* der Vielfalt und damit Strukturierung des untersuchten Feldes verbunden: Bestimmte Aspekte werden in den Vordergrund gestellt, andere werden als weniger wesentlich (zumindest vorerst) in den Hintergrund gerückt bzw. ausgeschlossen. Bei der Datenerhebung fällt eine solche Entscheidung besonders bei der Verwendung einmaliger Interviews (vgl. Kapitel 8 bis 10) ins Gewicht. Werden die Daten in einem Prozeß etwa mit teilnehmender Beobachtung (vgl. Kapitel 12) oder mit wiederholten Befragungen erhoben, sind ihre Konsequenzen leichter zu korrigieren.

Festlegung des Ausschnitts und Begrenzung des Gegenstands

Ergebnis der Formulierung von Fragestellungen ist die Eingrenzung des als wesentlich erachteten Ausschnitts eines mehr oder minder komplexen Forschungsfeldes, das unterschiedliche Festlegungen dieser Art ermöglichen würde. Für die Untersuchung der Situation «Beratung» z. B. lassen sich als Ausschnitte festlegen:

- Interaktionsprozesse zwischen Berater und Klienten oder
- die Organisation der Administration der Klienten als «Fälle» oder
- die Organisation und Aufrechterhaltung einer bestimmten beruflichen Identität (etwa der des Helfers unter widrigen Umständen) oder
- subjektive oder objektive Erscheinungsformen der «Karriere» des Klienten.

All dies sind relevante Aspekte, aus denen sich die Komplexität des Alltags in einer Institution (Beratungsstelle, Sozialpsychiatrischer Dienst etc.) zusammensetzt. An jedem dieser Aspekte läßt sich eine Untersuchung ansetzen und eine Fragestellung formulieren. Erstens kann der Forscher sich an ein komplexes (etwa institutionelles) Feld unter dem Fokus annähern, die Sicht (eines oder mehrerer) der darin agierenden Subjekte verstehen zu wollen (Bergold und Flick 1987). Zweitens kann er seinen Schwerpunkt auf die Deskription einer Lebenswelt legen (z. B. Legewie 1987). Drittens kann er sich der Rekonstruktion subjektiver (Holzkamp 1986) oder objektiver (z. B. Oevermann 1983) Handlungsgründe und damit der Erklärung menschlichen Handelns widmen. Viertens kann er sich auf das Verhältnis subjektiver Deutungen zu objektiv beschreibbaren Strukturmerkmalen untersuchter Handlungsumwelten konzentrieren (z. B. Flick 1989). In den seltensten Fällen jedoch ist es sinnvoll und realistisch, im Rahmen qualitativer Forschung diese Aspektvielfalt vollständig einzubeziehen. Vielmehr ist entscheidend, daß der zu untersuchende Ausschnitt und die Fragestellung in einer Weise festgelegt werden, daß sie mit den zur Verfügung stehenden Mitteln beantwortet werden kann und daß sich aus ihr ein in sich stimmiges Forschungsdesign ableiten läßt. Das heißt auch, eine Fragestellung so zu formulieren, daß darüber nicht implizit eine Vielzahl von anderen Fragen zugleich aufgeworfen ist und dadurch die Orientierung für das empirische Vorgehen, die sie bieten soll, zu diffus wird.

Schlüsselkonzepte und Perspektiven-Triangulation

Der Forscher ist hier mit der Eingrenzung (des Wesentlichen, Bearbeitbaren, der relevanten Perspektive etc.) und Ausgrenzung (des Sekundären, weniger Relevanten etc.) von Aspekten konfrontiert. Wie läßt sich diese Entscheidung so gestalten, daß dabei möglichst wenig ‹Reibungsverlust› entsteht, daß also die in Kauf genommene Vernachlässigung von Gesichtspunkten und damit der Verlust an Authentizität begrenzt und vertretbar bleiben?

Zum einen können Schlüsselkonzepte Ansatzpunkt für die Forschung sein, die Zugang zu einem möglichst weiten Spektrum der in einem Feld relevanten Prozesse verschaffen. Glaser und Strauss (1967, S. 38) bezeichnen diese als «analytische und sensibilisierende Konzepte». Für die Untersuchung institutionellen Beratungsalltags erweist sich ein Konzept wie «Vertrauen» als fruchtbar: Dabei werden sowohl Aspekte der Berater-Klient-Interaktion wie auch des Auftrages und Eindrucks der Institution, solche der Kompetenz des Beraters wie auch der Kompetenzwahrnehmung auf seiten des Klienten oder auch die Problematik der Ausgangssituation u. a. m. relevant (Flick 1989).

Andererseits läßt sich der Reibungsverlust bei der Entscheidung zwischen Forschungsperspektiven durch den Ansatz der systematischen Perspektiven-Triangulation (vgl. Flick 1992a, b) verringern. Damit ist gemeint, daß gezielt Forschungsperspektiven und Methoden miteinander kombiniert werden, die geeignet sind, möglichst unterschiedliche Aspekte eines Problems zu berücksichtigen: etwa der Versuch, die Sicht eines Subjekts zu verstehen und dies mit der Beschreibung der Lebenswelt, in der es agiert, zu verbinden. Nach Fielding und Fielding (1986, S. 34) sollten dabei strukturelle Aspekte eines Problems mit der Rekonstruktion seiner Bedeutung für die Beteiligten verknüpft werden (vgl. Kapitel 18 zur Triangulation). Im schon erwähnten Beispiel läßt sich dies etwa durch die Rekonstruktion subjektiver Vertrauenstheorien von Beratern in Verbindung mit der Beschreibung der Herstellung von Vertrauen im Gespräch in der Spezialwelt ‹Beratung› realisieren.

Wenn die gewählten Schlüsselkonzepte zu den relevanten Prozessen Zugang verschaffen und außerdem die Triangulation der gewählten Perspektiven tatsächlich möglichst unterschiedliche Aspekte freilegt, so kann darüber einerseits der Grad an Gegenstandsnähe im Umgang mit Fällen und Feld erhöht werden. Andererseits vermag dies auch tatsächlich neue Erkenntnisräume zu eröffnen.

Insgesamt betrachtet ist die Fragestellung ein zentraler Schritt in der Konzipierung des Forschungsdesigns. Fragestellungen sind kritisch auf ihre Herkunft zu prüfen (Was hat zur aktuellen Fragestellung geführt?). Sie sind Bezugspunkt für die Beurteilung der Stimmigkeit im Forschungsdesign und für die Angemessenheit der verwendeten Methoden der Erhebung und Interpretation von Daten. Das gleiche gilt für die Beurteilung der Verallgemeinerung: Von der verfolgten Fragestellung hängt wesentlich ab, welches Niveau der Verallgemeinerung angemessen und erreichbar ist.

Typen von Fragestellungen

Es gibt verschiedene Typen von Fragestellungen, die sich in einem Schema verorten lassen, das (in Anlehnung an Lofland und Lofland 1984, S. 94) die in Tabelle 2 dargestellten Komponenten enthält. Dabei sind auch Anknüpfungen an das «Kodierparadigma» gegeben, das Strauss (1991, S. 57) für die Formulierung von Fragestellungen an zu interpretierende Texte (vgl. hierzu ausführlicher Kapitel 15) vorschlägt:

Einheiten	1. Welcher Typ?	2. Welche Struktur?	3. Wie häufig?	4. Welche Ursachen?	5. Welche Prozesse?	6. Welche Konsequenzen?	7. Strategien der Beteiligten?
Bedeutungen							
Handlungen							
Episoden							
Kontakte							
Rollen							
Beziehungen							
Gruppen							
Organisationen							
Siedlungen							
Soziale Welten							
Lebensstile							

Tabelle 2: Typen von Fragestellungen

Dabei läßt sich, genereller betrachtet (vgl. hierzu Bude 1995), zwischen Fragestellungen unterscheiden, die sich an der Beschreibung von Gestalten oder der Beschreibung von Prozessen orientieren. Im einen

Fall geht es darum zu beschreiben, wie es zu einem bestimmten vorfindlichen Zustand (welcher Typ, wie häufig?) gekommen ist (Ursachen, Strategien) und wie sich dieser Zustand erhält (Struktur). Im anderen Fall ist das Ziel zu beschreiben, wie sich etwas entwickelt bzw. verändert (Ursachen, Prozesse, Konsequenzen, Strategien). Prozeßbeschreibungen und Zustandsbeschreibungen als die beiden zentralen Typen von Fragestellungen lassen sich dann auf die in der linken Spalte von Tabelle 2 aufgelisteten zunehmend komplexen «Einheiten» (Lofland und Lofland 1984) anwenden. Dieses Schema läßt sich zur Verortung von Fragestellungen in diesem Raum von Möglichkeiten ebenso verwenden wie für die Überprüfung gewählter Fragestellungen auf enthaltene Nebenfragestellungen.

Schließlich lassen sich Fragestellungen auch daraufhin betrachten bzw. klassifizieren, inwieweit sie dazu geeignet sind, bestehende Annahmen (etwa im Sinne von Hypothesen) zu bestätigen oder darauf abzielen, Neues zu entdecken bzw. dies zulassen. Strauss (1991, S. 50) bezeichnet letzteres als «generative Fragen» und versteht darunter: «Fragen, die bei der Forschungsarbeit sinnvolle Richtungen aufweisen; sie führen zu Hypothesen, nützlichen Vergleichen, zur Erhebung bestimmter Datentypen und sogar dazu, daß der Forscher auf möglicherweise wichtige Probleme aufmerksam wird.»

Fragestellungen sind so etwas wie die Tür zum untersuchten Forschungsfeld. Von ihrer Formulierung hängt ab, ob die empirischen Vorgehensweise Antworten produzieren oder nicht. Ebenso hängt davon ab, welche Methoden angemessen sind, wer (d. h. welche Personen, Gruppen oder Institutionen) oder was (d. h. welche Prozesse, Handlungsweisen, Lebensstile) etc. in die Untersuchung einbezogen werden sollte. Wesentliche Kriterien zur Beurteilung von Fragestellungen sind ihre Stimmigkeit und Klarheit, aber auch ihre Beantwortbarkeit im Rahmen von gegebenen, begrenzten (zeitlichen, finanziellen o. ä.) Ressourcen.

6. Zugang zum Feld

Zumutungen qualitativer Forschung und das Problem des Zugangs

Bei qualitativer Forschung stellt sich aus verschiedenen Gründen die Frage, wie Zugang zum untersuchten Feld gefunden wird, eher als bei quantitativer Forschung. Hier ist der gesuchte Kontakt entweder dichter und intensiver, wie sich an den gängigen Methoden kurz verdeutlichen läßt: Offene Interviews verlangen ein wesentlich weitergehendes Sich-Einlassen vom untersuchten Subjekt und vom Forscher, als dies für die Bearbeitung etwa eines Fragebogens notwendig ist. Die Aufzeichnung von Alltagsgesprächen ist mit einem vorab kaum überschaubaren Maß an Offenlegung des eigenen Alltags für die Beteiligten verknüpft. Teilnehmende Beobachter kommen in der Regel für einen längeren Zeitraum in das untersuchte Feld. Damit wird diese Forschung einerseits (methodologisch gesehen) ihrem Untersuchungsgegenstand eher gerecht, ist andererseits (alltagspraktisch gesehen) mit wesentlich umfangreicheren Zumutungen an die beteiligten Personen verbunden. Von daher verdient die Frage, wie sich Zugang zu einem Feld und zu den darin besonders interessierenden Personen und Prozessen gewinnen läßt, besondere Aufmerksamkeit. Dabei kann mit dem allgemeinen Ausdruck «Feld» eine bestimmte Institution, eine Subkultur, eine Familie, eine spezifische Gruppe von «Biographieträgern» (Schütze 1983) oder Entscheidungsträgern in Verwaltungen oder Unternehmen u. a. gemeint sein. In all diesen Fällen stellt sich das gleiche Problem: Wie gewinnt der Forscher seine potentiellen Untersuchungsteilnehmer zur Mitwirkung, und wie kann er erreichen, daß die entsprechende Bereitschaft nicht nur geäußert wird, sondern zu konkreten Interviews oder anderen Daten führt?

Rollendefinitionen beim Einstieg in ein offenes Feld

Bei qualitativer Forschung hat die Person des Forschers eine besondere Bedeutung. Er wird mit seinen kommunikativen Fähigkeiten zum zentralen ‹Instrument› der Erhebung und Erkenntnis. Aus diesem Grund kann er auch nicht als ‹Neutrum› im Feld und im Kontakt mit den (zu befragenden oder zu beobachtenden) Subjekten agieren. Vielmehr nimmt er darin bestimmte Rollen und Positionen ein oder bekommt diese (teils ersatzweise und / oder unfreiwillig) zugewiesen. Von der Art dieser Rolle und Position hängt wesentlich ab, zu welchen Informationen der Forscher Zugang findet und zu welchen er ihm verwehrt wird. Die Einnahme oder Zuweisung einer Rolle ist als Prozeß der Aushandlung zwischen dem Forscher und Beteiligten zu sehen, der verschiedene Phasen durchläuft. Beteiligte meint dabei diejenigen Personen, die letztendlich befragt oder beobachtet werden sollen. Bei Forschung in Institutionen sind auch diejenigen gemeint, die den Zugang genehmigen und ermöglichen sollen. Die wachsende Einsicht in die Bedeutung des interaktiven Vorgangs der Aushandlung und Zuweisung von Rollen des Forschers im Feld findet ihren Ausdruck in den Metaphern, mit denen er beschrieben wird.

Für das Beispiel der teilnehmenden Beobachtung in der Feldforschung (vgl. Kapitel 12) haben Adler und Adler (1987, S. 33) eine Systematik von Rollen der Mitgliedschaft in Feldern vorgelegt (vgl. Abb. 8). Darin verdeutlichen sie, wie unterschiedlich in der Geschichte der qualitativen Forschung mit diesem Problem umgegangen wurde. Am einen Pol sehen sie bei den Studien der Chicagoer Schule (vgl. hierzu Kapitel 1) die Versionen der reinen Beobachtung der Mitglieder eines Feldes, der offenen und gezielten Interaktion mit ihnen und der aktiven Teilnahme an ihrem Alltag. Das Dilemma zwischen Teilnahme und Beobachtung wird dabei vor allem in Fragen der nötigen Distanz (Wieviel Teilnahme ist für eine gute Beobachtung notwendig, wieviel Teilnahme ist unter dem Fokus der wissenschaftlichen Distanz zulässig?) zum Thema. In der «Existentiellen Soziologie» von Douglas (1976) sehen sie das Problem in Richtung der Teilnahme mit dem Ziel der Enthüllung von Geheimnissen des Feldes gelöst. In der neueren Ethnomethodologie (vgl. Kapitel 2) wird es durch das Eintauchen in den zu beobachtenden Arbeitsprozeß und die Mitgliedschaft im untersuchten Feld bewältigt, um darüber die untersuchten Prozesse aus der Perspektive der Teilnehmer zu beschreiben (vgl. Abb. 7).

Den Umgang der Chicagoer Schule mit diesem Problem sehen Adler

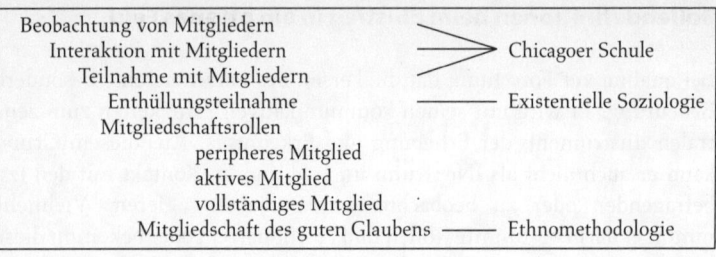

Abbildung 7: Mitgliedschaften im Feld (nach Adler und Adler 1987, S. 33)

und Adler zu sehr der wissenschaftlichen Distanz zum Untersuchungs‹gegenstand› gewidmet. An den beiden anderen Ansätzen (Ethnomethodologie, existentielle Soziologie) kritisieren sie eher, daß der Zugang über das vollständige Verschmelzen mit dem Untersuchungs-‹Gegenstand› erreicht werden soll. In ihrem Konzept der Mitgliedschaftsrollen sehen sie eine realistischere Lösung zwischen diesen beiden Polen. Darin arbeiten sie als Typen das «Peripher-Mitglied, das aktive und das vollständige Mitglied» heraus. Für die Untersuchung heikler Felder (in ihrem Falle: Drogenhandel) schlagen sie die Kombination offener und verdeckter Rollen vor. Damit ist gemeint, daß sie nicht allen Beteiligten an einem Feld ihre ‹eigentliche› Rolle (die des Forschers) offenbaren, um – je nachdem – möglichst offene Einblicke zu erhalten.

Zugang zu Institutionen

Bei Untersuchungen in Institutionen (z. B. Beratungsstellen) wird dieses Problem insofern komplizierter, als in der Regel verschiedene Ebenen an der Regelung des Zugangs beteiligt sind: einerseits die Ebene der Verantwortlichen, die die Forschung genehmigen müssen und die, wenn es dabei Probleme gibt, diese Genehmigung auch nach außen verantworten müssen; andererseits die Ebene derer, die befragt oder beobachtet werden sollen und dafür die Zeit und die Bereitschaft aufbringen sollen. Für die Verwaltungsforschung haben Lau und Wolff (1983, S. 419) skizziert, wie der Forscher mit seinem Untersuchungsinteresse von einer Institution wie der Sozialverwaltung als Klient definiert wird. Vergleichbar mit einem Klienten muß er sein Anliegen formulieren.

Dieses Anliegen und seine Implikationen (Forschungsfrage, Methoden, Zeitaufwand) werden dann zusammen mit seiner Person einer «amtlichen Prüfung unterzogen». Die Behandlung seines Anliegens wird durch die «Tatsache des Geschicktseins» von anderen Stellen «vorstrukturiert». Damit ist einerseits gemeint, daß die Genehmigung oder Forcierung des Forschungsanliegens durch die vorgesetzte Behörde bei den zu befragenden Personen zunächst Mißtrauen schaffen kann (warum will die Behörde die Forschung?). Andererseits kann das Geschicktwerden von anderen Personen (Kollegen aus einer anderen Institution) den Zugang erleichtern. Letztendlich erlaubt das Anliegen des Forschers auch seine Einordnung in Verwaltungsroutinen und den Umgang mit ihm über institutionell-gewohnte Routinen. Dieser Prozeß wird von Lau und Wolff als «Verständigungsarbeit» bezeichnet, die ein «Gemeinschaftsprodukt, in manchen Fällen ein ausgesprochenes Arbeitsproblem für beide Seiten» darstellt. Zentraler Schritt ist dabei nicht zuletzt die *Aushandlung gemeinsamer Sprachregelungen* zwischen Forschern und beispielsweise Praktikern. Die Analyse dieses Einstiegs als Herstellungsprozeß bzw. seines Scheiterns (vgl. Kroner und Wolff, 1986) vermag zentrale Aushandlungs- und Routinisierungsprozesse im Feld (etwa mit ‹richtigen› Klienten) exemplarisch offenzulegen.

Wolff (1993) faßt die Probleme des Einstiegs in Institutionen als Forschungsfeld wie folgt zusammen:

«1. Forschung stellt immer eine Intervention in ein soziales System dar.
2. Forschung ist für das zu beforschende soziale System ein Störfaktor, auf den mit Abwehr reagiert wird.
3. Es existiert eine wechselseitige Intransparenz zwischen dem Forschungsprojekt und dem zu beforschenden sozialen System.
4. Der Austausch einer Fülle von Informationen beim Einstieg in das Untersuchungsfeld verringert nicht die Intransparenz, sondern führt zu erhöhter Komplexität im Verständigungsprozeß und kann zu vermehrten ‹Immunreaktionen› führen. Auf beiden Seiten werden Mythen produziert, die durch vermehrten Informationsaustausch noch ‹genährt› werden.
5. Statt wechselseitigem Verstehen zum Zeitpunkt des Einstiegs ist eine Verständigung als Prozeß anzustreben.
6. Datenschutz ist notwendig, kann aber auch zu erhöhter Komplexität im Verständigungsprozeß beitragen.
7. Das Feld entdeckt sich selbst beim Einstieg eines Forschungsprojektes in das Feld; z. B. werden die Grenzen eines sozialen Systems wahrgenommen.
8. Das Forschungsprojekt kann dem sozialen System nichts bieten. Es kann höchstens

funktional sein. Forscher sollten sich hüten, Versprechungen über den Nutzen der Forschung für das soziale System zu machen.
9. Das soziale System hat keine wirklichen Gründe für eine Ablehnung.»

In diesen neun Punkten sind bereits verschiedene Gründe eines möglichen Scheiterns der Verständigung über Sinn und Notwendigkeit der Forschung enthalten. Einerseits stellt ein Forschungsanliegen eine Zumutung an die zu untersuchende Institution dar – Forschung als Störung bringt den Ablauf durcheinander, ohne daß ein unmittelbarer oder langfristiger Nutzen für die Institution und ihre Mitglieder erkennbar wäre; Forschung als Verunsicherung für die Institution impliziert, daß Grenzen des eigenen Handelns offengelegt werden, daß Unklarheit über das Gegenüber ‹Forschung› existiert und bestehenbleibt und daß es keine wirklichen Gründe für die Ablehnung von Forschungsansinnen gibt. Deshalb müssen Gründe erfunden und vorgeschoben werden, soll die Forschung verhindert werden. Darin ist schon ein Anteil der Irrationalität im ablaufenden Verständigungsprozeß begründet. Schließlich führen mehr Informationen über Hintergrund und Absicht, Vorgehen und Ergebnisse der geplanten Forschung nicht unbedingt zu mehr Klarheit, sondern verwirren gelegentlich die Gegenüber eher, als daß sie Verständnis schaffen. Das heißt, die Aushandlung des Zugangs zu Institutionen ist weniger ein Informationsproblem als die Herstellung einer Beziehung, in der so viel Vertrauen in die Personen der Forscher und ihre Anliegen entsteht, daß sich die Institution – trotz allem, was dagegen sprechen könnte – auf die Forschung einläßt. Festzuhalten bleibt dabei, daß die Diskrepanz der Interessen und Perspektiven zwischen Forschern und beforschten Institutionen prinzipiell nicht aufzuheben ist. Sie kann etwa durch sich entwickelndes Vertrauen nur so weit zugedeckt werden, daß ein Arbeitsbündnis entsteht, in dem Forschung möglich wird.

Zugang zu Einzelpersonen

Hat der Forscher einmal den Zugang zum Feld oder der Institution generell gefunden, steht er vor dem Problem, wie er an diejenigen Personen gelangt, die ihn darin jeweils besonders interessieren (vgl. hierzu auch Kapitel 7): Wie gewinnt er diejenigen Personen zur Teilnahme, die die zu untersuchenden Beratungsprozesse mit der nötigen Erfahrung und

Kompetenz ausführen und nicht nur die Praktikanten, die an die relevanten Fälle ohnehin noch nicht ‹herangelassen› werden, deshalb aber mehr Zeit für die Teilnahme an der Forschung haben? Wie findet er Zugang zu den zentralen Figuren einer Szene und nicht nur zu den Randfiguren? Auch hier spielen Prozesse der Aushandlung, Strategien der Verweisung im Sinne des Schneeballsystems und vor allem die Fähigkeit der Herstellung von Beziehungen eine zentrale Rolle. Häufig sind die von bestimmten Methoden hervorgerufenen Vorbehalte im Feld unterschiedlich verteilt, wie sich an der Verwendung verschiedener Methoden zur Untersuchung der Frage des Vertrauens in Beratung (Flick 1989) zeigen läßt. Hier wurden Interviews und Gesprächsanalysen verwendet. An die einzelnen Berater wurden zwei Anliegen formuliert: die Bereitschaft zu einem ein- bis zweistündigen Interview und zur Aufzeichnung eines oder mehrerer Beratungsgespräche mit Klienten (deren Einwilligung ebenfalls eingeholt wurde). Nach genereller Zustimmung zur Teilnahme an der Untersuchung zeigte sich, daß die Vorbehalte bei einigen der Berater gegenüber den Interviews bestanden (Zeitaufwand, Angst vor ‹indiskreten› Fragen etc.), während die Aufzeichnung einer Beratungssitzung eher als Routine gesehen wurde. Andere Berater hatten kein Problem damit, sich interviewen zu lassen, aber große Vorbehalte gegenüber der Vorstellung, Einblick in die konkrete Arbeit mit Klienten zu gewähren. Vorkehrungen zur Sicherstellung der Anonymität können solche Vorbehalte zum Teil nur begrenzt ausräumen. Dieses Beispiel zeigt, daß verschiedene Methoden bei unterschiedlichen Personen jeweils andere Probleme, Phantasien und Befürchtungen auslösen können.

Beim Zugang zu Personen in Institutionen und umgrenzbaren Szenen stellt sich vor allem das Problem der Bereitschaft. Dagegen erweist sich beim Zugang zu Einzelpersonen das Problem der Erreichbarkeit eher als schwierig. Im Rahmen von Untersuchungen mit Subjekten, die nicht als Mitarbeiter oder Klienten einer Institution oder über ihren Aufenthalt an einem bestimmten Ort einer Szene angesprochen werden können, ist das wesentliche Problem, wie sie zu erreichen sind. Sollen etwa in einer biographischen Studie zu Verlauf und Bewertung ihrer beruflichen Karriere mit allein lebenden Männern nach ihrer Berentung Interviews durchgeführt werden, ist die Frage, wie und wo solche Personen zu finden sind. Strategien sind hier die Nutzung von Medien (Anzeigen in Zeitungen, Hinweise in Rundfunksendungen), Aushänge in Institutionen (Volkshochschulen, Treffpunkten), die von ihnen möglicherweise aufgesucht werden. Ein anderer Weg für den Forscher zu Interviewpartnern ist, sich nach dem Schneeballprinzip von Fall zu Fall vorzuarbeiten. Als Einstieg in diese Strategie werden häufig Bekannte von Bekannten gewählt und damit Personen aus dem weiteren eigenen Umfeld. Vor den damit verbundenen Problemen warnt Hildenbrand (1991, S. 258):

«Während vielfach angenommen wird, der Zugang zum Feld würde dadurch erleichtert, daß man möglichst das Bekannte untersucht (und entsprechend Fälle aus dem Bekanntenkreis ausfindig macht), ist genau das umgekehrte Verfahren richtig: Je fremder das Feld, desto eher können Forscher als Fremde auftreten, denen die Forschungssubjekte etwas zu erzählen haben, das für den Forscher neu ist.»

Fremdheit und Vertrautheit

Mit der Frage des Zugangfindens (zu Personen, Institutionen oder Feldern) ist ein spezifisches Problem angesprochen, das sich in der Metapher vom Forscher als «professioneller Fremder» (Agar 1980) festmachen läßt. Einerseits verschafft ihm die Notwendigkeit, sich im Feld zu orientieren und sich darin zurechtzufinden, Einblicke in Routinen und Selbstverständlichkeiten. Diese sind den Mitgliedern längst vertraut und werden von ihnen als «fraglos und gesichert» (Schütz 1971) routinisiert. Die Subjekte reflektieren solche Routinen nicht mehr, da sie ihnen oft nicht mehr zugänglich sind. Erkenntnispotential ist hier die Einnahme und das (zumindest zeitweilige) Festhalten an einer Außenperspektive – der «Einstellung des prinzipiellen Zweifels an sozialen Selbstverständlichkeiten» (Hitzler 1988, S. 19). Dieser Fremdenstatus läßt sich – je nach Forschungsstrategie – noch differenzieren in die Rollen des «Besuchers» und des «Initianten». Der «Besucher» taucht im Extremfall nur kurz in das Feld zu einmaligen Interviews ein, kann dabei aber Erkenntnisse durch das Hinterfragen der genannten Routinen ermitteln. Im anderen Fall wird gerade der Prozeß der schrittweisen Aufgabe der Außenperspektive im Verlauf der teilnehmenden Beobachtung und vor allem die detaillierte Beschreibung dieses Prozesses aus der subjektiven Perspektive des Forschers zur fruchtbaren Erkenntnisquelle. Lau und Wolff (1983) bezeichnen deshalb den Einstieg in ein Untersuchungsfeld als soziologischen Lernprozeß.

Andererseits bleiben dem Forscher als Fremden bestimmte Einblicke verwehrt. Adler und Adler (1987, S. 21) sprechen im Zusammenhang mit sozialen Gruppen von «zwei Wirklichkeiten hinsichtlich ihrer Aktivitäten: eine, die Außenseitern präsentiert wird, und eine andere, die für Eingeweihte reserviert bleibt». Ziel qualitativer Forschung ist jedoch in der Regel nicht (nur) die Außendarstellung sozialer Gruppen. Vielmehr «will man sich auf eine andere Welt oder Subkultur einlassen, sie zunächst möglichst aus ihren eigenen (handlungsleitenden) Vorstellungen heraus begreifen» (Wahl et al. 1982, S. 77). Zu einer Quelle der Erkenntnis wird in diesem Zusammenhang die schrittweise Einnahme einer Innenperspektive – die Sicht des Subjekts oder die Organisationsprinzipien sozialer Gruppen aus der Perspektive der Beteiligten zu verstehen. Die Grenzen dieser Strategie werden im schon erwähnten Beispiel (Drogenhandel) von Adler und Adler (1987) relevant: Hier bleiben Reste der Realität, die einem Forscher – auch wenn er als Person in Feld und Gruppe integriert ist – nicht offenbart werden, an die er nur gelangt, wenn er bestimmten Mitgliedern des Feldes verheimlicht, daß er als Forscher darin agiert. Ängste vor der Weitergabe von Informationen und vor negativen Sanktionen für die Beforschten durch Dritte, aber auch Probleme der Ethik im Kontakt mit Forschungssubjekten treten hier zwar pointiert zutage. Sie spielen jedoch immer eine Rolle. Damit sind Fragen des Vertrauens-, Interessens- und Datenschutzes für die Betroffenen und der Umgang des Forschers mit den eigenen Zielen angesprochen.

Insgesamt betrachtet steht der Forscher an dieser Stelle vor dem Problem der Aushandlung von Nähe und Distanz im Verhältnis zu dem/n Untersuchten, der Offenlegung, Transparenz und Aushandlung der wechselseitigen Erwartungen, Ziele und Interessen und vor der Entscheidung zwischen Innen- und Außenperspektiven, unter denen er sich dem Gegenstand seiner Untersuchung nähert. Im Hinblick auf die einem Forschungsfeld gegenüber eingenommene Perspektive läßt sich dies auch im Verhältnis von Fremdheit und Vertrautheit für den Forscher bündeln. Von seiner Verortung in diesem Spannungsfeld wird im weiteren nicht nur abhängen, welche konkreten Methoden er wählt, sondern auch, zu welchen Ausschnitten des untersuchten Feldes er Zugang findet und was ihm verschlossen bleibt. Eine besondere Rolle spielen auch hier (im Sinne Devereux' 1967) die teils unbewußten Ängste des Forschers, die ihn hindern, sich auf ein bestimmtes Feld tatsächlich einzulassen. Von der Form des Zugangs, den ihm das Feld und seine eigene Person ermöglichen, hängt für den Forscher entscheidend ab, wie aufschlußreich seine Beschreibungen der untersuchten Fälle sind und wie sehr die gewonnenen Erkenntnisse auf eine Bestätigung dessen begrenzt bleiben, was er vorher schon wußte.

7. Auswahlstrategien

Auswahlentscheidungen im Forschungsprozeß

Die Frage der Auswahl stellt sich im Forschungsprozeß an verschiedenen Stellen. In einer Interviewstudie ergibt sie sich etwa bei der Entscheidung, welche Personen interviewt werden (Fallauswahl) und welchen Gruppen sie entstammen sollen (Fallgruppenauswahl). Weiterhin stellt sie sich bei der Entscheidung, welche der durchgeführten Interviews im weiteren berücksichtigt, d. h. transkribiert und interpretiert werden sollen (Auswahl des Materials). Bei der Interpretation der Daten stellt sich die Frage bei der Entscheidung darüber, welche Ausschnitte des Textes für die Interpretation insgesamt oder für besonders detaillierte Auswertungen herangezogen werden sollen (Auswahl im Material). Schließlich stellt sich die Frage noch bei der Darstellung der Ergebnisse: An welchen Fällen bzw. an welchen Textausschnitten lassen sich die Ergebnisse am besten verdeutlichen (Präsentationsauswahl)?

Auswahlentscheidungen im Forschungsprozeß	
• bei der Erhebung von Daten:	• Fallauswahl • Fallgruppenauswahl
• bei der Interpretation von Daten:	• Auswahl des Materials • Auswahl im Material
• bei der Darstellung von Ergebnissen:	• Präsentationsauswahl

Tabelle 3: Auswahlentscheidungen im Forschungsprozeß

In der Literatur werden bei der Frage der Auswahl verschiedene Vorschläge diskutiert, die sich jedoch ziemlich eindeutig an zwei Polen orientieren, und mehr oder weniger abstrakte oder konkrete Kriterien zugrunde gelegt.

Vorab-Festlegung der Samplestruktur

Im ersten Fall sind die Kriterien insofern abstrakt, als sie von einer Vorstellung von Typik und Verteilung von Eigenschaften im zu untersuchenden Gegenstand ausgehen. Dies soll sich in der Auswahl des tatsächlich untersuchten (d. h. erhobenen und analysierten) Materials so abbilden, daß von den Ergebnissen, die daran gewonnen wurden, auf die Verhältnisse im Gegenstand geschlossen werden kann. Dieser Logik folgt die Stichprobenziehung, bei der das Material nach bestimmten (z. B. demographischen) Kriterien zusammengestellt wird, also etwa eine nach Alter oder sozialer Lage homogene Stichprobe (z. B. Frauen mit einem bestimmten Beruf in einer bestimmten Lebensphase) oder eine Auswahl, in der sich eine bestimmte Verteilung solcher Kriterien in der Bevölkerung abbildet. Abstrakt sind diese Kriterien insofern, als sie unabhängig vom konkret untersuchten Material und vor dessen Erhebung und Analyse entwickelt wurden, wie die folgenden Beispiele verdeutlichen sollen.

Beispiel: Sampling mit vorab festgelegten sozialen Gruppen
In einer Studie zur sozialen Repräsentation technischen Wandels im Alltag (Flick 1995b) wurde davon ausgegangen, daß die Wahrnehmung und Bewertung von technischem Wandel im Alltag vom Beruf der Befragten ebenso abhängen wie vom Geschlecht und daß sie schließlich vom jeweiligen kulturellen und politischen Kontext beeinflußt werden. Um diesen Faktoren Rechnung zu tragen, wurden verschiedene Dimensionen des Sample bestimmt: Die drei Berufsgruppen Informatiker (als Technikentwickler), Sozialwissenschaftler (als professionelle Technikverwender) und Lehrer in geisteswissenschaftlichen Fächern (als Alltagsnutzer von Technik) sollten über Fälle mit einer gewissen Mindesterfahrung in ihrem Beruf einfließen. Dabei sollten weiterhin weibliche und männliche Vertreter berücksichtigt werden. Die unterschiedlichen kulturellen Hintergründe sollten schließlich über die Einbeziehung von Fällen aus den Kontexten West- und Ostdeutschland und Frankreich aufgenommen werden. Daraus ergab sich eine Samplestruktur von neun Feldern, die möglichst gleichmäßig mit Fällen als Vertreter der jeweiligen Gruppe gefüllt wurden: Wie stark die jeweiligen Felder dann besetzt werden (wieviel Fälle pro Feld?), hängt einerseits von den Ressourcen ab (Wie viele Interviews können in der gegebenen Zeit durchgeführt, transkribiert und ausgewertet werden?), andererseits von den Zielen der Untersuchung (Wofür stehen die einzelnen Fälle oder die Gesamtheit der Fälle?) (vgl. Abb. 8).

Die Auswahl von Fällen für die Datenerhebung orientiert sich dann an einer möglichst gleichmäßigen Besetzung der Zellen in der Samplingstruktur bzw. darauf, daß alle Zellen ausreichend besetzt sind. Dabei können innerhalb der Gruppen bzw. Felder durchaus Anknüpfungen zum

Kontext	West-deutschland		Ost-deutschland		Frankreich		Σ
Geschlecht	weibl.	männl.	weibl.	männl.	weibl.	männl.	
Informatiker							
Sozialwissen-schaftler							
Lehrer							
Σ							

Abbildung 8: Beispiel einer Samplestruktur bei vorgegebenen Dimensionen

theoretischen Sampling (s. u.) bei der Entscheidung darüber, welcher Fall als nächster einbezogen wird, bestehen.

Vollerhebungen bei qualitativer Forschung
Ein anderes Beispiel in diesem Zusammenhang ist die Strategie der Vollerhebung, die Gerhardt (1986a, S. 67) praktiziert hat:

«Um die Ereignisse und Verläufe der Patientenkarriere bei chronischem Nierenversagen näher kennenzulernen, entschlossen wir uns, eine *Vollerhebung* aller Patienten (männlich, verheiratet, 30–50 Jahre bei Behandlungsbeginn) im Verbund der fünf Großkrankenhäuser zu machen, die den Südosten Englands nephrologisch betreuen.»

Dabei wird die Auswahl durch bestimmte Kriterien vorab begrenzt: Eine bestimmte Krankheit, ein bestimmtes Alter, eine bestimmte Region, ein umgrenzter Zeitraum, spezielle Lebensverhältnisse kennzeichnen die interessanten Fälle. Dadurch schränkt sich die Gesamtheit der in Frage kommenden Fälle so weit ein, daß diese vollständig in der Untersuchung berücksichtigt werden können. Aber auch hierbei ist eine Auswahl insofern gegeben, als potentiell in Frage kommende Fälle, die eines oder mehrere dieser Kriterien nicht erfüllen (etwa hinsichtlich Alter, Geschlecht oder Region), vorab aus der Untersuchung ausgeschlossen werden. Solche Formen der Auswahl lassen sich vorrangig in Regionalstudien anwenden.

In Forschungsdesigns mit einer Vorab-Festlegung der Samplestruktur werden Auswahlentscheidungen besonders für die Fall- oder Fallgruppenauswahl getroffen. Bei der Vollerhebung dürfte die Aussonderung geführter Interviews weniger gegeben sein, als daß sich die Erhebung und Auswertung darauf richtet, möglichst alle erreichbaren Fälle in das Sample aufzunehmen und darin zu behalten. Wenn auch die Auswahl *des* Materials entsprechend weniger relevant ist, so stellt sich die Frage der Auswahl *im* Material (Welche Passagen der Interviews werden intensiver interpretiert, welche Fälle werden vergleichend einander gegenübergestellt?) und der Präsentationsauswahl (An welchen Passagen bzw. Fällen werden die Ergebnisse präsentiert?) ebenso wie bei einer schrittweisen Festlegung der Samplestruktur.

Grenzen der Methode
Bei diesem Vorgehen ist die Struktur der einbezogenen Gruppen vor der Datenerhebung festgelegt und damit auch die Variationsbreite der Vergleichsmöglichkeiten. Dadurch werden sich zumindest auf dieser Ebene kaum tatsächlich neue Erkenntnisse ergeben. Wenn die Entwicklung einer Theorie das Ziel der Untersuchung ist, wird durch diese Form der Auswahl deren Entwicklungsspielraum in einer wesentlichen Dimension eingeschränkt. Von daher eignet sich dieses Vorgehen vor allem für die weitere Analyse, Ausdifferenzierung und gegebenenfalls Überprüfung bereits vermuteter Gemeinsamkeiten und Unterschiede zwischen bestimmten Gruppen.

Schrittweise Festlegung der Samplestruktur im Forschungsprozeß: Theoretisches Sampling

Schrittweise Strategien der Auswahl orientieren sich meist am «theoretischen Sampling», das von Glaser und Strauss (1967) entwickelt wurde. Dabei werden Entscheidungen über die Auswahl und Zusammensetzung des empirischen Materials (Fälle, Untersuchungsgruppen, Institutionen...) *im* Prozeß der Datenerhebung und -auswertung gefällt. Diese Strategie beschreiben Glaser und Strauss (1967, S. 45) wie folgt:

«Theoretisches Sampling bezeichnet den Prozeß der Datensammlung zur Generierung von Theorien, wobei der Forscher seine Daten gleichzeitig sammelt, kodiert und analysiert und dabei entscheidet, welche Daten als nächste gesammelt werden sollten und wo sie zu finden sind, um seine Theorie zu entwickeln, während sie emergiert. Dieser Prozeß der Datensammlung wird durch die emergierende Theorie kontrolliert.»

Auswahlentscheidungen beim theoretischen Sampling können auf zwei Ebenen ansetzen: Einerseits können sie auf der Ebene der zu vergleichenden Gruppen getroffen werden; andererseits können sie sich direkt auf bestimmte Personen richten. In beiden Fällen orientiert sich die Auswahl der konkreten Personen, Gruppen oder Felder, an denen die zu entwikkelnde Theorie entdeckt bzw. entwickelt werden soll, bei diesem Ansatz nicht an den üblichen Kriterien der Stichprobengewinnung und nicht an üblichen Samplingtechniken. So geht es weder darum, die Repräsentativität der Stichprobe durch Zufallsauswahl ihrer Mitglieder zu gewährleisten, noch um ihre geschichtete Zusammensetzung. Vielmehr werden Personen, Gruppen etc. nach ihrem (zu erwartenden) Gehalt an Neuem für die zu entwickelnde Theorie aufgrund des bisherigen Standes der Theorieentwicklung in die Untersuchung einbezogen.

Auswahlentscheidungen richten sich dabei auf dasjenige Material, das im Lichte des bereits verwendeten Materials und der daraus gewonnenen Erkenntnisse die größten Aufschlüsse verspricht. Die zentrale Frage für die *Datenauswahl* ist dabei: «Welche Gruppen oder Untergruppen nimmt man als nächstes in die Datensammlung auf? Und zu welchem Zweck? (...) Die Möglichkeiten mehrfacher Vergleiche sind unendlich, und deshalb müssen Gruppen nach theoretischen Kriterien ausgewählt werden» (Glaser und Strauss 1967, S. 47).

Angesichts der prinzipiell unbegrenzten Möglichkeiten der Einbeziehung weiterer Personen, Gruppen, Fälle etc. ergibt sich die Notwendigkeit, Kriterien festzulegen, mit denen sich diese prinzipielle Unbegrenztheit der Wahlmöglichkeiten begründet einschränken läßt. Diese Kriterien werden hier theoriebezogen festgelegt, wobei die sich aus den empirischen Analysen *entwickelnde* Theorie der Bezugspunkt ist. Zu Kriterien werden hier, wie vielversprechend der jeweilige nächste Fall ist und wie relevant er für die zu entwickelnde Theorie sein dürfte.

Eine zweite, ähnlich zentrale Frage ist dabei, wonach sich der Forscher bei seiner Entscheidung richten soll, wann er mit der Einbeziehung weiterer Fälle aufhören kann. Glaser und Strauss geben dabei das Kriterium der «theoretischen Sättigung» (einer Kategorie etc.) an:

«Das Kriterium für die Entscheidung, wann man mit dem Sampling von verschiedenen Gruppen, die für eine bestimmte Kategorie relevant sind, aufhört, ist die theoretische Sättigung der Kategorie. Sättigung meint, daß keine zusätzlichen Daten mehr gefunden werden, durch die der Soziologe die Eigenschaften und Aussagekraft der Kategorie weiter entwickeln kann» (1967, S. 61).

Die Auswahl und Einbeziehung weiteren Materials wird abgeschlossen, wenn die «theoretische Sättigung» einer Kategorie oder Untersuchungsgruppe erreicht ist, d. h., sich nichts Neues mehr ergibt. Die wesentlichen Merkmale des theoretischen Sampling verdeutlicht die folgende Gegenüberstellung mit der an statistischen Samplingstrategien orientierten Stichprobenziehung:

theoretisches Sampling	statistisches Sampling
• Umfang der Grundgesamtheit ist vorab unbekannt	• Umfang der Grundgesamtheit ist bekannt
• Merkmale der Grundgesamtheit sind nicht vorab bekannt	• Merkmalsverteilung in der Grundgesamtheit ist abschätzbar
• mehrmalige Ziehung von Stichprobenelementen nach jeweils neu festzulegenden Kriterien	• einmalige Ziehung einer Stichprobe nach einem vorab festgelegten Plan
• Stichprobengröße vorab nicht definiert	• Stichprobengröße vorab definiert
• Sampling beendet, wenn theoretische Sättigung erreicht ist	• Sampling beendet, wenn die gesamte Stichprobe untersucht ist

Tabelle 4: Theoretisches versus statistisches Sampling (aus: Wiedemann 1991, S. 441)

Beispiel: Schrittweise Einbeziehung von Gruppen und Fällen
In einer Untersuchung zum Stellenwert von Vertrauen in Therapie und Beratung (Flick 1989) wurden Fälle aus spezifischen Berufsgruppen, Institutionen und Arbeitsfeldern *nach und nach* ausgewählt, um die Leerstellen des Datenbestandes zu füllen, die sich nach der sukzessiven Interpretation der zum jeweilen Zeitpunkt enthaltenen Daten ergaben. So wurden zunächst Fälle aus zwei verschiedenen Arbeitsfeldern erhoben und miteinander verglichen (Strafvollzug versus Therapie in freier Niederlassung). Anschließend wurde ein drittes Arbeitsfeld (Sozialpsychiatrische Dienste) einbezogen, um die Aussagekraft der Vergleiche auf dieser Ebene zu erhöhen. Im Zuge der weiteren Interpretation des erhobenen Materials zeigte sich, daß die Vervollständigung des Samples auf einer anderen Dimension neue Aufschlüsse versprach: Die bis dahin in die Untersuchung einbezogenen Berufsgruppen (Psychologen und Sozialarbeiter) wurden um eine dritte erweitert (Ärzte), um darüber die Unterschiedlichkeit der Sichtweisen innerhalb eines Arbeitsfeldes (Sozialpsychiatrischer Dienst) herauszuarbeiten. Schließlich zeigte sich, daß die Erkenntnismöglichkeiten darin so groß waren, daß die Kontrastierung mit anderen Arbeitsfeldern weniger aufschlußreich als der systematische Vergleich verschiedener Institutionen aus diesem Feld erschien, weshalb nun weitere Fälle aus anderen sozialpsychiatrischen Diensten einbezogen wurden (vgl. Abb. 9, in der Ablauf und Reihenfolge der Auswahlentscheidungen durch die Buchstaben A bis C gekennzeichnet sind).

Institution	Strafvollzug	Freie Niederlassung	Sozialpsychiatrischer Dienst
Psychologen	A	A	B
Sozialarbeiter	A	A	B
Ärzte			C

Abbildung 9: Beispiel einer Samplestruktur als Ergebnis des Prozesses

Letzlich ergibt sich auf diesem Weg ebenfalls ein strukturiertes Sample, in dem sich bestimmte Dimensionen und Felder ausmachen lassen.

Jedoch wird die Struktur des Samples hier nicht vor der Datenerhebung und -interpretation festgelegt, sondern im Zuge der Erhebung der Daten und ihrer Interpretation schrittweise entwickelt und auch um neue Dimensionen ergänzt oder auf bestimmte Dimensionen und Felder begrenzt.

Schrittweise Auswahl als allgemeines Prinzip qualitativer Forschung

Wie ein Vergleich verschiedener Konzeptionen qualitativer Forschung in dieser Hinsicht zeigt, findet dieses Prinzip der Fall- und Materialauswahl auch über Glaser und Strauss hinaus seine Anwendung. Das Grundprinzip des theoretischen Sampling – die Auswahl von Fällen bzw. Fallgruppen nach konkret-inhaltlichen statt abstrakt-methodologischen Kriterien, nach ihrer Relevanz statt nach ihrer Repräsentativität – prägt auch verwandte Strategien der Datensammlung im Rahmen qualitativer Forschung.

So lassen sich einerseits Parallelen zur Konzeption der «Daten-Triangulation» bei Denzin (1978) ziehen – der Einbeziehung unterschiedlicher Datenquellen, differenziert nach Zeit, Raum und Personen (vgl. auch Kapitel 18). Denzin propagiert dabei die Untersuchung «des selben Phänomens» zu verschiedenen Zeitpunkten, an verschiedenen Orten und Personen. Auch nach eigener Einschätzung (1978, S. 295) setzt Denzin damit die Strategie des theoretischen Sampling als gezielte und systematische Auswahl und Einbeziehung von Personen und Untersuchungsgruppen, Zeitpunkten und lokalen Settings auf seine Weise um. Gerade in der Erweiterung auf Zeitpunkte und lokale Settings liegt jedoch ein Gewinn an Systematik beim Zugang in Denzins Vorgehen im Vergleich zu Glaser und Strauss. Im gerade dargestellten Beispiel wurde diesem Gedanken durch die gezielte Einbeziehung verschiedener Institutionen (als lokale Settings) und Berufsgruppen bei der Fallauswahl und durch die erwähnten verschiedenen Datensorten Rechnung getragen.

Auch die auf Znaniecki (1934) zurückgehende «Analytische Induktion» (vgl. Bühler-Niederberger 1985 und Kapitel 18) läßt sich als eine Art Konkretisierung und Weiterentwicklung des allgemeinen Prinzips des theoretischen Sampling verstehen. Dabei richtet sich die Aufmerksamkeit jedoch weniger darauf, welche Fälle überhaupt in die Analysen einbezogen werden sollen. Vielmehr setzt diese Konzeption nach der

Entwicklung einer vorläufigen Theorie (bzw. Musters, Modells etc.) an der Suche nach und Analyse von speziell abweichenden Fällen (oder gar Gruppen) an. Während theoretisches Sampling vor allem auf die Anreicherung der sich entwickelnden Theorie abzielt, ist die Analytische Induktion besonders an ihrer Absicherung durch die Analyse bzw. Integration abweichender Fälle orientiert. Während theoretisches Sampling den Datenauswahlprozeß durch die emergierende Theorie kontrolliert wissen will, setzt die Analytische Induktion den abweichenden Fall zur Kontrolle der sich entwicklenden Theorie ein. Der abweichende Fall wird dabei zur komplementären Ergänzung des eher unscharf bleibenden Kriteriums der theoretischen Sättigung für die Fortführung und Beurteilung der Datensammlung. Im weiter oben skizzierten Beispiel wurden zur Absicherung und Generalisierung der Fallinterpretationen jedoch anstelle solcher, am abweichenden Fall ansetzenden Strategien gezielte minimale und maximale Kontrastierungen von Fällen durchgeführt (vgl. hierzu Kapitel 18).

Aufgrund dieses knappen Vergleichs ergibt sich, daß der Grundgehalt des theoretischen Sampling die genuine und typische Form der Materialauswahl bei qualitativer Forschung darstellt. Diese Annahme läßt sich auch in Analogie zu Kleinings (1982) Gedanken der Systematik sozialwissenschaftlicher Methoden stützen: Danach haben alle Methoden dieselbe Quelle in den Alltagstechniken; qualitative Methoden stellen die erste, quantitative Methoden die zweite Stufe der Abstraktion von diesen Alltagstechniken dar. Wendet man dies in analoger Form auf die Auswahl des empirischen Materials an, so ist theoretisches Sampling (wie auch in der skizzierten Form grundsätzlich verwandte Strategien) die konkretere, alltagsnähere Strategie. Die Kriterien der Stichprobenziehung wie Repräsentativität o. ä. stellen demgegenüber die zweite Stufe der Abstraktion dar. Geht man nun von dieser Analogie der Abstraktionsebenen aus, so läßt sich damit die These stützen, daß theoretisches Sampling die qualitativer Forschung angemessenere Sampling-Strategie ist, während etwa klassische Stichprobenverfahren eher an der Logik der quantitativen Forschung orientiert bleiben. Inwieweit sie sich auf qualitative Forschung übertragen lassen, ist jeweils genau zu prüfen. Hier lassen sich Parallelen zur Diskussion um die Angemessenheit von Kriterien der Geltungsbegründung ziehen (vgl. Flick 1987 und Kapitel 18).

Neuere Konzepte zur Beschreibung der schrittweisen Auswahl

Die schrittweise Auswahl läßt sich nicht nur als genuines Prinzip der Auswahl bei verschiedenen traditionellen Ansätzen qualitativer Forschung ausmachen. Sie wird auch in aktuelleren Diskussionen immer wieder aufgegriffen. Darin geht es jedoch eher darum, Strategien zu beschreiben, wie die Schritte der Auswahl anzugehen sind. Im Rahmen der Evaluationsforschung stellt etwa Patton (1990, S. 169 f) der Zufallsauswahl generell die Strategie des «gezielten» (purposive) Sampling gegenüber und macht dafür folgende konkrete Vorschläge:

- Einerseits gezielt Extremfälle oder abweichende Fälle einzubeziehen: Um das Funktionieren eines Reformprogramms zu untersuchen, werden gezielt besonders gelungene Beispiele der Realisierung herangezogen und analysiert oder die Fälle, in denen solche Programme gescheitert sind, ausgewählt und daraufhin analysiert, warum sie gescheitert sind. Hier wird das untersuchte Feld eher von den Rändern erschlossen, um darüber ein Verständnis des Feldes insgesamt zu gewinnen.
- Andererseits gezielt besonders typische Fälle auszuwählen – also Fälle, in denen das Verhältnis von Erfolg und Scheitern oder der Verlauf besonders typisch für den Durchschnitt oder die Mehrzahl der Fälle ist. Hier wird das Feld von innen heraus, aus dem Zentrum, erschlossen.
- Ein weiterer Vorschlag zielt auf die maximale Variation im Sample ab – zwar wenige, aber möglichst unterschiedliche Fälle einzubeziehen, um darüber die Variationsbreite und Unterschiedlichkeit, die im Feld enthalten ist, zu erschließen (vgl. hierzu auch Kleining 1982).
- Ergänzen läßt sich die Auswahl der Fälle nach der Intensität, mit der die interessierenden Eigenschaften, Prozesse, Erfahrungen etc. in ihnen gegeben sind bzw. vermutet werden. Dabei werden entweder die Fälle mit der größten Intensität gewählt oder systematisch Fälle unterschiedlicher Intensität einbezogen und verglichen.
- Die Auswahl kritischer Fälle zielt auf diejenigen Fälle, an denen die untersuchten Zusammenhänge – etwa nach Meinung von Experten – besonders deutlich werden oder die für das Funktionieren eines zu evaluierenden Programms besonders wichtig sind.
- Politisch wichtige oder sensible Fälle können geeignet sein, positive Evaluationsergebnisse besonders wirksam zur Geltung zu bringen, was für ihre Auswahl spricht, oder durch ihre Brisanz das Programm insgesamt gefährden, weshalb sie eher ausgespart bleiben sollten.

- Schließlich nennt Patton noch das Kriterium der «Annehmlichkeit» (convenience sampling), womit gemeint ist, diejenigen Fälle auszuwählen, die unter gegebenen Bedingungen am einfachsten zugänglich sind. Dadurch läßt sich einerseits der Aufwand minimieren, andererseits ist dies bisweilen der einzige Weg, bei begrenzten zeitlichen und personellen Mitteln eine Evaluation überhaupt durchführen zu können.

Von diesen Strategien der Auswahl hängt letztlich die Verallgemeinerbarkeit der damit erzielten Resultate ab: Bei der Zufallsauswahl ist sie sicherlich am größten, bei der zuletzt genannten Strategie des geringsten Aufwandes ist sie am stärksten begrenzt. Jedoch ist die generelle Verallgemeinerbarkeit nicht in jedem Fall das Ziel einer qualitativen Studie, während hier die Frage des Zugangs eine der entscheidenden Hürden ist.

Entsprechend formuliert Morse (1994, S. 228) verschiedene allgemeine Kriterien für einen «guten Informanten», die allgemeiner als Kriterien für die Auswahl von aussagekräftigen Fällen (insbesondere bei Interviewpartnern) dienen können: Sie sollten über das notwendige Wissen und die notwendige Erfahrung mit dem jeweiligen Thema oder Gegenstand verfügen, die zur Beantwortung von Fragen im Interview oder – bei Beobachtungsstudien – zur Ausführung der interessierenden Handlungsweisen notwendig sind. Ebenso sollten sie die Fähigkeit zur Reflexion und Artikulation besitzen, die Zeit haben, um befragt (oder beobachtet) zu werden, und bereit sein, an der Untersuchung teilzunehmen. Wenn alle diese Bedingungen erfüllt sind, ist der entsprechende Fall dafür prädestiniert, in die Untersuchung einbezogen zu werden. Die Einbeziehung solcher Fälle kennzeichnet Morse als «Primärauswahl», der er die «Sekundärauswahl» gegenüberstellt. Damit sind Fälle gemeint, die nicht alle genannten Kriterien (vor allem des Wissens und der Erfahrung) erfüllen, aber etwa bereit sind, die Zeit für ein Interview aufzubringen. Morse legt nahe, in diese Fälle nicht zuviel Ressourcen (etwa bei der Transkription oder der Interpretation) zu stecken, sondern sie nur dann weiter zu bearbeiten, wenn sich herausstellt, daß sich tatsächlich nicht genug Fälle der Primärauswahl finden lassen.

Breite oder Tiefe als Ziel der Auswahl

Entscheidend für die Wahl einer der skizzierten Strategien der Auswahl und für den Erfolg der Zusammenstellung des Sample insgesamt ist die Reichhaltigkeit an relevanten Informationen (Patton 1990). Dabei bewegen sich Auswahlentscheidungen immer zwischen den Zielen, ein Feld möglichst breit zu erfassen oder möglichst tiefgründige Analysen durchzuführen. Im ersten Fall geht es darum, das Feld in seiner Vielschichtigkeit durch möglichst viele, möglichst unterschiedliche Fälle abzubilden, um darüber Aussagen über die Verteilung beispielsweise von Sicht- und Erfahrungsweisen treffen zu können. Im zweiten Fall geht es eher darum, durch die Konzentration auf einzelne Beispiele oder bestimmte Ausschnitte des Feldes tiefer in deren Struktur vorzudringen. Angesichts begrenzter Ressourcen (Arbeitskraft, Geld, Zeit etc.) sind diese beiden Ziele häufig eher Alternativen als vereinbare Vorhaben. Im weiter oben genannten Beispiel war die Entscheidung, sich intensiver mit einem Institutionstyp (sozialpsychiatrische Dienste) auseinanderzusetzen und dafür – bei begrenzten Ressourcen – in den anderen Institutionen keine weiteren Daten mehr zu erheben bzw. zu analysieren, Ergebnis eines solchen Abwägens zwischen Breite (Vertrauen in Beratung in möglichst vielen Institutionsformen zu untersuchen) und Tiefe (in einem Institutionstyp solche Analysen möglichst weitgehend durchzuführen).

Fallkonstituierung im Sample

In diesem Zusammenhang stellt sich die Frage, was jeweils der Fall ist, der in einer Auswahl berücksichtigt wird und – konkreter – wofür der Fall jeweils steht. In den als Beispiele mehrfach genannten Untersuchungen zu Vertrauen in Beratung und technischem Wandel (Flick 1989, 1995b) wurde der *Fall als Fall* genommen: Die Samplebildung wie auch die Erhebung und Analyse der Daten wurden als eine Folge von Fallanalysen durchgeführt. Für die Konstituierung des letztendlich in die Untersuchung einbezogenen Samples wurde jeder Fall in fünffacher Hinsicht zum Repräsentanten:

- Der Fall als Repräsentant *seiner selbst*. Im Sinne von Hildenbrand (1987, S. 161) kann der «Einzelfall (...) dialektisch als individuiertes Allgemeines verstanden» werden. So wird der einzelne Fall zunächst als Ergebnis einer spezifischen individuellen Sozialisation vor einem allgemeinen Hintergrund gesehen, etwa als Arzt oder Psychologe mit einer spezifischen individuellen Biographie vor dem Hintergrund der Veränderung der Psychiatrie und des Verständnisses psychischer Störungen in den 70er und 80er Jahren. Ähnliches gilt für die Sozialisation zum Informatiker vor dem Hintergrund des Wandels der Informatik und im jeweiligen kulturellen Kontext. Diese Sozialisation hat jeweils zu unterschiedlichen, aktuell vorfindlichen, subjektiven Auffassungen, Haltungen und Sichtweisen geführt.

- Um jedoch herauszufinden, was das individuierte Allgemeine hier konkret bedeutet, erwies es sich als notwendig, den Fall auch folgendermaßen zu konzeptualisieren: der Fall als Repräsentant eines spezifischen *institutionellen Kontextes*, in dem er handelt, den er auch in seinem Handeln gegenüber anderen repräsentieren muß. So sind Sichtweisen, die sich in subjektiven Theorien über Vertrauen in Beratung niederschlagen, davon beeinflußt, daß der jeweilige Fall (etwa als Arzt oder Sozialarbeiter) seine Handlungs- und Erfahrungsweisen an den Zielen der Institutionen Sozialpsychiatrischer Dienst orientiert oder in – möglicherweise auch kritischer – Auseinandersetzung damit in Handeln mit Klienten und in Ausführungen im Interview umsetzt.
- Der Fall als Repräsentant einer spezifischen *Professionalisierung* (als Arzt, Psychologe, Sozialarbeiter, Informatiker etc.), die er durchlaufen hat und die sich in seinen Konzepten und Handlungsweisen repräsentiert. So zeigen sich trotz Teamarbeit und Kooperation in der Institution unterschiedliche Akzentsetzungen in der Darstellung von Klienten, Störungen und Ansatzpunkten für deren Bearbeitung bei den Fällen aus den verschiedenen Berufsgruppen in sozialpsychiatrischen Diensten.
- Der Fall als Repräsentant ausgebildeter *Subjektivität* als Ergebnis des Erwerbs bestimmter Wissensvorräte und der Ausbildung spezifischer Handlungs- und Erfahrungsweisen.
- Der Fall als Repräsentant eines interaktiv hergestellten und herstellbaren *Handlungsraums* (z. B. Beratung, Technikentwicklung).

Sampling-Entscheidungen lassen sich nicht isoliert treffen. Es gibt nicht per se *die* richtige Entscheidung oder Strategie. Die Angemessenheit der Samplingstruktur und -inhalte und damit die Angemessenheit der gewählten Strategie, beides zu gewinnen, läßt sich einerseits nur an der Fragestellung der Untersuchung bestimmen: Welche und wie viele Fälle sind notwendig, um die Fragen der Untersuchung beantworten zu können? Andererseits läßt sich die Angemessenheit des gewählten Samples von dem angestrebten Grad der Verallgemeinerbarkeit der Aussagen beurteilen: Ebenso schwierig wie die Ableitung allgemeingültiger Aussagen aus einer Fallstudie ist die intensive Beschreibung und Erklärung eines Falls (z. B. einer Institution, einer Region), wenn dabei das Prinzip der Zufallsauswahl zugrunde gelegt wurde. Auswahlstrategien beschreiben Wege, um ein Feld zu erschließen. Dies kann – ausgehend von Extremfällen, negativen, kritischen oder abweichenden Fällen – von seinen Rändern aus geschehen. Ein Feld kann auch von innen heraus erschlossen werden – ausgehend von besonders typischen oder besonders entwickelten Fällen. Es läßt sich von seiner vermuteten Struktur ausgehend erschließen – indem etwa möglichst unterschiedliche Fälle in ihrer Variationsbreite einbezogen werden. Die Struktur des Samples kann dabei vorab festgelegt und durch den Erhebungsprozeß gefüllt oder schrittweise während der Auswahl, Erhebung und Interpretation entwickelt und weiter differenziert werden. Auch hier gilt, daß die Entscheidung zwischen Vorabfestlegung und schrittweiser Entwicklung von der Fragestellung und dem angestrebten Allgemeinheitsgrad der Aussagen bestimmt sein sollte.

Die in Kapitel 2 festgehaltenen Charakteristika qualitativer Forschung werden in Auswahlstrategien folgendermaßen relevant und realisiert: Durch die in Sampling-Entscheidungen getroffene Auswahl wird jeweils ein spezifischer Zugang zum Verstehen des Feldes und der ausgewählten Fälle realisiert. Bei anderen Auswahlentscheidungen würde auch das Verstehen anders ausfallen. Indem Auswahlentscheidungen an der Einbeziehung konkreter Fälle ansetzen, wird darin der Ausgangspunkt der Fallrekonstruktion konkret umgesetzt. In Auswahlentscheidungen wird die untersuchte Wirklichkeit auf spezifische Weise konstruiert – bestimmte Ausschnitte und Aspekte werden hervorgehoben, andere werden ausgeblendet. Auswahlentscheidungen bestimmen wesentlich, was in Textform zum empirischen Material und was aus vorliegenden Texten konkret und mit welchem Gewicht verwendet wird.

Verbale Daten

8. Leitfaden-Interviews

Im Gegensatz zu den USA, wo die methodische Diskussion lange Zeit um Beobachtung als Methode der Datenerhebung kreiste, stehen im deutschen Sprachraum offene Interviews im Vordergrund (z. B. bei Hoffmann-Riem 1980; Kohli 1978; Hopf 1978, 1991). Insbesondere Leitfaden-Interviews haben größere Aufmerksamkeit erfahren und werden in breitem Maß angewendet. Diese Aufmerksamkeit ist von der Erwartung bestimmt, daß in der relativ offenen Gestaltung der Interviewsituation die Sichtweisen des befragten Subjekts eher zur Geltung kommen als in standardisierten Interviews oder Fragebögen (z. B. bei Kohli 1978). Mehrere Typen des Leitfaden-Interviews lassen sich unterscheiden, von denen einige im folgenden hinsichtlich ihrer eigenen Logik und ihrer Beiträge zur Weiterentwicklung des Leitfaden-Interviews als Methode insgesamt behandelt werden.

Das fokussierte Interview

Merton und Kendall (1946 / 1979) haben das fokussierte Interview für die Medienforschung entwickelt. Nach der Vorgabe eines einheitlichen Reizes (eines Films, einer Radiosendung etc.) wird anhand eines Leitfadens dessen Wirkung auf die Interviewten untersucht. Ziel des Interviews war ursprünglich, eine Grundlage für die Interpretation von statistisch signifikanten Ergebnissen hinsichtlich der Wirkungen von Medien in der Massenkommunikation zu schaffen, die sich in parallelen oder anschließenden quantifizierenden Untersuchungen ergeben. Der vorgegebene Reiz wird zuvor einer Inhaltsanalyse unterzogen. Darüber soll bestimmt werden, was die ‹objektiven› Bestandteile der Situation und was die subjektiven Interpretationen des Befragten sind, um beides miteinander zu vergleichen.

Leitfadengestaltung und Interviewdurchführung sollen dabei vier Kriterien genügen, zu deren Erfüllung die verschiedenen Bestandteile der Methode dienen: Nichtbeeinflussung der Interviewpartner, Spezifität der Sichtweise und Situationsdefinition aus deren Sicht, Erfassung eines breiten Spektrums der Bedeutungen des Stimulus sowie Tiefgründigkeit und personaler Bezugsrahmen auf seiten des Interviewten (vgl. Merton und Kendall 1979, S. 178).

Bestandteile des Interviews
Die *Nichtbeeinflussung* soll durch verschiedene Frageformen [1] realisiert werden: unstrukturierte Fragen («Was fiel Ihnen an diesem Film besonders auf?») und halbstrukturierte Fragen. Bei letzteren ist entweder der konkrete Gegenstand (z. B. eine bestimmte Szene des Films) vorgegeben und die erfragte Reaktionsweise offen gelassen («Was empfanden Sie bei dem Teil, in dem Joes Entlassung aus der Armee als Psychoneurotiker geschildert wird?»). Oder die Reaktion wird vorgegeben und der konkrete Gegenstand offen gelassen («Was haben Sie Neues aus diesem Flugblatt erfahren, das Sie ja vorher nicht kannten»?). In strukturierten Fragen als dritter Frageform wird beides vorgegeben («Fanden Sie Chamberlains Rede beim Zuhören propagandistisch oder informativ?»). Dabei werden zunächst unstrukturierte Fragen gestellt, und die zunehmende Strukturierung wird erst im Verlauf des Interviews eingeführt, um zu verhindern, daß der Bezugsrahmen des Interviewers gegenüber der Sichtweise des Befragten durchgesetzt wird. Merton und Kendall fordern in diesem Zusammenhang, daß der Leitfaden flexibel gehandhabt wird. Der Interviewer soll sich mit eigenen Bewertungen weitgehend zurückhalten und eine an Rogers (1944) angelehnte non-direktive Gesprächsführung praktizieren. Probleme ergeben sich, wenn Fragen im falschen Moment gestellt werden, wenn der Interviewpartner dadurch in der Darlegung seiner Sichtweise eher behindert als unterstützt wird oder wenn der falsche Typ von Fragen zur falschen Zeit verwendet wird.

Das Kriterium der *Spezifität* meint, daß der Interviewer die konkreten Bestandteile, die die Wirkung oder Bedeutung eines Ereignisses für das befragte Subjekt insgesamt bestimmen, herausarbeiten soll, damit das Interview nicht auf die Ebene allgemein gehaltener Aussagen beschränkt bleibt. Dazu sind Frageformen, die dem Interviewpartner möglichst wenig Vorgaben machen, besonders gut geeignet. Um die Spezifität zu erhöhen, soll einerseits die «retrospektive Introspektion» gefördert wer-

---

[1] Die Beispielfragen im folgenden sind von Merton und Kendall (1979, S. 180 f) übernommen.

den. Dabei kann der Befragte durch die Verwendung von Materialien zur Vergegenwärtigung einer bestimmten Situation (z. B. ein Textausschnitt, ein Bild o. ä.) und entsprechende Fragen («Wenn Sie zurückdenken, was war Ihre Reaktion bei diesem Teil des Films?») unterstützt werden. Andererseits soll dieses Kriterium durch die «explizite Bezugnahme auf die Stimulussituation» realisiert werden («Was war es genau, das Ihnen in den Filmszenen diesen Eindruck vermittelt?»). Als allgemeine Regel formulieren Merton und Kendall (1979, S. 191), «daß die spezifizierenden Fragen so explizit sein sollen, daß der Befragte nicht umhin kann, seine Antworten unmittelbar auf bestimmte Aspekte der Stimulussituation zu beziehen; gleichzeitig sollten sie jedoch so allgemein sein, daß eine Strukturierung der Situation durch den Interviewer vermieden wird».

Die *Erfassung eines breiten Spektrums* zielt darauf ab, daß alle für die Fragestellung relevanten Aspekte und Themen im Lauf des Interviews angesprochen werden. Einerseits muß das befragte Subjekt die Möglichkeit erhalten, eigene Themen in das Interview neu einzuführen. Andererseits ist damit die doppelte Aufgabe des Interviewers benannt: So soll er das thematische Spektrum (das etwa im Leitfaden enthalten ist) nach und nach ansprechen, indem er selbst neue Themen einführt oder Themenwechsel initiiert. Das heißt aber auch, daß er zu Themen zurückführen soll, die zwar erwähnt, aber noch nicht weitgehend genug behandelt wurden, vor allem wenn er den Eindruck hat, sein Gegenüber wechselt das Thema, um das Gespräch vom bisherigen Thema wegzulenken. Dann soll der Interviewer durch «zurückführende Übergänge» das vorherige Thema wieder aufgreifen. Mit der Realisierung dieses Kriteriums sehen Merton und Kendall (1979, S. 197) die Gefahr verknüpft, daß «die Breite des erfaßten Spektrums durch Oberflächlichkeit ersetzt wird». Inwieweit dieses Problem akut wird, hängt davon ab, wie das thematische Spektrum des Leitfadens vom Interviewer eingebracht wird und ob er sich zu stark vom Leitfaden abhängig macht. Deshalb sollte er Themen nur dann anschneiden, wenn er damit auch tatsächlich erreichen will, daß sie ausführlich behandelt werden.

Tiefgründigkeit und personaler Bezugsrahmen auf seiten des Interviewten meint, daß der Interviewer erreichen soll, daß affektive Reaktionen in der Behandlung im Interview möglichst über einfache Wertungen wie «erfreulich» oder «unerfreulich» hinausgehen. Ziel ist es eher, «ein Höchstmaß an selbstenthüllenden Kommentaren des Informanten darüber, wie er das Stimulusmaterial erfahren hat, zu erhalten» (Merton und

Kendall 1979, S. 197). Als konkrete Aufgabe für den Interviewer resultiert aus diesem Ziel die regelmäßige Überprüfung des aktuellen Niveaus an Tiefgründigkeit, um «dieses Niveau eventuell nach oben oder unten zu verschieben, je nachdem wie es bei dem angesprochenen Sachverhalt ihm angemessen erscheint» (S. 198). Strategien, um das Maß an Tiefgründigkeit zu erhöhen, sind die «Fokussierung von Gefühlen», die «Wiederholung impliziter oder geäußerter Gefühle» und der «Hinweis auf vergleichbare Situationen». Auch hier sind wieder Bezüge zur nondirektiven Gesprächsführung von Rogers (1944) zu sehen.

Die Anwendung dieses Verfahrens in anderen Forschungsfeldern orientiert sich vorwiegend an seinen generellen Prinzipien und begreift die Fokussierung im Interview vor allem auf das Thema der Untersuchung bezogen, ohne dabei Filme o. ä. als Reizvorgabe zu verwenden.

Beispiel: staatliche Schulaufsicht
In einer Untersuchung zur Entwicklung staatlicher Schulaufsicht hat Hopf (1978) mit dieser Methode 94 Schulräte «zu folgenden drei Problemkomplexen befragt (...): 1. beruflicher Werdegang, Analyse typischer Karrierekonstellation; 2. Fragen der unmittelbaren Aufsicht über die Schulen (in welchen Formen und mit welchen Zielsetzungen erfolgt diese Aufsicht?); 3. Fragen zur Deutung der Entwicklungstendenzen im Verhältnis Schulaufsicht und Schule» (S. 99). Diese Interviews dauerten ein bis sechs Stunden und wurden in den Arbeitszimmern der befragten Schulräte durchgeführt (S. 102).

Probleme der Interviewdurchführung
Die von Merton und Kendall formulierten Kriterien für die Interviewgestaltung enthalten einige Zielvorgaben, die nicht in jeder Situation zu vereinbaren sind (z. B. Spezifität und Tiefgründigkeit versus breites Spektrum). Die Einhaltung dieser Kriterien läßt sich nicht vorab – etwa bei der Leitfadengestaltung – realisieren. Inwieweit sie tatsächlich in einem konkreten Interview eingehalten werden, hängt zu einem großen Teil von der aktuellen Interviewsituation und ihrem Verlauf ab. Diese Kriterien pointieren die vom Interviewer in der Situation ad hoc zu treffenden Entscheidungen und notwendigen Prioritätensetzungen. Sie verdeutlichen, daß es keine eindeutige Festlegung des ‹richtigen› Interviewerverhaltens in fokussierten (wie auch in anderen Leitfaden-)Interviews gibt und daß die erfolgreiche Durchführung solcher Interviews von der situativen Kompetenz des Interviewers wesentlich abhängt. Diese läßt sich durch Erfahrungen mit den notwendigen Entscheidungen in Interviewsituationen in Probeinterviews und Interviewtrainings erhö-

hen. Darin werden Interviewsituationen simuliert und anschließend analysiert, um Beispiele typischer Entscheidungsnotwendigkeiten zwischen mehr Tiefe (durch entsprechende Nachfragen) und Sicherstellung der Breite des Spektrums (durch die Einführung neuer Themen oder die nächste Frage aus dem Leitfaden) und Erfahrungen mit den verschiedenen Lösungsmöglichkeiten an der jeweiligen Stelle zu vermitteln. Dadurch werden die skizzierten Dilemmata widersprüchlicher Zielvorgaben besser handhabbar, können jedoch nicht vollständig aufgelöst werden.

Beitrag zur allgemeinen Methodendiskussion
Die vier Kriterien und die damit verknüpften Probleme lassen sich jedoch auch bei anderen Typen des Leitfaden-Interviews ohne Reizvorgabe und mit anderen Fragestellungen zugrunde legen. Sie sind (etwa bei Hopf 1978) zu allgemeineren Kriterien der Gestaltung und Durchführung von Leitfaden-Interviews geworden und zum Ansatzpunkt zur Beschreibung der in dieser Methode enthaltenen Dilemmata. Die konkreten Vorschläge, die Merton und Kendall zu ihrer Realisierung und zur Formulierung von Fragen machen, lassen sich als Orientierung für die Konzeption und Durchführung von Leitfaden-Interviews genereller verwenden. Die möglichst weitgehende Fokussierung auf einen bestimmten Gegenstand und seine Bedeutung sind zu allgemeinen Zielen von Leitfaden-Interviews geworden. Gleiches gilt für die von Merton und Kendall vorgeschlagenen Strategien zu ihrer Realisierung – vor allem, dem Interviewten einen möglichst großen Spielraum zur Einbringung seiner Sichtweisen einzuräumen.

Einordnung der Methode in den Forschungsprozeß
Mit der Methode werden subjektive Sichtweisen an verschiedenen sozialen Gruppen untersucht. Die Zielsetzung kann dabei die Generierung von Hypothesen für spätere quantitative Untersuchungen, aber auch die vertiefende Interpretation experimenteller Ergebnisse sein (vgl. Merton und Kendall 1979, S. 202). Die untersuchten Gruppen sind dabei in der Regel vorab festgelegt, und der Forschungsprozeß (vgl. Kapitel 4) ist linear konzipiert. Fragestellungen richten sich auf die Wirkung konkreter Vorgänge oder die subjektive Verarbeitung von Bedingungen des eigenen Handelns. Die Auswertung ist dabei nicht auf ein Verfahren festgelegt, jedoch erscheinen kodierende Verfahren (vgl. Kapitel 15) besonders geeignet.

Grenzen der Methode
Das Spezifikum des fokussierten Interviews – die Verwendung eines Gegenstandes (z. B. eines Filmes) im Interview – stellt eine bislang noch kaum genutzte Erweiterung der Standardsituation des Leitfaden-Interviews dar, beinhaltet aber zugleich grundsätzliche Probleme. Merton und Kendall untersuchen weniger die Wahrnehmung und Bewertung des konkreten Materials durch die Interviewten, als sie allgemeine Zusammenhänge bei der Rezeption von Filmmaterial analysieren. In diesem Zusammenhang interessiert sie die subjektive Sicht auf das konkrete Material. Daß sie durch die Analyse dieses Materials die «objektiven Merkmale des Falles» (1979, S. 172) gewinnen, von denen sie die «subjektiven Definitionen der Situation unterscheiden» können, erscheint fraglich. Jedoch erhalten sie darüber eine zweite Version des Gegenstandes, zu der sie die subjektive Sichtweise des einzelnen Interviewten wie auch das Spektrum der Perspektiven der verschiedenen Interviewpartner in Beziehung setzen können. Weiterhin haben sie einen Anhaltspunkt für die Beantwortung von Fragen wie: Welche Bestandteile der Darstellungen des Interviewten haben ein Gegenstück in den Ergebnissen der Inhaltsanalyse des Films etc.? Welche Inhalte sind von seiner Seite weggelassen worden, obwohl sie seiner Analyse zufolge im Film enthalten sind? Welche Themen sind vom Interviewpartner eingeführt oder hinzugefügt worden?

Ein weiteres Problem bei diesem Verfahren ist, daß es – vollständig und in Reinform – kaum angewendet wird, so daß vor allem Anregungen für die Konzeption und Umsetzung anderer Leitfaden-Interviews, die von ihm ausgehen und häufig aufgegriffen werden, als seine aktuelle Bedeutung festzuhalten bleiben. Weiterhin läßt sich die Anregung der Kombination offener Interviews mit anderen methodischen Zugängen zum untersuchten Gegenstand aufgreifen, die einen Bezugspunkt für die Interpretation subjektiver Sichtweisen aus dem Interview liefern. Dieser Gedanke wird unter dem Stichwort «Triangulation» (vgl. Kapitel 18) allgemeiner diskutiert.

Das halbstandardisierte Interview

Eine spezifische Weiterentwicklung des Leitfaden-Interviews bieten die Vorschläge zur *Rekonstruktion subjektiver Theorien* von Scheele und Groeben (1988). Subjektive Theorien meint dabei, daß der Interviewpartner über einen komplexen Wissensbestand zum Thema der Untersuchung verfügt. Dieser Wissensbestand enthält explizit-verfügbare Annahmen, die der Interviewpartner spontan auf offene Fragen äußern kann, und implizite Annahmen, für deren Artikulation er durch methodische Hilfen unterstützt werden sollte, weshalb hier verschiedene Typen von Fragen verwendet werden (s. u.). Damit werden subjektive Theorien des Befragten über den Untersuchungsgegenstand rekonstruiert, z. B. subjektive Vertrauenstheorien, die Berater in ihrem Beratungshandeln mit Klienten verwenden (vgl. Flick 1989). Ergänzt wird das eigentliche Interview in einem zweiten Termin durch die Anwendung der «Struktur-Lege-Technik». Dabei werden die Aussagen des ersten Interviews zusammen mit dem Befragten in eine Struktur gebracht und kommunikativ validiert, d. h., seine Zustimmung zu den Inhalten dieser Aussagen wird eingeholt.

Beispiel: Subjektive Theorien über Vertrauen in Beratung
In einer Untersuchung zu Vertrauen in Beratung (Flick 1989) wurden 15 Berater aus verschiedenen Berufsgruppen mit dieser Methode befragt. Der Leitfaden umfaßte thematische Bereiche wie die Definition von Vertrauen, das Verhältnis von Risiko und Kontrolle, Strategien, Informationen und Vorwissen, Gründe für Vertrauen, Bedeutung für psychosoziale Arbeit, institutionelle Rahmenbedingungen und Vertrauen. Die Interviews zeigen, wie subjektive Theorien Wissensbestände für die Identifikation verschiedener Typen von Ausgangssituationen, Zielvorstellungen für idealtypische Beratungssituationen und ihre Bedingungen sowie Vorstellungen für die zumindest annäherungsweise Herstellung solcher Bedingungen in der aktuellen Situation anbieten. Die Analyse entsprechender Handlungssituationen ergab, wie die Berater entsprechend dieser Wissensbestände handeln und diese auch für die Bewältigung aktueller, neuer Situationen verwenden.

Bestandteile des Interviews
Im Interview werden die Inhalte der subjektiven Theorie rekonstruiert. Der Leitfaden wird nach thematischen Bereichen konstruiert, die jeweils von einer offenen Frage eingeleitet und mit einer Konfrontationsfrage beendet werden. Auf *offene* Fragen[2] («Warum sind Ihrer Meinung nach Menschen überhaupt bereit, einander zu vertrauen?») kann der Interviewte mit seinem unmittelbar verfügbaren Wissen antworten.

---

2 Die Beispielfragen im folgenden sind aus Flick (1989) übernommen.

Beispiel: Subjektive Definition von Vertrauen in Beratung
Auf die Frage: «Könnten Sie kurz sagen, was Sie mit dem Begriff ‹Vertrauen› verbinden, wenn Sie an Ihr berufliches Handeln denken?» wurde von einer Interviewpartnerin folgende Definition gegeben: «Wenn ich an mein berufliches Handeln denke – also (...) sehr viele Leute fragen mich am Anfang, ob sie denn in der Beziehung Vertrauen zu mir haben können, ich sei 'ne öffentliche Dienststelle (...), ob ich denn das, was sie mir jetzt erzählen, auch wirklich für mich behalte. (...) Vertrauen bedeutet für mich, da ganz offen zu sagen, (...) wie ich damit umgehen kann, daß ich bis zu einem bestimmten Punkt das sehr wohl alles für mich behalten kann, aber wenn sie mir z. B. Gefährdungstatbestände schildern, ich da schon Probleme kriege, und das schon aber auch sage an dem Punkt. Alles das ist für mich Vertrauen, damit offen umzugehen mit dem Punkt Schweigepflicht, das ist eigentlich für mich der Hauptinhalt.»

Ergänzend werden theoriegeleitete, hypothesengerichtete Fragen gestellt, die an der wissenschaftlichen Literatur zum Thema orientiert sind bzw. auf den theoretischen Vorannahmen des Forschers beruhen («Ist Vertrauen zwischen einander fremden Personen möglich, oder müssen sich die Beteiligten kennen?»). Die darin formulierten Zusammenhänge dienen im Interview dazu, das nicht unmittelbar verfügbare, implizite Wissen des Interviewpartners zu explizieren. Die in diesen Fragen formulierten Annahmen sollen dem Interviewpartner gegenüber als Angebote formuliert werden, die er aufgreifen oder ablehnen kann, «je nachdem, ob sie seiner subjektiven Theorie entsprechen oder nicht» (Scheele und Groeben 1988, S. 35 f).

Durch den dritten Fragentyp, die *Konfrontationsfragen*, sollen die bis dahin vom Befragten entwickelten Theorien und Zusammenhänge in jedem angesprochenen Bereich noch einmal im Licht konkurrierender Alternativen kritisch hinterfragt werden. Dabei wird hervorgehoben, daß diese Alternativen in «echter thematischer Konkurrenz» zu den Aussagen des Interviewpartners stehen, um zu vermeiden, daß er sie einfach in seine subjektive Theorie integriert. Deshalb enthält der Leitfaden an der jeweiligen Stelle verschiedene solcher Fragen zur Auswahl. Welche Frage konkret verwendet wird, richtet sich dann nach der im Interview bis dahin entwickelten Sichtweise auf den Gegenstand.

Die Interviewdurchführung ist hier durch die Vorgabe von inhaltlichen Bereichen und durch die gezielte Formulierung von Fragen entlang wissenschaftlicher Theorien zum Thema (in den hypothesengerichteten Fragen) bestimmt.

Die Struktur-Lege-Technik (SLT)
An einem zweiten Termin, maximal ein bis zwei Wochen nach dem Interview, wird die SLT angewendet. Nach der Transkription und einer groben Inhaltsanalyse des gerade beschriebenen Interviews werden dem Interviewpartner seine wesentlichen Aussagen auf kleinen Kärtchen erneut vorgelegt und damit zwei Ziele verfolgt: Der Interviewpartner soll sich an das erste Interview erinnern und prüfen, ob dessen Inhalte auf den entsprechenden Kärtchen korrekt wiedergegeben worden sind. Ist dies nicht der Fall, kann er diese Aussagen umformulieren, herausnehmen und/oder durch andere angemessenere Aussagen ersetzen. Ist diese inhaltliche Prüfung, d. h. die kommunikative Validierung der Aussagen durch den Interviewpartner, vorläufig abgeschlossen, ist das zweite Ziel die Strukturierung der übriggebliebenen Konzepte mittels der SLT-Regeln in einer wissenschaftlichen Theorien ähnlichen Form. Dazu erhält der Befragte vor der Sitzung ein kurzes Papier zur Einführung in die SLT, das ihn anhand anschaulicher Beispiele mit den Regeln ihrer Anwendung und – soweit als notwendig und möglich – auch mit der zugrundeliegenden Denkweise vertraut machen soll.[3] Abbildung 10 enthält neben einem Ausschnitt aus einem Beispiel der Anwendung auch einige der möglichen Regeln zur Darstellung von Kausalbeziehungen zwischen Konzepten im Sinne von «A» ist Voraussetzung von «B» oder «C» ist eine fördernde Bedingung für «D» etc.

Ergebnis eines solchen Strukturierungsprozesses mit der SLT sind graphische Darstellungen der subjektiven Theorien. Zum Abschluß vergleicht der Interviewpartner seine Strukturierung noch mit der Version des Interviewers, die dieser zwischen beiden Terminen vorbereitet hatte. Dieser Vergleich dient, ähnlich wie die Konfrontationsfragen im Interview, dazu, den Befragten erneut zur Reflexion seiner Sichtweise im Lichte konkurrierender Alternativen anzuregen.

---

3 Ein vollständiges Regelpapier findet sich bei Scheele und Groeben (1988, S. 53 f), das jedoch erfahrungsgemäß der eigenen Fragestellung angepaßt und auf die Interviewpartner zugeschnitten werden sollte, vor allem hinsichtlich der darin zur Erklärung verwendeten Beispiele.

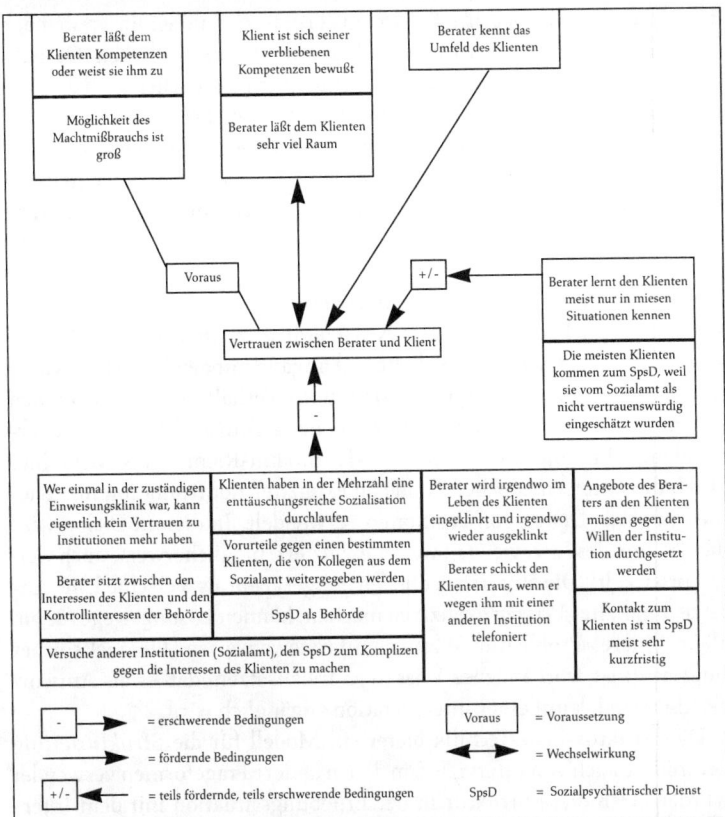

Abbildung 10: Ausschnitt aus einer subjektiven Theorie über Vertrauen in Beratung

Probleme der Anwendung

Zentrales Problem bei beiden Teilen ist, wieweit es dem Interviewer gelingt, seinem Gegenüber das Vorgehen plausibel zu machen und die Irritationen aufzufangen, die von konfrontativen Fragen ausgelöst werden können. Die verdeutlichende und behutsame Einführung alternativer Sichtweisen (z. B.: «Man könnte das Problem, das Sie gerade geschildert haben, ja auch folgendermaßen sehen....») ist ein Mittel zum Umgang mit solchen Irritationen. Auch von den Regeln der SLT und der zugrundeliegenden Denkweise können Irritationen ausgehen, da es nicht unbedingt alltäglich ist, Begriffe in formalisierte Beziehungen untereinander zu setzen und damit ihre Zusammenhänge zu veranschaulichen. Deshalb wird empfohlen, dem Interviewpartner deutlich zu machen, daß die Anwendung der SLT und ihrer Regeln keinesfalls als Leistungstest zu verstehen ist, sondern eher spielerisch damit umgegangen werden sollte. Nachdem die erste Scheu überwunden ist, gelingt es auch in den meisten Fällen, die notwendige Lockerheit in der Anwendungssituation herzustellen.

Beitrag zur allgemeinen Methodendiskussion
Die allgemeine Bedeutung dieses Ansatzes liegt darin, daß durch die verschiedenen Fragetypen ein expliziterer Umgang mit den in die Interviewsituation eingebrachten Vor-Annahmen im Verhältnis zu den Anteilen des Interviewten möglich wird. Das oft eher als diffuse Haltung mißverstandene «Prinzip der Offenheit» (Hoffmann-Riem 1980) wird hier durch die unterschiedlichen Grade an expliziter Konfrontation mit Themen in einen Dialog von Positionen verwandelt. In diesem Dialog wird die Position des Interviewten weiter expliziert, möglicherweise auch weiterentwickelt. Die unterschiedlichen Fragetypen als verschiedene Ansätze, implizites Wissen explizit zu machen, können Lösungswege für ein allgemeineres Problem qualitativer Interviews weisen. Ein Ziel solcher Interviews ist, vorhandenes Wissen so freizusetzen, daß es als Antwort geäußert und damit einer Interpretation zugänglich wird.

Die Struktur-Lege-Technik bietet ein Modell für die *Strukturierung* der Inhalte auch von Interviews, in denen andere Frageformen verwendet wurden. Daß diese Struktur in der Erhebungssituation mit dem Interviewpartner – und nicht in der Auswertungssituation vom Forscher allein – entwickelt wird, läßt sie zu einem Teil der Daten werden. Ob die Gestalt, die Scheele und Groeben für diese Struktur vorschlagen und ob die dafür vorgeschlagenen Relationen auf den jeweiligen Untersuchungsgegenstand passen, kann nur im konkreten Einzelfall entschieden werden. Insgesamt wird damit jedoch ein methodisches Konzept vorgeschlagen, das die Rekonstruktion des Untersuchungsgegenstandes (hier der subjektiven Theorie) in der Interviewsituation explizit in Rechnung stellt und nicht eine mehr oder minder voraussetzungslose Annäherung an einen gegebenen Gegenstand propagiert.

Einordnung in den Forschungsprozeß
Theoretischer Hintergrund ist hier die Rekonstruktion subjektiver Sichtweisen. Es werden Vorannahmen über deren Struktur und mögliche Inhalte zugrunde gelegt. Jedoch bleibt der Spielraum für die inhaltliche Ausgestaltung der subjektiven Theorie groß genug, daß die generelle Zielsetzung der Entwicklung gegenstandsbegründeter Theorien sich damit ebenso realisieren läßt wie die Anwendung fallweiser Auswahlstrategien (vgl. Kapitel 7). Fragestellungen, die mit dieser Methode untersucht werden, richten sich auf Inhalte subjektiver Theorien (z. B. subjektive Krankheitstheorien bei psychisch Kranken) und teilweise darauf, wie sie im (z. B. beruflichen) Handeln umgesetzt werden.

Grenzen der Methode
Die anspruchsvollen Vorgaben der Methode (Fragetypen, SLT-Regeln) erfordern ihre Anpassung an die untersuchte Fragestellung und die avisierten Interviewpartner durch die Reduktion der von Scheele und Groeben vorgeschlagenen Regeln und gegebenenfalls auch den Verzicht auf Konfrontationsfragen (z. B. bei Interviews mit Patienten über ihre subjektive Krankheitstheorie). Deshalb wird in einem großen Teil der Forschung zu subjektiven Theorien nur eine verkürzte Version der Methode angewendet. Ein Problem ist die Auswertung der so erhobenen Daten, da hierzu keine expliziten Vorschläge gemacht werden. Erfahrungsgemäß eignen sich kodierende Verfahren (vgl. Kapitel 15) am besten. Bei der Verallgemeinerung stellt sich aufgrund ihrer komplexen Struktur im Einzelfall das Problem der Zusammenfassung verschiedener subjektiver Theorien in Gruppen. Für Fragestellungen, die sich auf (bspw. biographische) Verläufe oder auf unbewußte Anteile des Handelns richten, ist die Methode nicht geeignet.

Das problemzentrierte Interview

Das von Witzel (1985) vorgeschlagene problemzentrierte Interview hat vor allem in der Psychologie einige Aufmerksamkeit und Anwendung erfahren. Darin werden anhand eines Leitfadens, der aus Fragen und Erzählanreizen besteht, insbesondere biographische Daten mit Hinblick auf ein bestimmtes Problem thematisiert. Dieses Interview ist ist durch drei zentrale Kriterien gekennzeichnet: *Problemzentrierung*, d. h. «die Orientierung des Forschers an einer relevanten gesellschaftlichen Problemstellung» (S. 230); *Gegenstandsorientierung*, d. h., daß die Methoden am Gegenstand orientiert entwickelt bzw. modifiziert werden sollen; schließlich die *Prozeßorientierung* in Forschungsprozeß und Gegenstandsverständnis.

Bestandteile des Interviews

Witzel benennt als vier «Teilelemente» des von ihm konzipierten Interviews: «Qualitatives Interview», die «biographische Methode», die «Fallanalyse» und die «Gruppendiskussion» (1985, S. 235 f). Seine hier besonders interessierende Konzeption des qualitativen Interviews umfaßt einen vorgeschalteten Kurzfragebogen, den Leitfaden, die Tonbandaufzeichnung und das Postscriptum (Interviewprotokoll). Der Leitfaden soll zwar dazu beitragen, den «vom Befragten selbst entwickelten Erzählstrang» (1985, S. 237) zum Tragen kommen zu lassen. Jedoch ist er vor allem die Grundlage dafür, «etwa bei stockendem Gespräch bzw. bei unergiebiger Thematik» dem Interview eine neue Wendung zu geben. Der Interviewer soll anhand des Leitfadens entscheiden, wann «er zur Ausdifferenzierung der Thematik sein problemzentriertes Interesse in Form von exmanenten Fragen einbringen soll». Als zentrale Kommunikationsstrategien im problemzentrierten Interview werden der Gesprächseinstieg, allgemeine und spezifische Sondierungen und Ad-hoc-Fragen (S. 245) genannt. Bei der Untersuchung der Berufsfindung von Jugendlichen verwendet Witzel etwa als Gesprächseinstieg: «Du möchtest (Kfz.-Mechaniker etc.) werden, wie bist du darauf gekommen? Erzähl doch einfach mal!» (S. 246). Allgemeine Sondierungen sollen im Interview durch Nachfragen wie «Was passierte da im einzelnen?» oder «Woher weißt du das?» (S. 247) zusätzliches «Material» und weitere Details des bis dahin Dargestellten liefern. Spezifische Sondierungen sollen das Verständnis auf seiten des Interviewers vertiefen durch Zurückspiegelung (Zusammenfassungen, Rückmeldungen, Interpretationen seitens des Interviewers) des Gesagten, Verständnisfragen und Konfrontationen des Interviewpartners mit Widersprüchen und Ungereimtheiten in seinen Ausführungen, wobei «wichtig ist, daß der Interviewer dabei sein inhaltliches Interesse verdeutlicht und eine gute Gesprächsatmosphäre aufrechterhalten kann» (S. 249).

Beispiel: Subjektive Krankheitstheorien bei Pseudo-Krupp
In einer Studie zur Analyse subjektiver Krankheitstheorien[4] von Eltern von 32 Kindern, die an «Pseudo-Krupp» (einem durch Umweltbelastungen ausgelösten starken Husten bei Kindern) erkrankt sind, führte Ruff (1991) problemzentrierte Interviews durch. Der Gesprächsleitfaden enthielt als «Leitfragen (...):
– wie lief die erste Krankheitsepisode ab und wie gingen die Eltern damit um?
– worauf führen die Eltern die Erkrankung ihres Kindes zurück?
– welche Auswirkungen hat die Problemdeutung der Eltern für den Alltag und die Lebensplanung?
– von welchen Umweltbelastungen gehen nach der Einschätzung der Eltern Gefährdungen für die Gesundheit ihrer Kinder aus? Wie wird damit umgegangen?» (Ruff 1991, S. 103)
Als ein zentrales Ergebnis wurde festgehalten, «daß etwa zwei Drittel der (...) befragten Eltern in ihren subjektiven Krankheitstheorien einen Zusammenhang zwischen den Atemwegserkrankungen ihrer Kinder und der Luftverschmutzung annehmen. Obwohl die Luftverschmutzung meist nur als eine Ursache unter mehreren möglichen angesehen wird und die Kausalitätsvermutungen zum Teil noch mit hoher subjektiver Unsicherheit verbunden sind, hat die Mehrzahl dieser Eltern die Gestaltung des Alltags der Kinder und zum Teil die Lebensplanung auf die neue Problemdeutung abgestimmt» (Ruff 1991, S. 109 f).

Beitrag zur allgemeinen Methodendiskussion

Für eine allgemeine Diskussion jenseits des Ansatzes aufgreifen läßt sich Witzels Vorschlag, einen *Kurzfragebogen* beim Interview einzusetzen. Er dient dazu, z. B. demographische Daten, die für die Themen des eigentlichen Interviews weniger relevant sind, aus diesem herauszunehmen. Damit kann die Zahl der Fragen reduziert und – bei engem Zeitrahmen besonders interessant – die knappe Zeit des Gesprächs für wesentlichere Themen genutzt werden. Entgegen Witzels Vorschlag, diesen Fragebogen vor dem eigentlichen Interview anzuwenden, erscheint es sinnvoller, ihn am Ende zu verwenden, damit sich seine Frage-Antwort-Struktur nicht auf den Dialog im Interview selbst auswirkt.

Als zweite Anregung kann aus Witzels Ansatz das *Postscriptum* auch in andere Interviewformen übernommen werden. Darin soll der Interviewer unmittelbar im Anschluß an das Interview seine Eindrücke über die Kommunikation, über die Person des Interviewpartners, über sich und sein Verhalten in der Situation, äußere Einflüsse, den Raum, in dem

---

4 Während die zuvor beschriebene Methode speziell für die Rekonstruktion subjektiver Theorien entwickelt wurde, wird das problemzentrierte Interview auch dafür verwendet. Von daher ist es eher zufällig, daß bei beiden Beispielen subjektive Theorien Gegenstand der Untersuchung sind.

das Interview stattgefunden hat etc., notieren. So werden möglicherweise aufschlußreiche Kontextinformationen dokumentiert, die für die spätere Interpretation der Aussagen im Interview hilfreich sein können und den Vergleich verschiedener Interviewsituationen erlauben. Die von Witzel zur besseren Kontextualisierung von Aussagen vorgeschlagene Tonbandaufzeichnung hat sich ohnehin seit längerem bei Leitfaden-Interviews durchgesetzt.

Einordnung in den Forschungsprozeß
Theoretischer Hintergrund der Methode ist wiederum die Auseinandersetzung mit subjektiven Sichtweisen. Dabei werden das Prozeßverständnis und die Zielsetzung einer an der Entwicklung von Theorien orientierten Forschung (vgl. Kapitel 4) zugrunde gelegt. Fragestellungen richten sich auf Wissen über Sachverhalte oder Sozialisationsprozesse. Die Auswahl von Interviewpartnern sollte dabei schrittweise erfolgen (vgl. Kapitel 7), um die Prozeßorientierung der Methode zu realisieren. Die Methode ist hinsichtlich des Auswertungsverfahrens nicht festgelegt, es werden jedoch vor allem kodierende Verfahren, insbesondere die qualitative Inhaltsanalyse, dabei verwendet (vgl. Kapitel 15).

Grenzen der Methode
Die Kombination von Erzählung und Fragen begründet Witzel in seiner Konzeption des Interviews eher pragmatisch als systematisch. Gleiches gilt für die Entscheidungen, wann welche Form der Datenerhebung angewendet und wann von einer Datensorte zur anderen gewechselt werden soll. Ähnlich wie hier zwei Strategien der Datenerhebung kaum begründet miteinander kombiniert werden, scheint die Einbeziehung von Gruppendiskussion und «biographischer Methode» (s. o.) auf die Integration verschiedener Ansätze zu einer Methode abzuzielen, ohne daß die Beziehungen zwischen den «Teilelementen» wirklich geklärt würden. Auch hinsichtlich der eingangs genannten Kriterien (Problemzentrierung; Prozeß- und Gegenstandsorientierung) werden Vorbehalte formuliert: Während die beiden letzten Kriterien direkt aus der Forschungskonzeption von Glaser und Strauss (1967) übernommen sind, wird zum ersten Kriterium zu Recht die Frage gestellt, inwieweit es Interviews gibt, die nicht zentriert auf ein bestimmtes Problem sind (vgl. Hopf 1991, S. 178). Durch ihre Teilelemente und Kriterien vermittelt die Methode den Eindruck, Leitgedanken aus unterschiedlichen Kontexten qualitativer Forschung miteinander zu vereinbaren und dabei – auf den ersten Blick –

eindeutige Vorgaben für den Interviewer zur Gestaltung der Interviewsituation zu liefern, was sie vor allem für Einsteiger in qualitative Forschung insgesamt attraktiv erscheinen läßt. Bei näherem Hinsehen entpuppt sie sich jedoch als ein Leitfaden-Interview, das einerseits ebenfalls durch die weiter oben behandelten Dilemmata zwischen Tiefe und Breite belastet ist und andererseits die Möglichkeiten, die ihre einzelnen Teilelemente liefern könnten, nicht konsequent ausschöpft. Dies zeigt sich nicht nur am wenig systematischen Umgang mit Erählungen in der Konzeption und der Anwendung der Methode, sondern auch an der diffus bleibenden Orientierung an einem spezifischen Problem und zugleich der ‹biographischen Methode›.

Anwendungsfeldbezogene Ansätze

Die bislang behandelten Leitfaden-Interviews wurden unter methodischen Aspekten ausführlicher dargestellt: Das fokussierte Interview wurde beschrieben, da es für solche Methoden insgesamt Pate gestanden hat und in verschiedener Weise Vorgaben zur Realisierung von Leitfaden-Interviews bietet; das halbstandardisierte Interview enthält unterschiedliche Fragetypen und wird ergänzt durch Vorstellungen zur Strukturierung seiner Inhalte während der Datenerhebung. Das problemzentrierte Interview ergänzt Vorschläge zur Dokumentation von Kontext und zur Auslagerung sekundärer Informationen. Im folgenden werden weitere Typen von Leitfaden-Interviews kurz behandelt, die für bestimmte Anwendungsfelder qualitativer Forschung entwickelt wurden.

Experten-Interviews

Meuser und Nagel (1991) setzen sich mit Experten-Interviews als spezieller Anwendungsform von Leitfaden-Interviews auseinander. Anders als bei biographischen Interviews interessiert der Befragte dabei weniger als (ganze) Person denn in seiner Eigenschaft als Experte für ein bestimmtes Handlungsfeld. Er wird auch nicht als Einzelfall, sondern als Repräsentant einer Gruppe (von bestimmten Experten; vgl. auch Kapitel 7) in die Untersuchung einbezogen. Dies schränkt die Bandbreite der potentiell relevanten Informationen, die der Befragte ‹liefern› soll, deutlicher als bei anderen Interviews ein. Deshalb kommt dem Leitfaden hier noch stärker eine Steuerungsfunktion in Hinblick auf den Ausschluß unergiebiger Themen zu. Entsprechend dieser Besonderheit diskutieren Meuser und Nagel auch eine Reihe von Problemen und Quellen des Scheiterns von Experteninterviews. Die zentrale Frage ist dabei, ob es gelingt, das Interview und den Interviewten auf das interessierende Expertentum zu begrenzen bzw. festzulegen. Als Varianten des Mißlingens nennen Meuser und Nagel (1991, S. 449 f):

- Der Experte blockiert das Interview in seinem Verlauf, etwa weil er für das Thema gar kein Experte ist, wie zuvor angenommen wurde;
- der Experte macht den Interviewer zum Mitwisser in aktuellen Konflikten und spricht über Interna und Verwicklungen seines Arbeitsfeldes statt über das Thema des Interviews;
- er wechselt häufig die Rollen zwischen Experte und Privatmensch, wodurch mehr über ihn als Person denn über sein Expertenwissen deutlich wird.
- Als Zwischenform zwischen Gelingen und Scheitern wird das «rhetorische Interview» genannt, wenn der Experte sein Wissen in einem Vortrag referiert, statt sich auf das Frage-Antwort-Spiel des Interviews einzulassen. Wenn sein Vortrag das Thema des Interviews trifft, kann es trotzdem seinen Zweck erfüllen. Wenn der Experte das Thema verfehlt, erschwert diese Form der Interaktion die Rückführung zur eigentlich interessierenden Thematik.

Leitfäden haben hier eine doppelte Funktion:

«Die in die Entwicklung eines Leitfadens eingehende Arbeit schließt aus, daß sich der Forscher als inkompetenter Gesprächspartner darstellt. (...) Die Orientierung an einem Leitfaden schließt auch aus, daß das Gespräch sich in Themen verliert, die nichts zur Sache tun, und erlaubt zugleich dem Experten, seine Sache und Sicht der Dinge zu extemporieren» (Meuser und Nagel 1991, S. 448).

Damit treten in diesem Anwendungsfeld verschiedene Probleme von Leitfaden-Interviews besonders deutlich zutage: Steuerungsprobleme stellen sich hier verstärkt, da der Interviewte weniger als Person denn in einer bestimmten Eigenschaft interessiert. Die Notwendigkeit für den Interviewer, im Interview zu verdeutlichen, daß auch er mit der Thematik vertraut ist, ist auch in anderen Kontexten Bedingung für einen erfolgreichen Interviewverlauf. Die Auswertung von Experteninterviews richtet sich vor allem auf Analyse und Vergleich der Inhalte des Expertenwissens. Fälle werden nach dem Muster der schrittweisen Auswahl in die Untersuchung einbezogen.

Das ethnographische Interview
Im Rahmen der Feldforschung wird zwar hauptsächlich mit teilnehmender Beobachtung gearbeitet. Bei deren Anwendung spielen auch Befragungen eine Rolle (vgl. Becker und Geer 1979). Ein spezielles Problem ist, wie sich ergebende Gespräche im Feld als Interviews gestaltet werden können, in denen der Gesprächspartner seine spezifischen Erfahrungen mit dem Gegenstand der Forschung systematisch darlegt. Der räumlich-zeitliche Rahmen ist dabei weniger eindeutig umgrenzt ist als in anderen Interviewsituationen. Dort werden Zeit und Ort ausschließlich für das Interview vereinbart. Hier entstehen Gelegenheiten für Interviews häufig spontan und überraschend aus regelmäßigen Feldkontakten. Explizite Vorschläge für die Durchführung solcher ethnographischen Interviews formuliert Spradley (1979, S. 58 f):

«Am besten stellt man sich ethnographische Interviews als eine Reihe von freundlichen Unterhaltungen vor, in die der Forscher langsam neue Elemente einführt, um Informanten darin zu unterstützen, als Informanten zu antworten. Die ausschließliche Verwendung solcher ethnographischer Elemente oder ihre zu schnelle Einführung wird dazu führen, daß aus Interviews formale Befragungen werden. Die Beziehung wird sich im Nichts auflösen und Informanten beenden möglicherweise ihre Kooperation.»

Ethnographische Interviews beinhalten in Abgrenzung zu solchen ‹freundlichen Unterhaltungen› nach Spradley (1979, S. 59 f) die folgenden Bestandteile:

- einen expliziten Zweck des Gesprächs (der aus der Fragestellung resultiert);
- ethnographische Erklärungen, in denen der Interviewer das Projekt (warum überhaupt ein Interview) oder die Aufzeichnung bestimmter Äußerungen darlegt (warum er etwas notiert); ergänzt werden diese durch alltagssprachliche Erklärungen (mit dem Ziel, daß Informanten Zusammenhänge in ihrer Sprache darstellen), Interviewerklärungen (die verdeutlichen, warum diese spezifische Gesprächsform gewählt wird, mit dem Ziel, daß der Informant sich darauf einläßt) und Erklärungen für bestimmte (Arten von) Fragen, mit denen die Art des Fragens explizit eingeführt wird;
- ethnographische Fragen, d. h. beschreibende Fragen, strukturelle Fragen (deren Beantwortung zeigen soll, wie Informanten ihr Wissen über den Gegenstand organisieren) und kontrastive Fragen (aus denen Informationen resultieren sollen über Bedeutungsdimensionen, die

Informanten verwenden, um Gegenstände und Ereignisse in ihrer Welt zu unterscheiden).

Bei dieser Methode stellt sich durch den offenen Rahmen das allgemeine Problem der Herstellung und Aufrechterhaltung von Interviewsituationen in pointierter Form. Die von Spradley genannten Charakteristika der Gestaltung und expliziten Definition von Interviewsituationen treffen auch für andere Kontexte der Verwendung von Leitfaden-Interviews zu. Dabei kann ein Teil der Klärungen zwar der eigentlichen Interviewsituation vorgelagert werden. Für die Herstellung eines tragfähigen Arbeitsbündnisses für das eigentliche Interview (Legewie 1987), das erst gewährleistet, daß der Interviewpartner sich tatsächlich darauf einläßt, sind die von Spradley skizzierten expliziten Klärungen in jedem Fall hilfreich. Die Methode wird vor allem kombiniert mit Feldforschungs- und Beobachtungsstrategien (vgl. Kapitel 12) verwendet.

Leitfaden-Interviews zwischen Vermittlungsproblemen und Steuerung

Bislang wurden verschiedene Spielarten des Leitfaden-Interviews[5] als eine der methodischen Säulen qualitativer Forschung behandelt. Kennzeichnend für diese Interviews ist, daß mehr oder minder offen formulierte Fragen in Form eines Leitfadens in die Interviewsituation ‹mitgebracht› werden, auf die der Interviewte frei antworten soll. Ausgangspunkt der Methode ist, daß restriktive Vorgaben, wann, in welcher Reihenfolge und wie Themen zu behandeln sind, in standardisierten Interviews oder Fragebögen den Weg zur Sicht des Subjekts eher verstellen als eröffnen. Auf dem Weg zu thematisch relevanten, subjektiven Perspektiven ergeben sich im Leitfaden-Interview jedoch Vermittlungsprobleme zwischen den Vorgaben des Leitfadens und den Zielsetzungen der Fragestellung auf der einen Seite, den Darstellungsweisen des Interviewpartners auf der anderen Seite. So kann und soll der Interviewer im Verlauf des Interviews entscheiden, wann und in welcher Reihenfolge er

---

5 Als weitere Varianten sind etwa *biographische Interviews* (Fuchs 1984, S. 179 f) zu nennen, in denen anhand eines Leitfadens biographische Daten erhoben werden. Der überwiegende Teil dieser Forschung stützt sich jedoch auf Erzählungen und wird von daher im folgenden Kapitel behandelt.

welche Fragen stellt. Ob eine Frage möglicherweise schon en passant beantwortet wurde und weggelassen werden kann, läßt sich nur ad hoc entscheiden. Ebenso steht der Interviewer vor der Frage, ob und wann er detaillierter nachfragen und ausholende Ausführungen des Interviewten eher unterstützen sollte bzw. ob und wann er bei Abschweifungen des Interviewten zum Leitfaden zurückkehren sollte. Aufgrund dieser Spielräume bei der konkreten Gestaltung des Interviews beim gleichzeitigen Versuch, bestimmte vorgegebene Themen darin in jedem Fall zu behandeln, wird auch der Begriff des «teilstandardisierten Interviews» verwendet. Diese Einzelentscheidungen, die nur in der Interviewsituation selbst getroffen werden können, verlangen vom Interviewer ein großes Maß an Sensibilität für den konkreten Interviewverlauf und für den Interviewten. Darüber hinaus verlangen sie ein großes Maß an Überblick über das bereits Gesagte und seine Relevanz für die Fragestellung der Untersuchung. Dabei ist eine permanente Vermittlung zwischen dem Interviewverlauf und dem Leitfaden notwendig. Hopf (1978) warnt vor der Gefahr der *Leitfadenbürokratie*, die den in solchen Interviews möglichen Gewinn an Offenheit und Kontextinformationen einschränkt, weil der Interviewer zu starr am Leitfaden klebt und etwa im falschen Moment die Ausführungen des Interviewten unterbricht und zur nächsten Frage übergeht, statt vertiefend anzuknüpfen. Als mögliche Gründe hierfür nennt Hopf (1978, S. 101) die Schutzfunktion, die der Leitfaden für den Interviewer bei der Bewältigung seiner Verunsicherung durch die offene oder unklare Gesprächssituation haben kann, die Angst des Interviewers vor der Illoyalität gegenüber den Forschungszielen (etwa, weil er eine Frage wegläßt) und das Dilemma zwischen Zeitdruck (durch die begrenzte Zeit der Interviewpartner) und Informationsinteresse des Forschers.

Deshalb hat sich ein ausführliches *Interviewtraining* als notwendig erwiesen, in dem in Rollenspielen die Anwendung des Leitfadens erprobt wird. Diese gespielten Interviewsituationen werden (nach Möglichkeit auf Video) aufgezeichnet und anschließend von den an der Studie beteiligten Interviewern gemeinsam auf Interviewfehler, auf den Umgang mit dem Leitfaden, auf Vorgehensweisen und Probleme bei der Einführung und dem Wechsel von Themen, nonverbales Verhalten des Interviewers und seine Reaktionen auf den Interviewpartner ausgewertet, um Interventionen und die Steuerung des Interviews zu vereinheitlichen. Damit lassen sich gleichsam ‹technische› Probleme (Wie sind Interviews zu gestalten und durchzuführen?) aufgreifen und Lösungen dafür diskutieren, um die Verwendung von Interviews stärker zu fundieren.

Der Vorteil dieser Methode liegt darin, daß der konsequente Einsatz des Leitfadens die Vergleichbarkeit der Daten erhöht und daß sie durch die Fragen Struktur gewinnen. Wenn konkrete Aussagen über einen Gegenstand Ziel der Datenerhebung sind, ist ein Leitfaden-Interview der ökonomischere Weg. Wenn der Verlauf des einzelnen Falls und der Kontext von Erfahrungen im Vordergrund der Fragestellung steht, bleibt zu prüfen, ob nicht Erzählungen über die Entwicklung von Fall und Erfahrung vorzuziehen sind.

9. Erzählungen als Zugang

Statt den Zugang zu individuellen Erfahrungswelten über die in Leitfaden-Interviews erreichbare Offenheit zu suchen, werden auch Erzählungen[6] des Interviewpartners als Datensorte verwendet. Ausgangspunkt ist dabei eine grundsätzliche Skepsis, inwieweit subjektive Erfahrungen überhaupt im Frage-Antwort-Schema von Interviews, auch wenn dieses flexibel gehandhabt wird, erschlossen werden können. Erzählungen eröffnen demgegenüber einen umfassenderen und in sich strukturierten Zugang zur Erfahrungswelt des Interviewpartners. Eine Erzählung wird dabei folgendermaßen charakterisiert:

«Es wird zunächst die Ausgangssituation geschildert (‹wie alles anfing›), und es werden dann aus der Fülle der Erfahrungen die für die Erzählung relevanten Ereignisse ausgewählt und als zusammenhängender Fortgang von Ereignissen dargestellt (‹wie sich die Dinge entwickelten›), bis hin zur Darstellung der Situation am Ende der Entwicklung (‹was daraus geworden ist›)» (Hermanns 1991, S. 183).

Insbesondere das von Schütze (1977, 1983) eingeführte narrative Interview geht in diese Richtung. Mit der Aufmerksamkeit, die es auf sich ziehen konnte, hat es das Interesse an qualitativen Methoden insgesamt verstärkt. Erzählungen als Modus des Wissens und der Darstellung von Erfahrungen werden auch in der Psychologie zunehmend analysiert (z. B. bei Bruner 1990, 1991; Sarbin 1986; Flick 1995b). Zwei Methoden, die an Erzählungen ansetzen, werden im folgenden vorgestellt.

---

6 Teilweise werden auch in Leitfaden-Interviews Erzählungen des Interviewten als ein Element mit aufgenommen (z. B. im problemzentrierten Interview). Im Zweifelsfalle, nämlich wenn sie unergiebig sind, werden sie dem Leitfaden jedoch untergeordnet. Allgemeiner hat Mishler (1986, S. 235) untersucht, was passiert, wenn Interviewpartner in Leitfaden-Interviews zu erzählen beginnen, wie mit solchen Erzählungen umgegangen wird und wie diese in Interviews eher unterdrückt als aufgegriffen werden.

Das narrative Interview

Das narrative Interview wird vor allem im Rahmen biographischer Forschung verwendet (vgl. Kohli und Robert 1984; Krüger und Marotzki 1994 als Überblicke). Entwicklungskontext der Methode war ein Projekt zur Analyse kommunaler Entscheidungsprozesse und Machtstrukturen. Das Grundprinzip der Datenerhebung wird folgendermaßen beschrieben:

«Im narrativen Interview wird der Informant gebeten, die Geschichte eines Gegenstandsbereiches, an der der Interviewte teilgenommen hat, in einer Stegreiferzählung darzustellen. (...) Aufgabe des Interviewers ist es, den Informanten dazu zu bewegen, die Geschichte des in Frage stehenden Gegenstandsbereichs als eine zusammenhängende Geschichte aller relevanten Ereignisse von Anfang bis Ende zu erzählen» (Hermanns 1991, S. 183).

Bestandteile des narrativen Interviews
Eröffnet wird das narrative Interview durch die dem Thema der Untersuchung entsprechende Eingangsfrage («Erzählaufforderung»), die die Haupterzählung des Interviewten stimulieren soll. Daran schließt sich der narrative Nachfrageteil an, in dem zuvor nicht ausgeführte Erzählansätze vervollständigt werden können. Den Abschluß bildet die «Bilanzierungsphase, in der dem Interviewpartner auch Fragen gestellt werden können, die auf theoretische Erklärungen für das Geschehene abzielen und auf die Bilanz aus der Geschichte, mit der der ‹Sinn› des Ganzen auf einen Nenner gebracht wird» (Hermanns 1991, S. 184). In diesem Teil wird der Interviewte «als Experte und Theoretiker seiner selbst» (Schütze 1983, S. 285) genommen.

Damit bei der Anwendung des narrativen Interviews eine für die Fragestellung relevante Erzählung zustande kommt, muß die Eingangsfrage so breit und so spezifisch formuliert werden, daß darin der avisierte Erfahrungsbereich als Lebensabschnitt thematisiert wird. Das Interesse gilt entweder der Lebensgeschichte, wobei die Erzählaufforderung eher unspezifisch ist, z. B.: «Dann würde ich Sie bitten, einfach mal mit Ihrer Lebensgeschichte anzufangen» (Riemann 1987, S. 46). Oder es richtet sich auf einen bestimmten, zeitlichen und thematischen Ausschnitt aus der Biographie des Befragten, z. B. einer Phase der beruflichen Neuorientierung und ihren Folgen. Ein Beispiel einer solchen Eingangsfrage findet sich bei Hermanns (1991, S. 182):

«Ich möchte Sie bitten, mir zu erzählen, wie sich die Geschichte Ihres Lebens zugetragen hat. Am besten beginnen Sie mit der Geburt, mit dem kleinen Kind, das Sie einmal waren, und erzählen dann all das, was sich so nach und nach zugetragen hat, bis zum heutigen Tag. Sie können sich dabei ruhig Zeit nehmen, auch für Einzelheiten, denn für mich ist alles das interessant, was *Ihnen* wichtig ist.»

In jedem Fall ist zu prüfen, ob es sich bei der verwendeten Eingangsfrage wirklich um eine Erzählaufforderung handelt. Im Beispiel von Hermanns ist zu ihrer Realisierung ein deutlicher Hinweis auf den erzählenden Verlauf, der verschiedene Etappen umfaßt, sowie die explizite Bitte um Erzählung und um deren ausführliche Detaillierung enthalten.

Wenn auf diese Frage hin der Interviewpartner eine Erzählung beginnt, ist von zentraler Bedeutung für die Qualität der Daten, daß sie nicht seitens des Interviewers durch Fragen (z. B.: «Um wen geht es gerade?»), direktive («Hätte man dieses Problem nicht auch folgendermaßen lösen können...?») oder bewertende Interventionen («Das war eine gute Idee von Ihnen,...!») behindert wird. Dagegen soll der Interviewer als Zuhörer (etwa durch begleitende «Hms») signalisieren, daß er sich in die erzählte Geschichte und die Perspektive des Erzählers hineinversetzt und sie zu verstehen versucht. Dadurch unterstützt und bestärkt er den Erzähler in der Fortsetzung seiner Erzählung bis zu ihrem Abschluß.

Das Ende der Geschichte wird durch eine «Koda» signalisiert, etwa: «Das war's eigentlich», «Das wär so der heutige Stand» (Riemann 1987, S. 47) oder «Tja, das war's so im großen und ganzen. Ich hoffe, Sie konnten was damit anfangen» (Hermanns 1991, S. 184). Im sich nun anschließenden narrativen Nachfrageteil werden Ansätze zur Erzählung, die bis dahin nicht weiter ausgeführt wurden, oder unklar gebliebene Passagen durch erneute Erzählaufforderungen vom Interviewer aufgegriffen (etwa: «Sie erzählten vorhin, wie es dazu kam, daß Sie nach X gezogen sind. Ich habe nicht ganz verstanden, wie Ihre Krankheit danach verlaufen ist. Könnten Sie mir dies noch etwas ausführlicher erzählen?»). In der Bilanzierungsphase werden dann zunehmend auch abstraktere und auf Beschreibung und Argumentation abzielende Fragen gestellt. Riemann (1987, S. 49) schlägt vor, dabei zunächst noch Fragen nach dem «Wie» zu stellen und sie erst zum Abschluß durch «Warum-Fragen», die auf Erklärungen abzielen, zu ergänzen.

Zu einem zentralen Kriterium der Gültigkeit der Informationen wird dann, ob es sich bei den Ausführungen des Interviewpartners vor allem um eine Erzählung handelt. Zwar können auch zu einem geringen Teil

Beschreibungen von Zuständen und Routinen oder Argumentationen zur Erklärung von Gründen oder Zielen enthalten sein, jedoch sollte die dominante Form der Darstellung im Erzählen von Verläufen (möglichst von Anfang bis Ende) und Entwicklungsprozessen liegen. Diese Unterscheidung verdeutlicht Hermanns (1991, S. 184) an folgendem Beispiel:

«Meine Haltung gegenüber Kernkraftwerken ist nicht erzählbar, erzählen könnte ich dagegen die Geschichte, wie es zu meiner heutigen Haltung gekommen ist. (‹Da bin ich – 72 war das wohl – in Wyhl über den Platz gegangen, diese ganzen Hütten da, und hab gedacht: das ist ja toll, was die hier losmachen, aber mit ihrer Kernkraft haben sie 'n Tick. Ich war ja noch stramm M/L damals.›).»

Daß die Methode funktioniert und vor allem in der Haupterzählung reichhaltigere Versionen eines Geschehens oder von Erfahrungen liefert als andere Formen der Darstellung, wird damit begründet, daß sich der Erzähler in bestimmten Zwängen («dreifache Zugzwänge des Erzählens») verstrickt, sobald er sich auf die Situation des narrativen Interviews insgesamt eingelassen und die Erzählung einmal begonnen hat. Diese Zwänge sind der *Gestalterschließungs-*, der *Kondensierungs-* und der *Detaillierungszwang*. Der erste Zwang führt dazu, daß der Erzähler eine einmal begonnene Erzählung zu Ende bringt. Der zweite bewirkt, daß nur das für das Verständnis des Ablaufs Notwendige in der Darstellung enthalten ist und schon aus Gründen der begrenzten Zeit so verdichtet wird, daß der Zuhörer sie verstehen und nachvollziehen kann. Der Detaillierungszwang hat zur Folge, daß zum Verständnis notwendige Hintergrundinformationen und Zusammenhänge mitgeliefert werden. Durch diese Zwänge beim Erzählen wird die in anderen Gesprächsformen funktionierende Steuerung der Darstellung so weit außer Kraft gesetzt, daß auch ‹heikle› Themen und Bereiche zur Sprache kommen: «Der Erzähler von unvorbereiteten Stegreif-Erzählungen eigenerlebter Erfahrungen ist getrieben, auch über Ereignisse und Handlungsorientierungen zu sprechen, über die er es aus Schuld- bzw. Schambewußtsein oder aufgrund seiner Interessenverflechtung in normalen Gesprächen und konventionellen Interviews vorzieht zu schweigen» (Schütze 1976, S. 225).

Damit wurde eine Technik zur «Hervorlockung (...) von Erzählungen thematisch relevanter Geschichten» (Schütze 1976) entwickelt, die aus drei Gründen Daten liefert, die andere Formen der Befragung nicht liefern können. Einerseits durch die Verselbständigung der Darstellung beim Erzählen, andererseits weil

«Menschen sehr viel mehr von ihrem Leben ‹wissen› und darstellen können, als sie in ihren Theorien über sich und ihr Leben aufgenommen haben. Dieses Wissen ist den Informanten auf der Ebene der erzählerischen Darstellung verfügbar, nicht aber auf der Ebene von Theorien» (Hermanns 1991, S. 185).

Schließlich wird von der Analogie zwischen der Darstellung in der Erzählung und dem erzählten Erleben ausgegangen: «In der narrativ-retrospektiven Erfahrungsaufbereitung wird prinzipiell so berichtet, wie die lebensgeschichtlichen Ereignisse (ob Handlungen oder Naturereignisse) vom Erzähler als Handelndem erfahren worden sind» (Schütze 1976, S. 197).

Beispiel: Ausschnitt aus einem narrativen Interview
Zur Veranschaulichung wird der folgende Anfang der biographischen Haupterzählung eines Psychiatriepatienten (E) wiedergegeben (Riemann 1987, S. 66f). Die Angaben über Orte und Gegenden sind aus Datenschutzgründen durch allgemeine Bezeichnungen in ((...)) ersetzt. Kursive Worte sind nachdrücklich betont, ein Schrägstrich signalisiert die Unterbrechung eines Worts durch ein anderes, die Position der bestätigenden Signale («hmh», «Ahja») des Interviewers (I) sind jeweils genau an der Stelle wiedergegeben, an der sie erfolgten:

«1 E Also, ich bin in ((Gebiet im ehemals deutschen Osten)) geboren
 2 I hm
 3 E Und zwar im ( ), das eine rein katholische, rein/ziemlich
 4   rein katholische Gegend von ((Gebiet, West-Gebiet)).
 5 I   Ah ja
 6 E ((Stadt))
 7 I hmh
 8 E Mein Vater eh... war Hauptmann
 9 I hm
10 E Und... eh war schon Amtsgerichtsrat...
11   Und ist dann gefallen.
12 I hmh
13 E Meine Mutter saß mit meinem älteren Bruder/er ist drei Jahre äl-
14   ter als ich/und mir alleine da und eh – ist mit uns geflohen.
15 I hmh
16 E Über die Wege weiß ich im einzelnen nichts, mir fällt da nur ein –
17   als Erinnerung, daß mal eh in einem Zug saß und furchtbar/eh
18   furchtbaren Durst oder überhaupt Hunger empfand
19 I hmh
20 E und daß dann jemand mit 'ner Kanne kam und uns in eine Tasse
21   eh Kaffee schüttete und daß ich das als sehr erholsam emp-
22 I hmh
23 E fand.
24   Aber mit diesem Zug sind auch andere Erinnerungen verbunden, die
25   vielleicht schon hinweisen eh auf *ganz* später, also als ich in

```
26  I                     hm
27  E  die Psychiatrie kam, ne.
28  E  Nämlich eh – das taucht als Bild immer wieder mal auf.
29     Und zwar hatten wir uns da in dem Zug zum Schlafen zurechtgelegt.
30     Und ich wurde irgendwie erhöht... eh zum Schlafen gelegt.
31  I  hmh
32  E  Und muß in der Nacht heruntergefallen sein, ohne aufgewacht zu
33     sein.
34  I  hmh
35  E  Und da erinn/erinner ich mich, daß mich eine eh weibliche, nicht
36     meine Mutter, eine weibliche Person in die Arme nahm und mich so
37     anlächelte.
38  I  hmh
39  E  Das sind meine frühesten Erinnerungen.
40  I  hmh».
```
Diese Erzählung zieht sich noch über 17 Transkript-Seiten. Das Interview wird an einem zweiten Termin fortgesetzt. Eine ausführliche Fallanalyse findet sich bei Riemann (1987, S. 66–200).

Mit der Datensorte Erzählung ist im narrativen Interview einerseits die Erwartung verknüpft, daß darin die faktischen Abläufe deutlich werden, daß diese offenbaren, ‹wie es wirklich war›. Andererseits soll die Analyse solcherart erzählter Lebensgeschichten zu einer allgemeinen Theorie biographischer Verläufe führen. Schütze (1983, S. 284) nennt dies «Prozeßstrukturen des individuellen Lebenslaufes». In bestimmten Bereichen konnten solche typischen Verläufe auch empirisch gezeigt werden:

Beispiel: Berufsbiographien von Ingenieuren
Hermanns (1984) hat diese Methode bei ca. 25 Ingenieuren angewendet, um aus ihren Lebensgeschichten Muster von erfolgreichen und krisenhaften Berufsverläufen herauszuarbeiten. Dabei zeigt sich in den Fallanalysen, daß beim Berufsbeginn eine Suchphase für den Erwerb professioneller Kompetenzen ansteht, aus der ein zentrales Thema für die Berufstätigkeit der folgenden Jahre resultieren sollte. Gelingt dies nicht, wird der Berufsbeginn zu einer Sackgasse. Aus den Analysen ergeben sich eine Reihe typischer Themen (S. 166 f) für die weitere Spezialisierung des Ingenieurs. Eine entscheidende Etappe ist der Aufbau von Substanz, etwa dadurch, daß der Ingenieur zum Experten für ein technisches Gebiet wird. Andere Typen des Substanzaufbaus können gezeigt werden. Die nächste Etappe der Ingenieurkarriere ist die Entwicklung einer biographischen Linie im Beruf (S. 171), d.h. die Bindung an ein berufliches Thema über längere Zeit und das Einnehmen einer Plattform, von der aus der Ingenieur handeln kann. Linien können sich durch Erfolge beschleunigen, können aber auch ‹absterben›, etwa dadurch, daß die Plattform verlorengeht, daß die Kompetenz zur Absicherung der Linie fehlt, daß das damit verknüpfte Thema Gegenstand einer Sinnkrise wird oder durch Aufstieg einer neuen Linie. Berufsverläufe scheitern dann, wenn die Einnahme einer Plattform, die Entwicklung und Absicherung einer Linie, der Aufbau von

Kompetenz und Substanz nicht gelingen, wenn also eine der zentralen biographischen Aufgaben, die aus der Analyse von Berufsbiographien herausdestilliert werden konnten, nicht bewältigt wird.

Dieses Beispiel zeigt, wie aus Fallanalysen von Berufsbiographien Muster des Verlaufs solcher Biographien herausgearbeitet werden können. Diese Muster und die darin enthaltenen Etappen des biographischen Verlaufs können dann zu Bezugspunkten für die Erklärung von Erfolg und Scheitern in der Bewältigung der Aufgaben gelingender Biographien genommen werden.

Probleme der Interviewführung

Ein Problem bei der Durchführung narrativer Interviews ist die systematische Verletzung der Rollenerwartungen an beide Beteiligte: einerseits der Erwartungen an die Situation «Interview», da (zumindest im Hauptteil) keine Fragen im klassischen Sinn gestellt werden; andererseits werden auch die Erwartungen an die Situation «Alltagserzählung» nicht erfüllt, da der große Spielraum zur Erzählung, der dem Interviewten hier einseitig eingeräumt wird, im Alltag kaum einmal gegeben ist. Diese Verletzungen der Situationserwartungen schaffen häufig Irritationen bei beiden Beteiligten, sich in der Interviewsituation zurechtzufinden. Darüber hinaus ist Erzählen zwar eine Alltagskompetenz, die aber unterschiedlich gut beherrscht wird, weshalb ihre Nutzung als sozialwissenschaftliche Methode nicht für jeden Fall die am besten geeignete Alternative sein muß:

«Wir müssen davon ausgehen, daß nicht jeder Befragte zur erzählenden Darstellung seiner Lebensgeschichte in der Lage ist. Verschlossene, schüchterne, wortkarge oder übermäßig zurückhaltende Menschen begegnen uns nicht nur im sozialen Alltag, sondern auch in lebensgeschichtlichen Befragungen» (Fuchs 1984, S. 249).

Matthes (1984) sieht darüber hinaus Probleme bei der Anwendung dieser Methode in fremden Kulturen, da die Gültigkeit der in der westlichen Kultur vorherrschenden Erzählschemata nicht ohne weiteres in anderen, nicht-westlichen Kulturen vorausgesetzt werden könne.

Aufgrund der genannten Probleme ist auch hier ein Interviewtraining, in dem vor allem aktives Zuhören, also das Signalisieren von Interesse ohne eigene Interventionen und die Aufrechterhaltung der Beziehung mit dem Interviewten trainiert wird, notwendig. Dieses Training sollte auf die konkrete Fragestellung der Untersuchung und auf die spezielle Zielgruppe, deren Erzählungen genutzt werden sollen, zugeschnitten sein. Hierzu bieten sich wieder Rollenspiele oder Probeinterviews an, deren Aufzeichnung systematisch in einer Gruppe von Forschern auf Durchführungsprobleme und Rollenverhalten ausgewertet werden. Gegenüber dem Interviewten ist die Verdeutlichung des besonderen Charakters der Interviewsituation eine Voraussetzung für die erfolgreiche Durchführung. Dazu hat es sich als sinnvoll erwiesen, einer Anwerbephase, in der das Vorgehen und die Zielsetzung verdeutlicht werden, besondere Aufmerksamkeit zu schenken.

Beitrag zur allgemeinen Methodendiskussion
Durch das narrative Interview und die zugehörige Methodologie wird die Aufmerksamkeit darauf gelenkt, daß qualitative Interviews Raum für die Struktur und Gestalt von Erfahrungsweisen eröffnen sollen. Durch die Betonung der Erzählung als Gestalt, die mehr umfaßt als Aussagen und berichtete ‹Fakten›, ist ein Modell für die Rekonstruktion von Verläufen in ihrer inneren Logik vorgelegt worden. Damit wird auch eine Lösung des Dilemmas des Leitfaden-Interviews – wie zwischen dem Freiraum für die Entfaltung subjektiver Sichtweisen und der thematischen Steuerung und Begrenzung des Angesprochenen zu vermitteln ist – gezeigt, die drei Elemente enthält:

- die Orientierung am Spielraum für den Interviewpartner, indem er gegebenenfalls über mehrere Stunden seine Geschichte erzählen kann und soll;
- die Zurückstellung von konkreten, strukturierenden, thematisch vertiefenden Interventionen im Interview in den abschließenden Teil, in dem der Interviewer angeschnittene Themen aufgreifen und gezieltere Fragen stellen kann. Damit ist die Verlagerung des strukturierenden Anteils des Interviewers an das Ende des Interviews und mehr noch an den Anfang verbunden:
- Die Eröffnungsfrage dient dazu, nicht allein eine Erzählung zu stimulieren, sondern eine Erzählung über den angepeilten thematischen Bereich und zeitlichen Ausschnitt aus der Biographie.

In der Diskussion darüber, wie sich Interviewer verhalten sollen, damit eine einmal angeregte Erzählung am Laufen gehalten und möglichst ungestört zu Ende gebracht werden kann, ist der Aspekt, daß durch eine gute Eingangsfrage die anschließende Erzählung in hohem Maß vorstrukturiert wird, zu wenig beachtet worden. Wenn Erzählungen allgemein, sprunghaft und thematisch irrelevant bleiben, liegt dies häufig an der unpräzisen und uneindeutigen Erzählaufforderung, die ihnen vorausgegangen ist. Von daher ist diese Methode nicht das völlig offene

Interview, als die sie häufig fälschlicherweise dargestellt wird (z. B. bei Lamnek 1989, S. 90). Die Strukturierung durch den Interviewer ist jedoch eindeutiger lokalisiert als bei anderen Verfahren – in ihrer Begrenzung auf den Beginn und das Ende des Interviews. In dem dadurch geschaffenen Rahmen kann und soll der Interviewpartner seine Sichtweise weitgehend ungehindert entfalten. Damit ist diese Methode ein Weg, das Potential von Erzählungen als Datenquelle für Sozialforschung zu nutzen.

Einordnung der Methode in den Forschungsprozeß
Theoretischer Hintergrund von Studien mit narrativen Interviews ist, abhängig vom verwendeten Interpretationsverfahren, die Analyse subjektiver Sicht- und Handlungsweisen. Damit untersuchte Fragestellungen richten sich auf die Analyse von Verläufen vor dem Hintergrund konkreter und allgemeiner Umstände (Lebenssituationen wie die Phase der beruflichen Orientierung und eine bestimmte gesellschaftliche Phase, z. B. die Nachkriegszeit). Das Verfahren ist vor allem für die Theorieentwicklung (vgl. Kapitel 4) geeignet, wobei eine schrittweise Auswahl von Fällen nach dem Konzept des theoretischen Sampling (vgl. Kapitel 7) am sinnvollsten erscheint. Für die Methode wurden spezielle Vorschläge für die Interpretation narrativer Daten formuliert, die sowohl ihrer formalen Besonderheit als auch ihrer Struktur Rechnung tragen wollen (vgl. Kapitel 15). Ziel der Analyse sind Typologien von biographischen Verläufen (vgl. Kapitel 18).

Grenzen der Methode
Ein Problem ist die mit dem narrativen Interview verbundene Annahme, damit ließe sich Zugang zu den *tatsächlichen* Erfahrungen und Ereignissen gewinnen. Diese Annahme kommt in der Analogiesetzung von Erzählung und Erfahrung bei Schütze (z. B. 1983, S. 284) zum Ausdruck. Daß im Vorgang der Erzählung Konstruktionen des Dargestellten in einer spezifischen Form stattfinden und daß die Erinnerung an Früheres von der Situation beeinflußt wird, in der sie zum Thema werden, sind weitere Probleme, die der Einlösung einiger der mit dem narrativen Interview verbundenen Ansprüche hinsichtlich der Validität der Daten im Wege stehen (vgl. hierzu Flick 1995b). Weiterhin ist vor der Anwendung kritisch zu prüfen, ob es für die eigene Fragestellung und vor allem für die Interviewpartner ebenso angemessen ist, auf die Wirksamkeit von Erzählzwängen und Verstrickungen im Erzählen zu setzen, wie es für den

Entstehungskontext der Methode war. Die Kommunalpolitiker, die Schütze damit ursprünglich interviewte, haben vermutlich ganz andere Gründe und Kompetenzen, heikle Zusammenhänge zu verschweigen, als andere Interviewpartner, bei denen die Verwendung von Strategien der Hervorlockung biographischer Details nicht zuletzt auch forschungsethisch jeweils zu prüfen ist.

Ein forschungspraktisches Problem ist der große Textumfang der Transkripte narrativer Interviews, die zudem im Vergleich zu Leitfaden-Interviews wenig (durch thematische Bereiche, Fragen des Interviewers etc.) strukturiert sind. Aus der großen und unstrukturierten Masse an Text resultieren Auswertungsprobleme (vgl. Südmersen 1983 und hier Kapitel 16), die häufig dazu führen, daß als Ergebnis sehr wenige, dafür extrem umfangreiche Fallanalysen entstehen (z. B. bei Riemann 1987). Von daher sollte vor der Entscheidung für diese Methode geklärt werden, ob wirklich der Verlauf (des Lebens, der Patientenkarriere, der beruflichen Biographie) im Vordergrund der Fragestellung steht und ob nicht die gezielte thematische Steuerung, die ein Leitfaden-Interview bietet, der effektivere Weg zu den gewünschten Daten und Ergebnissen ist.

Durch die kritischen Diskussionen, die diese Methode provozierte (Bude 1985; Gerhardt 1985), hat sie gleichzeitig die Grenzen des Erzählens als Datenquelle verdeutlicht, die sich auch aus dem jeweiligen Gegenstand des Interviews begründen lassen: «Erzählbar ist immer nur ‹die Geschichte von›, nicht aber ein Zustand oder eine immer wiederkehrende Routine» (Hermanns 1991, S. 183). Angesichts dieser Grenzen des Erzählens ist vor der Anwendung der Methode zu prüfen, ob für die Fragestellung und die potentiellen Interviewpartner Erzählungen als einziger Zugang geeignet sind, und mit welchen anderen Datensorten sie verknüpft werden sollten.

Das episodische Interview

Ein Ausgangspunkt für das episodische Interview (Flick 1995b) ist die Annahme, daß Erfahrungen der Subjekte hinsichtlich eines bestimmten Gegenstandsbereichs in Form narrativ-episodischen Wissens und in Form semantischen Wissens abgespeichert und erinnert werden. Während die erste Form erfahrungsnah sowie bezogen auf konkrete Situationen und Umstände organisiert ist, enthält die zweite Form des Wissens davon abstrahierte, verallgemeinerte Annahmen und Zusammenhänge. Im ersten Fall stellt der Ablauf der Situation in ihrem Kontext die zentrale Einheit dar, um die herum Wissen organisiert ist. Im zweiten Fall sind Begriffe und ihre Beziehungen untereinander die zentralen Einheiten.

Um beide Bestandteile des Wissens über einen Gegenstandsbereich zu erfassen, wurde ein Verfahren konzipiert, das narrativ-episodisches Wissen über Erzählungen erhebt und analysiert, semantisches Wissen dagegen in konkret-zielgerichteten Fragen zugänglich macht. Dabei geht es jedoch weniger um ein zeit-ökonomisches, pragmatisches Springen zwischen den Datensorten «Erzählung» und «Antwort» (wie beim problemzentrierten Interview von Witzel 1985) als um die systematische Verknüpfung der Ausschnitte des Wissens, die sie jeweils zugänglich machen. Das episodische Interview gibt Raum für kontextbezogene Darstellungen in Form von Erzählungen, da diese einerseits im Vergleich zu anderen Darstellungsformen Erfahrungen und ihren Entstehungskontext unmittelbarer enthalten. Andererseits verdeutlichen sie die Prozesse der Wirklichkeitskonstruktion bei den Befragten eher als andere Annäherungen, die auf abstrakte Begriffe und Antworten im engeren Sinn abzielen. Im episodischen Interview wird jedoch nicht der Versuch unternommen, Erfahrungen künstlich zu einem ‹erzählbaren Ganzen› zu stilisieren, da es an episodisch-situativen Formen des Erfahrungswissens ansetzt. Dabei richtet sich die Aufmerksamkeit im Interview auf Situationen bzw. Episoden, in denen der Interviewpartner Erfahrungen gemacht hat, die für die Fragestellung der Untersuchung relevant erscheinen. Sowohl die Darstellungsform (Beschreibung oder Erzählung) der entsprechenden Situation als auch die Auswahl von Situationen kann dabei weitgehend vom Interviewpartner nach Gesichtspunkten subjektiver Relevanz gestaltet werden. Ziel des episodischen Interviews ist, bereichsbezogen zu ermöglichen, Erfahrungen in allgemeinerer, vergleichender etc. Form darzustellen, und gleichzeitig die entsprechenden Situationen und Episoden zu erzählen. Deshalb beinhaltet es eine Kombination von Erzählungen, die sich an situativen bzw. episodischen Kontexten orientieren, mit Argumentationen, die sich jeweils von solchen Kontexten zugunsten der Orientierung an dem daraus entstandenen begrifflichen und regelorientierten Wissen lösen. Dabei wird die Erzählkompetenz der Interviewpartner genutzt, ohne auf Zugzwänge zu setzen und ohne daß der Interviewpartner getrieben ist, eine Erzählung gegen seinen Willen zu Ende zu erzählen.

Bestandteile des episodischen Interviews
Kernpunkt dieser Interviewform ist die regelmäßige Aufforderung zum Erzählen von Situationen[7] (z. B. «Wenn Sie sich einmal zurückerinnern, was war Ihre erste Begegnung mit dem Fernsehen? Könnten Sie mir die entsprechende Situation erzählen?»). Dabei können auch Ketten von Situationen zum Thema gemacht werden («Erzählen Sie mir doch bitte einmal Ihren gestrigen Tagesablauf und wo und wann Technik darin eine Rolle gespielt hat?»). Zur Orientierung über die thematischen Bereiche, zu denen solche Erzählungen erbeten werden sollen, wird ein Leitfaden erstellt. Um den Interviewpartner mit der Interviewform vertraut zu machen, wird zunächst ihr Grundprinzip einführend erläutert (z. B.: «In diesem Interview werde ich Sie immer wieder bitten, mir Situationen zu erzählen, in denen Sie bestimmte Erfahrungen mit Technik allgemein oder mit spezifischen Techniken gemacht haben»). Ein weiterer Aspekt sind Phantasien hinsichtlich erwarteter oder befürchteter Veränderungen («Welche Entwicklung erwarten Sie im Bereich der Computer in nächster Zeit? Phantasieren Sie doch mal entsprechende Situationen, an denen diese Entwicklung deutlich wird?»). Neben solchen Erzählaufforderungen bilden Fragen nach subjektiven Definitionen («Was verbinden Sie heute mit dem Wort ‹Fernsehen›?») und nach abstrakteren Zusammenhängen («Bei wem sollte Ihrer Meinung nach die Verantwortung für Veränderungen durch Technik liegen, wer kann bzw. soll sie übernehmen?») den zweiten großen Komplex, der auf die semantischen Anteile des Wissens abzielt.

Beispiel: Technischer Wandel im Alltag
In einer vergleichenden Studie (Flick 1995b) wurden 27 episodische Interviews zur Wahrnehmung und Bewertung technischen Wandels im Alltag durchgeführt. Um verschiedene Perspektiven auf dieses Thema analysieren zu können, wurden jeweils Informatiker, Sozialwissenschaftler und Lehrer als Berufsgruppen befragt, die in unterschiedlichem Maß mit Technik beschäftigt sind (als Technikentwickler, professionelle Technikverwender und Alltagsnutzer von Technik). Im Interview wurden folgende thematische Bereiche behandelt: die Technikbiographie des Befragten (die erste Begegnung mit Technik, die erinnert wird; die bedeutsamste Erfahrung in bezug auf Technik) und der Technikalltag (der gestrige Tagesablauf in Hinblick darauf, wann und wo Technik eine Rolle dabei gespielt hat; Alltagsbereiche wie Beruf, Freizeit, Haushalt und Technik).

Auf die Erzählaufforderung: «Wenn Sie sich einmal zurückerinnern, was war Ihre

---

[7] Die Beispielfragen im folgenden sind aus Flick (1995b) übernommen.

erste Begegnung mit dem Fernsehen? Könnten Sie mir die entsprechende Situation erzählen?» wurde z. B. folgende Situation erzählt: «(...) aber ich war'n Mädchen, ich bin ein Mädchen, sagen wir mal so, und war aber immer interessiert an Technik, muß ich sagen, oder und äh ich bekam natürlich wie üblich Puppen geschenkt. Und dann irgendwann, mein großer Traum, 'ne Eisenbahn, und äh ja, diese Eisenbahn, die hab' ich aufgezogen und hab' sie meiner Schwester hinten auf'n Kopf gesetzt, und dann haben sich die Rädchen reingedreht, und die Haare waren fest, und dann war's aus mit der Technik, denn dann mußte meine Schwester ähm zum Friseur, das mußte alles auseinander gelegt werden, 's war höchst kompliziert, die hatte keine Haare mehr auf'm Kopf, alle haben gesagt, ‹Oh, wie schlimm›, und ich hab' geheult, weil meine Eisenbahn zerlegt worden war. Das war dann auch schon das Ende der Technik. Das war natürlich, ich wußte überhaupt nicht, was passiert, das war für mich überhaupt nicht klar, äh das da passieren wird. Ich weiß auch nicht, was mich da – warum mich da der Teufel geritten hat. Die saß so da, und ich hab' halt gedacht, ‹Setzte ihr mal die Eisenbahn auf den Kopf›. Das heißt also, wie lange ich eigentlich vorher mit der Eisenbahn gespielt hatte, das weiß ich gar nicht. Das war wohl nicht sehr lange, und 's war 'ne tolle Eisenbahn. Ja, dann war es erst mal vorbei. Das war'n Erlebnis eben, nicht sehr positives Erlebnis.»

Ein anderes Beispiel ist folgende, als erste Begegnung mit Technik erinnerte Situation: «Ja, elektrische Weihnachtsbaumbeleuchtung, das kannte ich auch schon aus dieser Zeit ja, und das hat mich natürlich tief beeindruckt, ich hab' bei anderen Kindern hab' ich gesehen diese Kerzen, und an und für sich heutzutage sage ich, daß das viel romantischer ist, ist ja viel schöner, aber damals natürlich war das beeindruckend, wenn ich an einer Kerze drehte, dann ging alles aus, ja, und wenn ich wollte, und das ist ja gerade so am ersten Weihnachtsfeiertag, ist Feiertag, die Eltern schlafen länger und die Kinder, die haben natürlich sehr früh ausgeschlafen, raus, unter'n Weihnachtsbaum um dann mit den Geschenken weiterzuspielen, was am Heiligabend dann abgebrochen werden mußte, und ich konnte ja dann die Kerze wieder andrehen und dann leuchtete alles wieder, und bei Wachskerzen war das ja nicht der Fall.»

Breiten Raum nahmen im Interview verschiedene Beispieltechnologien ein, die den Wandel im Alltag besonders stark bestimmen (Computer, Fernsehen). Hierzu wurden jeweils Begriffsbestimmungen und Erfahrungsweisen thematisiert. Auf die Frage: «Was verbinden Sie heute mit dem Wort Computer?» wurde etwa folgende Definition von einer Informatikerin gegeben: «Computer, natürlich muß ich 'ne ganz exakte Auffassung davon haben (...) Computer, eben äh, muß eben einen Prozessor haben, muß Speicher haben, kann reduziert werden auf 'ne Turingmaschine, das sind jetzt sehr fachliche Details, das heißt, 'n Computer kann nicht mehr als nach links gehen, nach rechts gehen, und auf'm Band schreiben, das ist'n Modell des Computers. Und mehr verbinde ich damit auch überhaupt erstmal nicht. Das heißt, 'n Computer ist für mich'n ganz dummes Gerät.»

Wahrgenommene Konsequenzen und Auswirkungen technischen Wandels in verschiedenen Bereichen (z. B. Familienleben, Leben der Kinder etc.) wurden technikübergreifend behandelt. In jedem dieser Bereiche wurden Erzählaufforderungen durch begrifflich-argumentative Fragen ergänzt. Kontextprotokolle wurden von jedem Interview erstellt. Die Interviews zeigten die Gemeinsamkeiten der Sichtweisen, so daß am Ende eine Alltagstheorie technischen Wandels über alle Fälle hinweg formuliert werden konnte und die gruppenspezifischen Unterschiede in den Sichtweisen, so daß für jede der Gruppen spezifische Akzentuierungen dieser Alltagstheorie festgehalten werden konnten (vgl. Kap. 15).

Probleme der Interviewführung
Das generelle Problem erzählungsgenerierender Interviews – daß manche Menschen größere Schwierigkeiten haben zu erzählen als andere – besteht auch bei diesem Verfahren. Es relativiert sich allerdings dadurch, daß nicht – wie im narrativen Interview – eine umfassende Erzählung, sondern mehrere umgrenzte Erzählungen erbeten werden. Die Vermittlung des Prinzips der Erzählung von bestimmten Situationen an den Interviewpartner ist sorgfältig anzugehen, um zu vermeiden, daß Situationen (in denen bestimmte Erfahrungen gemacht wurden) lediglich benannt, jedoch nicht erzählt werden. Ähnlich wie bei anderen Interviews ist eine wesentliche Voraussetzung, daß der Interviewer das Prinzip des Interviews verinnerlicht hat. Von daher ist auch hier ein sorgfältiges Interviewtraining an konkreten Beispielen notwendig, das sich auf den Umgang mit dem Leitfaden sowie vor allem auf die Stimulierung von Erzählungen und – wo nötig – auf die Realisierung von vertiefenden Nachfragen richtet.

Beitrag zur allgemeinen Methodendiskussion
Episodische Interviews wollen die jeweiligen Vorteile von narrativem Interview und Leitfaden-Interview nutzen. Sie bedienen sich der Kompetenz des Interviewpartners, Erfahrungen in ihrem Ablauf und Kontext erzählend darzustellen. Episoden als Gegenstand solcher Erzählungen und als Zugang zu den für den untersuchten Gegenstand relevanten Erfahrungen ermöglichen einerseits ein konkreteres Herangehen als die Erzählung der Lebensgeschichte. Andererseits können mit diesem Vorgehen – im Gegensatz zum narrativen Interview – auch Routinisierungen und Alltäglichkeiten analysiert werden, die gerade bei einem Thema wie technischer Wandel möglicherweise ebenso aufschlußreich sind wie das Besondere der Geschichte des Befragten mit der Technik. Im episodischen Interview wird der Erfahrungsbereich nicht auf seine erzählbaren Anteile reduziert. Durch die Orientierung an einer Reihe von Leitfragen in bezug auf die Situationen, die erzählt, und die Begriffe, die definiert werden sollen, hat der Interviewer mehr Möglichkeiten, in das Interview steuernd einzugreifen. Dadurch wird die extrem einseitige und künstliche Situation des narrativen Interviews von einem offeneren Dialog

abgelöst, in dem Erzählungen als Datenform genutzt werden. Durch die Verbindung von Erzählung und Frage-Antwort-Sequenzen wird in dieser Methode die Triangulation (vgl. Kapitel 18) verschiedener Zugänge als Basis der Datenerhebung realisiert.

Einordnung der Methode in den Forschungsprozeß
Theoretischer Hintergrund von Studien mit episodischen Interviews sind die soziale Konstruktion von Wirklichkeit in der Darstellung von Erfahrungsweisen. Das Verfahren wurde als Zugang zu sozialen Repräsentationen entwickelt, weshalb Fragestellungen sich (bislang vor allem) auf die gruppenspezifische Unterschiedlichkeit von Erfahrungsweisen und Alltagswissen richten (vgl. Flick 1995b). Der Vergleich bestimmter Gruppen ist das Ziel der Auswahl von Fällen, wodurch sich eine Verbindung aus linearem und zirkulärem Verständnis des Forschungsprozesses ergibt. Die Auswertung episodischer Interviews läßt sich vor allem mit den Methoden des thematischen Kodierens und des theoretischen Kodierens vornehmen (vgl. Kapitel 15).

Grenzen der Methode
Abgesehen von den Schwierigkeiten bei der Durchführung episodischer Interviews bleibt ihr Einsatzbereich auf die Analyse von alltäglichem Wissen über bestimmte Gegenstände und Themen und die eigene Geschichte mit ihnen begrenzt. Es eröffnet – ähnlich wie andere Interviewverfahren – weder Zugang zum Handeln in konkreten Situationen noch zu Interaktionen. Jedoch kann beides aus der Sicht der Beteiligten rekonstruiert und die gruppenspezifische Unterschiedlichkeit solcher Erfahrungsweisen verdeutlicht werden.

Erzählungen zwischen Biographie und Episode

Interviews, die primär auf Erzählungen von Interviewpartnern abzielen, erheben Daten in Form eines mehr oder minder umfangreichen und strukturierten Ganzen – als Erzählung von Lebensgeschichten oder von konkreten Situationen, in denen bestimmte Erfahrungen gemacht worden sind. Damit geben sie der Sichtweise von Interviewpartnern mehr Raum als Befragungsverfahren, die konkrete Themen und die Struktur ihrer Behandlung in den gestellten Fragen weitgehend vorgeben. Jedoch basieren auch erzählungsgenerierende Verfahren auf Vorgaben und

Strukturierungen der Erhebungssituation durch den Interviewer. Welche Form der Erzählung – die biographische Gesamterzählung im narrativen Interview oder die situationsbezogene Detailerzählung im episodischen Interview – als Datensorte vorzuziehen ist, läßt sich nur in Abhängigkeit von der Fragestellung und vom untersuchten Gegenstand entscheiden. Solche Entscheidungen sollten weniger in bezug auf eine grundsätzlich postulierte Stärke einer bestimmten Methode gegenüber allen anderen Erhebungsmethoden getroffen werden, wie dies die Programmatik zum narrativen Interview teilweise nahelegt. Alternativen zur Mythologisierung des Erzählens in solcher Programmatik bietet die Wiedereinführung des Dialogs mit dem Interviewer im episodischen Interview oder unter den Familienmitgliedern im gemeinsamen familiengeschichtlichen Erzählen, das im nächsten Kapitel behandelt wird.

10. Gruppenverfahren

Leitfadenorientierte und auf Erzählungen abzielende Interviews haben sich aus der Kritik an standardisierten Befragungssituationen entwickelt. Die Skepsis gegenüber der Interviewsituation wird teilweise mit ihrer Künstlichkeit begründet, da der Interviewpartner darin aus allen Alltagsbezügen gelöst würde und auch die Interaktion in keiner Weise mit alltäglichen Interaktionen vergleichbar sei. Gerade in Hinblick auf die Erforschung von Meinungen und Einstellungen, die auch tabuisierte Anteile enthalten, wurde verschiedentlich dafür plädiert, statt der überschaubaren Interviewsituation die Dynamik von Gruppen zu nutzen, die über solche Themen diskutieren. Andererseits wird in Abhebung zur Situation des monologischen Erzählens, die im narrativen Interview geschaffen wird, auf die Prozesse der Konstruktion sozialer Wirklichkeit verwiesen, die in gemeinsamen Erzählungen z. B. von Mitgliedern einer Familie ablaufen. Über diese Erweiterungen der Erhebungssituation wird versucht, die Daten, die darin erhoben werden, stärker zu kontextualisieren und eine alltagsnähere Interaktionssituation zu schaffen, als die (häufig einmalig bleibende) Begegnung von Interviewer und Interviewpartner oder Erzähler es ermöglicht.

Gruppeninterviews

Ausgehend von Merton, Fiske und Kendall (1956) werden Gruppeninterviews durchgeführt, die auch als «Focus Groups» bezeichnet werden (vgl. Fontana und Frey 1994 für einen Überblick). Dabei werden mehr oder minder strukturierte und vom Interviewer gesteuerte Vorgehensweisen unterschieden. Generell sollte der Interviewer hier «flexibel, objektiv, empathisch, überzeugend, ein guter Zuhörer usw.» (Fontana und Frey 1994, S. 365) sein, wobei sich die Objektivität vor allem auf die Vermittlung zwischen den verschiedenen Teilnehmern bezieht. So sind nach Merton et al. (1956) seine Hauptaufgaben, darauf zu achten, daß nicht einzelne Teilnehmer oder Teilgruppen das Interview und damit die Gesamtgruppe mit ihren Beiträgen dominieren. Weiterhin muß er zurückhaltende Mitglieder ermuntern, sich mit ihren Ansichten in die Befragung einzubringen, und versuchen, Antworten von der gesamten Gruppe zu erhalten, um das Thema möglichst weitgehend abzudecken. Schließlich muß er in seinem Verhalten eine Balance zwischen der (direktiven) Steuerung der Gruppe und ihrer (non-direktiven) Moderation finden. Insgesamt werden hier als Vorteile hervorgehoben, daß Gruppeninterviews kostengünstig und reich an Daten sind, daß sie Antwortende stimulieren und bei der Erinnerung von Ereignissen unterstützen und über die Antworten der einzelnen hinausführen können.

Gruppendiskussionen

Alternativ zu offenen Interviews, zum Teil ausgehend von ähnlicher Kritik an standardisierten Befragungen, werden Gruppendiskussionen im deutschen Sprachraum als methodischer Weg der Befragung seit den Untersuchungen des Frankfurter Instituts für Sozialforschung (Pollock 1955) diskutiert. Im Gegensatz zur gerade behandelten Variante des Gruppeninterviews wird hier jedoch auf die Stimulierung einer Diskussion und die Dynamik, die sich in ihr entwickelt, als Erkenntnisquelle gesetzt. Die Methode hat große Aufmerksamkeit gefunden, sie fehlt in kaum einem Lehrbuch, auch wenn sie vergleichsweise selten angewendet wird. Ein Problem der Methode ist, daß dabei verschiedene Zielsetzungen ihrer Anwendung und sich widersprechende Verständnisweisen davon, was eine geeignete Gruppe ist, nebeneinander stehen, aus denen für den aktuellen Einsatz die ‹richtige›, d. h. auf den Forschungsgegenstand passende Konzeption zusammengestellt werden kann. Die in der Literatur anzutreffenden Alternativen werden hier kurz vorgestellt.

Zielsetzungen bei der Verwendung von Gruppendiskussionen
Gruppendiskussionen werden mit unterschiedlichen Zielen verwendet. Pollock (1955, S. 34) zieht sie dem Interview vor, denn «es sollte vermieden werden, Einstellungen, Meinungen und Verhaltensweisen der Menschen in einer Isoliertheit zu studieren, in der sie kaum je vorkommen». Dabei wird davon ausgegangen, daß im Gegensatz zu Interviews in der Umfrageforschung, bei denen Meinungen dem Interviewer aus alltäglichen Kommunikationsbezügen und -weisen herausgelöst präsentiert werden, die Gruppendiskussion der Weise, wie Meinungen im Alltag

gebildet, geäußert und ausgetauscht würden, eher entspricht. Es wird auch die Korrektur durch die Gruppe bei nicht zutreffenden, sozial nicht geteilten oder extremen Ansichten als Mittel der Validierung von Äußerungen und Ansichten einbezogen. Die Gruppe wird zum Mittel, um individuelle Meinungen angemessener zu rekonstruieren. Krüger (1983) untersucht dagegen die Gruppenmeinung, d. h. den Konsens der Teilnehmer, der in der Diskussion über einen bestimmten Gegenstand ausgehandelt wird. Bei Mangold (1973) wird die situationsunabhängige Gruppenmeinung, die in der Diskussion geäußert wird, aber auch außerhalb davon für die Gruppe besteht, zum Gegenstand der Untersuchung. Ein anderes Ziel ist die Analyse gemeinsamer Problemlösungsprozesse in der Gruppe, weshalb ein konkretes Problem vorgegeben wird und die Gruppe in der Diskussion über die verschiedenen Wege zu seiner Lösung die beste Strategie herausfinden soll (Dreher und Dreher 1982). Somit ist einerseits zu unterscheiden zwischen Ansätzen, die die Gruppe als Medium zur besseren Analyse von Einzelmeinungen oder als Träger einer eigenen, über Individuen hinausgehenden Meinung verstehen. Andererseits steht die Untersuchung von Aushandlungs- oder Problemlösungsprozessen in Gruppen der Analyse von Zuständen, d. h. vorhandenen Gruppenmeinungen, die in der Diskussion nur zur Sprache kommen, gegenüber.

Formen der Gruppe
Ein Blick auf seine Geschichte und die methodische Diskussion über das Verfahren zeigt, daß ganz verschiedene Vorstellungen damit verbunden werden, was eine Gruppe ist. Gemeinsames Kennzeichen der Varianten ist, daß nicht die gezielte Befragung einer Person zur Datenquelle wird, sondern die Diskussionen über ein bestimmtes Thema in einer *natürlichen* (d. h. auch im Alltag bestehenden) oder *künstlichen* (d. h. zu Forschungszwecken nach bestimmten Kriterien zusammengestellten) Gruppe. Nießen (1977, S. 64) fordert etwa, daß dabei *reale* Gruppen, d. h. die «vom Gegenstand der Gruppendiskussion unabhängig von der Diskussion als in der Zusammensetzung identische Gruppe betroffen sind», verwendet werden sollten. Als Begründung wird genannt, daß «Realgruppen von einer gemeinsamen Interaktionsgeschichte im Hinblick auf den Diskussionsgegenstand und damit von schon entwickelten Formen gemeinsamen Handelns und ihnen zugrundeliegender Bedeutungsmuster ausgehen» (S. 66).

Es wird weiterhin zwischen *homogenen* und *heterogenen* Gruppen unterschieden. Bei homogenen Gruppen sind die Teilnehmer in Hinblick auf die Fragestellung in den wesentlichen Dimensionen miteinander vergleichbar, haben einen ähnlichen Hintergrund etc. Bei heterogenen Gruppen sollen sich die Teilnehmer in den für die Fragestellung relevanten Eigenschaften unterscheiden. Dies soll die Dynamik in der Diskussion verstärken mit dem Ziel, daß einerseits möglichst differierende Perspektiven darin geäußert werden, andererseits ihr Aufeinanderprallen die einzelnen Teilnehmer stärker aus der Reserve lockt.

Beispiel: Studienabbruch
Im Beispiel der Untersuchung von Bedingungen und subjektivem Erleben des Studienabbruchs besteht eine homogene Gruppe aus Studenten derselben Fachrichtung, mit derselben Semesterzahl, in der das Studium abgebrochen wurde und aus derselben Altersgruppe. Wenn die konkrete Fragestellung sich auf Geschlechtsunterschiede im Erleben und Zustandekommen des Studienabbruchs richtet, wird eine homogene Gruppe nur aus Studentinnen zusammengestellt. Studenten werden zu einer zweiten Gruppe zusammengefaßt. Eine heterogene Gruppe sollte Studenten aus unterschiedlichen Fachrichtungen (z. B. Psychologie und Informatik), aus verschiedenen Semestern (Abbrecher im Grundstudium und kurz vor dem Abschluß des Studiums), unterschiedlichen Alters und beiderlei Geschlechts umfassen. Damit ist die Erwartung verbunden, daß die unterschiedlichen Hintergründe in der Diskussion zu einer verstärkten Dynamik führen, wodurch mehr Aspekte und Perspektiven auf das untersuchte Phänomen deutlich werden.

Auch in einer homogenen Gruppe unterscheiden sich die einzelnen Teilnehmer hinsichtlich anderer, bei ihrer Zusammenstellung als nicht so relevant erachteter Dimensionen (im gerade genannten Beispiel etwa die aktuelle Lebenssituation – allein lebend oder mit eigener Familie). Ein anderes Problem ist, daß Gruppen, deren Mitglieder sich zu stark voneinander abheben, wenig Anknüpfungspunkte für eine gemeinsame Diskussion finden. Wenn etwa die Studienbedingungen in den verschiedenen Fächern zu weit auseinanderfallen, bleibt wenig, worüber Studienabbrecher konkret miteinander diskutieren können, und die Diskussion erschöpft sich im Austausch allgemeiner Aussagen. Diese Einschränkung soll verdeutlichen, daß die Gegenüberstellung ‹homogen› versus ‹heterogen› nur relativ ist. Gruppen umfassen dabei gewöhnlich fünf bis zehn Teilnehmer, wobei allerdings die Angaben über die sinnvollste Gruppengröße auseinandergehen.

Rolle des Leiters
Ein weiterer Faktor, der je nach Ansatz unterschiedlich gehandhabt wird, sind die Rolle und Funktion des Diskussionsleiters. In seltenen Fällen wird auf die Eigendynamik der Gruppe gesetzt und auf eine Steuerung durch einen Leiter verzichtet, um auszuschließen, daß seine Interventionen den Ablauf und den Inhalt der Diskussion (verfälschend) beeinflussen. Häufiger und vor allem unter pragmatischen Gesichtspunkten eher zu empfehlen ist die Steuerung der Diskussion durch einen Leiter. Hier werden drei Formen unterschieden (vgl. Dreher und Dreher 1982, S. 150 f): Die *formale Leitung* beschränkt sich auf das Führen einer Rednerliste, die Festlegung des Gesprächsbeginns, -ablaufs und -endes. Die *thematische Steuerung* umfaßt zusätzlich die Einführung neuer Fragen und die Lenkung der Diskussion in Richtung der Vertiefung oder Ausdehnung spezifischer Themen und Teilbereiche. Die *Steuerung der Dynamik* der Interaktion erstreckt sich darüber hinaus auf das Ankurbeln des Gesprächs bis hin zur Verwendung provokativer Fragen, die Polarisierung bei schleppender Diskussion oder den Ausgleich von Dominanzverhältnissen durch das gezielte Ansprechen zurückhaltender Diskussionsteilnehmer. Weitere Möglichkeiten sind die Vorgabe von Texten, Bildern etc. zur zusätzlichen Stimulierung der Diskussion oder von Themen, die im Verlauf der Diskussion behandelt werden sollen. Durch diese Interventionen soll jedoch die Dynamik und das Funktionieren von Gruppe und Diskussion nur unterstützt werden und trotzdem großer Spielraum für deren Eigendynamik bleiben: «Für die Aufgaben des Diskussionsleiters gilt generell, unter geringster Störung der Eigeninitiative den Teilnehmern möglichst freien Spielraum zu lassen, so daß die Diskussion in erster Linie durch den Austausch von Argumenten in Gang gehalten wird» (S. 151).

Aus den skizzierten Zielsetzungen, Vorstellungen über die Art und Zusammensetzung der Gruppe und der Funktion der Diskussionsleitung wird für den konkreten Anwendungsfall jeweils eine Kombination zusammengestellt, wie das folgende Beispiel zeigt.

Beispiel: Arbeitssituation und die Zukunft von Angestellten
Krüger (1983, S. 100 f) hat zur Untersuchung «restriktiver Handlungszusammenhänge für die berufliche Zukunft» acht Gruppendiskussionen (GD) mit «Bankangestellten der untersten hierarchischen Ebene, also Sachbearbeitern aus fachspezifischen Abteilungen des Kreditgewerbes, durchgeführt (...). Es handelt sich insofern um Realgruppen, als die Gruppenmitglieder einer Abteilung angehörten und sich untereinander kannten. Die Gruppe war homogen, es waren keine Vorgesetzten beteiligt, um die

hemmende Wirkung im Gespräch über diese auszuschließen.» Durchschnittlich bestand die Diskussionsgruppe aus sieben Teilnehmern. Hervorgehoben wird der nichtdirektive Stil des Diskussionsleiters, um «stets zu erzählend-beschreibenden Aussagen anzuregen, indem er auf potentielle Phänomene der Situation hinweist, die (noch) nicht angesprochen wurden.» Diskussionsanreize wurden gegeben und parallel ein Ablaufprotokoll geführt, um später im Transkriptionsprotokoll die Sprecher identifizieren zu können. «Wesentlich für die praktische Durchführung der GD ist, daß die Fragestellung auf einen abgegrenzten Erfahrungsbereich (...) beschränkt wird.» Für die Behandlung von Fällen gilt: «Dabei ist der Text einer jeden GD als ein Fall zu betrachten, der jedem Auswertungsschritt unterzogen wird.»

Ablauf und Bestandteile von Gruppendiskussionen

Der Ablauf von Gruppendiskussionen ist nicht in einem einheitlichen Schema darstellbar, da er von der Dynamik in der Gruppe und ihrer Zusammensetzung wesentlich bestimmt wird. In realen oder natürlichen Gruppen kennen sich die Mitglieder bereits und haben möglicherweise auch schon Bezüge zum Thema der Diskussion. Bei künstlichen Gruppen ist zunächst eine Phase der Vorstellung und des Kennenlernens der Mitglieder voranzustellen. Grob lassen sich jedoch folgende Schritte zusammenfassen:

- Am Anfang steht die Explikation des (formalen) Vorgehens durch den Diskussionsleiter, in der die Erwartung an die Teilnehmer, sich in die Diskussion einzubringen, sich gegebenenfalls über bestimmte Themen zu streiten, eine gemeinsame Aufgabe zu bewältigen oder ein Problem gemeinsam zu lösen (wie bei Dreher und Dreher 1982), formuliert wird (z. B. «Wir möchten gern, daß Sie heute über Ihre Erfahrungen, die Sie mit dem Studium gemacht haben, und darüber, was dazu geführt hat, daß Sie sich entschieden haben, es nicht weiter fortzusetzen, offen miteinander diskutieren»).
- Eine kurze Vorstellungsrunde der Teilnehmer untereinander und eine Phase des ‹Anwärmens› folgt als Vorbereitung der Diskussion. Hier sollte der Diskussionsleiter Gemeinsamkeiten der Teilnehmer betonen, um darüber ein Gefühl der Zugehörigkeit zur Gruppe entstehen zu lassen oder zu verstärken (z. B. «Sie als ehemalige Psychologiestudentinnen und -studenten kennen doch alle die Probleme, die...»).
- Die eigentliche Diskussion beginnt mit einem «Diskussionsanreiz» (Krüger 1983, S. 100), der in provokanten Thesen, einem kurzen Film, der Verlesung eines Textes oder der Entfaltung des konkreten Problems, für das eine Lösung gefunden werden soll, bestehen kann. Hier ergeben sich Parallelen zum fokussierten Interview (vgl. Kapitel 8).

Beispiel: Diskussionsanreiz
Zur Stimulierung von Diskussionen über den Wandel von Arbeits- und Lebensbedingungen von Arbeitern hat Herkommer (1979, S. 263) als Diskussionsanreiz jeweils vorgegeben: «Die gegenwärtige wirtschaftliche Situation in der Bundesrepublik ist schwieriger geworden, was sich z. B. zeigt in anhaltend hoher Arbeitslosigkeit, Probleme bei den Renten und der Sozialversicherung und in härteren Tarifauseinandersetzungen. Hieraus ergeben sich für Arbeitnehmer eine Reihe von Schwierigkeiten im Beruf und am Arbeitsplatz. Ganz allgemein ist in vielen Fällen eine Verschlechterung des Arbeitsklimas in den Betrieben eingetreten. Es gibt dann aber auch andere Probleme im Alltag und in der Familie, z. B. bei der Berufsausbildung der Kinder. Wir wollen im Hinblick auf die angesprochenen Probleme Ihre Ansicht zu der Meinung hören: ‹Unseren Kindern soll es einmal besser gehen!›»

- Besonders in Gruppen, deren Teilnehmer sich zuvor nicht kannten, werden Phasen der Fremdheit, der Orientierung in, der Anpassung an und der Vertrautheit mit der Gruppe, sowie der Konformität und des Abklingens der Diskussion durchlaufen (vgl. Mangold 1973, S. 216; Spöhring 1989, S. 223).

Probleme der Durchführung
Die postulierte Stärke des Verfahrens im Vergleich zur Befragung von Einzelpersonen ist zugleich die Hauptquelle für die Probleme bei der Durchführung: Die Dynamik, von der die einzelne Gruppe bestimmt wird, erschwert einerseits die klare Formulierung von Ablaufmustern für Diskussionen sowie von eindeutigen Vorgaben hinsichtlich der Aufgaben und des Verhaltens des Diskussionsleiters. Andererseits wird dadurch die Gestaltung relativ einheitlicher Bedingungen der Datenerhebung in den verschiedenen Gruppen, die in eine Untersuchung einfließen, nur sehr begrenzt möglich. Zwar kann die Eröffnung der Diskussionen durch eine spezifische Formulierung, einen konkreten Reiz o. ä. einheitlich gestaltet werden. Welche Wendungen die Diskussion in ihrem weiteren Verlauf nimmt, ist kaum vorhersagbar, weshalb die methodischen Interventionen zur Steuerung der Gruppe nur annäherungsweise geplant werden und ein großer Teil der Entscheidungen in der Datenerhebung nur aus der Situation heraus getroffen werden können. Ähnlich ist es mit der Entscheidung darüber, wann sich eine Gruppe in der Diskussion über ein Thema erschöpft hat. Hierfür gibt es keine eindeutigen Kriterien, weshalb der Diskussionsleiter sie aus dem Verlauf und der Situation heraus treffen muß.

Hier ergeben sich zum Teil ähnliche Probleme wie bei Leitfaden-Interviews: Die notwendige Vermittlung zwischen dem Diskussionsverlauf und den thematischen Zielvorgaben für die Diskussion wird durch das Problem des Ausgleichs zwischen der sich entwickelnden Dynamik in der Gruppe und der Steuerung zur Einbeziehung aller Teilnehmer noch zugespitzt. So bleibt schwierig zu handhaben, daß in der Dynamik der Situation und der Gruppe einzelne Teilnehmer die anderen dominieren können, andere dagegen sich weitgehend aus der Diskussion heraushalten. In beiden Fällen ist das Ergebnis, daß einzelne Teilnehmer und ihre Sichtweisen für die spätere Auswertung nicht zur Verfügung stehen (Mangold 1973).

Schließlich wird die scheinbare Ökonomie der Befragung mehrerer Personen zu einem Termin schon durch den hohen organisatorischen Aufwand bei der Vereinbarung eines Termins, an dem alle Teilnehmer der Gruppe auch tatsächlich teilnehmen können, deutlich relativiert.

Beitrag zur allgemeinen Methodendiskussion
Gruppendiskussionen können offenbaren, wie Meinungen im sozialen Austausch gebildet und vor allem verändert, wie sie durchgesetzt bzw. unterdrückt werden. Die Erhebung verbaler Daten läßt sich in Gruppendiskussionen stärker kontextualisieren. Aussagen und Meinungsäußerungen werden hier im Gruppenzusammenhang getätigt, möglicherweise auch kommentiert und sind Gegenstand eines mehr oder minder dynamischen Diskussionsprozesses. Daß diese Dynamik und soziale Aushandlung von individuellen Sichtweisen als ein wesentlicher Bestandteil der sozialen Konstruktion von Wirklichkeit in der methodischen Diskussion stärkere Beachtung findet, ist auch ein Ergebnis der Auseinandersetzungen mit der Gruppendiskussion als Methode.

Einordnung in den Forschungsprozeß
Theoretischer Hintergrund bei der Anwendung sind häufig strukturalistische Modelle (vgl. Kapitel 2), die von Dynamik und Unbewußtem in der Bildung von Meinungen ausgehen, die in der Gruppe deutlich werden. In neueren Anwendungen steht vor allem die Entwicklung von Theorien im Vordergrund, nachdem frühere Versuche, Hypothesen mit diesem Verfahren zu testen, an der fehlenden Vergleichbarkeit der Daten gescheitert sind. Die enge Bindung bei Erhebung und Auswertung an die Gruppe als Fall legt ein zirkuläres Konzept des Forschungsprozesses nahe (vgl. Kapitel 4). Fragestellungen richten sich auf die Herstellung von Meinungen und ihre soziale Verteilung in Gruppen. Zugang zu und Auswahl von Fällen sind von dem Problem geprägt, daß die Gruppen, zu

denen Individuen bei der Datenerhebung zusammengefaßt werden, eine eigene Einheit bilden. Theoretisches Sampling (vgl. Kapitel 7) kann sich auf die Art der einzubeziehenden Gruppen (z. B.: Wenn bislang Gruppen von Psychologiestudenten und solche, die aus Medizinstudenten bestehen, hinsichtlich ihres Studienabbruchs befragt wurden, sollten nun eher Ingenieurstudenten aus Universitäten oder aus Fachhochschulen einbezogen werden?) oder auf die Eigenschaften der einzelnen Mitglieder richten. Bei der Interpretation der Daten sind die einzelnen Gruppen die Einheit, an der angesetzt werden sollte. Dafür bieten sich sequentielle Analysen (z. B. die objektive Hermeneutik; vgl. Kapitel 16) an, die an der jeweiligen Gruppe und dem Verlauf der Diskussion darin ansetzen. Bei der Verallgemeinerung der Ergebnisse stellt sich das Problem, wie die verschiedenen Gruppen zusammengefaßt werden können.

Grenzen der Methode
Bei der Auswertung der Daten ergeben sich häufig Probleme, und zwar wegen der Unterschiedlichkeit der Dynamik in verschiedenen Gruppen und damit der Problematik der Vergleichbarkeit untereinander wie auch wegen der Schwierigkeit, Meinungen und Sichtweisen des einzelnen Gruppenmitgliedes in dieser Dynamik noch auszumachen. «Als kleinste analytische Einheit (...) kommen nur ganze Diskussionsgruppen oder -untergruppen in Frage» (Mangold 1973, S. 222). Um diese Vergleichbarkeit der Gruppen untereinander und der Teilnehmer als Fälle in der Gesamtstichprobe wenigstens ansatzweise zu gewährleisten, wird von ungesteuerten Diskussionen kaum noch Gebrauch gemacht.

Der hohe Aufwand bei der Durchführung, Aufzeichnung, Transkription und Interpretation von Gruppendiskussionen läßt ihre Verwendung besonders bei Fragestellungen sinnvoll erscheinen, bei denen es gerade um die Nachzeichnung der sozialen Dynamik der Meinungsbildung in Gruppen geht. Die Ökonomisierung von Einzelbefragungen als Gruppenbefragung erscheint dagegen weniger sinnvoll. Häufig wird sie mit anderen Methoden kombiniert, z. B. mit ergänzenden Einzelinterviews oder Beobachtungen.

Gemeinsames Erzählen

In eine ähnliche Richtung erweitern Hildenbrand und Jahn (1988) den Ansatz der Erzählung. Ausgangspunkt ist die Beobachtung in Familienstudien, daß die untersuchten Familien gemeinsam erzählen und darüber Bereiche ihrer Wirklichkeit neu strukturieren und konstruieren. Daran anknüpfend regen die Autoren systematischer solche gemeinsamen Erzählungen an und verwenden sie als Daten. Dabei achten sie darauf, daß alle zum Haushalt gehörigen Personen in der Erhebungssituation anwesend sind, die zu Hause bei der Familie stattfinden soll.

«Zu Beginn des Gesprächs werden die Familienmitglieder aufgefordert, aus ihrem Familienleben von früher und heute zu erzählen. Von der Verwendung eines expliziten Erzählstimulus haben wir Abstand genommen, da (...) dadurch unnötige Restriktionen der Themenvielfalt geschaffen werden» (Hildenbrand und Jahn 1988, S. 207).

Ebenso wird auf «methodisch angeleitete Interventionen» verzichtet, weil das Gespräch von den Familienmitgliedern selbst gestaltet wird (1988, S. 207). Damit soll die Forschungssituation der Alltagssituation des Erzählens in der Familie angenähert werden. Schließlich werden «gemeinsam jene Sozialdaten der Familie anhand einer Kontrolliste ergänzt, welche während des Gesprächs nicht genannt worden sind». Anschließend werden ausführliche Beobachtungsprotokolle erstellt, die sich auf den Kontext des Gesprächs (Entstehungsgeschichte, Lebenszusammenhang der Familie, Beschreibung des Hauses und seiner Einrichtung) beziehen.

Mit diesem Ansatz wird die Situation des monologischen Erzählers erweitert. Es werden Interaktionsanalysen in bezug auf das Zustandekommen der Erzählung und hinsichtlich der Art und Weise, wie Familien für sich und den Zuhörer Wirklichkeit konstruieren, durchgeführt. Dieser Ansatz ist im Kontext eines spezifischen Forschungsfeldes, der Familienforschung, entstanden. Dabei wird gerade in der natürlichen Struktur dieses Feldes bzw. Forschungsgegenstandes eine Begründung für diese Methode benannt. Es bleibt abzuwarten, wie sich die Idee des gemeinsamen Erzählens alltäglicher Gemeinschaften auf andere Gemeinschaftsformen übertragen läßt. Denkbar wäre etwa, bestimmte Institutionen wie eine Beratungsstelle, ihre Geschichte, ihre Handlungsweisen und Konflikte darüber zu analysieren, daß die Mitglieder der Teams, die darin arbeiten, aufgefordert werden, die Geschichte ihrer Institution gemeinsam zu erzählen. Dabei würde nicht nur die geschilderte Entwicklung in ihrem Verlauf zum Thema, sondern auch die Dynamik der verschiedenen Sicht- und Darstellungsweisen der Beteiligten analysierbar.

Einordnung in den Forschungsprozeß
Theoretischer Hintergrund ist die gemeinsame Konstruktion von Wirklichkeit, Ziel ist die Entwicklung von darauf basierenden Theorien (vgl. Kapitel 5). Es wird darin am Fall (bei Hildenbrand und Jahn einer Familie) angesetzt, woraufhin weitere Fälle schrittweise einbezogen werden (vgl. Kapitel 7). Die Interpretation des Materials geht sequentiell vor (vgl. Kapitel 16), um vom Fallvergleich ausgehend zu allgemeineren Aussagen zu gelangen (vgl. Kapitel 18).

Grenzen der Methode
Das Verfahren ist im Rahmen einer Untersuchung entstanden, in der eine Vielzahl anderer Methoden zum Einsatz kommen. Die eigenständige Verwendung bleibt zu prüfen. Ein weiteres Problem ist die Fülle des Materials, die im einzelnen Fall entsteht, weshalb Interpretationen ebenfalls sehr materialaufwendig sind und zunächst Fallanalysen liefern. Schließlich erschwert der weitgehende Verzicht auf methodische Interventionen die gezielte Verwendung für spezifische Fragestellungen und die Steuerung ihrer Behandlung in der Erhebung der Daten. Dabei werden gegebenenfalls nicht nur die Stärken, sondern auch die Probleme des narrativen Interviews mit denen der Gruppendiskussion kombiniert.

Die hier kurz skizzierten Gruppenverfahren setzten unterschiedliche Akzente im Wechsel von der Befragung von Individuen zur Datenerhebung in Gruppen. Teilweise wird auf die Abkürzung der Befragung von vielen Individuen zu verschiedenen Terminen in der gleichzeitigen Befragung einer Gruppe zu einem Termin gesetzt. Gruppendynamik wird dabei eine hilfreiche bis störende Rolle bei der Realisierung des Ziels, von allen Interviewpartnern Antworten zu erhalten, zugeschrieben. In der Gruppendiskussion werden gerade die Dynamik und die zusätzlichen Erkenntnismöglichkeiten, die die Gruppe eröffnet, in den Vordergrund gestellt. Beim gemeinsamen Erzählen interessiert speziell der Prozeß der Wirklichkeitskonstruktion, der in dieser auch außerhalb der Forschungssituation bestehenden Gruppe bei der Gelegenheit – und vermutlich auch in ihrem Alltag – abläuft. In jedem Fall sind die erhaltenen verbalen Daten komplexer als beim Einzelinterview – sowohl hinsichtlich ihrer inhaltlichen Fülle und Vielschichtigkeit und damit im positiven Sinn als auch, im negativen Sinn, hinsichtlich der Probleme, Sichtweisen der beteiligten Subjekte im gemeinsamen Prozeß zu verorten.

11. Verbale Daten – Zugänge im Überblick

Zugänge zu verbalen Daten sind eine der methodischen Säulen qualitativer Forschung. Einerseits wird darin mit unterschiedlichen Strategien versucht, Offenheit gegenüber dem untersuchten Gegenstand und den Sichtweisen der Interviewpartner, Erzähler oder Diskussionsteilnehmer zu realisieren. Andererseits enthalten die methodischen Alternativen spezifische Vorkehrungen, um die Datenerhebung zu strukturieren. Diese zielen darauf ab, fragestellungsbezogene Themen zum Gegenstand des Interviews werden zu lassen, oder darauf, ihre Behandlung in Richtung einer größeren Tiefe oder Vollständigkeit zu lenken. Schließlich sollen noch nicht angesprochene Aspekte der Forschungsfrage eingeführt werden. Zwischen diesen beiden Zielen Offenheit und Strukturierung bewegen sich die verschiedenen Methoden, wobei sie sich in der konkreten Durchführung mehr am einen oder stärker am anderen Ziel ausrichten. Narrative Interviews sind in ihrem Hauptteil eher an Offenheit und Spielraum für die Darstellung des Interviewpartners orientiert und begrenzen die steuernden Eingriffe des Interviewers auf die Erzählaufforderung am Anfang und den Nachfrageteil am Ende. Bei Leitfaden-Interviews erhält die thematische Steuerung wesentlich größeres Gewicht, und sie lassen sich auch wesentlich direkter auf bestimmte Themen fokussieren. Damit sind Verfahren je nach der gewählten Umsetzung beider Ziele für die jeweilige eigene konkrete Fragestellung mehr oder weniger zu empfehlen. Vier Bezugspunkte für eine solche Entscheidung zwischen den verschiedenen Methoden zur Erhebung verbaler Daten werden im folgenden skizziert.

Erster Bezugspunkt: Kriterienbezogener Vergleich der Ansätze

Eine Gegenüberstellung der verschiedenen Varianten des Leitfaden-Interviews, der erzählungsgenerierenden und der gruppenbezogenen Verfahren kann zum ersten Bezugspunkt für die Entscheidung zwischen ihnen genommen werden. Als Kriterien für einen solchen Vergleich benennt Tabelle 5 einerseits die Vorkehrungen, die in der jeweiligen Methode zur Gewährleistung einer ausreichenden Offenheit für die subjektive Sichtweise des Interviewpartners getroffen werden. Andererseits werden die Vorgaben zur Sicherstellung eines ausreichenden Niveaus an Struktur und Tiefe in der Behandlung des thematischen Gegenstandes des Interviews gegenübergestellt. Weitere Charakteristika sind der jeweilige Beitrag zur Entwicklung der Methode des Interviews insgesamt, der von der jeweiligen Methode ausgeht, und die Anwendungsfelder, für die sie entwickelt wurden bzw. in denen sie hauptsächlich eingesetzt werden. Schließlich werden die mit dem jeweiligen Zugang verbundenen Probleme der Durchführung und seine in den vorangegangenen Kapiteln deutlich gewordenen Grenzen festgehalten.

Damit wird das Feld der methodischen Alternativen im Bereich der verbalen Daten abgesteckt, so daß die einzelne Methode darin verortet werden kann.

Zweiter Bezugspunkt: Die Auswahl der Methode und die Überprüfung ihrer Anwendung

Die verschiedenen methodischen Alternativen, die jeweils auf verbale Daten abzielen, legen es nahe, anhand der eigenen Untersuchung, ihrer Fragestellung und Zielgruppe etc. eine begründete Entscheidung bei der Auswahl eines Erhebungsverfahrens zu treffen und diese am gewonnenen Material zu überprüfen. Nicht jedes Verfahren ist für jede Fragestellung geeignet: Biographische Verläufe lassen sich eher in Erzählungen als im Frage-Antwort-Schema von Leitfaden-Interviews darstellen. Für die Nachzeichnung von Meinungsbildungsprozessen ist die Dynamik einer Gruppendiskussion aufschlußreich, der Analyse individueller Erfahrungsweisen steht sie eher im Weg. Die Fragestellung und der untersuchte Gegenstand sind erste Referenzpunkte zur Entscheidung für oder gegen eine konkrete Methode. Manche Menschen können erzählen, andere nicht. Für bestimmte Zielgruppen ist die Rekonstruktion ihrer subjektiven Theorie ein höchst befremdliches Vorgehen, andere können sich auf diese Situation ohne Probleme einlassen. Die (potentiellen) Interviewpartner sind damit der zweite Referenzpunkt für methodische Entscheidungen und die Beurteilung ihrer Angemessenheit.

Solche Unterschiede sind jedoch nicht nur individuelle. Vor allem unter Berücksichtigung der Fragestellung und der angezielten Ebene von Aussagen läßt sich das Verhältnis von Methode, Subjekt(en) und Gegenstand systematisch betrachten. Kriterium ist hier die Gegenstandsangemessenheit der Auswahl und der Durchführung der Methode. Diesbezügliche Fragen sollten nicht erst am Ende der Datenerhebung, wenn alle Interviews oder Diskussionen durchgeführt worden sind, gestellt werden, sondern bereits nach ein oder zwei Probeinterviews (oder -diskussionen). Ein Aspekt vor allem zur Überprüfung der Angemessenheit der Methodenwahl ist, inwieweit das jeweilige Verfahren in sich richtig angewendet wurde – ob etwa ein narratives Interview tatsächlich von einer Erzählaufforderung eröffnet wurde oder ob im Leitfaden-Interview Themenwechsel und neue Fragen erst eingeführt wurden, nachdem der Interviewpartner genug Spielraum und Gelegenheit hatte, das vorhergehende Thema ausführlich genug zu behandeln.

Die Analyse der ersten Interviews ergibt möglicherweise, daß nicht nur Interviewpartner mit bestimmten Methoden größere Schwierigkeiten haben als mit anderen Methoden oder als andere Interviewpartner. Auch Interviewer haben mit der Anwendung einer Methode mehr Probleme als mit anderen Verfahren, etwa weil sie es überfordert, Entscheidungen darüber zu treffen, wann und wie sie bei abschweifenden Ausführungen des Interviewpartners zum Leitfaden zurückführen sollen, oder das notwendige aktive Zuhören im narrativen Interview zu realisieren. Von daher ist auch zu prüfen, inwieweit Interviewer und Methode zusammenpassen. Wenn sich auf dieser Ebene Probleme ergeben, kommen zwei Lösungsmöglichkeiten in Betracht: ein sorgfältiges Interviewtraining (vgl. hierzu im Kapitel 8 die Abschnitte zum fokussierten und Leitfaden-Interviews allgemein und in Kapitel 9 zum narrativen bzw. episodischen Interview), um die Probleme abzubauen. Wenn dies nicht ausreicht, ist ein Wechsel der Methode in Erwägung zu ziehen. Eine Basis für solche Entscheidungen kann die Analyse des Interaktionsverlaufs in der Erhebungssituation hinsichtlich der Spielräume für den Interviewpartner und die Eindeutigkeit, mit der die Rollen für beide definiert waren, liefern. Schließlich ist bei der Entscheidung für eine Methode und ihre Bewertung zu berücksichtigen, wie die Daten ausgewertet werden sollen und auf welchem Niveau der Verallgemeinerung Ergebnisse angestrebt werden.

Anhaltspunkte für die Entscheidung für ein Erhebungsverfahren und

Kriterien \ Verfahren	Leitfaden-Interviews			
	Fokussiertes Interview	**Halbstandardisiertes Interview**	**Problemzentriertes Interview**	**Experten-Interview**
Offenheit für die subjektive Sicht des Interviewpartners durch:	• Nichtbeeinflussung durch unstrukturierte Fragen	• offene Fragen	• Gegenstands- und Prozeßorientierung • Raum für Erzählungen	• ist begrenzt, da Interesse nur am Experten, nicht an der Person
Strukturierung (z. B. Vertiefung) des Gegenstandes durch:	• Stimulusvorgabe • strukturierte Fragen • Fokussierung von Gefühlen	• hypothesengerichtete Fragen • Konfrontationsfragen	• Leitfaden als Grundlage für Wendungen und Abbruch unergiebiger Darstellungen	• Leitfaden als Strukturierungsinstrument
Beitrag zur allgemeinen Entwicklung der Methode des Interviews	• vier Kriterien für die Interviewgestaltung • Gegenstandsanalyse als zweite Datensorte	• Strukturierung der Inhalte durch Struktur-Lege-Technik • Vorschläge zur Explikation impliziten Wissens	• Kurzfragebogen • Postscript	• Verdeutlichung der Steuerung: Beschränkung des Interviews auf den Experten
Anwendungsbereich	• Analyse subjektiver Bedeutungen	• Rekonstruktion subjektiver Theorien	• gesellschaftlich oder biographisch relevante Probleme	• Expertenwissen in Institutionen
Probleme der Durchführung	• Dilemma der Vereinbarkeit der Kriterien	• umfangreiche methodische Vorgaben • Auswertungsprobleme	• unsystematischer Wechsel von Erzählung zu Frage-Antwort-Schema	• Rollendiffusion beim Interviewpartner • Blockade des Experten
Grenzen der Methode	• Annahme, objektive Merkmale des Gegenstands zu kennen, ist fraglich • kaum Einsatz in Reinform	• Vorgabe einer Struktur • Notwendigkeit, die Methode an Gegenstand und Interviewpartner anzupassen	• Problemorientierung • unsystematische Verbindung unterschiedlichster ‹Teilelemente›	• Begrenzung der Auswertung auf Expertenwissen
Literatur	Merton & Kendall (1979)	Scheele & Groeben (1988)	Witzel (1985)	Meuser & Nagel (1991)

Tabelle 5: Vergleich der Verfahren zur Erhebung verbaler Daten

	Erzählungen als Zugang		Gruppenverfahren	
Ethnographisches Interview	**Narratives Interview**	**Episodisches Interview**	**Gruppendiskussion**	**Gemeinsames Erzählen**
• beschreibende Fragen	• Nichtbeeinflussung einmal begonnener Erzählungen	• Erzählung bedeutsamer Erfahrungen • Auswahl durch den Interviewpartner	• non-direktive Diskussionsleitung • permissives Diskussionsklima	• Verzicht auf Erzählstimulus und methodische Interventionen
• strukturelle Fragen • kontrastive Fragen	• Erzählaufforderung • narrativer Nachfrageteil am Ende • Bilanzierungsteil	• Verbindung von Erzählung und Argumentation • Vorgabe konkreter Situationen, die erzählt werden sollen	• Dynamik, die sich in der Gruppe entwickelt • Steuerung durch Leitfaden	• Dynamik des gemeinsamen Erzählens • Kontrolliste für Sozialdaten • Beobachtungsprotokoll
• Verdeutlichung des Problems der Herstellung von Interviewsituationen	• Verortung der Strukturierung des Interviews an Anfang und Ende • Ausloten des Instruments Erzählung	• systematische Verbindung von Erzählung und Argumentation als Datensorten • gezielte Erzählaufforderung	• Alternative zur Einzelbefragung durch Gruppendynamik	• Verbindung von Erzählung und Interaktionsanalysen • Betonung der Konstruktion im Erzählen
• im Rahmen der Feldforschung in offenen Feldern	• biographische Verläufe	• Wandel, Routinen und Situationen im Alltag	• Meinungs- und Einstellungsforschung	• Familienforschung
• Vermittlung zwischen ‹freundlicher Unterhaltung› und formalem Interview	• extrem einseitige Interviewsituation • Probleme des Erzählers • Problematik der Zugzwänge	• Verdeutlichung des Prinzips • Handhabung des Leitfadens	• Vermittlung zwischen Schweigern und Vielrednern • kaum planbarer Verlauf	• Verzicht auf thematische Fokussierung der Erzählungen
• vor allem in Kombination mit Beobachtung und Feldforschung sinnvoll	• unterstellte Analogie von Erfahrung und Erzählung • Reduzierung des Gegenstandes auf Erzählbares	• Beschränkung auf Alltagswissen	• hoher organisatorischer Aufwand • Probleme der Vergleichbarkeit	• Verzicht auf Steuerung • Eigenständigkeit als Einzelmethode • Umfang der Fallanalysen
Spradley (1979)	Schütze (1983) Hermanns (1991)	Flick (1995b)	Krüger (1983) Bohnsack (1991)	Hildenbrand & Jahn (1988)

die Überprüfung ihrer Angemessenheit bietet die nebenstehende Checkliste[8]:

Dritter Bezugspunkt:
Gegenstandsangemessenheit der Methode

Methodologische und methodische Diskussionen vermitteln gelegentlich den Eindruck, bestimmte Verfahren seien der ‹Königsweg› zum untersuchten Gegenstand, gar der einzig gangbare und (methodisch) vertretbare Weg. In solchen Diskussionen wird jedoch ein wesentliches Merkmal qualitativer Forschung außer acht gelassen: Methoden sollten nach ihrer Gegenstandsangemessenheit (vgl. Kapitel 1) ausgewählt und bewertet werden. Außer in rein methodenexplorativen Studien, deren Hauptzweck ist, Erkenntnisse über die Durchführung, Durchführbarkeit und Probleme bestimmter Methoden zu gewinnen und in denen der Untersuchungsgegenstand nur exemplarischen Charakter für die Beantwortung solcher Fragen hat, sollte die Entscheidung für eine bestimmte Methode als nachgeordnet betrachtet werden: Gegenstand, Fragestellung, untersuchte Subjekte und angestrebte Aussagen sind bei qualitativer Forschung Referenzpunkte zur Beurteilung der Angemessenheit konkreter Methoden.

Vierter Bezugspunkt:
Einordnung der Methode in den Forschungsprozeß

Schließlich sollte eine gewählte Methode auf ihre Einordnung in den Forschungsprozeß hin geprüft werden. Dabei ist das Ziel einerseits zu klären, ob das Vorgehen bei der Erhebung von Daten mit demjenigen bei ihrer Interpretation zusammenpaßt. So ist es kaum sinnvoll, bei der Erhebung von Daten der Entwicklung von Verläufen und der ihnen eigenen Struktur in der Darstellung großen Raum zu geben und deshalb ein narratives Interview anderen Alternativen vorzuziehen, wenn die erhalte-

---

8 Zur Übersichtlichkeit wird darin nur der Begriff des Interviews verwendet. Wenn er durch «Gruppendiskussion» ersetzt wird, lassen sich dafür dieselben Fragen stellen und Antworten auf diesem Weg finden.

Was ist ein gutes Interview? – Wovon hängt das ab?
Checkliste zur Auswahl eines Interviewtyps und zur Bewertung seiner Anwendung

1. Fragestellung:	Kann der Interviewtyp und seine Anwendung die wesentlichen Aspekte der Fragestellung erfassen?
2. Interviewtyp:	muß entsprechend der methodischen Vorgaben und Zielsetzungen angewendet werden: kein Springen zwischen Interview-Typen (‹Stimulussalat›), außer wenn es in der Fragestellung und/oder theoretisch begründet ist.
3. Interviewer:	Kann der Interviewer den Interviewtyp anwenden? Welche Rolle spielen seine eigenen Ängste und Unsicherheiten in der Situation?
4. Befragter:	Ist der Interviewtyp für die Zielgruppe der Anwendung geeignet? Wie können Ängste, Unsicherheiten und Erwartungen von (potentiellen) Interviewpartnern berücksichtigt werden?
5. Spielraum für den Befragten:	Kann der Befragte seine Sichtweise im Rahmen der Fragen präsentieren? Kann er seine Sichtweise auch gegen den Rahmen der Fragen durchsetzen?
6. Interaktionsverlauf:	Hat der Interviewer den Interviewtyp realisiert? Hat er dem Befragten genügend Spielraum gelassen? Ist er mit seiner Rolle klargekommen? (Warum nicht?) War für den Befragten seine Rolle, die des Interviewers und die Situation klar definiert? Konnte der Befragte seiner Rolle entsprechen? (Warum nicht?)
→	**Bruchstellenanalyse zur Validierung von Interviews möglichst zwischen dem ersten und zweiten Interview!**
7. Auswertungsziel:	umgrenzte und eindeutige Antworten oder komplexe, vielschichtige Muster, Kontexte etc.?
8. Anspruch auf Verallgemeinerung:	Auf welcher Ebene sollen Aussagen gemacht werden? – Über den Einzelfall (z. B. das befragte Subjekt und seine Biographie, eine Institution und ihre Wirkungsweise etc.)? – Gruppenbezogen (über eine Berufsgruppe, einen Typ von Institutionen etc.)? – Allgemeingültige Aussagen?

Tabelle 6: Checkliste für Interviewverfahren

nen Daten dann einer Inhaltsanalyse unterzogen werden, die ausschließlich mit von bestimmten Theorien vorgegebenen Kategorien und Paraphrasen des eigentlichen Textes arbeitet (vgl. hierzu Kapitel 15). Ebensowenig sinnvoll ist es, ein Interview, in dem der Akzent auf die stringente Behandlung der Themen des Leitfadens gelegt wurde, mit sequentiellen Verfahren (vgl. Kapitel 16) auf die Entwicklung der Struktur der Darstellung hin analysieren zu wollen. Ähnlich läßt sich die Vereinbarkeit des Erhebungsverfahrens mit der Art der Auswahl von Fällen (vgl. Kapitel 7), dem theoretischen Hintergrund der eigenen Studie (vgl. Kapitel 2) und dem Verständnis des Forschungsprozesses insgesamt (z. B. Theorieentwicklung versus Hypothesentest; vgl. Kapitel 4) prüfen.

Anhaltspunkte liefern dazu die bei der Behandlung der einzelnen Methode enthaltenen Abschnitte zu ihrer Einordnung in den Forschungsprozeß. Sie skizzieren jeweils das dieser Methode inhärente Verständnis des Forschungsprozesses und seiner Bestandteile. Zu prüfen ist dann, inwieweit die Anlage der eigenen Untersuchung und ihr Verständnis der jeweiligen Schritte mit dem der Methode inhärenten Verständnis übereinstimmt.

Damit sind vier Bezugspunkte für die Entscheidung für eine konkrete Methode skizziert, die auch auf Verfahren, die primär nicht auf verbale Daten abzielen (vgl. Kapitel 13), und Alternativen bei der Auswertung (vgl. Kapitel 17) angewendet werden können und sollen. Neben der Angemessenheit verwendeter Methoden für den untersuchten Gegenstand (vgl. Kapitel 1) wird darin vor allem die Orientierung am Prozeß der Forschung (vgl. Kapitel 18 und 20) zu einem wesentlichen Kriterium zur Beurteilung methodischer Entscheidungen.

Visuelle Daten

12. Beobachtungsverfahren

Insbesondere in den USA standen Beobachtungen in der Geschichte qualitativer Forschung und in der methodischen Diskussion im Mittelpunkt. Dabei sind unterschiedliche Konzeptionen von Beobachtung und hinsichtlich der Rolle des Beobachters zu verzeichnen. So gibt es Studien, in denen der Beobachter nicht zum Teil des beobachteten Feldes wird, etwa in der Tradition von Goffman (1961). Daneben stehen Ansätze, die ihre Erkenntnisse über die zunehmende Aufnahme des Forschers als Teilnehmer in das beobachtete Feld gewinnen wollen. Beobachtung aus zweiter Hand – mit Film oder Video – gewinnt an Aufmerksamkeit.

Insgesamt wird bei diesen Verfahren der Akzent darauf gelegt, daß Handlungsweisen nur der Beobachtung zugänglich seien, Interviews und Erzählungen als Daten nur Darstellungen über diese anbieten. Vielfach wird mit Beobachtung der Anspruch verbunden herauszufinden, wie etwas *tatsächlich* funktioniert oder abläuft. Darstellungen in Interviews enthalten demgegenüber eine Mischung davon, wie etwas ist, und davon, wie es sein sollte, die erst noch entwirrt werden muß.

Beobachtung

Die Fähigkeit zur Beobachtung ist neben den im Interview genutzten Fähigkeiten zu sprechen und zuzuhören eine weitere Alltagskompetenz, die in qualitativer Forschung methodisch systematisiert und verwendet wird. Dabei werden nicht nur visuelle Wahrnehmungen, sondern auch solche, die auf Hören, Fühlen und Riechen beruhen, einbezogen (Adler und Adler 1994). In Anlehnung an Friedrichs (1973, S. 272 f) lassen sich Beobachtungsverfahren generell nach fünf Dimensionen klassifizieren. Unterschieden wird nach
- verdeckter versus offener Beobachtung: Inwieweit wird den Beobachteten der Vorgang der Beobachtung offenbart?
- nicht-teilnehmende versus teilnehmende Beobachtung: Inwieweit wird der Beobachter zum aktiven Teil des beobachteten Feldes?

- systematische versus unsystematische Beobachtung: Wird ein mehr oder minder standardisiertes Beobachtungsschema verwendet oder eher offen für die Verläufe selbst beobachtet?
- Beobachtung in natürlichen versus in künstlichen Situationen: Wird im interessierenden Feld beobachtet, oder werden Interaktionen in einen speziellen Raum zum Zweck der besseren Beobachtbarkeit ‹verlegt›?
- Selbst- versus Fremdbeobachtung: Meist werden andere Menschen beobachtet. Welcher Stellenwert wird dabei der reflektierenden Selbstbeobachtung des Forschers zur stärkeren Fundierung der Interpretation des Beobachteten beigemessen?

Diese generelle Klassifikation trifft auch für Beobachtung in qualitativer Forschung zu, außer daß hier durchgängig natürliche Situationen zur Datenerhebung gewählt werden. Im folgenden wird zunächst nicht-teilnehmende Beobachtung behandelt. Diese Form verzichtet auf Interventionen im Feld – im Gegensatz zu Interviews und zu teilnehmender Beobachtung. Die damit verbundene Erwartung wird wie folgt umrissen: «Reine Beobachter verfolgen den Fluß der Ereignisse. Verhalten und Interaktion gehen weiter, wie sie dies ohne die Anwesenheit eines Forschers tun würden, ohne von Störungen unterbrochen zu werden» (Adler und Adler 1994, S. 378).

Dabei wird die von Gold (1958) entwickelte Typologie von Beobachterrollen zum Ausgangspunkt genommen, um Unterschiede zu teilnehmender Beobachtung zu bestimmen. Gold unterscheidet als Typen

- den vollständigen Teilnehmer,
- den Teilnehmer-als-Beobachter,
- den Beobachter-als-Teilnehmer und
- den vollständigen Beobachter.

Letzterer hält Distanz zum beobachteten Geschehen, um es nicht zu beeinflussen. Dies wird zum Teil dadurch erreicht, daß die eigentliche Beobachtung in der Situation durch Videoaufzeichnungen ersetzt wird. Oder es wird versucht, die Aufmerksamkeit der Beobachteten vom Forscher abzulenken, so daß der Vorgang des Beobachtens möglichst schnell und vollständig in Vergessenheit gerät. In diesem Zusammenhang wird auch die verdeckte Beobachtung angewendet, bei der beobachtete Personen darüber nicht informiert werden. Dieses Vorgehen ist indessen ethisch fragwürdig, vor allem wenn es sich um überschaubare Felder handelt und eine Information der Beobachteten und ihre Zustimmung praktisch realisierbar wären. Häufig wird diese Art von Beobachtung jedoch in öffentlichen Räumen durchgeführt – auf Bahnhöfen oder Plätzen, in Cafés mit häufig wechselnder Frequentierung –, wo dieses Einverständnis nicht eingeholt werden kann.

Phasen der Beobachtung

Als Phasen solcher Beobachtung werden benannt (vgl. Adler und Adler 1994; Denzin 1989b; Spradley 1980):

- die Auswahl eines Settings: wo und wann die interessierenden Prozesse und Personen beobachtet werden können;
- die Festlegung, was bei der Beobachtung tatsächlich und unbedingt festgehalten werden soll;
- das Training der Beobachter, um solche Fokussierungen zu vereinheitlichen;
- beschreibende Beobachtungen, die eine zunächst noch allgemeine Darstellung des Feldes beinhalten;
- fokussierte Beobachtungen, die sich zunehmend auf die für die Fragestellung relevanten Aspekte konzentrieren;
- selektive Beobachtungen, die nur noch zentrale Aspekte gezielt erfassen sollen;
- der Abschluß der Beobachtung, wenn die theoretische Sättigung (Glaser und Strauss 1967) erreicht ist, d. h. weitere Beobachtungen keine neuen Erkenntnisse mehr bringen.

Probleme der Durchführung

Eine zentrale Schwierigkeit ist dabei, eine praktikable Rolle für den Beobachter zu definieren, mit der er sich im Feld oder an seinem Rand aufhalten und gleichzeitig dies beobachten kann (vgl. den Abschnitt zu Teilnehmerrollen in Kapitel 6). Je öffentlicher und unüberschaubarer das Feld ist, desto leichter dürfte es sein, eine Rolle einzunehmen, die nicht weiter auffällt und das Feld nicht weiter beeinflußt. Je überschaubarer ein Feld ist, desto schwieriger ist es, sich darin aufzuhalten, ohne Teilnehmer zu werden.

Beispiel: Rollenfindung bei der Beobachtung

Humphreys (1973) hat in den 60er Jahren eine Beobachtungsstudie über das Sexualverhalten Homosexueller durchgeführt, die langanhaltende Diskussionen über ethische Probleme von Beobachtung in diesem und ähnlichen Feldern ausgelöst hat. Er hat dabei in öffentlichen Toiletten als Orte der Begegnung die Subkultur der Homosexuellen beobachtet. Da Homosexualität zu diesem Zeitpunkt noch unter Strafe stand, stellten Toiletten eine der wenigen Möglichkeiten zu verborgenen Treffen dar. Von

Adler und Adler (1994) wird diese Studie als Beispiel für Beobachtung ohne Teilnahme genannt, da Humphreys seine Beobachtungen explizit aus der Position des Soziologen als Voyeur (1973, S. 254) durchgeführt hat, um nicht zum Teilnehmer des beobachteten Geschehens und trotzdem als Beobachter akzeptiert zu werden. Diese Rolle hat Humphreys in der Position eines Aufpassers übernommen, der darauf achten sollte, daß sich kein Fremder dem Geschehen nähert. Aus dieser Rolle heraus konnte er alle Vorgänge beobachten, ohne selbst als Störung wahrgenommen zu werden und ohne sich selbst am Geschehen beteiligen zu müssen: «Nach außen spielte ich die Rolle des Voyeurs, eine Rolle, die für Soziologen hervorragend geeignet ist und die einzige Aufpasser-Rolle, die nicht manifest sexueller Natur ist (...). In der Rolle des Aufpasser-Voyeurs konnte ich mich frei im Raum bewegen, von Fenster zu Fenster gehen und alles beobachten, ohne den Verdacht meiner Probanden zu wecken oder die Aktivitäten sonstwie zu stören» (1973, S. 258).

Das Dilemma der Beobachtung ist hier in dreifacher Hinsicht beschrieben: Der Forscher muß einerseits Zugang zum interessierenden Feld gewinnen; er möchte in einer Weise beobachten, die den Fluß der Ereignisse möglichst wenig beeinflußt; gerade bei sanktionierten, verbotenen kriminellen oder gefährlichen Handlungen ergibt sich das Problem, wie sie beobachtet werden können, ohne daß der Forscher zum ‹Mit-Täter› wird. Einen Ausweg praktiziert Niemann (1989, S. 73) für die Beobachtung des Freizeitverhaltens von Jugendlichen an «Freizeitorten»: «Die Beobachtungen erfolgten verdeckt, um zu verhindern, daß die Jugendlichen in ihrem ortstypischen Verhalten beeinflußt werden.»

Beispiel: Freizeitverhalten von Jugendlichen
Dabei wurden Jugendliche «parallel zu zwei Meßzeitpunkten» in jeweils zwei Diskotheken, Eisstadien, Einkaufszentren, Sommerbädern, Hallenbädern, Fußballvereinen, Konzerthallen etc. in verschiedenen Situationen an den genannten Orten beobachtet. Die Situationen wurden nach dem Zufallsverfahren ausgewählt (S. 76), in denen dafür spezifische «Entwicklungsaufgaben» (z. B. um das Ziel der Integration in die Peergruppe zu realisieren) auf Protokollbögen festgehalten wurden. Zur Vorbereitung wurde ein Beobachtertraining durchgeführt, bei dem unabhängig voneinander durchgeführte Beobachtungen einer Situation auf ihre Übereinstimmung hin ausgewertet wurden, um diese zu steigern. Es wurde ein Beobachtungsmanual zur Vereinheitlichung der Aufzeichnungen eingesetzt. «Situationsbeobachtungen wurden grundsätzlich erst nach Abschluß protokolliert (...) zumeist auf der Basis freier Aufzeichnungen auf kleinen Zetteln, Bierdeckeln oder Zigarettenschachteln. Hier war zwar die Gefahr der Verzerrung und Ungenauigkeit der Wiedergabe gegeben, der aber das Ziel gegenüberstand, die Einwirkung auf das Verhalten der Jugendlichen zu minimieren. Für die Aussagekraft der Beobachtungen war in erster Linie entscheidend, Reaktivität der Erhebung zu vermeiden, zumindest zu reduzieren» (S. 79). Die Vermeidung von Reaktivität, d. h. der Rückwirkung der Beobachtung auf das Beobachtete, bestimmt hier die Datenerhebung. Ergänzt wird diese durch Interviews mit einzelnen Jugendlichen.

Merkens (1989, S. 15) kennzeichnet diese Strategie ‹nicht-teilnehmender Feldbeobachtung› folgendermaßen:

«Der Beobachter versucht hier, die Personen im Feld nicht zu stören, indem er bestrebt ist, sich möglichst unsichtbar zu machen. Seine Interpretationen des von ihm Gesehenen erfolgen aus seinem Horizont; (...) Der Beobachter konstruiert für sich Bedeutungen, von denen er unterstellt, sie leiteten die Aktionen der Handelnden, wie er sie wahrnimmt.»

Die Beeinflussung der Erhebung wird zwar vermieden, doch wird eine entscheidende Verengung der Perspektive bei der Interpretation der Daten, die aus einer Außenperspektive auf das untersuchte Feld erfolgen muß, in Kauf genommen.

Beitrag zur allgemeinen Methodendiskussion
Um die Aussagekraft der auf diesem Wege erhaltenen Daten insgesamt zu erhöhen, wird die Triangulation von Beobachtungen mit anderen Datenquellen und die Triangulation durch den Einsatz verschiedener Beobachter empfohlen. Dabei sind geschlechtsspezifische Unterschiede ein wesentlicher Aspekt. Gerade bei der Beobachtung an öffentlichen Plätzen sind die Zugangs- und Bewegungsmöglichkeiten und damit die Beobachtungsmöglichkeiten für Frauen aufgrund ihrer speziellen Gefährdung eingeschränkter als für Männer. Auf der anderen Seite sind die Wahrnehmungen für solche Einschränkungen und Gefährdungen bei Frauen in stärkerem Maß sensibilisiert, wodurch sie anders beobachten und ihnen andere Dinge auffallen als männlichen Beobachtern. Darin zeigt sich die «Geschlechtsspezifik der Feldarbeit» (vgl. Lofland; zit. nach Adler und Adler 1994, S. 385), weshalb gemischt-geschlechtliche Teams bei Beobachtungsstudien empfohlen werden. Eine weitere Anregung ist die genaue Selbstbeobachtung des Forschers beim Einstieg in das Feld, im Verlauf der Beobachtung und rückblickend auf den Prozeß der Beobachtung, um implizite Eindrücke, scheinbare Nebensächlichkeiten und Wahrnehmungen in die Reflexion des Prozesses und der Ergebnisse einzubeziehen.

Einordnung der Methode in den Forschungsprozeß
Theoretischer Hintergrund ist hier, die Herstellung sozialer Wirklichkeit aus einer Außenperspektive zu analysieren. Zielsetzung ist (zumindest häufig) die Prüfung theoretischer Konzepte für bestimmte Phänomene

an ihrem Auftreten und ihrer Verteilung (vgl. Kapitel 4). Fragestellungen zielen auf Zustandsbeschreibungen von bestimmten Lebenswelten (z. B. Jugendliche in Berlin) ab, die Auswahl von Situationen und Personen erfolgt systematisch nach Kriterien wie Repräsentativität und Zufall (vgl. Kapitel 7). Die Auswertungen der Daten basieren auf Häufigkeitsauszählungen für bestimmte Handlungen, wofür kategorisierende Verfahren angewendet werden (vgl. Kapitel 15).

Grenzen der Methode
Insgesamt ist diese Form der Beobachtung ein Ansatz, mit dem Felder aus der Außenperspektive beobachtet werden sollen. Sie ist von daher vor allem für die Beobachtung öffentlicher Räume verwendbar, in denen die Zahl der Teilnehmer nicht begrenzt werden kann. Sie stellt weiterhin einen Versuch dar, Geschehen in ihrem natürlichen Verlauf zu beobachten. Inwieweit dieser Anspruch realisierbar ist, bleibt fraglich, da der Vorgang des Beobachtens in jedem Fall das Beobachtete beeinflußt. Die gelegentlich mit dem Ziel der Nicht-Beeinflussung des Feldes begründete verdeckte Beobachtung ist forschungsethisch höchst problematisch. Weiterhin führt der Verzicht des Forschers auf die Interaktion mit dem Feld nicht nur zu Problemen bei der Auswertung der Daten und der Überprüfung von Interpretationen, da systematisch darauf verzichtet wird, die Innenperspektive des Feldes und der Beobachteten zu erschließen. Diese Strategie bleibt eher einem Methodenverständnis quantitativ-standardisierter Forschung verhaftet.

Teilnehmende Beobachtung

Verbreiteter in qualitativer Forschung ist die teilnehmende Beobachtung (vgl. Legewie 1991). Eine Definition lautet: «Teilnehmende Beobachtung ist eine Feldstrategie, die gleichzeitig Dokumentenanalyse, Interviews mit Interviewpartnern und Informanten, direkte Teilnahme und Beobachtung sowie Introspektion kombiniert» (Denzin 1989b, S. 157 f). Hier sind das Eintauchen des Forschers in das untersuchte Feld, seine Beobachtung aus der Perspektive des Teilnehmers, aber auch sein Einfluß auf das Beobachtete durch seine Teilnahme wesentliche Kennzeichen. Die Unterschiede zur gerade behandelten nicht-teilnehmenden Beobachtung und ihren Zielen verdeutlichen die sieben Kennzeichen teilnehmender Beobachtung, die Jorgensen (1989, S. 13 f) nennt:

«(1) ein spezielles Interesse an menschlichen Bedeutungen und Interaktionen aus der Perspektive von Personen, die ‹Insider› oder Teilnehmer in besonderen Situationen und Settings sind;
(2) die Lokalisierung im Hier und Jetzt von Alltagssituationen und -settings als Grundlage von Untersuchung und Methode;
(3) eine Form von Theorie und Theoriebildung, die Interpretation und Verstehen menschlicher Existenz hervorhebt;
(4) Forschungslogik und -prozeß sind offen, flexibel, opportunistisch und verlangen eine dauernde Neudefinition des Problems auf der Basis von Fakten, die in konkreten Settings menschlicher Existenz erhoben wurden;
(5) ein in die Tiefe gehender, qualitativer, fallorientierter Zugang und ein ebensolches Design;
(6) die Ausfüllung einer oder verschiedener Teilnehmerrollen, die die Herstellung und Aufrechterhaltung von Beziehungen mit den Mitgliedern im Feld beinhalten;
(7) die Verwendung von direkter Beobachtung zusammen mit anderen Methoden der Informationsgewinnung.»

Darin wird die Offenheit der Datenerhebung, die gerade auf der Kommunikation mit den Beobachteten aufgebaut ist, als wesentlich hervorgehoben. Diese Methode wird häufig bei der Untersuchung von Subkulturen (für einen Überblick: Girtler 1991) verwendet.

Phasen der Beobachtung
Teilnehmende Beobachtung ist in doppelter Hinsicht als Prozeß zu begreifen. Einerseits soll der Forscher mehr und mehr zum Teilnehmer werden und Zugang zu Feld und Personen finden (s. u.). Andererseits soll auch die Beobachtung einen Prozeß zunehmender Konkretisierung und Konzentration auf für die Fragestellung wesentliche Aspekte durchlaufen. So unterscheidet Spradley (1980, S. 34) drei Phasen teilnehmenden Beobachtens: (1) «Deskriptive Beobachtung» dient zu Beginn der Orientierung im Untersuchungsfeld und liefert unspezifische Beschreibungen. Sie wird dazu genutzt, die Komplexität des Feldes möglichst vollständig zu erfassen und dabei konkretere Fragestellungen und ‹Blickrichtungen› zu entwickeln. (2) In «fokussierter Beobachtung» verengt sich die Perspektive zunehmend auf die für die Fragestellung besonders relevanten Prozesse und Probleme, während die (3) «selektive Beobachtung» gegen Ende der Erhebung mehr darauf gerichtet ist, weitere Belege und Beispiele für die im zweiten Schritt gefundenen Typen von Verhaltensweisen oder Abläufen zu finden.

Dabei werden gelegentlich unterschiedlich vorstrukturierte Beobachtungsbögen bzw. -schemata eingesetzt, häufig jedoch möglichst detaillierte Protokollierungen von Situationen (vgl. Kapitel 14) vorgenommen, um darüber «dichte Beschreibungen» (Geertz 1983b) des Feldes zu gewinnen. Ob Feldnotizen oder strukturierte Beobachtungsbögen mit konkreten Vorgaben der Handlungen und Situationsmerkmale, die in jedem Fall erfaßt werden sollen, vorzuziehen sind, hängt einerseits von der Fragestellung, andererseits von der Phase im Forschungsprozeß ab, in der beobachtet wird. Je differenzierter ein Beobachtungsbogen ist, desto umfangreicher ist nicht nur das darin Berücksichtigte, sondern desto größer ist auch die Gefahr, daß darin nicht Vorgesehenes weder wahrgenommen noch notiert wird. Deshalb sollte deskriptive Beobachtung eher auf stark strukturierte Bögen verzichten, um darüber nicht die Aufmerksamkeit zu sehr einzuschränken und zu wenig sensibel für Neues zu sein. Bei selektiver Beobachtung sind strukturierte Beobachtungsbögen dagegen hilfreich dafür, die relevanten Aspekte, die in der Phase zuvor herausgearbeitet wurden, tatsächlich und vollständig zu erfassen. Jedoch sind teilnehmende Beobachter in allen Phasen mit dem Problem der begrenzten Perspektive im Beobachten konfrontiert, da nicht alle Aspekte einer Situation gleichzeitig erfaßt (und notiert) werden können. Bergmann (1985, S. 308) hält hierzu fest: «Wir haben nur eine sehr beschränkte Erinnerungs- und Wiedergabefähigkeit für die amorphen Ereignisse eines aktuellen sozialen Geschehens. Dem teilnehmenden Beobachter bleibt also gar keine andere Wahl als die, die sozialen Vorgänge, deren Zeuge er war, zumeist in typisierender, resümierender, rekonstruktiver Form zu notieren.»

Die Frage, ob mit offener Beobachtung (bei der die Beobachteten wissen, daß sie beobachtet werden) oder mit verdeckter Beobachtung gearbeitet wird, stellt sich auch hier, und zwar weniger als eine methodische denn als eine forschungsethische.

Beispiel: Boys in White
Becker et al. (1961) haben die Frage untersucht, wie die medizinische Fakultät einer staatlichen Hochschule «über die Vermittlung von Fachwissen hinaus auf die Studenten einwirkt. Wir gingen von der Annahme aus, daß die Studenten die Hochschule mit anderen Vorstellungen über Medizin und medizinische Praxis verlassen als denen, die sie zu Beginn ihres Studiums hatten. (...) Wir wußten nicht, welche Orientierungen sich ein Student während des Studiums erwirbt» (Becker und Geer 1979, S. 141). Zu diesem Zweck wurden ein bis zwei Monate lang teilnehmende Beobachtungen in Vorlesungen, Praktika, Wohnheimen, sämtlichen Abteilungen des Krankenhauses durch-

geführt, wobei sich die Beobachtungen teilweise über den ganzen Tag erstreckten. Die gefundenen Orientierungen wurden auf ihre Eigenschaft der Kollektivität hin geprüft, d. h., inwieweit sie für die untersuchten Gruppen insgesamt zutreffen oder nur für einzelne Mitglieder.

Probleme der Durchführung

Ein Problem stellt die Eingrenzung bzw. Auswahl von Beobachtungssituationen dar, in denen das untersuchte Phänomen auch tatsächlich ‹sichtbar› wird. Nach Spradley (1980, S. 78) lassen sich soziale Situationen zu Beobachtungszwecken allgemein anhand von neun Dimensionen beschreiben:

«1. Raum: der physikalische Ort, die physikalischen Orte
2. Akteur: die beteiligten Menschen
3. Aktivitäten: Ein Set von zusammenhängenden Handlungen, die Menschen ausführen
4. Gegenstand: die physikalischen Dinge, die vorhanden sind
5. Handlung: einzelne Handlungen, die Menschen ausführen
6. Ereignis: ein Set von zusammenhängenden Aktivitäten, die Menschen ausführen
7. Zeit: der Ablauf, der über die Zeit stattfindet
8. Ziel: die Dinge, die Menschen zu erreichen versuchen
9. Gefühle: Emotionen, die empfunden und ausgedrückt werden.»

Wenn es nicht möglich ist, den gesamten Tagesablauf beispielsweise in einer Institution zu beobachten, stellt sich als Problem der Auswahl, einerseits solche Situationen zu finden, in denen die relevanten Akteure und die interessierenden Aktivitäten zu vermuten sind. Andererseits sollten möglichst unterschiedliche Situationen aus dem Spektrum des durchschnittlichen Tagesablaufs ausgewählt werden, um darüber die Variationsbreite des tatsächlich Beobachtbaren zu vergrößern.

Der Zugang zum Feld bzw. zur untersuchten Subkultur stellt ein weiteres Problem dar, weshalb gelegentlich auf *Schlüsselpersonen* zurückgegriffen wird, die den Forscher einführen und Kontakte herstellen. Allerdings ist es oft schwierig, geeignete Personen ausfindig zu machen, die diese Funktion übernehmen können. Andererseits darf sich der Forscher dieser Schlüsselperson nicht zu weit ausliefern, sondern sollte darauf achten, inwieweit er nur deren Sichtweisen unhinterfragt übernimmt oder über sie nur zu einem Ausschnitt aus dem Feld Zugang findet. Schließlich kann eine bestimmte Schlüsselperson die Annäherung an das untersuchte Feld und an bestimmte Personen darin eher erschweren, wenn sie etwa selbst ein Außenseiter im Feld ist.[1]

Bei teilnehmender Beobachtung geht es mehr noch als bei anderen qualitativen Methoden um die möglichst weitgehende «Gewinnung der Innenperspektive» auf das untersuchte Feld bei gleichzeitiger «Systematisierung des Fremdenstatus» (Flick 1991c, S. 154 f), der erst den Blick auf das Besondere im Alltäglichen und in den Routinen im Feld ermöglicht. Der Verlust dieser kritischen Außenperspektive und die unhinterfragte Übernahme der im beobachteten Feld geteilten Sichtweisen wird auch als «going native» bezeichnet. Der Prozeß des «going native» wird jedoch nicht nur als Fehler des Beobachters diskutiert, sondern auch als ein Instrument, um den eigenen Prozeß des Vertrautwerdens zu reflektieren und darüber Einsichten in das untersuchte Feld zu gewinnen, die bei aufrechterhaltener Distanz nicht zugänglich wären. Jedoch beschränkt sich das Ziel der Forschung auch hier nicht darauf, nur mit den Selbstverständlichkeiten des Feldes vertraut zu werden. Dies reicht zwar für eine erfolgreiche Teilnahme aus, nicht jedoch für eine systematische Beobachtung. Wer über ein Alltagsverständnis hinausgehende Erkenntnisse über die Zusammenhänge im untersuchten Feld gewinnen will, muß auch die Distanz des «professionellen Fremden» (vgl. Agar 1980) beibehalten. So betont Koepping (1987, S. 28) für die teilnehmende Beobachtung, daß der Forscher «als soziale Figur genau die Eigenschaften besitzen muß, die Simmel für den Fremden herausgearbeitet hat: Er muß in sich selbst beide Funktionen, die des Engagiertseins und der Distanz, dialektisch verschmelzen können». Der Forscher sucht dort zu realisieren, «was mit dem Begriff der Teilnahme bei der Beobachtung umrissen wird, deren Aufgabe ja im Verstehen mit den Augen des anderen besteht. Durch die Teilnahme authentisiert der Forscher methodisch seine theo-

---

[1] Der Forscher sollte sich überlegen, warum seine Schlüsselperson bereit ist, diese Rolle einzunehmen. Friedrichs und Lüdtke (1971, S. 38) nennen eine Palette von sozialen Positionen, aus denen heraus Menschen zu Schlüsselpersonen in teilnehmender Beobachtung werden. Die meisten sind durch soziale Defizite hinsichtlich des sozialen Status in der Gruppe oder im Feld gekennzeichnet (z. B. der Außenseiter, der Neuling, der Frustrierte, der Anlehnungsbedürftige, der Untergeordnete). Das heißt nicht, daß soziale Anerkennung das einzige Motiv der Unterstützung in dieser Hinsicht sein muß. Jedoch sollten die Konsequenzen der jeweiligen Motivation und Rolle für den Zugang und die Beobachtung bedacht werden. Also, nicht nur Beobachtung *durch* Schlüsselpersonen, sondern auch Beobachtung *der* Schlüsselpersonen im Feld sollte als Basis für solche Reflexion einbezogen werden.

retische Prämisse, er macht außerdem das Forschungssubjekt, den anderen nicht zum Gegenstand, sondern zum dialogischen Partner.»

Beispiel: Teilnehmende Beobachtung in Intensivstationen
Vor der Durchführung teilnehmender Beobachtung in Intensivstationen hat Sprenger (1989, S. 35 f) zunächst einen «intensivmedizinischen Grundkurs» gemacht, um mit der Terminologie (Krankheitsbilder, Behandlungskonzepte etc.) im Feld vertraut zu werden. Bei der Datenerhebung wurden Beobachtungsleitfäden verwendet, die auf die unterschiedlichen Szenarien, die analysiert werden sollten (z. B. ärztliche Visite, Besuch von Angehörigen), jeweils zugeschnitten waren. Während der Datenerhebung gab es einen wöchentlichen Austausch mit einer «professionellen Beratergruppe» (Arzt, Pfleger) und die «systematische Variation der Beobachtungsperspektive» – «Arzt-, Pflegeperson –, bzw. Patientenzentrierte Beobachtungen (...) und szenenorientierte Beobachtungen (Visite, Waschen, Kathederlegen etc.)» (S. 36) dienten der Erweiterung der Perspektive auf das beobachtete Feld. Spezielle Probleme ergeben sich (auch hier) aus der Wahl des geeigneten Standorts (S. 41) und der ‹richtigen› Zeitpunkte für die Beobachtung, wie die Notiz folgender «Szene» verdeutlicht: «Im Zimmer ist ziemliche Hektik, es muß dauernd irgend etwas getan werden und ich werde durch Pfleger I.'s quirlige Geschäftigkeit erfolgreich überfahren. (Keine Minute am ‹Pflegertisch›). Nach Schichtende fällt mir nach Verlassen der Station auf, daß ich heute eine Quasi-Praktikantin war. Die Ursache sehe ich hauptsächlich im Zeitpunkt meines Eintreffens auf der Station. Im Nachhinein halte ich es für uneffektiv, mitten in eine Schicht ‹hineinzuplatzen›. Das Miterleben der Übergabe, des Schichtbeginns bedeutet sowohl für uns wie für die jeweiligen Schwestern und Pfleger die Möglichkeit, sich aufeinander einzustellen. Ich habe heute gar keine Zeit gefunden, mich in Ruhe zu orientieren, es gab keine Phase des Hineinfühlens oder Hineinwachsens in die Situation, die mir eine gewisse Souveränität gestattet hätte. So rutschte ich unversehens ins Räderwerk der kleinen Sachzwänge und ehe ich mich daraus befreien konnte, war meine Zeit abgelaufen» (S. 46).

In dieser Szene sind zwei Aspekte aufschlußreich. Die Wahl des Zeitpunkts bzw. des konkreten Beginns einer Beobachtungssequenz bestimmen wesentlich mit, was und vor allem wie beobachtet werden kann. Daneben zeigt sich hier, daß besonders in sehr hektischen Settings die «Überflutung» der Beobachterin durch die Ereignisse zu ihrer Funktionalisierung als «Quasi-Praktikantin» für die Abwicklung der Ereignisse führt. Solche «Teilnahme an Handlungsabläufen» kann zur «Beobachtungsverhinderung» führen, wogegen Sprenger als Abhilfe empfiehlt:

«Dieses Problem der Überflutung durch die Feldereignisse ist während des gesamten Forschungsverlaufs virulent, kann jedoch recht gut kontrolliert werden. Neben der in der Protokollwiedergabe angesprochenen Wahl des optimalen Beobachtungsbeginns haben sich die Festlegung von Beobachtungszielen sowie das bewußte Verlassen des Feldes, sobald die Beobachtungskapazität des Forschers erschöpft ist, als sehr effektive

Kontrollstrategien erwiesen. Das setzt allerdings ein Erlernen der eigenen Kapazitätsgrenzen durch die Forscher voraus» (S. 47).

An diesem Beispiel wird deutlich, daß die Steuerung und Planung der Beobachtung ebenso wie die Reflexion der eigenen Ressourcen sowohl die Gefahr der hier skizzierten Absorption des Forschers durch das Feld wie auch des bereits erwähnten «going native» und damit der unreflektierten Übernahme von Perspektiven aus dem Feld reduzieren kann.

Aus der von Gold (1958) vorgelegten Typologie von Beobachterrollen ist die Rolle des Teilnehmers-als-Beobachter für teilnehmende Beobachtung am besten geeignet. Häufig ist mit dem zunehmenden Eintauchen in das Feld ein kultureller Schock (vgl. Denzin 1989b, S. 164 f) für den Beobachter verbunden. Dies ist bei ethnologischen Feldstudien in fremden Kulturen besonders naheliegend. Jedoch auch bei Beobachtungen in Subkulturen, wie generell in fremden Gruppen oder in Extremsituationen wie der bereits erwähnten Intensivmedizin, taucht dieses Phänomen auf: daß vertraute Selbstverständlichkeiten, Werte und Verhaltensweisen ihre Normalität verlieren, daß der Beobachter mit befremdlichen Werten, Selbstverständlichkeiten etc. konfrontiert ist, die ihm zunächst schwer verständlich erscheinen, die er aber akzeptieren muß, um sie und ihre Bedeutung verstehen zu können. Gerade bei teilnehmender Beobachtung wird das Handeln des Forschers im Feld nicht nur als Störung, sondern als zusätzliche Erkenntnisquelle verstanden: «Glücklicherweise werden die sogenannten ‹Störungen›, die durch die Existenz und das Agieren des Beobachters entstehen, wenn sie entsprechend ausgewertet werden, zu Ecksteinen einer wissenschaftlichen Erforschung des Verhaltens und bleiben nicht – wie man gemeinhin glaubt – bedauerliche Malheurs, die man am besten eilends unter den Teppich kehrt» (Devereux 1967, S. 29).

Beitrag zur allgemeinen Methodendiskussion
Insgesamt betrachtet verdeutlicht die teilnehmende Beobachtung das Dilemma zwischen zunehmender Teilhabe am Feld, aus der heraus erst Verstehen resultiert, und der Wahrung der Distanz, aus der heraus Verstehen erst wissenschaftlich und nachprüfbar wird. Darüber hinaus kommt diese Methode nach wie vor einem Verständnis von qualitativer Forschung als Prozeß am nächsten, da sie im Gegensatz zu den in der Regel einmalig bleibenden Interviews eine längere Zeit im Feld und im Kontakt mit den Personen und Kontexten, die erforscht werden sollen,

vorsieht. Strategien wie das theoretische Sampling (vgl. Kapitel 7) sind hier wesentlich leichter umzusetzen als bei Interviewstudien: Wenn sich zeigt, daß eine bestimmte Dimension, eine spezifische Gruppe von Personen, konkrete Handlungsweisen o. ä. für die Vervollständigung der Daten und die Entwicklung der Theorie benötigt werden, richtet der Forscher eben bei seiner nächsten Beobachtungssequenz seine Aufmerksamkeit darauf. Bei Interviews ist dagegen die Vereinbarung eines zweiten Termins etwas eher Ungewöhnliches und verlangt ausführlichere Begründungen. Weiterhin kann bei teilnehmender Beobachtung die Interaktion mit dem Feld und dem Gegenstand am konsequentesten umgesetzt werden. Durch die Einbeziehung anderer Methoden kann das methodische Vorgehen bei dieser Strategie besonders gut dem Gegenstand angepaßt werden. Methodische Flexibilität und Gegenstandsangemessenheit sind demnach zwei der Vorzüge dieses Verfahrens.

Einordnung in den Forschungsprozeß
Theoretischer Hintergrund sind vor allem aktuellere Versionen des Symbolischen Interaktionismus (vgl. Kapitel 2). Mit dem Ziel, Theorien über den Gegenstand zu entwickeln (vgl. Kapitel 4), werden insbesondere Fragen des Zugangs zu einem entscheidenden methodischen Problem (vgl. Kapitel 6). Fragestellungen (vgl. Kapitel 5) richten sich auf die Beschreibungen der untersuchten Felder und der Handlungsweisen darin, wobei in der Regel schrittweise Auswahlstrategien angewendet werden (vgl. Kapitel 7). Interpretationen werden sowohl kodierend als auch sequentiell vorgenommen (vgl. Kapitel 15, 16).

Grenzen der Methode
Ein Problem bei dieser Methode ist, daß nicht alle Phänomene in Situationen beobachtbar sind. Daß sich biographische Prozesse etwa nur schwer beobachten lassen, leuchtet sicherlich ein. Aber auch übergreifende Wissensprozesse sind Beobachtungen nicht zugänglich. Selten auftretende Handlungsweisen oder Ereignisse, die für die Fragestellung relevant sind, können nur mit einigem Glück oder, wenn überhaupt, durch eine sehr sorgfältige Auswahl der Beobachtungssituationen erfaßt werden. Als Ausweg für diese Schwierigkeit werden häufig zusätzlich Befragungen von Beteiligten herangezogen, aus denen biographische Prozesse oder Wissensbestände, die den Hintergrund für aktuell beobachtbare Handlungsweisen bilden, rekonstruiert werden können. Deshalb beruhen die Erkenntnisse des Forschers bei teilnehmender Beobach-

tung nur partiell auf der Beobachtung von Handlungen. Zu einem großen Teil basieren sie auf verbalen Äußerungen der Beteiligten über bestimmte Zusammenhänge und Sachverhalte. Um die Stärke der Beobachtung im Vergleich zu Interviewstudien nutzen und beurteilen zu können, inwieweit sie die erhaltenen Daten auszeichnet, schlagen Bekker und Geer (1979, S. 162) folgendes Schema zur Verortung von Daten vor:

		spontan	nach Vorgabe des Beobachters	insgesamt
Aussagen	Beobachter allein anwesend			
	in der täglichen Unterhaltung mit anderen Gruppenmitgliedern			
Handlungen	einzelner			
	der Gruppe			
insgesamt				

Tabelle 7: Verläßlichkeit von Beobachtungen (aus Becker und Geer 1979, S. 162)

Dabei interessiert sie die Frage, wie wahrscheinlich eine Handlungsweise bzw. Einstellung, die sie gefunden haben, auf die untersuchte Gruppe generell oder nur für einzelne Mitglieder oder Situationen zutrifft. Sie gehen von der Annahme aus, daß Einstellungen, die aus Handlungsweisen in der Gruppe geschlossen werden, am ehesten in der Gruppe geteilt werden, da die Handlungen sonst von den anderen Mitgliedern entsprechend korrigiert oder kommentiert würden. In der Gruppe gefallene Äußerungen lassen sich eher als geteilte Einstellungen ansehen als Aussagen im Einzelkontakt zum Beobachter. Spontane Handlungen und Äußerungen erscheinen demnach verläßlicher als solche, die auf Vorgaben des Beobachters erfolgen, etwa gezielte Fragen. Leitgedanke ist dabei wieder die Frage, inwieweit das beobachtete Handeln und die dabei getroffenen Aussagen auch unabhängig von Beobachtung und Teilnahme durch den Forscher stattfinden würden.

Ein weiteres Problem liegt in den weiter oben unter Stichworten wie Flexibilität und Gegenstandsangemessenheit schon behandelten Vorzügen der Methode begründet. Teilnehmende Beobachtung ist jenseits einer Forschungsstrategie als Methode relativ wenig standardisierbar und formalisierbar, und es macht auch wenig Sinn, dies als Ziel einer methodischen Weiterentwicklung zu formulieren (Lüders 1992). Entsprechend ist die methodische Diskussion in den letzten Jahren ins Stokken geraten. Formalisierungsversuche zur teilnehmenden Beobachtung in Lehrbüchern sind meist am Stand der frühen 70er Jahre orientiert (Lamnek 1989), oder es wird aus der Werkstatt der Beobachtung berichtet (etwa bei Aster et al. 1989 oder Girtler 1991).

Ethnographie

In der aktuelleren Diskussion rückt die Methode der teilnehmenden Beobachtung zunehmend in den Hintergrund, und die generellere Strategie der Ethnographie erfährt größere Aufmerksamkeit, in der Beobachtung und Teilnahme mit anderen Verfahrensweisen verwoben werden:

«Der Ethnograph nimmt offen oder verdeckt für eine längere Zeit am täglichen Leben der Menschen teil, beobachtet dabei, was passiert, hört zu, was gesagt wird, stellt Fragen; eigentlich sammelt er alles, was auch immer an Daten verfügbar ist, um das Thema, mit dem er beschäftigt ist, näher zu beleuchten» (Hammersley und Atkinson 1983, S. 2).

Probleme der Durchführung
Die Sammlung der Daten wird hier am konsequentesten der Fragestellung und den Gegebenheiten im jeweiligen Feld untergeordnet. Methoden werden auch hier der Praxis nachgeordnet (vgl. zur Pluralität der Methoden in diesem Zusammenhang auch Hitzler und Honer 1991). Für Lüders (1992, S. 12 f) rücken in der Ethnographie «erstens (...) das Risiko und die nicht planbaren, die situativen, zufälligen und individuellen Momente des Forschungsprozesses in den Mittelpunkt der Aufmerksamkeit. (...) Zweitens gewinnt das kunstgerechte Handeln des Forschers in den jeweiligen Situationen an Bedeutung. (...) Drittens wandelt sich Ethnographie (...) in eine Forschungsstrategie, die alle nur denkbaren

und ethisch vertretbaren Optionen der Datengewinnung einschließt.» Damit werden die Vorgaben, die Methoden sonst hinsichtlich der Relevanz von Ausschnitten des Untersuchten machen und damit die Orientierung, die sie für das Handeln des Forschers vermitteln können, aufgegeben zugunsten einer allgemeinen Forschungshaltung, mit der er sich in der untersuchten Lebenswelt zurechtfinden soll.

In ihrem Ansatz einer lebensweltlichen Ethnographie untersuchen Hitzler und Honer (z. B. 1991) verschiedene «kleine Lebenswelten» von Heimwerkern, Parlamentariern oder Bodybuildern. Die letztgenannte Studie wird wie folgt charakterisiert: «Der methodische Schwerpunkt dieser Untersuchung lag auf Dokumentenanalysen und insbesondere auf beobachtender Teilnahme. Ergänzend wurden Leitfaden-Interviews mit narrationsgenerierenden Ambitionen durchgeführt» (S. 384). Dabei wird jedoch ein spezielles «Intensivinterview» entwickelt und zum Zentrum der Datenerhebung. Die programmatische Offenheit und Flexibilität hinsichtlich methodischer Festlegungen und die angestrebte Methodenpluralität werden dadurch wieder relativiert.

Beitrag zur allgemeinen Methodendiskussion
Besondere Aufmerksamkeit hat die Ethnographie in den letzten Jahren durch zwei Umstände gewonnen: Einerseits wurde in diesem Kontext eine ausführliche Diskussion über die Darstellung des Beobachteten (Clifford und Marcus 1986; Berg und Fuchs 1993) begonnen, die nicht folgenlos geblieben ist bzw. bleiben wird für andere Bereiche qualitativer Forschung (vgl. hierzu Kapitel 19). Andererseits ist die neuere methodische Diskussion im angelsächsischen Raum zu qualitativen Methoden insgesamt (etwa in den Beiträgen in Denzin und Lincoln 1994a oder bei Lincoln und Guba 1985 und Hammersley 1990, 1992) stark von Strategien der Ethnographie geprägt.

Einordnung in den Forschungsprozeß
Ethnographie geht von der theoretischen Position der Beschreibung sozialer Wirklichkeiten und ihrer Herstellung (vgl. Kapitel 2) aus. Sie zielt auf die Entwicklung von Theorien ab (vgl. Kapitel 4). Fragestellungen richten sich vor allem auf ihre detaillierte Beschreibung (vgl. Kapitel 5) in Fallstudien. Der Zugang bekommt hier eine zentrale Bedeutung bei der empirischen wie theoretischen Erschließung des untersuchten Feldes und ist nicht nur ein technisch zu lösendes Problem (vgl. Kapitel 6). Als Auswahlstrategie werden durchgängig das theoretische Sampling (vgl. Kapi-

tel 7) oder daran angelehnte Vorgehensweisen praktiziert. Interpretationen werden schließlich vor allem mit sequentiellen Analysen durchgeführt (vgl. Kapitel 16).

Grenzen des Ansatzes
In der Diskussion um die Ethnographie werden Methoden der Datenerhebung weitgehend als sekundär hinter Strategien der Teilnahme am untersuchten Feld, der Interpretation und vor allem der Darstellung von Ergebnissen (vgl. hierzu ausführlicher Kapitel 19) behandelt. Dies läßt sich zwar (positiv gesehen) als Flexibilität gegenüber dem Gegenstand interpretieren, birgt jedoch die Gefahr methodischer Beliebigkeit. Gerade durch die konkret verwendeten Methoden wird Ethnographie vor allem zu einer Strategie der Triangulation (vgl. Kapitel 18) verschiedener methodischer Zugänge im Rahmen der Umsetzung einer allgemeinen Forschungshaltung.

Photos als Instrument und Gegenstand

Einen gewissen Aufschwung als Thema und Methode verzeichnet in letzter Zeit die Beobachtung aus zweiter Hand, d. h. die Verwendung von visuellen Medien zu Forschungszwecken. An dieser Stelle wird nicht auf die Verwendung von Videokameras zur Aufzeichnung von Gesprächen oder Interviews eingegangen (vgl. hierzu Kapitel 14); Photo, Film und Video werden als eigene Datenformen und -quellen zunehmend genutzt (vgl. Denzin 1989b; Petermann 1991; Harper 1994). Besonders die Photographie hat eine lange Tradition in der Anthropologie und Ethnographie, wobei die Studie von Bateson und Mead (1942) über den «Balinesischen Charakter» immer wieder als Klassiker behandelt wird (vgl. Wolff 1991 als Überblick über die Studie).

Beispiel: Die Studie von Bateson und Mead über den Balinesischen Charakter
In ihrer Untersuchung in einem balinesischen Bergdorf haben Bateson und Mead u. a. 25 000 Photos, 20 000 Meter Film, Gemälde, Plastiken und Kinderzeichnungen gesammelt. Photos und Filmen kommt dabei ein besonderer Stellenwert als Daten und als Instrument der Erkenntnis zu: «Beispielsweise hatten sie entwickelte Filme den Dorfbewohnern vorgeführt und deren Reaktionen wiederum filmisch festgehalten» (Wolff 1991, S. 135). Photographien und Filme wurden darin aber nicht als bloße Abbilder der Realität verstanden, sondern als Darstellungen von Wirklichkeit, in die auch bestimmte theoretische Annahmen eingehen. Dabei waren sich Bateson und Mead «aber

auch im klaren, daß Photographien und Filme – nicht anders als Plastiken und Zeichnungen – keine Spiegelbilder der Wirklichkeit, sondern nur Darstellungsformen sind, die ohne Analyse blind bleiben» (S. 138). Die Präsentation der Ergebnisse der Studie ist wesentlich bestimmt von den Photos und ihrer Analyse in sog. Bildertafeln. Das sind Gruppen von Photos zusammen mit den darauf bezogenen (textuellen) Analysen (vgl. Wolff 1991, S. 139 als Beispiel einer solchen Bildertafel). Die Bilder wurden nach kulturellen Kategorien, die typisch für Bali sein sollten, sortiert (wie «räumliche Orientierung und Niveaus», «Lernen», «Integration und Desintegration des Körpers», «Stufen kindlicher Entwicklung»). «Die Bilder wurden in Gruppen arrangiert, die gestatten, verschiedene Perspektiven auf einen einzelnen Gegenstand simultan oder in Folgen, die zeigen, wie sich ein soziales Ereignis im Lauf der Zeit entwickelt, zu präsentieren» (Harper 1994, S. 404).

Bei dieser Untersuchung wird visuelles Material zur ergänzenden Dokumentation der analysierten Kultur und Handlungsweisen herangezogen und mit den Darstellungen und Interpretationen in Textform kontrastiert, um die einbezogenen Perspektiven auf den Gegenstand zu erweitern. Dabei wird bereits berücksichtigt, daß visuelles Material vor einem bestimmten theoretischen Hintergrund zustande kommt, aber auch mit einem spezifischen Blickwinkel wahrgenommen und interpretiert wird.

Zur Zeit wird eine um Photo und Film zentrierte visuelle Soziologie diskutiert (z. B. bei Denzin 1989b, S. 210f), die vor allem von Becker (1986) angeregt worden ist. Dabei geht es um die Frage, «wie man Information auf den Film und wie man Information aus dem Film bekommt» (Hall 1986; zit. nach Denzin 1989b, S. 210). Ein Zugang ist z. B. die Analyse von Photos in Familienalben und die Geschichte der Familie oder der Subjekte, die sich darin über die Zeit dokumentiert. Ebenso können bei Forschung in Familien oder Institutionen die Einbeziehung und Analyse von deren Selbstdarstellung in den Photos und Bildern der Mitglieder, die in den Räumen an der Wand hängen, Aufschlüsse über die Strukturen innerhalb des sozialen Feldes liefern.

Allgemein werden dabei verschiedene methodologische Fragen diskutiert, die um folgende Themen kreisen (vgl. Denzin 1989b, S. 213 f):
- Auch in Photos als Daten bzw. Dokumentation von Zusammenhängen fließen theoretische Vorannahmen ein, die bestimmen, was und wann photographiert, welcher Ausschnitt davon gewählt wird.
- Kameras sind unbestechlich in der Wahrnehmung und Dokumentation: Sie vergessen nicht, ermüden nicht und machen keine Fehler. Jedoch transformieren auch Photos die Welt, die sie darstellen, in eine spezifische Form.
- Photos sprechen die Wahrheit: Doch, inwieweit sind auch Photos von

den Interpretationen und Zuschreibungen derer geprägt, die sie aufnehmen oder betrachten?
- Photos (und Filme) eröffnen einen Zugang zur symbolischen Welt des Subjekts und zu seiner Sichtweise.
- Photos sind nur dann aussagekräftig als Daten, wenn sie im richtigen Moment aufgenommen wurden – wenn die interessierende Handlung stattfindet und die relevanten Personen ins Blickfeld der Kamera treten.
- Nicht nur der teilnehmende, sondern auch der photographierende Beobachter muß eine Rolle und eine Identität im Feld finden und einnehmen.

Probleme der Anwendung
Entsprechend greift Denzin (1989b, S. 214f) die Typologie der Beobachterrollen von Gold (vgl. den Abschnitt über Beobachtung) auf, um die Rollenfindung des photographierenden Forschers zu beschreiben. Ein Problem ist dabei der Einfluß der Mediums. Einerseits verlieren Photos an Aussagekraft, wenn der Aufwand der Positionierung der Aufgenommenen seitens des Photographen zu groß wird (gestellte Photos) oder wenn diese ihrerseits sich der Photos wegen in Szene setzen (Selbstdarstellungsphotos). Die Aufschlüsse, die sie hinsichtlich des untersuchten Alltags liefern, werden dann am größten sein, wenn es dem photographierenden Forscher gelingt, sich mit seiner Kamera so zu integrieren, daß ihr möglichst wenig Aufmerksamkeit geschenkt wird.

Ein weiteres Problem liegt in den Möglichkeiten, die photographische Darstellung zu beeinflussen. Denzin nennt Montage und Retusche oder den Versuch, künstlerisch wertvolle Photos zu ‹schießen›, die dazu führen können, daß für die jeweilige Fragestellung relevante Details weggelassen werden. Ebenso werden verschiedene Formen der Zensur (durch Behörden, durch die photographierten Personen oder auch seitens des Photographen) genannt (S. 220), die das Zustandekommen und die Verläßlichkeit von Photos als sozialwissenschaftliche Daten einschränken. Insgesamt stellt sich hier die Frage, inwieweit das Sample der untersuchten Wirklichkeiten, das im Ausschnitt des Photos enthalten ist, die Darstellung der Wirklichkeiten beeinflußt und welchen Anteil das Medium Photographie an der Konstruktion der untersuchten Wirklichkeit hat.

Eine andere Verwendung des Mediums Photo skizziert Dabbs (1982). Dabei werden den untersuchten Personen Kameras mit der Aufforderung übergeben, selbst Photos zu machen oder von anderen machen zu lassen, die «erzählen, wer sie sind» (S. 55). Dies läßt sich ausweiten zu einem photographischen Tagebuch, in dem Menschen ihren Alltag in seinem Verlauf einfangen. Die Auswahl dessen, was tatsächlich daraus photographiert wird, trifft dabei nicht der Forscher, sondern das Subjekt, wobei sich aus dem, was daraus ausgewählt und aufgenommen wird, bereits Aussagen über die Sicht der Untersuchten auf ihren eigenen Alltag ableiten lassen. Dies gilt vor allem für den Vergleich verschiedener Subjekte aus einem Feld und der unterschiedlichen Perspektiven, die in deren Photos und den darin enthaltenen Ausschnitten zum Ausdruck kommen. Im «Photo-Elicitation-Interview» (Harper 1994, S. 410) werden Photos aus dem Leben der Interviewpartner genommen, um sie zu Erzählungen oder Antworten zu stimulieren – zunächst über das Photo und davon ausgehend über ihren Alltag. Dieses Vorgehen läßt sich auch als eine Konkretisierung des fokussierten Interviews (vgl. Kapitel 8) sehen. Während hier Bildmaterial eher zur Unterstützung bei der Durchführung von Interviews verwendet wird, sind Photos im folgenden Beispiel eigenständige Daten:

Beispiel: Analyse von Soldatenphotos
Haupert (1994) analysiert Soldatenphotos mit der Methode der objektiven Hermeneutik (vgl. Kapitel 16), um darüber biographische Prozesse zu rekonstruieren. Dabei werden nicht Photos zu Forschungszwecken produziert, sondern existierende Photos auf den allgemeinen Bezug zur photographierten Zeit hin analysiert und individuelle Schicksale daran nachgezeichnet. Photos haben hier einen besonderen Stellenwert als eigenständige Dokumente, deren Analyse sich zu anderen Datenformen (biographische Interviews) in Beziehung setzen lassen. Fotoanalyse wird dabei explizit als eine Form der Textanalyse verstanden und betrieben (S. 285 f). Das heißt, untersucht werden hier Photos, «deren textuelle Qualität, im Sinn der Sozialforschung, (...) obwohl die Grammatik des Bildes vorläufig noch unklar bleibt, sich durch programmatisches Vorgehen (...) letztlich herausschälen läßt, indem wir sinnadäquate und grammatisch richtige Geschichten erzählen, die den kontextuellen Rahmen des Bildes modellieren» (S. 286).

Einordnung in den Forschungsprozeß
Theoretischer Hintergrund der Verwendung von Photos sind strukturalistische Modelle im Sinne der objektiven Hermeneutik (vgl. Kapitel 2). Fragestellungen richten sich auf Beschreibung enthaltener Ausschnitte der Wirklichkeit (vgl. Kapitel 5). Material wird dabei schrittweise ausgewählt (vgl. Kapitel 7). Zur Interpretation werden sequentielle Verfahren (vgl. Kapitel 15) verwendet. Die Analyse von visuellem Material wird zumeist mit anderen Methoden und Daten trianguliert (vgl. Kapitel 18).

Grenzen der Methode

Solche Versuche einer Bildhermeneutik (z. B. auch bei Englisch 1991; Müller-Dohm 1993) zielen auf eine Erweiterung möglicher Daten empirischer Sozialforschung in den visuellen Bereich ab. Jedoch werden (bislang zumindest) darauf die vertrauten Interpretationsverfahren für verbale Daten angewendet. Dabei werden auch solche visuellen Daten als Texte betrachtet: Photos erzählen eine Geschichte, visuelle Daten werden häufig vor ihrer Interpretation in Textform überführt durch Transkription, Inhaltsangabe oder Beschreibung, um dann Textanalyseverfahren auf Bildmaterial anwenden zu können. Die Entwicklung eigener, unmittelbar auf Bilder bezogener Analyseverfahren steht noch aus.

Filmanalyse als Instrument

Angesichts der Tatsache, daß die Realitäten des Alltags immer stärker von den Bildern im Fernsehen und in Filmen geprägt werden, gewinnt die Frage, was sie über die soziale Konstruktion von Wirklichkeit aussagen können, zunehmend an Bedeutung. Denzin (1989b) analysiert Hollywoodfilme, die (auch) gesellschaftliche Reflexionen über soziale Erfahrungen (wie Alkoholismus, Korruption etc.), über Schlüsselmomente der Geschichte (z. B. den Vietnamkrieg), über bestimmte Institutionen (z. B. Kliniken), soziale Werte (wie Ehe und Familie) und Beziehungen, Alltagsbereiche oder Emotionen enthalten. Dabei lassen sich solche Filme und die dargestellten Handlungsweisen auf verschiedenen Bedeutungsebenen interpretieren. Denzin unterscheidet «realistische» und «subversive Lesarten» (S. 230). Erstere verstehen einen Film als eine wahrhaftige Darstellung eines Phänomens, deren Bedeutung sich bei einer detaillierten Analyse der Inhalte und der formalen Eigenschaften ihrer bildlichen Umsetzung (vollständig) erschließen läßt. Die Interpretation dient einer Validierung der Wahrheitsansprüche, die der Film über die Wirklichkeit erhebt. Subversive Lesarten berücksichtigen demgegenüber, daß in den Film die Wirklichkeitsvorstellungen des Autors ebenso einfließen, wie diejenigen des Interpretierenden seine Auslegung bestimmen. Damit wird die Annahme einer korrekten und vollständigen Analyse filmischen Materials aufgegeben und von unterschiedlichen Interpretationen solcher Daten ausgegangen. Diese Auslegungen lassen sich bei mehreren Interpreten hinsichtlich der darin enthaltenen Konstruktionen von Wirklichkeit analysieren und vergleichen (vgl. Kapitel 3).

Probleme der Durchführung
Für Filmanalysen schlägt Denzin (1989b, S. 231 f) vier Schritte vor: Zunächst werden die Filme als ganze betrachtet und Impressionen, Fragen und Bedeutungsmuster notiert, die dabei auffallen. Der zweite Schritt umfaßt die Formulierung von Fragestellungen, die an dem Material untersucht werden sollen. Dazu werden die Schlüsselszenen des Films notiert. In der dritten Phase werden «strukturierte Mikroanalysen» an einzelnen Szenen und Sequenzen vorgenommen, die zu detaillierten Beschreibungen und zu Mustern in der Art der Darstellung (von Konflikten etc.) in diesen Ausschnitten führen sollen. Im letzten Schritt wird diese Suche nach Mustern auf den gesamten Film ausgedehnt, um die Forschungsfrage zu beantworten. Realistische und subversive Lesarten des Films werden miteinander kontrastiert und eine abschließende Interpretation verfaßt.

Beispiel: Alkoholismus im Hollywoodfilm
Am Beispiel des Films «Tender Mercies» untersucht Denzin (1989c) die Darstellung und Behandlung der Probleme ‹Alkoholismus› und ‹Familien von Alkoholikern› in Hollywoodfilmen, um darüber herauszufinden, «wie kulturelle Repräsentationen gelebte Erfahrungen formen» (S. 37). Dazu untersucht Denzin zunächst die «realistischen Interpretationen» des Films, die er aus Filmkritiken und -lexika entnimmt, auf ihre «dominanten, ideologischen Bedeutungen» (S. 40). Hintergrund ist die Annahme, daß in die Interpretation von Filmen und von sozialen Problemen wie Alkoholismus häufig eine «patriarchalische Verzerrung» einfließe, da sie von einem männlichen Standpunkt aus formuliert würden (S. 38). Dem stellt Denzin seine eigene «subversive Lesart» von Film und Problem gegenüber, wobei er vom Standpunkt des Feminismus ausgeht. Dabei wird der Fokus von der männlichen Hauptfigur und ihrer Alkoholsucht verlagert zu den Frauen in ihrem Leben und darauf, welche Folgen der Alkoholismus der Hauptfigur für die Frauen und ihre Familie hat (S. 46). Aus diesem Perspektivenwechsel wird eine Analyse der vom Problem des Alkohols tangierten kulturellen Werte wie die Familie, die Beziehungen zwischen den Geschlechtern und die Kontrolle von Gefühlen in der Gesellschaft abgeleitet (S. 49). Schließlich werden die dabei entwickelten Lesarten an Interpretationen verschiedener Betrachter des Films überprüft und letztere in Beziehung zu den subjektiven Erfahrungen der Betrachter mit den angesprochenen Problemen gesetzt (S. 40).

Als Konsequenz aus dieser Studie läßt sich ableiten, daß Filme mit unterschiedlichen Perspektiven interpretiert und analysiert werden können und daß es von der Perspektive abhängt, was im Zentrum der Interpretation und ihrer Resultate steht. Daß dies nicht nur für Analysen von Filmkritikern zutrifft – für die dies schon lange nichts Neues mehr sein dürfte –, sondern auch bei sozialwissenschaftlichen Analysen, will

Denzin zeigen. Inwieweit die feministische Perspektive, die der Autor aufgreift, die angemessene Sichtweise liefert, kann und will Denzin aufgrund der Vielzahl möglicher Interpretationen, die er hervorhebt, nicht entscheiden.

Über wissenschaftliche Dokumentarfilme einschließlich des Verhältnisses von Darstellung und Wirklichkeit informiert Petermann (1991). Bei der Verwendung von Filmen als Datenmaterial ergeben sich ebenfalls Probleme der Auswahl – welche Filme, welche Szenen werden näher analysiert – und der Interpretation – worauf richtet sich die Aufmerksamkeit im Material. Zusätzlich stellt sich die Frage der Aufbereitung des Materials für die Interpretation: Wird direkt am visuellen Material kodiert, kategorisiert und interpretiert, oder werden zunächst Transkriptionen der Dialoge ihrer Kontexte erstellt und darüber das visuelle Material in Text überführt (vgl. hierzu Denzin 1989b, S. 220f)?

Beitrag zur allgemeinen Methodendiskussion
Durch die Verwendung von Medien wie Film und Photo als Daten qualitativer Forschung können die Grenzen verschiedener Methoden überschritten werden: Im Vergleich zu Interviews liefern sie gerade die nonverbale Komponente von Geschehen und Handlungsweisen, die dort höchstens im Kontextprotokoll dokumentiert werden kann. Gegenüber der traditionellen Beobachtung bieten sie den Vorteil des wiederholbaren Zugangs: Während die beobachtete Situation nach ihrem Ablauf unwiederbringlich vergangen ist, kann Filmmaterial unbegrenzt oft betrachtet und analysiert werden. Dadurch läßt sich die Begrenztheit der Wahrnehmung und Dokumentation, die die Beobachtung kennzeichnet (Bergmann 1985), überschreiten.

Einordnung in den Forschungsprozeß
Theoretischer Hintergrund der Verwendung filmischer Materialien ist der interpretative Interaktionismus von Denzin (vgl. Kapitel 2). Fragestellungen richten sich auf Beschreibung enthaltener Ausschnitte der Wirklichkeit (vgl. Kapitel 5), wofür konkrete Beispiele in der Regel schrittweise ausgewählt werden (vgl. Kapitel 7). Zur Interpretation werden häufiger sequentielle Verfahren (vgl. Kapitel 15) verwendet.

Grenzen der Methode
Auch Filme konstruieren eine bestimme Version der Wirklichkeit, die vom gewählten Ausschnitt und Blickwinkel oder vom gewählten Moment der Aufnahme ebenso mitbestimmt wird wie vom jeweiligen Betrachter, der dieses Material auf verschiedenste Weisen interpretieren kann. Filmanalysen werden nicht zuletzt deshalb kaum als eigenständige Strategie verwendet, sondern in Ergänzung zu oder als Teil von anderen Methoden, die auf verbale Daten abzielen. Bislang gibt es noch keine unmittelbar auf die visuelle Ebene abzielenden Auswertungsverfahren für solches Material. Filme werden als visuelle Texte verstanden (Denzin 1989b, S. 228), durch Transkription oder etwa durch die Nacherzählung der in ihnen enthaltenen Geschichte in Texte verwandelt und als solche ausgewertet.

13. Visuelle Daten – Zugänge im Überblick

Visuelle Daten werden in der qualitativen Forschung zunehmend (wieder-)entdeckt, wobei unterschiedliche Motive leitend sind, diese anstelle von oder zusätzlich zu verbalen Daten zu verwenden. Einerseits ist die Überschreitung des gesprochenen Worts und des Berichts über Handlungen zugunsten der Analyse der Handlungen in ihrem Verlauf der Grund, andererseits, daß einige Formen der Beobachtung ohne Interventionen in das untersuchte Feld auskommen. Schließlich werden gerade die Möglichkeit zur Beobachtung durch Teilnahme und dabei der Eingriff in das Feld und die Beobachtung der Konsequenzen als Erkenntnisquelle genutzt.

Durch Beobachtung in den verschiedenen Varianten wird versucht, Handlungsweisen, Interaktionen und das Geschehen in einem bestimmten Kontext zu verstehen, von innen heraus als Teilnehmer oder von außen als reiner Beobachter. In der Beobachtung wird mit unterschiedlichem Ansatzpunkt der jeweilige Fall rekonstruiert – das Geschehen in einem bestimmten Setting, die Handlungsweise einer Person, die konkrete Interaktion verschiedener Personen miteinander. Daß nicht nur der Vorgang der Beobachtung selber, nicht nur die Teilnahme des Beobachters, sondern auch das Medium Film und die Kamera als Gerät einen Einfluß auf das untersuchte Geschehen und seine Darstellung gegenüber dem Beobachter haben, wird zunehmend reflektiert. Darüber haben auch Beobachtungsverfahren einen Anteil an der Konstruktion der Wirklichkeit, die sie untersuchen sollen – einer Wirklichkeit, die auch schon vor ihrer Beobachtung das Ergebnis sozialer Konstruktionsprozesse darstellt. Beobachtungsverfahren bieten jedoch einen spezifischen Zugang zur Nachzeichnung solcher Konstruktionsprozesse in ihrem interaktiven Verlauf. Schließlich führen auch Beobachtungsverfahren zu Texten als empirischem Material. Diese reichen von Beobachtungsprotokollen über Transkripte von Interaktionsaufzeichnungen, des Geschehens in Filmen oder der Inhalte von Photos.

Erster Bezugspunkt:
Kriterienbezogener Vergleich der Ansätze

Die verschiedenen Verfahren lassen sich gegenüberstellen. Dabei werden die schon für den Vergleich der Zugänge zu verbalen Daten verwendeten Kriterien (vgl. Kapitel 11) aufgegriffen. So ist auch hier zu fragen, welche Vorkehrungen das jeweilige Verfahren enthält, um eine Offenheit für die Perspektive der beobachteten Subjekte in der Forschung zu gewährleisten. Da Beobachtungen in der Regel an Interaktionen und Handlungen ansetzen, wird die subjektive Perspektive der Teilnehmer häufig in ergänzenden Befragungen erhoben. Ein weiterer Vergleichsaspekt sind die Vorkehrungen, durch die Offenheit für den Verlauf von Handlungen und Interaktionen im Prozeß des Beobachtens jeweils gewährleistet werden soll. Neben solchen Bemühungen um Offenheit enthalten aber auch Beobachtungsverfahren spezifische Vorgaben, wie die Datenerhebung strukturiert werden soll, so daß fragestellungsrelevante Ereignisse und Handlungsweisen überhaupt oder vertiefend erfaßt werden können. Die verschiedenen Zugänge zu visuellen Daten liefern jeweils Beiträge zur Entwicklung der Methode der Beobachtung insgesamt. Weiterhin lassen sie sich durch die Anwendungsbereiche, in denen sie vor allem eingesetzt werden bzw. für die sie entwickelt wurden, kennzeichnen. Schließlich ist jede der hier behandelten Methoden mit spezifischen Durchführungsproblemen und grundsätzlichen Grenzen verbunden (vgl. Tabelle 8).

Dieser Vergleich steckt das Feld der methodischen Alternativen im Bereich der Beobachtung ab und erleichtert deren Einordnung in diesem Spektrum.

Zweiter Bezugspunkt:
Die Auswahl der Methode und die Überprüfung ihrer Anwendung

Anhand der eigenen Untersuchung, ihrer Fragestellung, dem zu beobachteten Feld und den Personen, auf die es dabei ankommt, ist auch für die Erhebung visueller Daten das geeignete Verfahren auszuwählen und diese Entscheidung am gewonnenen Material zu überprüfen. Nicht jedes Verfahren ist für alle Fragestellungen geeignet. Vergangene Ereignisse lassen sich vor allem über die visuellen Materialien, die zur Zeit ihres Stattfindens entstanden sind, analysieren, wozu Photos einen Weg eröff-

	Beobachtungsverfahren	
Kriterien / Verfahren	**Beobachtung ohne Teilnahme**	**Teilnehmende Beobachtung**
Offenheit für die subjektive Sicht von Beobachteten durch:	• Einbeziehung von Befragungen	• Einbeziehung von Befragungen • Nachvollzug durch Teilnahme
Offenheit für den Verlauf von Handlung und Interaktion durch:	• Nichtbeeinflussung des beobachteten Feldes	• Distanz trotz Teilnahme • zunächst möglichst offene Beobachtung
Strukturierung (z. B. Vertiefung) des Gegenstandes durch:	• zunehmende Fokussierung • selektive Beobachtung	• Einbeziehung von Schlüsselpersonen • zunehmende Fokussierung
Beitrag zur allgemeinen Entwicklung der Methode der Beobachtung	• Verzicht auf Interventionen ins Feld • Verdeutlichung der Geschlechtsspezifik der Feldarbeit • Selbstbeobachtung zur Reflexion	• Verdeutlichung des Konflikts zwischen Teilnahme und Distanz
Anwendungsbereich	• offene Felder • öffentliche Plätze	• umgrenzte Felder • Institutionen
Probleme der Durchführung	• Zustimmung der (unbekannten) Beobachteten auf öffentlichen Plätzen	• going native • Zugangsprobleme • Überflutung des Beobachters
Grenzen der Methode	• verdeckte Beobachtung als ethisches Problem	• Verhältnis von Aussagen und Handlungen in den Daten
Literatur	Adler & Adler (1994)	Spradley (1980); Denzin (1989b)

Tabelle 8: Vergleich der Verfahren zur Erhebung visueller Daten

Beobachtungsverfahren		
Ethnographie	**Photoanalyse**	**Filmanalyse**
• Verbindung von Beobachtung mit Befragung	• Subjekt als Photograph	• subversive Interpretationen fokussieren die Perspektive eines Protagonisten
• Teilnahme an der beobachteten Lebenswelt	• Dokumentation durch Photoserien	• Analyse von Geschichten und Verläufen im Film
• Pluralität der verwendeten Methoden	• Ausschnitt und Blickwinkel • Aufnahmen im entscheidenden Moment	• Kontrastierung von realistischen und ‹subversiven› Interpretationen
• Betonung der Gegenstandsangemessenheit von Methoden • Sensibilisierung für Probleme der Beschreibung und Darstellung	• Anreicherung anderer Methoden (Beobachtung, Interviews)	• Fixierung von visuellen Daten • Dokumentation und detaillierte Analyse nonverbaler Komponenten
• alltägliche Lebenswelten	• fremde Kulturen • biographische Erfahrungen	• soziale Probleme • kulturelle ‹Werte›
• unspezifische Forschungshaltung statt Verwendung konkreter Methoden	• Selektivität des Mediums und seiner Anwendung	• Interpretation am Bild oder am Text
• begrenztes Interesse an methodischen Fragen	• Photoanalyse als Textanalyse?	• keine spezifische Auswertungsmethode für Filmdaten
Lüders (1992)	Harper (1994)	Denzin (1989b)

nen. Wie in einer Gesellschaft kulturelle Werte und soziale Probleme generell (d. h. situationsübergreifend) behandelt werden, kann die Analyse von Kino- oder Fernseh-Filmen verdeutlichen. Wie solche Werte und Probleme konkret in Interaktionssituationen behandelt werden, kann die Beobachtung von dafür relevanten Feldern und Personen zeigen. Beobachtung hat dabei jedoch immer nur Zugang zu dem in der Situation aktualisierten Handeln, gesellschaftliche und individuell-biographische Hintergründe können daraus nur vermittelt rekonstruiert werden. Wenn die Situation, das Feld und die Beteiligten einigermaßen eingegrenzt werden können, sollten die aus der Teilnahme des Forschers am untersuchten Feld resultierenden zusätzlichen Erkenntnismöglichkeiten einbezogen werden. Reine Beobachtung ist vor allem dort sinnvoll, wo das Feld nicht in der Weise eingegrenzt werden kann, daß eine Teilnahme möglich wird oder wo die beobachteten Handlungen etwa aufgrund ihrer Gefährlichkeit oder Illegalität eine Teilnahme ausschließen. Neben der Fragestellung sind die zu beobachteten Personen ein zweiter Referenzpunkt bei der Entscheidung zwischen Erhebungsverfahren. Manche Menschen verunsichert und irritiert die reine Beobachtung eher als die zeitweilige Teilnahme des Forschers an ihrem Alltag, andere haben in dem interessierenden Ausschnitt daraus gerade mit der Störung durch den teilnehmenden Beobachter Probleme. Manche Forscher haben große Schwierigkeiten damit, sich in das untersuchte Feld hineinzufinden, andere eher mit der Zurückhaltung bei der reinen Beobachtung. In bezug auf die Untersuchungsteilnehmer kann die Klärung der Situation und des Vorgehens der Beobachter sowie die Überprüfung der Angemessenheit des gewählten Verfahrens für diesen konkreten Verwendungszweck Abhilfe schaffen. Für die Beobachter und zur Lösung ihrer Probleme können Beobachtungstrainings durchgeführt und beobachtete Situationen daraufhin ausgewertet werden, ob deren wesentliche Aspekte erfaßt wurden und warum nicht. Feldkontakte sollten darin zusätzlich hinsichtlich der aufgetretenen Probleme bei der Orientierung und beim Aufenthalt im Feld analysiert werden. Wenn dieses Training die Schwierigkeiten des Forschers im Feld nicht lösen kann, ist entweder der Wechsel der Methode oder des Beobachters in Betracht zu ziehen. Die Analyse der ersten Beobachtungen sollte sich auch der Frage widmen, inwieweit das gewählte Verfahren entsprechend seiner methodischen Vorgaben und Zielsetzungen angewendet wurde: Sind z. B. Beobachtungsbögen so genau und so flexibel verwendet worden, wie die Methode es verlangt? Wurde die notwendige Distanz des Forschers bei der Teilnahme gewahrt, entsprach die Teilnahme in Ausmaß und Intensität den Zielsetzungen der Forschung? Auch hier ist für die Auswahl und deren Bewertung zu berücksichtigen, welche Aussagen und auf welchem Niveau der Verallgemeinerung Ergebnisse erzielt werden sollen. Erst unter Einbeziehung dieser Faktoren läßt sich präzisieren, was eine gute Beobachtung ist.

Mit den Ansatzpunkten, die Tabelle 9 enthält, kann die Angemessenheit der Methode und ihrer Anwendung in bezug auf verschiedene Referenzpunkte bestimmt werden. Die damit mögliche Angemessenheitsprüfung sollte in jedem Fall nach den ersten Feldkontakten und im weiteren Verlauf der Beobachtungen immer wieder durchgeführt werden.

Dritter Bezugspunkt: Gegenstandsangemessenheit der Methode

Auch zu visuellen Daten führt nicht ein allgemein-gültiger ‹Königsweg›. Die Fragestellung und der untersuchte Gegenstand sollten bestimmen, ob teilnehmende Beobachtung oder eine Filmanalyse durchgeführt wird. Da ‹reine› Beobachtung nur auf Handlungen und Interaktionen in konkreten Situationen begrenzte Aufschlüsse liefern kann, ist die Erweiterung auf die Teilnahme am zu beobachtenden Geschehen und auf parallele Gespräche mit den Personen im Feld jedoch häufig der angemessenere Weg. Das Problem der Gegenstandsangemessenheit der Methoden wird gerade im Bereich der Beobachtung durch die Kombination verschiedenster Methoden in ethnographischen Studien realisiert.

Vierter Bezugspunkt: Einordnung der Methode in den Forschungsprozeß

Auch bei Beobachtungsverfahren ist ein vierter Bezugspunkt ihre Einordnung in den Forschungsprozeß. Die Erhebung der Daten ist mit der verwendeten Methode ihrer Auswertung daraufhin abzugleichen, ob der Aufwand hinsichtlich der Realisierung von Offenheit und Flexibilität gegenüber dem untersuchten Gegenstand in beiden Bereichen vergleichbar ist: So ist es einerseits kaum sinnvoll, die Beobachtung im Feld möglichst frei von methodischen Restriktionen, möglichst flexibel und umfassend zu gestalten, wenn dann die Daten ausschließlich hinsichtlich einiger we-

Was ist eine gute Beobachtung? – Wovon hängt sie ab?
Checkliste zur Auswahl einer Beobachtungsform und Bewertung ihrer Anwendung

1. Fragestellung:	Können das Beobachtungsverfahren und seine Anwendung die wesentlichen Aspekte der Fragestellung erfassen?
2. Beobachtungsform:	Das Verfahren muß entsprechend der methodischen Vorgaben und Zielsetzungen angewendet werden: kein Springen zwischen Beobachtungsformen, außer wenn es in der Fragestellung und/oder theoretisch begründet ist.
3. Beobachter:	Kann der Beobachter das Verfahren anwenden? Welche Rolle spielen eigene Ängste und Unsicherheiten in der Situation?
4. Beobachteter:	Ist die Beobachtungsform für die Zielgruppe der Anwendung geeignet? Wie können Ängste, Unsicherheiten und Erwartungen (potentieller) Teilnehmer an der Untersuchung berücksichtigt werden?
5. Feld:	Ist die Beobachtungsform für das untersuchte Feld geeignet? Wie sind seine Zugänglichkeit, ihre ethische Vertretbarkeit, ihre Realisierbarkeit o.ä. berücksichtigt?
6. Spielraum für den/die Beobachteten:	Wie werden die Perspektiven der beobachteten Personen im Rahmen der Beobachtung erfaßt und ihre Unterschiedlichkeit berücksichtigt? Können sich Perspektiven der Beteiligten gegebenenfalls auch gegen den methodischen Rahmen der Beobachtung durchsetzen? (Z.B.: Sind verwendete Beobachtungsbögen flexibel genug für Unerwartetes?)
7. Beobachtungsverlauf:	Hat der Beobachter die Beobachtungsform realisiert? Hat er dem Feld und den Teilnehmern genügend Spielraum gelassen? Ist er mit seiner Rolle klargekommen? (Warum nicht?) War für die Beobachteten ihre Rolle, die des Beobachters und die Situation klar definiert? Konnten die Beobachteten ihrer Rolle entsprechen? (Warum nicht?)
→	**Bruchstellenanalyse zur Validierung der Beobachtung/en möglichst zwischen dem ersten und zweiten Feldkontakt!**

8. Auswertungsziel:	klar umgrenzte Handlungsweisen oder komplexe, vielschichtige Muster, Kontexte etc.?
9. Anspruch auf Verallgemeinerung:	Auf welcher Ebene sollen Aussagen gemacht werden? – Über den Einzelfall (z. B. das beobachtete Subjekt und sein Handeln, eine Institution und die Zusammenhänge darin)? – Gruppenbezogen (über eine Berufsgruppe, einen Typ von Institutionen etc.)? – Allgemeingültige Aussagen?

Tabelle 9: Checkliste für Beobachtungsverfahren

niger, aus vorhandenen Theorien übernommenen Kategorien (vgl. Kapitel 15) ausgewertet werden. Andererseits erweist sich die Analyse von Daten, die nur in Feldnotizen dokumentiert sind, mit sequentiellen Verfahren wie der objektiven Hermeneutik (vgl. hierzu Kapitel 16) als schwierig (Reichertz 1989). Interpretationsverfahren, die zwischen diesen beiden Polen angesiedelt sind, etwa das theoretische Kodieren (vgl. Kapitel 15), sind hier angemessener. Ähnlich ist die Art und Gestaltung der Beobachtung zur Art der Auswahl von Feldern und Situationen und dem theoretischen Hintergrund, vor dem die eigene Studie durchgeführt wird, in Bezug zu setzen.

Anhaltspunkte hierfür liefern die Überlegungen zur Einordnung in den Forschungsprozeß, die bei der Behandlung der einzelnen Methode im vorangegangenen Kapitel jeweils enthalten sind. Das darin skizzierte Verständnis des Forschungsprozesses und seiner Bestandteile, das für die Methode kennzeichnend ist, sollte mit dem der eigenen Untersuchung und ihrer Anlage verglichen werden.

Damit läßt sich die Auswahl der konkreten Methode mit Blick auf ihre Gegenstandsangemessenheit und auf den Prozeß der Forschung insgesamt treffen und überprüfen.

Vom Text zur Theorie

14. Dokumentation von Daten

Die vorangegangenen Kapitel haben die beiden zentralen Wege behandelt, auf denen in qualitativer Forschung gezielt Daten erhoben bzw. produziert werden. Vor einer Interpretation der dabei entstehenden Daten müssen sie dokumentiert und aufbereitet werden. Wesentliche Schritte dieser Aufbereitung sind im Interview die Aufzeichnung des gesprochenen Worts und die anschließende Verschriftung. Bei Beobachtungen ist die Dokumentation von Handlungen und Interaktionen der wichtigste Schritt. In beiden Fällen sollte die kontextuelle Anreicherung von Aussagen bzw. Handlungsweisen durch die Dokumentation des Prozesses der Datenentstehung in Kontextprotokollen, Forschungstagebüchern oder Feldnotizen ein wesentlicher Bestandteil der Datenerhebung sein. Durch diese Schritte werden die untersuchten Zusammenhänge in Texte überführt, an denen sich die eigentlichen Analysen durchführen lassen. Im folgenden werden die methodischen Alternativen bei der Fixierung der jeweils gesammelten Daten behandelt. Die Ergebnisse dieser Fixierung treten dann für den Verlauf des weiteren Forschungsprozesses – etwa bei der Interpretation und Verallgemeinerung – an die Stelle der untersuchten (psychischen oder sozialen) Zusammenhänge. Der Prozeß der Fixierung besteht im wesentlichen aus drei Schritten: der Aufzeichnung der Daten, ihrer Aufbereitung (Transkription) und der Konstruktion einer ‹neuen› Realität im und durch den erstellten Text. Insgesamt betrachtet ist dieser Prozeß ein wesentliches Moment der Konstruktion von Wirklichkeit im Forschungsprozeß.

Neue Möglichkeiten und Probleme der Datenaufzeichnung

Die verfeinerten (akustischen und audiovisuellen) Aufzeichnungsmöglichkeiten haben die Renaissance der qualitativen Forschung mit ihren Neu- und Weiterentwicklungen in den letzten 20 Jahren wesentlich mitbestimmt. Eine Voraussetzung ist dafür, daß die entsprechenden Geräte (Cassetten- und Videorecorder) sich auch im Alltag verbreitet haben.

Dadurch haben sie für potentielle Interviewpartner bzw. diejenigen, deren Alltag damit beobachtet und aufgezeichnet werden soll, den Charakter des Ungewohnten weitgehend verloren. Durch diese Geräte sind einige Formen der Analyse wie Konversationsanalyse oder objektive Hermeneutik (vgl. Kapitel 16) überhaupt erst möglich geworden (vgl. hierzu ausführlicher Bergmann 1985).

Ton- und Bildaufzeichnungen natürlicher Situationen
Die Verwendung von Geräten zur Aufzeichnung macht die Fixierung der Daten von Sichtweisen unabhängig – denjenigen des Forschers wie auch von denjenigen untersuchter Subjekte. Dies soll die vermeintlich naturalistische Aufzeichnung des Geschehens bis hin zu einem «natürlichen Design» (Nothdurft 1987) realisieren: Interviews, Alltags- oder Beratungsgespräche werden auf Cassetten- oder Videorecorder aufgezeichnet. Nachdem er die Subjekte zunächst über Sinn und Zweck der Aufzeichnung aufgeklärt hat und sie ihre grundsätzliche Einwilligung gegeben haben, hofft der Forscher, daß sie das mitlaufende Gerät einfach vergessen und das Gespräch «natürlich» abläuft – auch an heiklen Punkten.

Präsenz und Einfluß der Aufzeichnung
Diese Hoffnung wird sich vor allem dann erfüllen, wenn sich die Präsenz der Aufzeichnung in Grenzen hält. Um der Natürlichkeit der Situation möglichst nahezukommen, empfiehlt es sich, den technischen Aufwand der Aufzeichnung auf das durch die Fragestellung und den theoretischen Rahmen Notwendige zu begrenzen: Wo Videoaufzeichnungen im Vergleich zum Cassettenrecorder nicht Wesentliches zusätzlich dokumentieren, sollte dem weniger ‹auffälligen› Gerät der Vorzug gegeben werden. Auf jeden Fall sollte sich der Forscher bei seinen Aufzeichnungen auf das für seine Fragestellung unbedingt Notwendige beschränken – sowohl hinsichtlich der Zahl der aufgezeichneten Dokumente (Gespräche) als auch, was die Vollständigkeit des Zugriffs betrifft.

In der Beratungsforschung kann z. B. der Berater gebeten werden, Gespräche mit einem Cassettenrecorder aufzuzeichnen. Vor allem in Institutionen, in denen solche Aufnahmen – etwa zu Supervisionszwecken – regelmäßig erfolgen, dürfte der Vorgang der Aufzeichnung kaum eine (störende) Rolle spielen. Trotzdem ist nicht auszuschließen, daß er die Äußerungen der Beteiligten beeinflußt. Dieser Einfluß verstärkt sich noch, wenn der Forscher aus technischen Gründen in der Untersuchungssituation anwesend ist. Der größere Aufwand bei Videoaufnahmen und der umfassendere Einblick, den sie in den untersuchten Alltag erlauben, verstärken die mögliche Skepsis und Vorbehalte bei Untersuchungsteilnehmern. Dies erschwert die Integration des Aufzeichnungsvorgangs in den untersuchten Alltag zusätzlich.

Skepsis gegenüber der Natürlichkeit der Aufzeichnung
Entsprechend finden sich auch nachdenkliche Überlegungen zur neuen Aufzeichnungstechnologie in der qualitativen Forschung. Diese Formen der Aufzeichnung, die die früher dominierenden Notizen des Interviewers bzw. Beobachters abgelöst haben, bieten für Hopf (1985, S. 93 f) zwar erweiterte «Möglichkeiten zur intersubjektiven Überprüfung von Interpretationen (...), zur Berücksichtigung von Interviewer- und Beobachtereffekten bei der Interpretation (...) und zu theoretischer Flexibilität» gegenüber «notwendig selektiveren Gedächtnisprotokollen». Die neu gewonnene Flexibilität führt durch die mögliche «Aufschiebung von Entscheidungen über Fragestellungen und theoretische Annahmen» jedoch auch zu einem «neuen Typus qualitativer Datenhuberei».

Damit sind neue Fragen der Forschungsethik, der Veränderung der untersuchten Situationen durch die Form der Aufzeichnung[1] sowie der Verlust an Anonymität für die Befragten (vgl. hierzu auch Bergold und Flick 1987, S. 13 f) verknüpft. Die von Hopf formulierte Ambivalenz gegenüber den neuen Möglichkeiten der Aufzeichnung qualitativer Daten legt nahe, diesen Punkt weniger als technisches Detailproblem, sondern eher im Sinne einer ‹qualitativen Technikfolgenabschätzung› ausführlicher zu behandeln, auch unter Einbeziehung zurückgedrängter Alternativen.

---

[1] Nach Bergmann (1985, S. 317) «ist die audiovisuelle Aufzeichnung eines sozialen Geschehens keineswegs die rein de-skriptive Abbildung, als welche sie zunächst erscheinen mag, ihr ist vielmehr in ihrer zeitmanipulativen Struktur grundsätzlich ein kon-struktives Moment eigen.» Damit kann ein Gespräch nach seiner Aufzeichnung aus seinem einmaligen in sich geschlossenen, zeitlichen Ablauf gelöst und immer wieder abgehört werden. Dann läßt es sich gezielt auf bestimmte Komponenten (z. B. nonverbale Signale der Beteiligten) in einer Weise zerlegen und betrachten, die die Alltagswahrnehmung der Beteiligten weit überschreitet. Dies ermöglicht jedoch nicht nur neue Erkenntnisse, sondern konstruiert auch eine neue Version des Geschehens. Dessen Wahrnehmung wird irgendwann nicht mehr von seinem usprünglichen, natürlichen Verlauf, sondern von der künstlich detaillierten Darstellung bestimmt.

Feldnotizen

Das klassische Medium der Aufzeichnung in qualitativer Forschung sind die Notizen des Forschers (Sanjek 1990; Lofland und Lofland 1984). Bei Interviews sollten sie das Wesentliche der Antworten des Befragten und Informationen zum Verlauf des Interviews enthalten. Der teilnehmende Beobachter unterbricht seine Teilnahme immer wieder kurz, um wichtige Beobachtungen zu notieren, wie die folgende Darstellung der klassischen Aufzeichnungstechnik, ihrer Probleme und der gewählten Lösungen verdeutlicht:

«Unsere gewöhnliche Praxis war, begrenzte Perioden im Feld zu verbringen, vielleicht zwei oder drei Stunden. Wenn wir im geeigneten Moment das Feld verlassen konnten, gingen wir unverzüglich zu einer Schreibmaschine oder einem Diktaphon. Wenn das Verlassen unmöglich war, machten wir kurze, gedächtnisstützende Notizen, sobald eine Pause eintrat, und zeichneten sie danach so bald wie möglich voll auf. Das Aufzeichnen von Feldnotizen bereitete eine Anzahl von Problemen, eingeschlossen Unterscheidungen zwischen gesehenen und gehörten Ereignissen genauso wie die Eindrücke oder Interpretationen eines Interviewers. Als Professionelle waren wir alle eingedenk der Fallen, die das Zurückrufen/Erinnern und das allzu leichte Verwischen von Fakt und Phantasie begleiten. Wir versuchten daher, diese Unterscheidung klar zu machen, entweder indem wir sie unmißverständlich darlegten oder indem wir ein Begriffssystem entwickelten, um sie sicherzustellen. Verbales Material, aufgezeichnet als Zitate, zeigte exakte Wiedergabe an, verbales Material in Apostrophen zeigte einen geringeren Grad an Sicherheit oder freie Wiedergabe an; und verbales Material ohne Markierung bedeutete angemessene Wiedergabe, aber kein Zitat. Endlich konnten die Eindrücke oder Schlußfolgerungen des Interviewers von aktuellen Beobachtungen durch den Gebrauch von einfachen und doppelten Klammern getrennt werden. Obwohl dieses Begriffssystem viel benutzt wurde, war keiner von uns gezwungen, es immer zu gebrauchen» (Strauss et al. 1964, S. 28 f; zit. in der Übersetzung von Reichertz 1989, S. 94).

Lofland und Lofland (1984) formulieren als allgemeine Regel, daß solche Aufzeichnungen möglichst unverzüglich erfolgen sollten. Der dazu nötige Rückzug bringt möglicherweise eine gewisse Künstlichkeit in das Verhältnis zu Interaktionspartnern im Feld. Vor allem in der Handlungsforschung, wenn der Forscher sich an den Vorgängen im Feld auch beteiligen will und sie nicht nur beobachtet, ist es außerdem oft schwierig, diesen Freiraum für die Forschung aufrechtzuerhalten (vgl. Decker 1979). Eine Alternative hierzu liegt in der nachträglichen Notierung der Eindrücke nach Beendigung des einzelnen Feldkontakts. Lofland und Lofland (1984, S. 64) empfehlen dem Beobachter «klösterliche Strenge» hinsichtlich der Einhaltung des Gebots der Aufzeichnung unmittelbar nach dem Feldkontakt und weiterhin, ebensoviel Zeit für die sorgfältige Notation des Beobachteten zu veranschlagen, wie er für die Beobachtung selbst aufgewendet hat. Dabei ist einerseits darauf zu achten, daß sich (möglicherweise viel) später immer noch unterscheiden läßt, was beobachtet und was vom Beobachter interpretierend oder zusammenfassend kondensiert wurde. Andererseits entwickeln Forscher mit der Zeit sowie zunehmender Erfahrung und Routine einen persönlichen Stil, Notizen zu erstellen.

Insgesamt betrachtet beginnt spätestens bei den Feldnotizen die Herstellung der Wirklichkeit im Text. Sie ist wesentlich von der selektiven Wahrnehmung und Darstellung durch den Forscher geprägt. Die Selektivität bezieht sich dabei nicht nur auf die Aspekte, die weggelassen werden, sondern vor allem auch auf diejenigen, die Eingang in die Notizen finden. Erst die Aufzeichnung hebt einen Vorgang aus seinem Ablauf und seiner alltäglichen Vergänglichkeit und macht ihn zum Ereignis, dem Forscher, Interpreten und Leser ihre Aufmerksamkeit immer wieder zuwenden können. Um diese Selektivität der Aufzeichnung zu reduzieren oder zumindest zu relativieren, bietet sich die Ergänzung durch Tagebücher oder Tagesprotokolle an, die die untersuchten Subjekte parallel erstellen. Damit fließen ihre subjektiven Sichtweisen in die Daten ein und werden zugänglich. Solche Dokumente aus der Sicht des Subjekts lassen sich kontrastierend zu den Notizen des Forschers auswerten. Ein anderer Weg ist, den Aufzeichnungen Photos beizufügen oder Skizzen, Karten und anderes visuelles Material mit aufzunehmen. Eine weitere Möglichkeit ist, ein elektronisches Notizbuch, ein Diktiergerät o. ä. zur Aufzeichnung der Notizen zu verwenden.

Spradley schlägt (1979) vier Formen von Feldnotizen vor:
- kondensierte Darstellungen in Stichworten, Sätzen, Zitaten aus Gesprächen etc.;
- eine ausführliche Niederschrift der Eindrücke aus den Interviews und Feldkontakten;
- ein Feldforschungs-Journal, in dem ähnlich wie in einem Tagebuch «Erfahrungen, Ideen, Befürchtungen, Fehler, Verwirrungen, Durchbrüche und Probleme, die während der Feldarbeit aufgetreten sind» (S. 76), enthalten sind;
- Aufzeichnungen über Analysen und Interpretationen, die bereits nach den Feldkontakten beginnen und sich bis zum Abschluß der Studie erstrecken.

Forschungstagebuch

Gerade wenn mehrere Forscher beteiligt sind, ergibt sich die Notwendigkeit, den ablaufenden Forschungsprozeß zu dokumentieren und zu reflektieren, um die Vergleichbarkeit der empirischen Vorgehensweisen und der Fokussierungen im Notierten zu erhöhen. Eine Möglichkeit der Dokumentation bieten regelmäßig geführte Forschungstagebücher aller Beteiligten. Darin sollten der Prozeß der Annäherung an ein Feld, die Erfahrungen und Probleme im Kontakt mit den Feld- oder Interviewpartnern und bei der Anwendung der Methode(n) dokumentiert werden. Ebenso sollte Wichtiges, Nebensächliches oder Verlorengegangenes bei der Interpretation, Geltungsbegründung, Verallgemeinerung und Darstellung der Ergebnisse etc. jeweils aus der Perspektive des einzelnen Forschers enthalten sein. Der Vergleich solcher Dokumentationen und der unterschiedlichen Sichtweisen, die darin zum Ausdruck kommen, gestaltet den Forschungsprozeß in stärkerem Maß intersubjektivierbar und explizierbar. Sie lassen sich weiterhin im Sinne der «Memos» bei der gegenstandsbegründeten Theorieentwicklung (Strauss 1991) für diese nutzen. Strauss empfiehlt ohnehin, während des gesamten Prozesses Notizen (Memos) anzufertigen, die dann direkt in den Theoriebildungsprozeß einfließen sollen. Dokumentation in dieser Form ist jedoch nicht nur Selbstzweck oder zusätzliche Erkenntnis, sondern dient auch der Reflexion des Forschungsprozesses.

Damit sind verschiedene Wege skizziert, die interessierenden Ereignisse und Prozesse, Aussagen und Abläufe ‹einzufangen›. Hinsichtlich seiner aufzeichnenden Eingriffe in den untersuchten Alltag sollte der Forscher sich bei seiner Entscheidung von folgender *Sparsamkeitsregel* leiten lassen: nur so viel aufzeichnen, wie er zur Beantwortung seiner Fragestellung unbedingt braucht. Er sollte nur so viel an technischem Aufwand in der Erhebungssituation betreiben, wie von seinem theoretischen Interesse her unbedingt notwendig erscheint. Die Einschränkung der Präsenz der Aufzeichnung und die möglichst weitgehende Aufklärung der Untersuchten über Sinn und Zweck der Form der Aufzeichnung erhöhen die Wahrscheinlichkeit, tatsächlich alltägliches Verhalten in natürlichen Situationen in den Blick zu bekommen. Bei Fragestellungen, für die dies ausreicht, sind ‹antiquierte› Formen der Dokumentation wie Protokollierungen von Antworten und Beobachtungen zu empfehlen. Diese sollten jedoch möglichst unmittelbar und umfassend sein, vor allem was Eindrücke über das Feld und sich ergebende Fragen betrifft.

Dokumentationsbögen

Bei der Durchführung von Interviews hat sich die Verwendung von Bögen zur Dokumentation des Kontextes und der Situation der Erhebung als sinnvoll erwiesen (vgl. hierzu Witzel 1985; Flick 1995b). Die Informationen, die darin konkret enthalten sein sollten, ergeben sich einerseits aus der Anlage der Untersuchung – ob z. B. verschiedene Interviewer beteiligt waren oder Interviews an wechselnden Orten durchgeführt wurden, von denen ein Einfluß auf das Interview zu vermuten ist. Andererseits bestimmt die Fragestellung, was darin konkret vermerkt sein soll. Das nebenstehende Beispiel ist aus der Untersuchung zum technischen Wandel im Alltag (Flick 1995b) entnommen, in der verschiedene Interviewer in verschiedenen Zusammenhängen auf die berufliche Situation des Interviewten und auf die Einflüsse der Technik auf Kindheit, Kindererziehung in der eigenen Familie und allgemein etc. eingehen sollten. Aus diesem Grund sollte der Dokumentationsbogen hierzu explizit noch einmal Kontextinformationen enthalten (vgl. Abb. 11).

Transkription

Wenn Daten mit technischen Medien aufgezeichnet wurden, steht ihre Verschriftung als notwendiger Zwischenschritt vor ihrer Interpretation. Hierfür gibt es unterschiedlich genaue Transkriptionssysteme (vgl. Ehlich und Switalla 1976 als Überblick). Ein Standard hat sich bislang nicht durchgesetzt. In sprachanalytischen Zusammenhängen richtet sich das Interesse häufig darauf, ein Höchstmaß an erzielbarer Genauigkeit bei der Klassifikation von Äußerungen, Pausen und in ihrer Darstellung zu erzielen. Auch hier läßt sich die Frage nach der Angemessenheit des Vorgehens stellen. Abgesehen davon, daß sich darüber durch die Hintertür Ideale naturwissenschaftlicher Meßgenauigkeit in die interpretative Sozialwissenschaft einschleichen, verleitet die Formulierung von Transkriptionsregeln häufig zu einem Fetischismus, der in keinem begründbaren Verhältnis mehr zu Fragestellung und Ertrag der Forschung steht. Wenn sich in der Linguistik oder der Konversationsanalyse die Untersuchung auf die Organisation von Sprache richtet, mag solche Genauigkeit gerechtfertigt sein. Bei psychologischen oder soziologischen Fragestellungen, bei denen sprachlicher Austausch das Medium zur Untersuchung bestimmter Inhalte ist, sind übertriebene Genauigkeitsstandards

---

Informationen zum Interview und zum Interviewten

Datum des Interviews: ....

Ort des Interviews: ....

Dauer des Interviews: ....

Interviewer: ....

Indikator für Interviewten: ....

Geschlecht des Interviewten: ....

Alter des Interviewten: ....

Beruf des Interviewten: ....

Besonderheiten des Interviewverlaufs:

....

....

tätig im Beruf seit: ....

Berufsfeld: ....

aufgewachsen (auf dem Land/ Großstadt): ....

Zahl der Kinder: ....

Alter der Kinder: ....

Geschlecht der Kinder: ....

Abbildung 11: Beispiel eines Dokumentationsbogens

nur in Sonderfällen gerechtfertigt. Sinnvoller erscheint, nur so viel und so genau zu transkribieren, wie die Fragestellung erfordert (vgl. hierzu Strauss 1991). Einerseits bindet eine zu genaue Transkription von Daten häufig Zeit und Energie, die sich sinnvoller in die Interpretation stecken lassen. Andererseits werden Aussage und Sinn des Transkribierten in der Differenziertheit der Transkription und der resultierenden Unübersichtlichkeit der erstellten Protokolle gelegentlich eher verstellt als zugänglich.

Neben klaren Regeln über die Transkription von Äußerungen, Sprecherwechseln, Pausen, Satzabbrüchen etc. sind die nochmalige Kontrolle des Transkripts an der Aufzeichnung und die Anonymisierung der Daten (Namen, Orts- und Zeitangaben) zentrale Bestandteile des Transkriptionsvorgangs.

Realität als Text – Text als neue Realität

Die Aufzeichnung von Daten, ergänzende Notizen und die Transkription von Aufzeichnungen übersetzen interessierende Realitäten in Text, und es entstehen Geschichten über das Feld (van Maanen 1988). Die Verschriftung von Abläufen und Aussagen führt zumindest zu einer anderen Version des Geschehens. Jede Form der Dokumentation führt zu einer spezifischen Organisation des Dokumentierten. Jede Verschriftung sozialer Realitäten unterliegt technischen und textuellen Strukturierungen und Begrenzungen, die das Verschriftete in einer bestimmten Weise zugänglich machen. Die Fixierung löst das Geschehen aus seiner Flüchtigkeit (Bergmann 1985) und Vergänglichkeit. Durch den persönlichen Stil des Notierens wird das Feld zu einem dargestellten Feld, durch den Grad an Genauigkeit der Transkription wird die Gestalt des Geschehens in eine Vielzahl pointierter Details aufgelöst. Für den sich anschließenden Interpretationsprozeß gilt dann:

«Die Wirklichkeit zeigt sich demnach für den Wissenschaftler nur in substantiierter Form, als Text, bzw. – technisch formuliert – als Protokoll. Jenseits von Texten hat die Wissenschaft ihr Recht verloren, da wissenschaftliche Aussagen erst dann formuliert werden können, wenn und insoweit Ereignisse einen Niederschlag gefunden bzw. eine Spur hinterlassen und diese wiederum eine Interpretation (...) erfahren haben» (Garz und Kraimer 1994, S. 8).

Diese Substantiierung von Wirklichkeit in Texten gilt in doppelter Hinsicht – als Prozeß, Zugänglichkeit zu schaffen und im Sinne einer Veränderung des Textualisierten als Ergebnis dieses Prozesses. Die neue Realität, die der Text schon auf der Ebene der Feldnotizen wie des Transkripts darstellt, ist die einzige (Version der) Realität, die der Forscher für seine anschließenden Interpretationen noch zur Verfügung hat. Dies sollte beim mehr oder minder akribischen Umgang mit dem Text, der von der jeweiligen Interpretationsmethode nahegelegt wird, berücksichtigt werden.

Die mehr oder weniger umfassende Aufzeichnung des jeweiligen Falls, die Dokumentation des Entstehungskontextes und die Transkription sollen das Material in einer spezifischen Weise aufbereiten. Das Erkenntnisprinzip des Verstehens läßt sich dadurch realisieren, daß die Darstellungen oder Abläufe von Situationen möglichst von innen heraus analysiert werden können. Die Dokumentation muß dazu genau genug sein, um

Strukturen darin noch freilegen zu können, und sie muß Zugänge unter unterschiedlichen Perspektiven ermöglichen. Die Aufbereitung zielt in der Regel darauf ab, den Fall in seiner jeweiligen Spezifik und Struktur zu dokumentieren, so daß er sich auch in seiner Gestalt rekonstruiert und hinsichtlich seiner Tektonik – den Regeln, nach denen er funktioniert, dem Sinn, der ihm zugrunde liegt, der Bestandteile, die ihn ausmachen – analysieren und zerlegen läßt. Die Texte, die auf diesem Weg entstehen, konstruieren die untersuchte Wirklichkeit auf besondere Weise und machen sie als empirisches Material interpretativen Prozeduren zugänglich.

15. Kodierung und Kategorisierung

Die Interpretation von Daten wird – je nach Ansatz – mit unterschiedlichem Stellenwert zum Kern qualitativer Forschung. Gelegentlich ist sie das einzige empirische Vorgehen, während sich die Datenerhebung auf die Aufzeichnung natürlicher Situationen beschränkt, z. B. bei der objektiven Hermeneutik und der Konversationsanalyse (vgl. Bergmann 1985; hier Kapitel 16). In anderen Fällen wird sie zum nachgeordneten Schritt, der sich an mehr oder minder ausgefeilte Techniken der Erhebung von Daten anschließt. Dies gilt etwa für die qualitative Inhaltsanalyse oder manche Vorschläge zum Umgang mit narrativen Daten. Im Ansatz von Strauss (1991) ist die Interpretation von Daten der Kern des empirischen Vorgehens, das dabei jedoch explizite Erhebungsverfahren wie Interviews oder Beobachtungen einschließt. Die Interpretation von Texten dient der Theorieentwicklung und gleichzeitig als Basis für die Entscheidung, welche Daten noch zusätzlich erhoben werden sollen, weshalb hier der lineare Prozeß von Erhebung und Interpretation zugunsten eines verzahnten Vorgehens aufgehoben wird. Interpretation von Texten kann zwei gegenläufige Ziele verfolgen: Das Aufdecken, Freilegen oder Kontextualisieren der enthaltenen Aussagen etc. führt in der Regel zu einer Vermehrung des Textmaterials – zu kurzen Passagen des Ursprungstextes werden seitenlange Interpretationen geschrieben. Die andere Strategie zielt auf die Reduktion der Ursprungstexte durch Zusammenfassung, Kategorisierung etc. Diese beiden Vorgehensweisen werden entweder alternativ verwendet oder nacheinander. Insgesamt lassen sich als grundsätzliche Strategien im Umgang mit dem Text die Kodierung von Material mit dem Ziel der Kategorisierung und/oder Theoriebildung von der im nächsten Kapitel behandelten, mehr oder minder streng sequentiellen Analyse mit dem Ziel der Rekonstruktion der Fallstruktur unterscheiden (vgl. hierzu Flick 1991c, S. 164 f).

Theoretisches Kodieren

Theoretisches Kodieren ist das Analyseverfahren für Daten, die erhoben wurden, um eine gegenstandsbegründete Theorie zu entwickeln. Dieses Verfahren wurde von Glaser und Strauss (1967) vorgestellt und bei Glaser (1978), Strauss (1991) und Strauss und Corbin (1990) weiterentwickelt. Wie schon verschiedentlich erwähnt, läßt sich bei diesem Ansatz die Interpretation von Daten nicht unabhängig von deren Erhebung oder der Auswahl des Materials betrachten. Sie ist der Ankerpunkt, von dem aus Entscheidungen darüber zu treffen sind, welche Daten bzw. Fälle als nächste in die Analyse einzubeziehen sind und wie bzw. mit welchen Methoden sie erhoben werden sollen. Innerhalb des Interpretationsvorgangs lassen sich verschiedene «Prozeduren» im Umgang mit dem Text unterscheiden. Sie werden als «offenes Kodieren», «axiales Kodieren» und «selektives Kodieren» bezeichnet. Diese Prozeduren sollten weder als klar voneinander trennbare Vorgehensweisen noch als zeitlich eindeutig getrennte Phasen des Prozesses (miß-)verstanden werden. Sie stellen vielmehr verschiedene Umgangsweisen mit textuellem Material dar, zwischen denen der Forscher bei Bedarf hin- und herspringt und die er miteinander kombiniert. Jedoch beginnt der Interpretationsprozeß mit offenem Kodieren, während gegen Ende des gesamten Analyseprozesses das selektive Kodieren in den Vordergrund rückt. Kodierung wird dabei verstanden als «die Operationen, mit denen Daten aufgebrochen, konzeptualisiert und auf neue Weise wieder zusammengesetzt werden. Dies ist der zentrale Prozeß, durch den Theorien aus Daten aufgebaut werden» (Strauss und Corbin 1990, S. 57).

Nach diesem Verständnis beinhaltet Kodierung den ständigen Vergleich zwischen Phänomenen, Fällen, Begriffen etc. und die Formulierung von Fragen an den Text. Der Prozeß des Kodierens soll, ausgehend von den Daten, in einem Prozeß der Abstraktion zur Entwicklung von Theorien führen. Dabei werden dem empirischen Material Begriffe bzw. Kodes zugeordnet, die zunächst möglichst nahe am Text und später immer abstrakter formuliert sein sollen. Kategorisierung meint in diesem Vorgehen die Zusammenfassung von solchen Begriffen zu Oberbegriffen und die Herausarbeitung von Beziehungen zwischen Begriffen und Oberbegriffen bzw. Kategorien und Oberkategorien. Die Entwicklung einer Theorie beinhaltet die Formulierung von Kategorien- bzw. Begriffsnetzen und der Beziehungen zwischen ihnen. Beziehungen lassen sich zwischen Ober- und Unterkategorien (hierarchisch), aber auch zwischen Begriffen auf derselben Ebene formulieren. Während des gesamten Prozesses werden Eindrücke, Assoziationen, Fragen, Ideen etc. notiert – in Kodenotizen, die die gefundenen Kodes ergänzen und erläutern, oder, allgemeiner betrachtet, in Memos.

Offenes Kodieren
Offenes Kodieren zielt darauf ab, Daten und Phänomene in Begriffe zu fassen. Zu diesem Zweck werden die Daten zunächst zerlegt («segmentiert» – vgl. Böhm et al. 1992): Aussagen werden in ihre Sinneinheiten (einzelne Worte, kurze Wortfolgen) zergliedert, um sie mit Anmerkungen und vor allem mit «Begriffen» (Kodes) zu versehen, wie das nebenstehende Beispiel einer subjektiven Definition von Gesundheit und den dazu vergebenen ersten Kodes (entnommen Flick und Niewiarra 1994, S. 23) verdeutlicht.[2]

Dies kann nicht für den gesamten Text eines Interviews oder eines Beobachtungsprotokolls geschehen, sondern wird für besonders aufschlußreiche oder auch besonders unklare Passagen durchgeführt. Häufig liefert der Anfang eines Textes den Ansatzpunkt. Dieses Vorgehen dient dazu, ein tieferes Verständnis für den Text zu entwickeln. Dabei entstehen manchmal Hunderte von Kodes (Strauss und Corbin 1990, S. 65). Diese werden im nächsten Schritt um für die jeweilige Fragestellung besonders relevante Phänomene, die in den Daten entdeckt wurden, gruppiert und damit kategorisiert. Die darüber entstehenden Kategorien werden wieder mit Kodes versehen, die nun jedoch abstrakter sind als die im ersten Schritt verwendeten. Dabei sollten die vergebenen Kodes den Inhalt der Kategorie einigermaßen treffend wiedergeben und vor allem eine Erinnerungshilfe für den Bezug der Kategorie bieten. Mögliche Quellen für die Benennung von Kodes sind Begriffe, die der (sozialwissenschaftlichen) Literatur entlehnt (konstruierte Kodes) oder aus Aussagen der Interviewpartner übernommen (In-vivo-Kodes) sind, wobei letztere wegen ihrer größeren Nähe zum untersuchten Material vorzuziehen sind. Die auf diesem Weg gefundenen Kategorien werden weiterentwickelt. Dazu werden die Eigenschaften, die zu einer Kategorie gehören,

---

[2] Schrägstriche trennen die Segmente der Interviewpassage voneinander; hochgestellte Zahlen markieren darin das jeweilige Segment; im folgenden sind die Notizen zu den einzelnen Segmenten wiedergegeben, die teilweise zur Formulierung von Kodes geführt haben, teilweise auch im weiteren Verlauf als weniger geeignet wegfielen.

«Also-ick [1]/ verbinde [2]/ persönlich [3]/ mit Gesundheit [4]/: die vollständige Funktionstüchtigkeit [5]/ des menschlichen Organismus [6]/, alle [7]/ die darein eingeschlossenen [8]/ biochemischen Prozesse [9]/ des Organismus [10]/, alle Kreisläufe [11]/, sowie aber auch [12]/ den psychischen Zustand [13]/ meiner Person [14]/ und des Menschen überhaupt [15]/...

1/ Startschuß, einleitend
2/ Zusammenhänge herstellen
3/ Bezugnahme auf sich verstärkend, abgrenzend zu anderen, landestypische Floskel?, er muß nicht erst suchen
4/ siehe 2, Aufgreifen der Fragestellung
5/ technisch, gelernt, technischer Lehrbuchausdruck, Maschinenmodell, Normhaftigkeit, Normdenken, genormter Anspruch (wer nicht voll funktioniert, ist krank)
Kodes: Funktionstüchtigkeit, normativer Anspruch
6/ distanzierend, allgemein, Widerspruch zur Einleitung (Ankündigung einer persönlichen Vorstellung), Lehrbuch, Bezug auf Mensch, aber als Maschine
Kode: mechanistisches Menschenbild
7/ vollständig, allumfassend, maximal, keine Differenzierung, Gleichgewichtigkeit
8/ Gefängnis, abgeschlossenes System, es gibt auch was außen, passiv, fremdgesteuert, Möglichkeit der Eigendynamik des Eingeschlossenen
9/ Lehrbuchkategorie
10/ s. 6
11/ umfassend; Maschinenmodell, Regelkreis, Ablauf nach Regeln, Gegenteil von Chaos
Kode: mechanistisch-somatische Gesundheitsvorstellung
12/ Ergänzung, neuer Aspekt im Gegensatz zu vorher Gesagtem, zum Gesundheitsbegriff gehören zwei (oder mehr) voneinander verschiedene Dinge
Kode: Mehrdimensionalität
13/ mechanistisch, negativer Beigeschmack, Mißstand, statisch («wie ist denn sein Zustand»?)
14/ spricht Persönliches an, schafft aber gleich wieder Distanz, spricht sehr sachlich von dem, was ihn betrifft, Abwehr von zuviel Nähe zur Interviewerin und zu sich
Kode: Schwanken zwischen persönlicher und allgemeiner Ebene
15/ allgemein, abstraktes Bild vom Menschen, Normhaftigkeit, Singularität einfacher zu überblicken
Kode: Distanz».

Abbildung 12: Beispiel für Segmentierung und offenes Kodieren

benannt und dimensionalisiert, d. h. entlang eines Kontinuums verortet. Dies dient dazu, die Kategorie inhaltlich näher zu bestimmen.

«Betrachten wir die Kategorie ‹Farbe›. Zu ihren Eigenschaften gehören: Schattierung, Intensität, Tönung etc. Jede dieser Eigenschaften läßt sich dimensionalisieren, d. h. sie unterscheiden sich entlang von Kontinuen. Entsprechend kann Farbe sich hinsichtlich ihrer Intensität von hoch nach niedrig unterscheiden, in der Tönung von dunkler zu heller usw.» (Strauss und Corbin 1990, S. 70).

Das offene Kodieren läßt sich unterschiedlich detailliert anwenden. Man kann einen Text dabei Zeile-für-Zeile, satz- oder abschnittsweise kodieren oder auch Kodes in bezug auf ganze Texte (ein Protokoll, ein Fall etc.) vergeben. Welche dieser Alternativen gewählt wird, hängt von der Fragestellung, vom Material, vom persönlichen Stil des Interpreten und von der Phase im Forschungsprozeß ab. Wichtig ist dabei, daß die Ziele der Kodierung – einen Text aufzubrechen und zu verstehen und dabei Kategorien zu vergeben, zu entwickeln und im Lauf der Zeit in eine Ordnung zu bringen – nicht aus den Augen verloren werden. Strauss und Corbin (1990, S. 74) fassen das offene Kodieren folgendermaßen zusammen:

«Begriffe sind die Grundbausteine von Theorien. Offenes Kodieren ist in der Methode der gegenstandsbegründeten Theorieentwicklung der analytische Prozeß, durch den Begriffe identifiziert und hinsichtlich ihrer Eigenschaften und Dimensionen entwickelt werden. Die grundlegenden analytischen Prozeduren, durch die dies erreicht wird, sind: Fragen über die Daten zu formulieren und Vergleich anzustellen hinsichtlich Ähnlichkeiten und Unterschieden zwischen jedem Vorfall, Ereignis und anderen Beispielen von Phänomenen. Ähnliche Vorfälle und Ereignisse werden benannt und in Gruppen zusammengefaßt, um Kategorien zu bilden.»

Ergebnisse des offenen Kodierens sollten eine Liste der vergebenen Kodes und Kategorien sein, ergänzt um die zur Erläuterung und inhaltlichen Definition von Kodes und Kategorien angelegten Kodenotizen und eine Vielzahl von Memos, die Auffälligkeiten im Material und für die zu entwickelnde Theorie relevante Gedanken enthalten.

Für das offene Kodieren wie auch für die anderen Strategien wird empfohlen, regelmäßig und wiederholt die sog. W-Fragen an den Text zu richten (Strauss und Corbin 1990, S. 76; Böhm et al. 1992, S. 28):

«• **Was?** Worum geht es hier? Welches Phänomen wird angesprochen?
• **Wer?** Welche Personen, Akteure sind beteiligt? Welche Rollen spielen sie dabei? Wie interagieren sie?

- **Wie?** Welche Aspekte des Phänomens werden angesprochen (oder nicht angesprochen)?
- **Wann? Wielange? Wo?** Zeit, Verlauf und Ort;
- **Wieviel? Wie stark?** Intensitätsaspekte;
- **Warum?** Welche Begründungen werden gegeben oder lassen sich erschließen?
- **Wozu?** In welcher Absicht, zu welchem Zweck?
- **Womit?** Mittel, Taktiken und Strategien zum Erreichen des Ziels.»

Mit diesen Fragen soll der Text erschlossen werden. Sie können an einzelne Passagen, aber auch an ganze Fälle gerichtet werden. Neben diesen Fragen sind Vergleiche zwischen den Extremen einer Dimension («Flip-Flop-Technik») oder mit Phänomenen aus ganz anderen Kontexten und das konsequente Infragestellen von Selbstverständlichkeiten («Waving-the-Red-Flag-Technik») Möglichkeiten zur weiteren Aufklärung der Dimensionen und Inhalte einer Kategorie.

Axiales Kodieren
Der nächste Schritt dient dazu, die Kategorien, die im offenen Kodieren entstanden sind, zu verfeinern und zu differenzieren. Dabei werden aus der Vielzahl entstandener Kategorien diejenigen ausgewählt, deren weitere Ausarbeitung am vielversprechendsten erscheint. Diese Achsenkategorien werden mit möglichst vielen Textstellen, auf die sie ‹passen›, weiter angereichert. Zur Verfeinerung dienen wieder die zuvor genannten Fragen und Vergleiche. Schließlich werden Beziehungen zwischen diesen Kategorien und anderen Kategorien herausgearbeitet. Dabei werden vor allem Beziehungen zwischen Kategorien und ihren Unterkategorien verdeutlicht bzw. hergestellt. Um solche Beziehungen zu formulieren, schlagen Strauss und Corbin (1990, S. 99) ein «Kodierparadigma» vor, das sich folgendermaßen symbolisieren läßt:

«(A) Kausalbedingungen → (B) Phänomen → (C) Kontext → (D) Intervenierende Bedingungen → (E) Handlungs- und Interaktionsstrategien → (F) Konsequenzen.»

Dieses sehr einfache und gleichzeitig sehr allgemeine Modell dient dazu, Beziehungen zwischen einem Phänomen, seinen Ursachen und Konsequenzen, seinem Kontext und den dabei von den Beteiligten verwendeten Strategien zu verdeutlichen. Die in der jeweiligen Kategorie enthaltenen Konzepte können für die Kategorie zum Phänomen werden, für andere Kategorien dagegen zum Kontext oder zu Bedingungen, für wieder andere zur Konsequenz. Das Kodierparadigma benennt lediglich mögliche

Beziehungen zwischen Phänomenen und Konzepten, die es erleichtern sollen, Ordnungen zwischen Phänomenen, zwischen Konzepten und zwischen Kategorien zu entdecken bzw. herzustellen. Auch hier kommen wieder die oben genannten Fragen an den Text und Vergleichsstrategien ergänzend zum Einsatz. Die entwickelten Beziehungen und als wesentlich behandelten Kategorien werden immer wieder am Text bzw. den Daten verifiziert. Dabei bewegt sich der Forscher zunehmend zwischen induktivem Denken (Entwicklung von Begriffen, Kategorien und Beziehungen aus dem Text) und deduktivem Denken (Überprüfung gefundener Begriffe, Kategorien und Beziehungen am Text, vornehmlich an anderen Passagen oder Fällen als denjenigen, aus denen sie entwickelt wurden) hin und her. Entsprechend läßt sich das axiale Kodieren wie folgt zusammenfassen:

«Axiales Kodieren ist der Prozeß, durch den Unterkategorien zu Kategorien in Beziehung gesetzt werden. Es handelt sich um einen komplexen Prozeß aus induktivem und deduktivem Denken, der mehrere Schritte umfaßt. Diese werden – wie beim offenen Kodieren – durch Vergleiche und Fragen erreicht. Jedoch sind diese Prozeduren beim axialen Kodieren stärker fokussiert und darauf gerichtet, Kategorien im Sinne des Kodierparadigmas zu entdecken und miteinander in Beziehung zu setzen» (Strauss und Corbin 1990, S. 114).

Beim axialen Kodieren werden aus den vorliegenden Kodes mit den zugehörigen Kodenotizen für die Fragestellung besonders relevante Kategorien ausgewählt. Zu diesen werden dann möglichst viele und unterschiedliche Textstellen als Belege im Text gesucht, um darüber die jeweilige Achsenkategorie anhand der oben genannten Fragen auszuarbeiten. Zwischen den verschiedenen Achsenkategorien werden weiterhin unter Verwendung der Bestandteile des genannten Kodierparadigmas Relationen (Mittel-Zweck-, Ursache-Wirkungs-, zeitliche oder räumliche Beziehungen) herausgearbeitet und darüber die Zwischenergebnisse geordnet (vgl. Böhm et al. 1992, S. 44f).

Selektives Kodieren
Der dritte Schritt, das selektive Kodieren, setzt das axiale Kodieren auf einem höheren Abstraktionsniveau fort. Ziel dieses Schritts ist die Herausarbeitung der Kernkategorie, um die herum sich die anderen entwickelten Kategorien gruppieren lassen und durch die sie integriert werden. Auf diesem Weg wird auch die Geschichte des Falls herausgearbeitet bzw. formuliert, wobei Strauss und Corbin an dieser Stelle den Gegen-

stand bzw. das zentrale Phänomen der Studie als Fall verstehen, nicht eine Person oder ein Interview. Dabei ist zu beachten, daß diese Formulierung nur einige wenige Sätze umfaßt, da sie einen kurzen beschreibenden Überblick über die Geschichte liefern soll. Über diese beschreibende Ebene geht die Analyse dann hinaus, wenn die Linie der Geschichte herausgearbeitet wird. Das zentrale Phänomen der Geschichte wird mit einem Begriff versehen und mit anderen Kategorien in Beziehung gesetzt. Ergebnis sollte auf jeden Fall *eine* zentrale Kategorie und *ein* zentrales Phänomen sein. Zwischen ähnlich hervorstechenden Phänomenen muß sich der Interpret entscheiden und sie gewichten, so daß eine zentrale Kategorie und darauf bezogene Unterkategorien resultieren. Die Kernkategorie wird wieder in ihren Eigenschaften und Dimensionen entwickelt und zu (möglichst allen) anderen Kategorien unter Verwendung der Bestandteile und Relationen des Kodierparadigmas in Beziehung gesetzt. Die Analyse und Theorieentwicklung zielen darauf ab, Muster in den Daten sowie Bedingungen, unter denen diese zutreffen, zu entdekken. Die Gruppierung der Daten entsprechend dem Kodierparadigma verleiht der Theorie Spezifität und ermöglicht zu «sagen: Unter diesen (zu benennenden) Bedingungen passiert dieses, wogegen unter jenen Bedingungen jenes vorkommt» (Strauss und Corbin 1990, S. 130 f).

Schließlich wird die Theorie ausformuliert und erneut an den Daten überprüft. Der Interpretationsvorgang wird ebenso wie die Einbeziehung zusätzlichen Materials an dem Punkt abgebrochen, an dem die theoretische Sättigung erreicht ist, also weitere Kodierung, Anreicherung von Kategorien etc. keine neuen Erkenntnisse mehr liefern bzw. versprechen. Gleichzeitig ist das Verfahren flexibel genug, daß der Forscher in dieselben Ursprungstexte und auch dieselben Kodierungen aus dem offenen Kodieren wieder mit einer anders gerichteten Fragestellung einsteigen sowie auf die Entwicklung und Formulierung einer gegenstandsbegründeten Theorie zu einem anderen Gegenstand abzielen kann.

Beispiel: Interaktion mit Sterbenden – Bewußtheitskontexte
In einer Studie über Umgang mit Sterbenden im Krankenhaus (Glaser und Strauss 1965/1974) wurde diese Methode entwickelt (Strauss 1995, S. 70) und angewendet. Dabei war die Fragestellung, wovon die Art der Interaktion mit Sterbenden abhängt und wie das Wissen um dessen nahen Tod die Interaktion mit ihm bestimmt. Konkret wurde untersucht, welche Interaktionsformen zwischen dem Sterbenden und dem klinischen Personal im Krankenhaus, zwischen letzterem und Angehörigen und zwischen Angehörigen und dem Sterbenden zu verzeichnen sind. Welche Taktiken werden im Umgang mit Sterbenden jeweils angewendet, und welche Rolle spielt dabei das Kranken-

haus als soziale Organisation? Als zentrales Konzept am Ende der Analysen ergab sich das der «Bewußtheitskontexte» als Ausdruck dessen, was jeder Interagierende über einen bestimmten Zustand des Patienten weiß, und seines Wissens darüber, daß die anderen Beteiligten sich dessen bewußt sind, was er weiß. Dieser Bewußtheitskontext kann sich durch Veränderungen des Zustandes des Patienten oder durch neue Informationen für einen oder alle der Beteiligten verändern. Als Typen von Bewußtheitskontexten werden festgehalten: geschlossene Bewußtheit (der Patient ist ahnungslos hinsichtlich seines baldigen Sterbens), argwöhnische Bewußtheit (er hat einen diesbezüglichen Verdacht), Bewußtheit der wechselseitigen Täuschung (alle wissen Bescheid, aber keiner sagt dies offen) und die offene Bewußtheit (der Patient kennt seinen Zustand und spricht ebenso wie die anderen Beteiligten offen darüber). Die Analyse von Bewußtheitskontexten umfaßt allgemeiner betrachtet deren Beschreibung, die Voraussetzung der Sozialstruktur innerhalb des jeweiligen Kontextes (soziale Beziehungen etc.), daraus resultierende Interaktionen inclusive der Taktiken und Gegentaktiken der Beteiligten, die Veränderung der Interaktion beim Übergang von einem Kontexttyp zu einem anderen, die Maßnahmen der einzelnen Beteiligten, um Veränderungen des Bewußtheitskontextes zu bewirken, und Konsequenzen der jeweiligen Interaktionsform für die Beteiligten, für das Krankenhaus und die weiteren Interaktionen. Zu einer Theorie der Bewußtheitskontexte läßt sich die Analyse durch die Vergleiche mit anderen Situationen wechselseitiger Täuschung und unterschiedlicher Bewußtheit der Beteiligten entwickeln, auf die diese Typologie paßt. Als Beispiele werden u. a. der «Kauf und Verkauf von Autos» oder «Auftritte von Clowns im Zirkus» etc. genannt (S. 254). Durch die Einbeziehung solcher anderen Felder und der gegenstandsbezogenen Theorien, die für sie entwickelt werden, kann eine formale Theorie der Bewußtheit formuliert werden.

Beitrag zur allgemeinen Methodendiskussion

Dieses Verfahren zielt auf ein weitgehendes Aufbrechen von Texten. Die Kombination eines konsequent offenen Kodierens mit zunehmend fokussierten Vorgehensweisen kann dazu beitragen, ein tieferes Verständnis von Inhalt und Gehalt des Textes jenseits seiner Paraphrase und Zusammenfassung (die etwa in der weiter unten behandelten qualitativen Inhaltsanalyse die Hauptansatzpunkte sind) zu entwickeln. Textinterpretation wird hier methodisch umgesetzt und handhabbar gemacht. Dieser Ansatz eröffnet einen Spielraum für eine gewisse Leichtigkeit durch die verschiedenen Techniken und die Flexibilität, mit der methodische Regeln formuliert sind. Von anderen Textinterpretationsverfahren unterscheidet er sich dadurch, daß im Zuge der Interpretation die Ebene des reinen Textes verlassen wird, um Kategorien und Relationen und damit Theorien zu entwickeln. Schließlich kombiniert das Verfahren ein induktives Herangehen mit einem zunehmend deduktiven Umgang mit Text und Kategorien.

Einordnung in den Forschungsprozeß
Das hier skizzierte Verfahren der Textinterpretation nimmt einen zentralen Stellenwert im Forschungsprozeß ein, der auf die Entwicklung von Theorien abzielt (vgl. Kapitel 4). Als theoretischer Hintergrund hat u. a. der symbolische Interaktionismus diesen Ansatz stark geprägt (vgl. Kapitel 2). Die Auswahl von Material wird nach dem theoretischen Sampling vorgenommen (vgl. Kapitel 7), die Wahl der Erhebungsmethoden richtet sich nach der Fragestellung und dem jeweiligen Entwicklungsstand der entstehenden Theorie und den darin zu füllenden Defiziten. Welche Methoden zur Datenerhebung eingesetzt werden sollten, ist darüber hinaus nicht festgelegt. Verallgemeinerung zielt schrittweise auf gegenstandsbegründete Theorien, die auf die Daten direkt bezogen sein sollen und schließlich formale Theorien, die über solche Entstehungskontexte hinaus gültig sein sollen und durch die Einbeziehung anderer Kontexte und der in ihnen entwickelten, gegenstandsbezogenen Theorien geprüft werden.

Grenzen der Methode
Ein Problem bei diesem Ansatz ist, daß der Übergang von einer Methode zu einer Kunstlehre fließend wird, wodurch die Vermittlung der Methode teilweise erschwert wird. Häufig wird das Ausmaß der Vorzüge und Stärken der Methode erst in ihrer praktischen Anwendung deutlich. Ein weiteres Problem ist die potentielle Unendlichkeit der Kodierungs- und Vergleichsmöglichkeiten. Das offene Kodieren könnte an allen Stellen des Textes durchgeführt werden, die dabei gefundenen, meist sehr zahlreichen Kategorien könnten alle weiter ausgearbeitet werden. Textstellen und Fälle könnten untereinander endlos verglichen werden, und im theoretischen Sampling könnten unbegrenzt weitere Fälle einbezogen werden. Die Methode gibt kaum Anhaltspunkte dafür, woran die Auswahl von Textstellen und Fällen zu orientieren und wonach der Abbruch von Kodierung (und Sampling) zu richten ist. Das Kriterium der theoretischen Sättigung überläßt es der bis dahin entwickelten Theorie und damit dem Forscher, solche Auswahl- und Abbruchentscheidungen zu fällen. Die Folge davon ist, daß häufig Unmengen von Kodes und potentiellen Vergleichen entstehen. Als eine pragmatische Lösung dieser potentiellen Unendlichkeit bietet es sich an, immer wieder innezuhalten, eine Bilanz des Gefundenen zu ziehen und Prioritätenlisten zu erstellen: welche Kodes unbedingt weiter auszuarbeiten sind, welche weniger aufschlußreich erscheinen und welche mit Blick auf die Fragestellung auch

weggelassen werden können. Nach dieser Prioritätenliste kann dann das weitere Vorgehen gestaltet werden. Nicht zuletzt zur weiteren Fundierung solcher Entscheidungen, aber auch generell hat es sich als hilfreich erwiesen, Texte nach diesem Verfahren in Interpretationsgemeinschaften auszuwerten und die Ergebnisse unter den Mitgliedern zu diskutieren und wechselseitig zu überprüfen.

Thematisches Kodieren

Dieses Verfahren ist in Anlehnung an Strauss (1991) für vergleichende Studien mit aus der Fragestellung abgeleiteten, vorab festgelegten Gruppen entwickelt worden. Der Forschungsgegenstand ist dabei die soziale Verteilung von Perspektiven auf ein Phänomen oder einen Prozeß. Es wird die Annahme zugrunde gelegt, daß in unterschiedlichen sozialen Welten bzw. sozialen Gruppen differierende Sichtweisen anzutreffen sind. Um diese Annahme zu überprüfen und dabei gleichzeitig eine Theorie über solche gruppenspezifischen Sicht- und Erfahrungsweisen zu entwickeln, ist es notwendig, den Ansatz von Strauss in wesentlichen Punkten zu modifizieren, die jeweils auf eine Erhöhung der Vergleichbarkeit des empirischen Materials abzielen: Das Sampling ist an den Gruppen orientiert, deren Perspektiven auf den Gegenstand für seine Analyse besonders aufschlußreich erscheinen und die damit vorab festgelegt (vgl. Kapitel 7) und nicht – wie bei Strauss – aus dem Stand der Interpretation abgeleitet werden. Theoretisches Sampling findet dann jedoch innerhalb der Gruppen bei der Auswahl der konkreten Fälle statt. Die Datenerhebung wird entsprechend mit einem Verfahren durchgeführt, das Vergleichbarkeit durch die Vorgabe von Themen bei gleichzeitiger Offenheit für die jeweiligen, darauf bezogenen Sichtweisen gewährleisten soll. Dies kann z. B. mit dem episodischen Interview und seiner Vorgabe von Bereichen, in denen dann konkrete, auf den Gegenstand der Untersuchung bezogene Situationen erzählt werden sollen (vgl. Kapitel 9), oder mit Leitfaden-Interviews (vgl. Kapitel 8) umgesetzt werden.

Vorgehen des thematischen Kodierens
In der Interpretation des Materials wird – wieder mit Blick auf die Vergleichbarkeit der Analysen – das thematische Kodieren als ein mehrstufiges Vorgehen angewendet. Der erste Schritt richtet sich auf die einbezo-

genen Fälle, die in einer Reihe von Einzelfallanalysen interpretiert werden. Zu einer ersten Orientierung wird eine Kurzbeschreibung des jeweiligen Falls erstellt, die im Lauf seiner weiteren Interpretation kontinuierlich überprüft und gegebenenfalls modifiziert wird. Sie enthält eine für das Interview typische Aussage (das Motto des Falls), eine knappe Darstellung der Person in Hinblick auf die Fragestellung (z. B. Alter, berufliche Tätigkeit, Zahl der Kinder, wenn dies für den untersuchten Gegenstand relevant ist) und die zentralen Themen, die sie im Interview hinsichtlich des Untersuchungsgegenstands angesprochen hat. Diese Kurzbeschreibung hat zunächst heuristischen Wert für die anschließenden Analysen. Nach Abschluß der Fallanalyse ist sie (eventuell in überarbeiteter Form) Bestandteil ihrer Ergebnisse. Das folgende Beispiel stammt aus einer vergleichenden Untersuchung des Alltagswissens über technischen Wandel in verschiedenen Berufsgruppen (Flick 1995b):

Beispiel: Kurzbeschreibung eines Falls: «Für mich hat Technik eine beruhigende Seite.»
Die Interviewpartnerin ist eine französische Informatikerin, 43 Jahre alt und hat einen Sohn von 15 Jahren. Sie arbeitet seit ca. 20 Jahren in verschiedenen Forschungseinrichtungen. Derzeit ist sie in einer sozialwissenschaftlichen Großforschungseinrichtung im Rechenzentrum tätig und ist dort für Programmentwicklung, Mitarbeiterschulung und -beratung zuständig. Technik hat für sie viel mit Sicherheit und Klarheit zu tun. Technik zu mißtrauen schafft ihr in ihrem beruflichen Selbstverständnis Probleme, Technik zu beherrschen ist wichtig für ihr Selbstverständnis. Sie erzählt viel in Gegenüberstellungen von Freizeit, Natur, Gefühl, Familie zu Technik und Arbeit und thematisiert immer wieder den kulturellen Gewinn durch Technik, insbesondere durch das Fernsehen.

Im Gegensatz zum Vorgehen von Strauss (1991) schließt sich hier eine vertiefende Analyse des einzelnen Falls an, mit der verschiedene Ziele verfolgt werden: Der Sinnzusammenhang der Auseinandersetzung der jeweiligen Person mit dem Thema der Untersuchung soll erhalten bleiben, weshalb Fallanalysen für alle einbezogenen Fälle durchgeführt werden. In der Analyse wird ein Kategoriensystem für den einzelnen Fall entwickelt. Bei der weiteren Ausarbeitung des Kategoriensystems wird (in Anlehnung an Strauss) zunächst offen, dann selektiv kodiert. Selektive Kodierung zielt hier weniger auf die Entwicklung einer gegenstandsbezogenen Kernkategorie über alle Fälle hinweg als auf die Generierung thematischer Bereiche und Kategorien zunächst für den einzelnen Fall. Nach den ersten Fallanalysen werden die dabei entwickelten Kategorien und die thematischen Bereiche, auf die sie sich in den einzelnen Fällen beziehen, miteinander abgeglichen. Daraus resultiert eine thematische Struktur, die für die Analyse weiterer Fälle zugrunde gelegt wird, um deren Vergleichbarkeit zu erhöhen. Die im folgenden als Beispiel wiedergegebenen Ausschnitte aus einer solchen thematischen Struktur stammen aus der bereits zitierten Studie zum technischen Wandel im Alltag:

---

1. *Erste Erfahrung mit Technik*
2. *Definition von Technik*
3. *Computer*
3.1. Definition
3.2. Erste Begegnung(en) mit Computern
3.3. Professionelle Auseinandersetzung mit Computern
3.4. Wandel der Kommunikation durch Computer
...

4. *Fernsehen*
4.1. Definition
4.2. Erste Begegnung mit dem Fernsehen
4.3. Die aktuelle Bedeutung
...
5. *Veränderungen durch technischen Wandel*
5.1. Alltag
5.2. Haushaltsausstattung
...

Abbildung 13: Beispiel für die thematische Struktur von Fallanalysen beim thematischen Kodieren

Diese aus den ersten Fällen entwickelte und an allen weiteren Fällen kontinuierlich überprüfte Struktur wird, wenn sich neue oder ihr widersprechende Aspekte ergeben, diesen entsprechend modifiziert. Mit ihr werden alle in die Auswertung einbezogenen Fälle analysiert. Zur Feinanalyse der thematischen Bereiche werden einzelne Textpassagen (z. B. Erzählungen von Situationen) detaillierter interpretiert. Dabei dient das von Strauss (1991, S. 57 f) vorgeschlagene Kodierparadigma als Ausgangspunkt für die Ableitung folgender Leitfragen nach

Bedingungen: Warum? Was führte zu der Situation? Hintergrund? Verlauf?
Interaktion zwischen den Handelnden: Wer handelte? Was geschah?
Strategien und Taktiken: Welche Umgangsweisen? Z. B. Vermeiden, Anpassen,...
Konsequenzen: Was veränderte sich? Folgen, Resultate?

Ergebnis dieses Schrittes ist eine fallbezogene Darstellung der Auseinandersetzung mit dem Gegenstand der Untersuchung einschließlich der

Leitthemen (z. B.: Fremdheit der Technik), die sich durch die Sichtweisen über verschiedene Bereiche (z. B.: Arbeit, Freizeit, Haushalt) hinweg als spezifisch für den Fall festhalten lassen.

Die entwickelte thematische Struktur dient auch dem Fall- und Gruppenvergleich, d. h. der Herausarbeitung von Gemeinsamkeiten in und Unterschiede zwischen den verschiedenen Untersuchungsgruppen. Darüber wird die soziale Verteilung der Perspektiven auf den untersuchten Gegenstand analysiert und überprüft. Nachdem sich beispielsweise in den Fallanalysen die subjektive Technikdefinition als ein für das jeweilige Verständnis technischen Wandels zentraler thematischer Bereich erwiesen hat, werden nun die Technikdefinitionen und die zugehörigen Kodierungen aus allen Fällen miteinander verglichen:

Beispiel: Subjektive Technikdefinitionen und ihre Kodierung
Zwei Beispiele subjektiver Technikdefinitionen sollen knapp die Ergebnisse dieses Vorgehens für einen thematischen Bereich verdeutlichen. Eine westdeutsche Informatikerin hatte auf die entsprechende Frage ausgeführt: «Technik sind für mich Maschinen, irgendwo, die im Alltag bestehen, Hilfsmittel für den Menschen, um irgendwie das Leben entweder angenehmer oder weniger angenehm zu gestalten. Was verbinde ich damit? Ja manchmal Positives, manchmal Negatives, je nachdem, was ich mit den Maschinen erfahren habe, im Unterschied vielleicht auch zur Natur, Natur und Technik, so als Gegensatz.» Darin werden einerseits die Gleichsetzung von Technik mit Maschinen und die Omnipräsenz der Technik, andererseits das funktionale Verständnis von Technik, die ebenfalls eher funktionale Bewertung von Technik und schließlich die explizite Gegenüberstellung von Technik und Natur deutlich. Diese Definition wird als «Technik als Hilfsmittel» kodiert.

Eine französische Lehrerin hatte auf die gleiche Frage geantwortet: «Für mich ist Technik etwas, das es nicht wirklich in meinem Leben gibt, denn wenn man von Technik spricht, dann verstehe ich darunter wirklich etwas Wissenschaftliches (...) Gut, wenn ich weiter nachdenke, dann sage ich mir, vielleicht ist es die Verwendung von Geräten, deren Funktionieren verschiedene Schritte erfordert oder erfordern würde.» Dies wird als «Technik als fremde Wissenschaft» kodiert. Auch bei anderen französischen Lehrern in der Studie findet sich dieser Aspekt der Fremdheit von Technik durchgängig wieder. Die Kodierungen von Technikdefinitionen beinhalten dabei zwei Formen von Aussagen: Definitionen im engeren Sinn (z. B. «Technik als ...») und die Bestimmung der Dimensionen, mit denen unterschiedliche Techniken und Geräte klassifiziert werden (z. B. «berufliche Technik versus Alltagstechnik»). Nach der Kodierung der subjektiven Technikdefinitionen der anderen Fälle ergibt sich die in Tabelle 10 dargestellte Verteilung.

Dabei werden ähnliche Kodierungen in der einzelnen Gruppe zusammengefaßt und spezifische Themen der jeweiligen (Berufs-)Gruppen herausgearbeitet. Aus dem konstanten Vergleich der Fälle auf der

	Informatiker	Sozialwissenschaftler	Lehrer
Westdeutschland	• **Technik als Hilfsmittel** • berufliche Technik versus Alltagstechnik	• Technik als notwendiges Mittel zum Zweck • Dimension Größe zur Typisierung	• Technik als Erleichterung • Technik als fremde, kalte Welt
Ostdeutschland	• Technik als Hilfsmittel und ihre Anfälligkeit • Dimension Funktionsprinzip zur Typisierung	• Technik als fremdes Hilfsmittel • Dimension Komplexität zur Typisierung	• Deskriptive Definitionen von Technik • Dimension Alltag versus Beruf zur Typisierung
Frankreich	• Technik als Gegensatz und Anwendung von Wissenschaft	• Technik als Anwendung von Wissenschaft • Dimension Alltag versus Beruf zur Typisierung	• **Technik als fremde Wissenschaft** • Technik als Mittel zum Zweck • Dimension Alltag versus Beruf zur Typisierung
Spezifische Themen der Berufsgruppen	• Technik als berufliches Hilfsmittel • Gegensatz von Technik und Wissenschaft • Funktionsprinzip zur Typisierung	• Anwendung • Technik als Mittel zum Zweck • Typisierung: Komplexität und Größe	• Fremdheit der Technik • Alltag versus Beruf zur Typisierung

Tabelle 10: Thematische Kodierung subjektiver Technikdefinitionen

Grundlage der entwickelten Struktur läßt sich das inhaltliche Spektrum der Auseinandersetzung der Interviewpartner mit den jeweiligen Themen skizzieren.

Der Beitrag zur allgemeinen Methodendiskussion
Dieses Verfahren entwickelt den Ansatz von Strauss (1991) für Untersuchungen weiter, die Theorieentwicklung ausgehend von einem theoretischen Konzept der Verteilung von Perspektiven auf einen bestimmten

Gegenstand oder Prozeß betreiben. Dabei werden gruppenspezifische Gemeinsamkeiten und Unterschiede identifiziert und analysiert. Im Gegensatz zu Strauss' Vorgehen werden hier fallbezogene Analysen im ersten Schritt und erst im zweiten Schritt fallübergreifende Gruppenvergleiche durchgeführt. Durch die Entwicklung einer im Material begründeten thematischen Struktur für die Fallanalyse und -vergleiche wird die Vergleichbarkeit der Interpretationen erhöht. Gleichzeitig bleibt das Verfahren jedoch sensibel und offen für die spezifischen Inhalte in Fall und sozialer Gruppe im Hinblick auf den untersuchten Gegenstand.

Einordnung in den Forschungsprozeß
Theoretischer Hintergrund ist die Unterschiedlichkeit sozialer Welten, wie sie etwa im Konzept der sozialen Repräsentationen (vgl. Kapitel 2) oder genereller von konstruktivistischen Ansätzen (vgl. Kapitel 3) angenommen wird. Fragestellungen richten sich auf die Analyse der Vielfalt und Verteilung von Perspektiven in sozialen Gruppen auf Gegenstände und Prozesse (vgl. Kapitel 5). Die Einbeziehung von Fällen erfolgt einerseits gruppenspezifisch (vgl. Kapitel 7), andererseits werden Elemente des theoretischen Sampling bei der Auswahl von Fällen innerhalb der Gruppen verwendet. Die Daten werden mit Methoden, die strukturierende Vorgaben mit inhaltlicher Offenheit verknüpfen (z. B. episodischen Interviews; vgl. Kapitel 9), erhoben. Verallgemeinerung basiert auf Fall- und Gruppenvergleichen und zielt auf Theorieentwicklung ab (vgl. Kapitel 18).

Grenzen der Methode
Das Verfahren ist vor allem für Studien geeignet, bei denen theoretisch begründete Gruppenvergleiche in bezug auf einen Gegenstand durchgeführt werden sollen. Von daher ist der Spielraum hinsichtlich einer zu entwickelnden Theorie begrenzter als etwa im Verfahren von Strauss (1991). Die Analyse von Texten besteht hier aus der Kodierung von Aussagen und Erzählungen in Kategorien, die aus dem Material entwickelt wurden. Sie orientiert sich an der Herausarbeitung von Gemeinsamkeiten und Unterschieden zwischen den vorab festgelegten Gruppen, die sich vor allem an der Verteilung der Kategorien und ihrer Besetzung über die untersuchten Gruppen festmachen. In die Tiefen des Textes führen eher die Fallanalysen im ersten Schritt. Wenn dieser Zwischenschritt konsequent durchgeführt werden soll, wird das Verfahren vergleichsweise aufwendig.

Qualitative Inhaltsanalyse

Inhaltsanalyse ist eine der klassischen Vorgehensweisen zur Analyse von Textmaterial gleich welcher Herkunft – von Medienerzeugnissen bis zu Interviewdaten. Ein wesentliches Kennzeichen ist die Verwendung von Kategorien, die häufig aus theoretischen Modellen abgeleitet sind: Kategorien werden an das Material herangetragen und nicht unbedingt daraus entwickelt, wenngleich sie immer wieder daran überprüft und gegebenenfalls modifiziert werden. Im Gegensatz zu anderen Ansätzen ist das Ziel hier vor allem die Reduktion des Materials. Mayring (1983) hat ein Verfahren der qualitativen Inhaltsanalyse entwickelt, das ein Ablaufmodell der Analyse von Texten und verschiedene Techniken dazu enthält.

Der Ablauf qualitativer Inhaltsanalysen
Der erste Schritt liegt für Mayring in der Festlegung des Materials, der Auswahl der Interviews bzw. der daraus für die Fragestellung interessanten Teile. Der zweite Schritt ist die Analyse der Erhebungssituation (Wie ist das Material zustande gekommen, wer war beteiligt, wer war in der Interviewsituation anwesend? Woher stammen die zu analysierenden Dokumente? etc.). Im dritten Schritt wird das Material formal charakterisiert (Wie wurde es erhoben – Aufzeichnung oder Protokoll? Wie wurde es aufbereitet – Einfluß der Transkription auf die Texte? etc.). Erst im vierten Schritt legt Mayring (1983, S. 45) mit der Richtung der Analyse hinsichtlich der ausgewählten Texte fest, «was man eigentlich daraus herausinterpretieren möchte». Diese Fragestellung wird im nächsten Schritt theoriegeleitet weiter differenziert. Für Mayring ist in diesem Zusammenhang wichtig, daß die «Fragestellung der Analyse vorab genau geklärt sein muß, theoretisch an die bisherige Forschung über den Gegenstand angebunden und in aller Regel in Unterfragestellungen differenziert werden muß» (S. 47). Daran schließt sich die Festlegung der Analysetechnik an – welche der drei von Mayring vorgeschlagenen Techniken (s. u.) konkret zum Einsatz kommen. Schließlich werden noch die Analyseeinheiten festgelegt. Hier unterscheidet Mayring (S. 48) die «Kodiereinheit», die festlegt, was «der kleinste Materialbestandteil ist, der ausgewertet werden darf, was der minimale Textteil ist, der unter eine Kategorie fallen kann». Die «Kontexteinheit» legt demgegenüber fest, was der größte Textbestandteil ist, der unter eine Kategorie fallen darf. Die «Auswertungseinheit» bestimmt, welche Textteile «jeweils nacheinander ausgewertet werden». Im vorletzten Schritt werden die

eigentlichen Analysen durchgeführt, bevor schließlich deren Ergebnisse in bezug auf die Fragestellung interpretiert und Fragen der Geltungsbegründung gestellt und beantwortet werden.

Techniken qualitativer Inhaltsanalyse
Das konkrete methodische Vorgehen umfaßt im wesentlichen drei Techniken: In der zusammenfassenden Inhaltsanalyse wird das Material paraphrasiert, wobei weniger relevante Passagen und bedeutungsgleiche Paraphrasen gestrichen (erste Reduktion) und ähnliche Paraphrasen gebündelt und zusammengefaßt werden (zweite Reduktion). Dies stellt eine Kombination der Reduktion des Materials durch Streichungen mit einer Generalisierung im Sinne der Zusammenfassung auf einem höheren Abstraktionsniveau dar.

Beispiel: zusammenfassende Inhaltsanalyse
Aus einem Interview mit einem arbeitslosen Lehrer wird die Aussage «(...) und zwar eigentlich im Gegenteil, ich war also ganz-ganz heiß darauf, da endlich mal zu unterrichten» (Mayring 1983, S. 104) paraphrasiert als «Im Gegenteil, ganz begierig auf Praxis gewesen» und generalisiert als «Eher auf Praxis gefreut» (S. 59). Die Aussage: «Drum hab ich also da schon drauf gewartet, an eine Seminarschule, bis ich endlich einmal da unterrichten konnte» (S. 104) wird paraphrasiert als «Drauf gewartet, endlich zu unterrichten» und generalisiert als «Auf Praxis gefreut». Aufgrund der Ähnlichkeit beider Generalisierungen wird die zweite dann gestrichen und zusammen mit anderen Aussagen reduziert zu «Praxis nicht als Schock, sondern als großen Spaß erlebt» (S. 59). Dadurch wird der Ausgangstext um die Aussagen reduziert, die sich auf der Ebene der Generalisierungen überschneiden.

Die explizierende Inhaltsanalyse zielt in die entgegengesetzte Richtung. Sie klärt diffuse, mehrdeutige oder widersprüchliche Textstellen durch die Einbeziehung von Kontextmaterial auf. Dabei werden lexikalisch-grammatikalische Definitionen für die jeweilige Textstelle herangezogen bzw. formuliert. Die «enge Kontextanalyse» greift zusätzliche Aussagen zur Explikation der zu analysierenden Textstelle auf, während die «weite Kontextanalyse» Informationen außerhalb des Textes (über den Verfasser, die Entstehungssituation, aus der Theorie) sucht. Daraus wird jeweils eine «explizierende Paraphrase» formuliert und überprüft.

Beispiel: explizierende Inhaltsanalyse
In einem Interview verdeutlicht eine Lehrerin ihre Schwierigkeiten im Unterricht, indem sie festhält, sie sei im Gegensatz zu erfolgreichen Kollegen eben kein «Conférencier-Typ» (S. 109). Um herauszufinden, was sie mit diesem Begriff meint, werden

zunächst Definitionen von ‹Conférencier› aus zwei Lexika zusammengetragen und dann im direkten Kontext der Aussage im Interview nach verwendeten Bestimmungsmerkmalen eines Lehrers gesucht, auf den diese Bezeichnung zutrifft. Weitere Textstellen werden hinzugezogen. Aus den darin enthaltenen Beschreibungen solcher Kollegen läßt sich als «explizierende Paraphrase (...) formulieren, ein Conférencier-Typ ist jemand, der die Rolle eines extravertierten, temperamentvollen, spritzigen und selbstüberzeugten Menschen spielt» (S. 74). Diese Explikation wird am direkten Kontext, in dem der Begriff verwendet wurde, noch einmal überprüft.

Die strukturierende Inhaltsanalyse sucht Typen oder formale Strukturen im Material. Dabei werden formale, inhaltliche, typisierende oder skalierende Strukturierungen vorgenommen (Mayring 1983, S. 53 f):

«Nach formalen Strukturierungsgesichtspunkten kann eine innere Struktur herausgefiltert werden (formale Strukturierung); es kann Material zu bestimmten Inhaltsbereichen extrahiert und zusammengefaßt werden (inhaltliche Strukturierung); man kann auf einer Typisierungsdimension nach einzelnen markanten Ausprägungen im Material suchen und diese genauer beschreiben (typisierende Strukturierung); schließlich kann das Material nach Dimensionen in Skalenform eingeschätzt werden (skalierende Strukturierung).»

Beispiel: strukturierende Inhaltsanalyse
Eine der Hauptfragestellungen des Projektes war: «Hat der ‹Praxisschock› das Selbstvertrauen des einzelnen beeinflußt?» (S. 88). Deshalb wurde das Konzept ‹Selbstvertrauen› (SV) einer einfachen Skalierung unterzogen, woraus sich vier Kategorien ergaben: «K1: hohes SV, K2: mittleres SV, K3: niedriges SV, K4: SV nicht erschließbar.» (S. 90). Für jede dieser Ausprägungen wird eine Definition (z. B. für K2: «Nur teilweise oder schwankende Gewißheit, mit der Anforderung gut fertig geworden zu sein», S. 91) formuliert und Ankerbeispiele aus Interviews gesucht, die die Ausprägung besonders treffend charakterisieren (z. B. für K2: «Ich hab mich da einigermaßen durchlaviert, aber es war oft eine Gratwanderung», S. 91). Ergänzt wird dies durch die Formulierung von Kodierregeln. Damit wird dann der Text auf Stellen durchgegangen, in denen sich Aussagen zu Selbstvertrauen in einer der Ausprägungen finden lassen. Diese Zuordnungen werden abschließend einer Einschätzung unterzogen, die z. B. auf eine Häufigkeitsanalyse der verschiedenen Ausprägungen der Kategorie abzielen kann. Jedoch gilt für diese Form der Inhaltsanalyse: «Für die Ergebnisaufbereitung können hier keine allgemeinen Regeln angegeben werden. Sie hängt von der jeweiligen Fragestellung ab» (S. 87).

Beitrag zur allgemeinen Methodendiskussion
Durch die schematische Aufbereitung des Vorgehens erscheint dieses Verfahren übersichtlicher und eindeutiger und durch die skizzierte mögliche Reduktion des Materials besser handhabbar als andere Auswertungsverfahren. Die vielen Regeln, die formuliert werden, vermitteln

den Eindruck einer größeren Klarheit und Eindeutigkeit. Der Ansatz eignet sich vor allem für die reduktive und an der Oberfläche von Texten orientierte Auswertung von großen Textmengen. Die Formalisierung des Vorgehens hat nicht zuletzt ein einheitliches Kategorienschema zur Folge, das den Vergleich von verschiedenen Fällen, auf die es durchgängig angewendet wird, erleichtert. Dies ist ein Vorteil gegenüber stärker induktiv und/oder fallbezogenen Interpretationsverfahren.

Einordnung in den Forschungsprozeß
Hinsichtlich des theoretischen Hintergrundes ist die Methode nicht festgelegt. Sie wird in der Regel zur Analyse subjektiver Sichtweisen (vgl. Kapitel 2; 5) mit Leitfaden-Interviews (vgl. Kapitel 8) verwendet. Die Auswahl des Materials erfolgt in der Regel nach vorab festgelegten Kriterien, kann aber auch schrittweise erfolgen (vgl. Kapitel 7).

Grenzen der Methode
Häufig erweist sich jedoch die Umsetzung der Regeln mindestens ähnlich aufwendig wie bei anderen Methoden. Gerade durch die Schematisierung des Vorgehens und die Art der Ausformulierung der einzelnen Schritte ist der Ansatz stark vom Ideal quantitativer Methodik geprägt. Die schnelle Kategorisierung mit von außen herangetragenen, theoretisch begründeten Kategorien verstellt möglicherweise eher den Blick auf den Inhalt des Textes, als daß sie den Text und seine (Un-)Tiefen auszuloten erleichtert. Interpretation des Textes im Sinne der meisten anderen Auswertungsverfahren wird eher schematisch durch die explikative Inhaltsanalyse angepeilt, ohne jedoch wirklich in die Tiefe zu dringen. Ein weiteres Problem liegt in der Verwendung von Paraphrasen, die nicht zur Erklärung des Ursprungstextes eingesetzt werden, sondern vor allem bei der zusammenfassenden Inhaltsanalyse an dessen Stelle treten.

Globalauswertung

Eine pragmatisch orientierte Ergänzung anderer Interpretationsverfahren (v. a. des theoretischen Kodierens oder der qualitativen Inhaltsanalyse) stellt die Globalauswertung von Böhm et al. (1992) dar. Hier ist das Ziel, eine Übersicht über das thematische Spektrum des zu interpretierenden Textes zu gewinnen.

Schritte der Globalauswertung
Als vorbereitende Schritte schlagen die Autoren die Klärung des eigenen Wissenshintergrundes und der an den Text herangetragenen Fragestellung vor. In der Orientierung über den Text werden Stichworte am Rand des Transkripts notiert und eine grobe Gliederung großer Passagen des Textes vorgenommen. Der nächste Schritt verfeinert diese Gliederung, indem zentrale Begriffe oder Aussagen markiert und Hinweise auf die Kommunikationssituation beim Zustandekommen des jeweiligen Textes identifiziert sowie Einfälle beim Lesen notiert werden. Daran schließt sich die Erstellung eines Inhaltsverzeichnisses an, das einerseits die zuvor festgehaltenen Gliederungsstichworte zusammen mit den Nummern der Zeilen, auf die sie sich beziehen, enthält. Andererseits werden die Themen (wieder zusammen mit den entsprechenden Zeilennummern) alphabetisch geordnet und schließlich die bei den jeweiligen Schritten festgehaltenen Einfälle zum Text in einer Liste erfaßt. Abschluß der Globalauswertung ist die Zusammenfassung und Bewertung des Textes darauf, inwieweit er für die eigentliche Interpretation herangezogen werden sollte. Basis für diese Entscheidung sind Aspekte wie die Absichten der Teilnehmer, Hinweise auf die «Wahrheit und Vollständigkeit der mitgeteilten Fakten, Angemessenheit bezüglich der Kommunikationssituation, Wahrhaftigkeit bezüglich der Sprecherintentionen etc.» und «Hinweise auf: Lücken, Verzerrungen aufgrund der Kommunikationssituation (...), bewußte Täuschungsmanöver» (Böhm et al. 1992, S. 23). Ergänzt wird dies durch die Notierung von Stichworten zum Gesamttext und der Formulierung von Konsequenzen für die weitere Arbeit mit dem Material oder hinsichtlich der Auswahl oder Hinzuziehung weiterer Texte, Fälle, Informationen (im Sinne des theoretischen Sampling).

Beitrag zur allgemeinen Methodendiskussion
Diese Form der Aufbereitung von Texten vor ihrer eigentlichen Interpretation kann hilfreich für die Orientierung darin und die Entscheidung darüber sein, ob es sich bei begrenzten Ressourcen lohnt, ein bestimmtes Interview oder eher ein anderes in die Auswertung aufzunehmen. In der Kombination mit ähnlich pragmatisch orientierten Auswertungsverfahren wie der qualitativen Inhaltsanalyse kann sie Überblick über das Material verschaffen. Beim theoretischen Kodieren kann die Methode vor allem für die späteren Schritte des axialen und selektiven Kodierens das Auffinden und die Zuordnung weiterer Textstellen erleichtern.

Grenzen der Methode
Diese Methode kann kategorisierende Methoden ergänzen, jedoch nicht ersetzen. Verfahren wie die objektive Hermeneutik oder die Konversationsanalyse, die auf die sequentielle Erschließung des Textes (vgl. Kapitel 16) abzielen, dürften dagegen mit dieser Form der Aufbereitung kaum kompatibel sein.

Gemeinsames Kennzeichen der hier behandelten Ansätze ist, daß dabei das Textmaterial kodierend ausgewertet wird. Kategorien werden gewöhnlich aus dem Text entwickelt oder auch aus der Literatur bezogen. Die inhärente Struktur des Textes ist dabei nicht der (zentrale) Bezugspunkt. Früher oder später gehen all diese Ansätze dazu über, darin Belege für bestimmte Kategorien zu suchen und sie diesen zuzuordnen. Der Text wird dabei in seiner Struktur aufgelöst und neu strukturiert. Die Behandlung des einzelnen Falls erhält dabei unterschiedliches Gewicht. Beim thematischen Kodieren wird zunächst eine Fallanalyse erstellt, bevor das Material fallübergreifend analysiert wird. Die anderen Verfahren nehmen das Textmaterial insgesamt zum Bezugspunkt und entwickeln bzw. verwenden ein fallübergreifendes Kategoriensystem.

16. Sequentielle Analysen

Daß Aussagen in ihrem Kontext verstanden und analysiert werden sollten, ist in der qualitativen Forschung mehr oder minder unstrittig. Deshalb werden in Interviews offene Fragen gestellt. Bei der Auswertung wird aus diesem Grund zumindest am Anfang offen kodiert. Die im vorangegangenen Kapitel behandelten Interpretationsverfahren lösen sich im Laufe der Analysen zunehmend von der Gestalt des Textes und ordnen Aussagen neu – in Kategorien und entwickelten Theorien. Diesem Vorgehen stehen Ansätze gegenüber, die der Gestalt des Textes größere Bedeutung beimessen und sich deshalb vom «Prinzip der Sequenzanalyse leiten lassen. (...) Die Sequenzanalyse ist die Methodisierung der Idee einer sich im Interaktionsvollzug reproduzierenden sozialen Ordnung» (Bergmann 1985, S. 313). Bei diesen Verfahren ist die Annahme leitend, daß Ordnung Zug um Zug hergestellt wird (Konversationsanalyse), daß Sinn sich im Handlungsvollzug aufschichtet (objektive Hermeneutik) und daß die Gestalt der Erzählung das Erzählte erst in verläßlicher Form zur Darstellung bringt (narrative Analysen). Methodisches Prinzip des Verstehens ist jeweils eine spezifische Form der Kontextsensitivität.

Konversationsanalyse

Weniger an der inhaltlichen Interpretation von Texten, die – wie Interviews – explizit zu Forschungszwecken erstellt wurden, als an der formalen Analyse von Alltagssituationen ist die Konversationsanalyse interessiert. Bergmann (1991b, S. 213) umreißt diesen Ansatz, der als Hauptstrom der ethnomethodologischen Forschung anzusehen ist, folgendermaßen:

«Konversationsanalyse bezeichnet einen Untersuchungsansatz, dessen Forschungsziel es ist, auf dem Weg einer strikt empirischen Analyse ‹natürlicher› Texte (vorrangig Transkriptionen von Tonband- und Videoaufzeichnungen ‹natürlicher› Interaktion) die formalen Prinzipien und Mechanismen zu bestimmen, mittels deren die Handelnden in ihrem Handeln die sinnhafte Strukturierung und Ordnung dessen, was um sie vorgeht und was sie in der sozialen Interaktion mit anderen selbst äußern und tun, bewerkstelligen.»

Damit lassen sich also weniger die Inhalte eines Gesprächs etc. als die formalen Prozeduren analysieren, mit denen sie vermittelt und bestimmte Situationen hergestellt werden. Ein Ausgangspunkt ist die Arbeit von Sacks et al. (1974) über die Organisation des Sprecherwechsels in Gesprächen, ein anderer die von Schegloff und Sacks (1974) über die Eröffnung von Beendigungen in Gesprächen. Zentrale Annahmen sind dabei einerseits, daß Interaktion geordnet abläuft, wobei nichts als zufällig angesehen werden kann; daß andererseits der ‹Kontext› einer Interaktion nicht nur die Interaktion beeinflußt, sondern in ihr und durch diese hergestellt und fortgeschrieben wird. Eine dritte wesentliche Prämisse ist schließlich, daß sich die Entscheidung darüber, was in sozialer Interaktion und damit für die Interpretation relevant ist, erst aus der Analyse treffen läßt und nicht durch Vorabsetzungen.

Die konversationsanalytische Forschung beschränkte sich zunächst auf Alltagsgespräche im engeren Sinn (d. h. ohne spezifische Rollenverteilung, z. B. Telefonate, Klatsch oder Familiengespräche). Mittlerweile beschäftigt sie sich zunehmend mit spezifischen Rollenverteilungen und -asymmetrien wie Beratungsgesprächen (vgl. Wolff 1986), Arzt-Patient-Interaktionen oder Gerichtsverhandlungen, also Gesprächen, die in einem besonderen institutionellen Kontext stattfinden. Diese Erweiterungen beziehen sich inzwischen auch auf schriftsprachliche Texte und Massenmedien oder Gutachten, d. h. Texte in einem weiteren Sinn (Bergmann 1991b, S. 218).

Vorgehensweise der Konversationsanalyse
Das Vorgehen der Konversationsanalyse umfaßt folgende Schritte: Zunächst wird in Transkripten eine bestimmte Äußerung oder Äußerungsfolge als ein mutmaßliches Element der Ordnung des jeweiligen Gesprächstyps identifiziert. Der zweite Schritt stellt eine «Kollektion von Fällen» zusammen, in denen sich dieses Element feststellen läßt. Es wird weiterhin bestimmt, wie es als Mittel verwendet wird, um in Interaktionen Ordnung herzustellen und auf welches Problem in der Organisation von Interaktionen es eine Antwort darstellt. Daran schließt die Analyse der Methoden an, mit denen solche Organisationsprobleme all-

gemeiner angegangen werden (vgl. Bergmann 1991b). So ist ein häufig gewählter Ansatzpunkt von Konversationsanalysen die Untersuchung der Frage, wie bestimmte Gespräche eröffnet und welche sprachlichen Praktiken dazu eingesetzt werden, diese Gespräche geordnet zu beenden.

Beispiel: Sozialpsychiatrische Beratung
Für Beratungsgespräche (vgl. Flick 1989) ließ sich zeigen, wie ungeachtet der unterschiedlichen Bedingungen, unter denen die einzelnen Gespräche zustande kommen, der Gesprächseinstieg über «autorisierte Starter» (Wolff 1986, S. 71) organisiert wird. Deren «Aufgabe ist es, jenen Punkt für alle Beteiligten nachvollziehbar zu markieren, an dem Organisationsprinzipien alltäglicher Konversation (z. B. ‹beliebige› Themen ansprechen zu können) in einer für den betreffenden Aktivitätstyp in charakteristischer Weise nurmehr eingeschränkt gelten.» Solche Starter sind in den untersuchten Gesprächen entweder relativ offen gehalten (z. B. «Was führt Sie zu uns?» oder «Und, worum geht's?» oder «Was ist Ihr Wunsch»). In anderen Fällen benennen sie das (vorgegebene) Thema bzw. Besonderheiten im Zustandekommen des Beratungsgespräches. Diese Eröffnungen, mit denen die eigentliche Beratungsbeziehung beginnt und gegenüber anderen Gesprächsformen abgegrenzt wird, schließen sich teilweise an situationsspezifisch notwendige Erläuterungen des Zustandekommens an (z. B.: «So, Herr B., Ihr Bruder hatte bei mir angerufen»). Bei der Analyse der Beendigung von Erstgesprächen in Beratungsprozessen zeigt sich, daß hier einerseits das rechtzeitige Ende des Gespräches durchgesetzt werden muß, andererseits die Fortsetzung der Beziehung zu gewährleisten ist (z. B. «Wir haben (...) in der T-Straße zwei Wohngemeinschaften, (...) die gerade aufmachen, also, Herr S., wir müßten für heute jetzt irgendwie die Sache abrunden, zu Ende bringen»). Im letzten Beispiel wird das Ende des Beratungsgespräches mit dem Hinweis auf andere Betreuungsangebote eingeläutet, wodurch die Kontinuität des Kontaktes zum Klienten ebenso hergestellt wird, wie die aktuelle Beratung «für heute» beendet werden kann.

Ein zentrales Kennzeichen konversationsanalytischer Interpretation ist die streng sequentielle Vorgehensweise, d. h. der konsequente Verzicht darauf, zur Erklärung bestimmter Sequenzen spätere Äußerungen oder Interaktionen heranzuziehen (vgl. Bergmann 1985, S. 313 f). Vielmehr soll sich gerade die Ordnung des Geschehens in seinem sequentiellen Nachvollzug zeigen. Die Zug-um-Zug-Herstellung von Ordnung im Gespräch soll seine an dieser Zugfolge orientierte Analyse verdeutlichen. Ein anderes Kennzeichen ist die Betonung des Kontextes, wonach sich die jeweiligen Herstellungsleistungen im Gespräch nur als lokale Praktiken untersuchen lassen, also bezogen auf den konkreten Kontext, in dem sie in der Interaktion und in den diese wiederum (z. B. institutionell) eingebettet sind. Analysen sollten dabei immer vom konkreten Fall, seiner

Einbettung und seinem Ablauf ausgehend zu allgemeineren Aussagen gelangen.

Der Beitrag zur allgemeinen Methodendiskussion
Konversationsanalyse und die empirischen Ergebnisse, die mit ihr erzielt wurden, verdeutlichen die soziale Herstellung von Alltagsgesprächen und spezifischen Diskursformen. Sie können die sprachlichen Methoden dokumentieren, die dabei verwendet werden. Weiterhin zeigen sie, welche Erklärungsmöglichkeiten die Analyse natürlicher Situationen bietet, und gleichzeitig, welche Aufschlüsse eine streng sequentielle Analyse durch den Nachvollzug der Aufbaulogik sozialer Interaktion liefern kann.

Einordnung in den Forschungsprozeß
Theoretischer Hintergrund ist die Ethnomethodologie (vgl. Kapitel 2). Fragestellungen richten sich auf die formalen Abläufe der Herstellung sozialer Wirklichkeit (vgl. Kapitel 5). Empirisches Material wird als Kollektion von Beispielen eines Prozesses, der untersucht werden soll, ausgewählt (vgl. Kapitel 6). Auf explizite Erhebungsverfahren wird verzichtet zugunsten einer möglichst genauen (technischen) Aufzeichnung von alltäglichen Interaktionsabläufen (vgl. Kapitel 14).

Grenzen der Methode
Bezugspunkt von Analysen bleiben hier die formalen Praktiken der Organisation von Interaktion. Subjektiver Sinn oder die Intentionen der Beteiligten sind dabei keine Erklärungsansätze. Diese Ausblendung des Inhalts von Gesprächen zugunsten der Analyse des Funktionierens der «Gesprächsmaschine» (Bergmann 1981), die bei vielen konversationsanalytischen Arbeiten im Vordergrund steht, wird verschiedentlich kritisiert (z. B. von Coulter 1983; Harré 1995). Ein anderer Kritikpunkt ist, daß sich konversationsanalytische Studien häufig im formalen Detail verlieren, also zunehmend kleinere Partikel und Sequenzen aus dem Kontext der Interaktion als ganzer isolieren (vgl. hierzu auch Heritage 1985, S. 8; Flick 1989, S. 180 f). Dazu trägt auch die teilweise extreme Genauigkeit bei der Anfertigung von Transkripten bei.

Diskursanalyse
Demgegenüber ist die diskursive Psychologie, wie sie Edwards und Potter (1992), Harré (1995) und Potter und Wetherell (1995) entwickeln, daran

interessiert, an Gesprächen zu zeigen, wie die «konversationellen Versionen der Teilnehmer von Ereignissen (Erinnerungen, Beschreibungen, Formulierungen) konstruiert werden, um kommunikative, interaktive Arbeit zu leisten» (Edwards und Potter 1992, S. 16). Die Konversationsanalyse wird zwar als ein Ausgangspunkt genannt, jedoch richtet sich der empirische Fokus stärker auf «Inhalte der Rede, ihre relevanten Themen und ihre eher soziale als sprachliche Organisation» (S. 28). Darüber lassen sich dann psychologische Phänomene wie Gedächtnis und Kognition als soziale und vor allem diskursive Phänomene analysieren. Besonderes Gewicht liegt dabei auf der Konstruktion von Versionen des Geschehens in Berichten und Darstellungen. Die in solchen Konstruktionen verwendeten «interpretativen Repertoires» werden analysiert. Diskursanalytische Vorgehensweisen beziehen sich auch nicht nur auf Alltagsgespräche, sondern auch auf andere Datenformen wie Interviews (z. B. bei Potter und Wetherell 1995 zum Thema Rassismus) oder Medienberichte (bei Potter und Wetherell 1995 zur Konstruktion von Versionen in der Berichterstattung zum Golfkrieg).

Beispiel: Rassismus in Neuseeland
Potter und Wetherell (1995) untersuchten soziale Konstruktionen des Rassismus in Neuseeland am Beispiel des Umgangs der weißen Mehrheit mit der Kultur der Maoris, einer Minderheit von Eingeborenen. Dazu wurden Interviews mit über 80 Vertretern der weißen Bevölkerungsmehrheit (Berufstätige der mittleren Einkommensschichten, also Ärzte, Landwirte, Unternehmer, Lehrer usw.) durchgeführt und Berichte über Parlamentsdebatten und Informationsmaterialien aus den Massenmedien einbezogen. Ergebnis waren verschiedene interpretative Repertoires wie z. B. ‹‹Kultur als Erbe›. Die Leitidee dieses Repertoires besagt, daß die Maori-Kultur aus Traditionen, Ritualen und Werten besteht, die von früheren Generationen überliefert worden sind. Damit wird die Kultur als ein archaisches Erbe gedeutet, als etwas, das erhalten und gepflegt, das also wie ein berühmtes Kunstwerk oder wie eine bedrohte Tier- oder Pflanzenart gegen die Härten der ‹modernen Welt› beschützt werden muß. Hier ein typisches Beispiel (...): ‹Ich bin sicherlich, ich befürworte ganz ein wenig Maoritanga, es ist etwas einmalig Neuseeländisches, ich bin also sehr für die Erhaltung (...) wie ich es ja auch nicht mag, wenn eine Tierart verschwindet, ich mag es nicht (...), wenn eine Kultur und eine Sprache (...) und alles andere einfach ausgelöscht wird›» (S. 190f). Dem wird etwa das Repertoire ‹Kultur als Therapie› gegenübergestellt. Dabei wird «die Maori-Kultur als Bedürfnis der Minderheit, besonders ihrer jüngeren Mitglieder gedeutet, die sich von ihrer Kultur entfremdet haben und deshalb ihre ‹Wurzeln› wieder entdecken müssen, um ‹ganze Menschen› zu sein» (S. 191).

Beitrag zur allgemeinen Methodendiskussion
Diskursanalytische Studien untersuchen Gegenstände, die näher an allgemeinen Themen der Sozialwissenschaft liegen als bei der Konversa-

tionsanalyse (vgl. hierzu Silverman 1993). Sie verbinden sprachanalytische Vorgehensweisen mit der Analyse von Wissens- und Konstruktionsprozessen, ohne sich auf die formalen Aspekte von sprachlichen Darstellungen und Abläufen zu beschränken.

Narrative Analysen

Von einer besonderen Form der Sequentialität gehen narrative Analysen aus. Die einzelne zu interpretierende Äußerung wird zunächst daraufhin betrachtet, ob sie Teil einer Erzählung ist, und dann analysiert. Erzählungen werden einerseits im narrativen Interview zur Rekonstruktion biographischer Verläufe stimuliert und erhoben. Andererseits wird das Leben als Erzählung (Bruner 1987) betrachtet, um die narrative Konstruktion von Wirklichkeit (Bruner 1991) zu analysieren, ohne dabei ein explizit auf die Hervorlockung von Erzählungen abzielendes Erhebungsverfahren zu verwenden.

Analyse narrativer Interviews zur Rekonstruktion von Ereignissen
Bei den von Schütze (1983) formulierten Vorschlägen zur Auswertung narrativer Interviews besteht der erste «Analyseschritt – die formale Textanalyse – (...) darin, zunächst einmal alle nicht-narrativen Textpassagen zu eliminieren und sodann den ‹bereinigten› Erzähltext auf seine formalen Abschnitte hin zu segmentieren» (S. 286). Es schließt sich die strukturelle inhaltliche Beschreibung an, die anhand von formalen «Rahmenschaltelementen» wie «und dann» oder Pausen die unterschiedlichen Bestandteile von Erzählungen («zeitlich begrenzte Prozeßstrukturen des Lebensablaufs») bestimmt. Die analytische Abstraktion als dritter Schritt löst sich von den jeweiligen Einzel-Details der Lebensabschnitte, um die «biographische Gesamtformung, d. h. die lebensgeschichtliche Abfolge der erfahrungsdominanten Prozeßstrukturen in den einzelnen Lebensabschnitten bis hin zur gegenwärtig dominanten Prozeßstruktur» (S. 286), herauszuarbeiten. Erst im Anschluß an diese Rekonstruktion von Verlaufsmustern finden die anderen, nicht-narrativen Bestandteile des Interviews Eingang in die Auswertung. Schließlich werden die auf diesem Wege entstandenen Fallanalysen kontrastierend miteinander verglichen. Ziel ist dabei weniger, die subjektiven Deutungen des Erzählers über sein Leben als den

«Zusammenhang faktischer Prozeßabläufe» (S. 284) zu rekonstruieren.[3]

Einen anderen Weg skizziert Haupert (1991). Zur Vorbereitung der eigentlichen Feinanalyse erstellt er zunächst die Kurzbiographie des Erzählers, die eine chronologische Darstellung der als «bedeutsam identifizierten Ereignisse» in der Lebensgeschichte enthält. Daran schließen sich die Sequenzierung des Interviews im Sinne von Schütze und die Formulierung von Überschriften zu den einzelnen Sequenzen an. Die Identifikation der «Sequenzthematik» sowie die Zuordnung von Zitaten, die diese erläutern, sind der nächste Schritt. Abschließend wird der Biographiekern mit den zentralen Aussagen des Interviews formuliert. Der Abstraktion dienen hier die Paraphrase von Aussagen des Textes und die Explikation der jeweiligen Kontexte der Interviews und der Milieus. Nach der Verdichtung der Fallgeschichten zu Kerngeschichten werden sie analytischen Typen von Verläufen und die entwickelten Typen lebensweltlichen Milieus zugeordnet. Dieses Verfahren rekonstruiert ebenfalls den Verlauf der Biographie aus dem Verlauf der Erzählung, weshalb auch hier sequenzanalytisch vorgegangen wird.

Diese Rekonstruktionen faktischer Verläufe von Lebensläufen aus biographischen Erzählungen gehen von der «Homologieannahme» aus, die nach Bude (1985, S. 332) folgende Prämisse umfaßt: «Die autobiographische Stegreiferzählung wird (...) als abbildgetreue Rekapitulation der vergangenen Erfahrung gesehen.» Diese Annahme stellt nicht nur Bude in letzter Zeit zunehmend in Frage (vgl. als Überblick hierzu Flick 1995b). Die Konstruktionen, die in Erzählungen enthalten sind, erfahren demgegenüber zunehmend stärkere Aufmerksamkeit.

Analyse narrativer Daten als Lebenskonstruktionen

Entsprechend skizziert Bude (1984) mit der «Rekonstruktion von Lebenskonstruktionen» eine andere Sichtweise auf Erzählungen, auf die in ihnen enthaltenen Daten und damit auch auf deren Analyse. Dabei berücksichtigt er, daß Erzählungen ebenso wie andere Darstellungsformen subjektive und soziale Konstruktionen des Dargestellten beinhalten – bei narrativen Interviews eben Lebenskonstruktionen (vgl. hierzu auch Flick 1995b). Entsprechend verstehen in der Psychologie Autoren wie Bruner

---

3 Ein überzeugendes Beispiel dieses Vorgehens von Hermanns (1984) wurde in Kapitel 9 bereits kurz vorgestellt.

(1987) Lebensgeschichten als soziale Konstruktion, die in ihrer konkreten Ausformung auf die Mustererzählungen und -lebensgeschichten zurückgreifen, die die jeweilige Kultur anbietet. Ziel der Analyse narrativer Daten ist die Freilegung der jeweiligen Konstruktionsprozesse, die darin einfließen, und weniger die Rekonstruktion faktischer Verläufe. Denzin (1989a, S. 46) skizziert den Ablauf solcher Interpretationen folgendermaßen:

«(1) die Sicherung des interaktiven Texts, (2) die Darstellung des Textes als eine Einheit, (3) die Unterteilung des Textes in Schlüsseleinheiten der Erfahrung, (4) die sprachliche und interpretative Analyse jeder Einheit, (5) die serielle Entfaltung und Interpretation der Bedeutungen des Textes für die Beteiligten, (6) die Entwicklung einer Arbeitsinterpretation des Textes, (7) die Überprüfung dieser Hypothesen an folgenden Textabschnitten, (8) das Begreifen des Textes als Ganzheit und die Darstellung der verschiedenen Interpretationen, die innerhalb des Textes vorkommen.»

Für die Analyse der Erzählungen von Familien und die darin ablaufenden Prozesse der Wirklichkeitskonstruktion (vgl. Kapitel 10) schlagen Hildenbrand und Jahn (1988, S. 208) folgendes sequenzanalytisches Vorgehen vor: Aus der Erzählung rekonstruieren sie die Sozialdaten der Familie (Geburt, Heirat, Bildungsstationen, Stationen des Berufslebens etc.) und interpretieren sie in Hinblick auf die Entscheidungsspielräume im Vergleich mit den tatsächlich getroffenen Entscheidungen. Aus dem Entscheidungsmuster, das sich daran verdeutlichen läßt, wird die Fallstrukturhypothese der untersuchten Familie gebildet und im Verlauf der weiteren Interpretation systematisch falsifiziert. Insbesondere die Eröffnungssequenz der Erzählung und die darin aufscheinenden «Selbstpräsentationen der Teilnehmer» werden sequenzanalytisch interpretiert. Es schließt sich die Auswahl weiterer Fälle an. Die in den Analysen herausgearbeiteten Fallstrukturen lassen sich kontrastierend vergleichen und verallgemeinern. Bei diesem Vorgehen stand die im folgenden ausführlicher behandelte objektive Hermeneutik von Oevermann et al. (1979) Pate.

Der Beitrag zur allgemeinen Methodendiskussion
Den hier vorgestellten Verfahren zur Analyse narrativer Daten ist gemeinsam, daß sie von der Gestalt «Erzählung» bei der Interpretation von Äußerungen ausgehen und diese Äußerungen im Kontext des Ablaufs der Erzählung sehen. Sie beziehen weiterhin eine formale Analyse des Materials ein – bei welchen Passagen des Textes handelt es sich um narra-

tive Passagen, welche anderen Textsorten lassen sich festhalten? Die Verfahren unterscheiden sich hinsichtlich des Stellenwerts des Narrativen für die Analyse der untersuchten Zusammenhänge. Schütze versteht den Charakter einer Darstellung im Interview in Form einer Erzählung als Hinweis darauf, daß sich das Dargestellte auch so ereignet hat, wie es erzählt wird. Die anderen Autoren verstehen und analysieren Erzählungen als eine besonders aufschlußreiche Art der subjektiven und sozialen Konstruktion von Ereignissen in der Darstellung. Dabei ist zum Teil die Annahme leitend, daß die Erzählung als Form der Konstruktion von Ereignissen auch im Alltag und im Alltagswissen anzutreffen ist und sich der entsprechende Modus der Konstruktion deshalb besonders gut zu Forschungszwecken nutzen läßt. Die Kombination formaler Analyse mit einem sequentiellen Vorgehen in der Interpretation zur Auseinandersetzung mit Konstruktionen in Darstellung und Erfahrung ist kennzeichnend für narrative Analysen.

Einordnung in den Forschungsprozeß
Theoretischer Hintergrund ist die Orientierung an der Analyse subjektiven Sinns (vgl. Kapitel 2), wozu vor allem narrative Interviews als Erhebungsverfahren verwendet werden (vgl. Kapitel 9). Fragestellungen richten sich auf die Analyse von biographischen Verläufen (vgl. Kapitel 5). Fälle werden in der Regel schrittweise ausgewählt (vgl. Kapitel 7), Verallgemeinerungen zielen auf Theorieentwicklung (vgl. Kapitel 4) ab, wozu Fallanalysen miteinander kontrastiert werden (vgl. Kapitel 18).

Grenzen der Methode
Vor allem die Analysen, die sich auf Schütze berufen, überziehen den Realitätsgehalt von Erzählungen als Datensorte. Der Anteil der Darstellung am Erzählten wird ebenso unterschätzt, wie der mögliche Rückschluß von Erzählungen auf faktische Abläufe von Lebensverläufen überschätzt wird. In den seltensten Fällen werden narrative Analysen mit anderen Zugängen kombiniert, durch die sich ihre Grenzen überschreiten ließen. Ein zweites Problem liegt in der Fallverhaftetheit der Analysen, die aufgrund der Aufwendigkeit der Analyse des Einzelfalls über wenige Rekonstruktionen und Vergleiche kaum hinauskommen. Die auf diesem Wege angepeilte allgemeine Theorie biographischer Verläufe ist bislang noch nicht vorgelegt worden, in einzelnen Bereichen gibt es dagegen aufschlußreiche Typologien (z. B. Hermanns 1984).

Objektive Hermeneutik

Die objektive Hermeneutik haben Oevermann et al. (1979) ursprünglich für die Analyse von natürlichen Interaktionen (z. B. Familiengespräche) konzipiert. Mittlerweile werden damit auch alle möglichen anderen Dokumente analysiert bis hin zu Kunstwerken und Photos (Müller-Doohm 1993). Schneider (1988) hat diesen Ansatz für die Interpretation von Interviews modifiziert. Die generelle Ausdehnung des Gegenstandsbereichs der objektiven Hermeneutik zeigt sich darin, daß nunmehr die «Welt als Text» verstanden wird, wie der Titel eines aktuellen Sammelbandes mit theoretischen und methodologischen Arbeiten (Garz 1994) signalisiert. Dieser Ansatz unterscheidet grundsätzlich zwischen der subjektiven Bedeutung, die eine Äußerung bzw. Handlung für den oder die Beteiligten hat, und ihrer objektiven Bedeutung. Letzteres bezeichnet der Begriff der «latenten Sinnstruktur» einer Handlung. Diese Struktur läßt sich nur im Rahmen eines mehrstufigen wissenschaftlichen Interpretationsverfahrens ergründen. Aufgrund der Orientierung an solchen Strukturen wird auch der Begriff der strukturalen Hermeneutik (z. B. von Schneider 1985) verwendet.

Vorgehen der objektiven Hermeneutik
Die Analyse ist «streng sequentiell» durchzuführen, d. h. dem tatsächlichen zeitlichen Ablauf des Geschehens folgend. Analysen sollten dabei Gruppen von Interpreten, die am selben Text arbeiten, vornehmen. Diese legen zunächst fest, was der Fall ist, der analysiert werden soll, und auf welcher Ebene sie diesen ansiedeln: als Äußerung bzw. Handlung einer konkreten Person oder eines Ausführenden einer bestimmten Rolle in einem institutionellen Kontext oder eines Mitgliedes der Gattung Mensch (Schneider 1985, S. 78). Dieser Festlegung schließt sich eine *sequentielle Grobanalyse* mit dem Ziel der Analyse der äußeren Kontexte an, in die eine Äußerung eingebettet ist, um den Einfluß solcher Kontexte zu berücksichtigen. Ihr Gegenstand sind vor allem Überlegungen darüber, welches das konkrete Handlungsproblem ist, für das die untersuchte Handlung bzw. Interaktion eine Lösung anbietet. Erste Fallstrukturhypothesen, die in späteren Schritten falsifiziert werden, und die Grobstruktur des Falls werden entwickelt. Die Bestimmung der äußeren Kontexte bzw. Interaktionseinbettung des Falls dient u. a. der Klärung der Frage, wie die jeweiligen Daten zustande gekommen sind:

«Unter dem Stichwort der Interaktionseinbettung müssen die verschiedenen Schichten des äußeren Kontextes einer protokollierten Handlungssequenz in Hinblick auf mögliche Konsequenzen und Restriktionen für die konkrete Interaktionspraxis selbst, einschließlich der Bedingungen der Protokollherstellung als Interaktionsvorgang bestimmt werden» (Schneider 1985, S. 81).

Zentraler Schritt ist die *sequentielle Feinanalyse*, die Interpretationen von Interaktionen auf neun Ebenen umfaßt (Oevermann et al. 1979, S. 394f):

0. Explikation des einem Interakt unmittelbar vorausgehenden Kontextes
1. Paraphrase der Bedeutung eines Interakts gemäß dem Wortlaut der begleitenden Verbalisierung
2. Explikation der Intention des interagierenden Subjekts
3. Explikation der objektiven Motive des Interaktes und seiner objektiven Konsequenzen
4. Explikation der Funktion des Interakts in der Verteilung von Interaktionsrollen
5. Charakterisierung sprachlicher Merkmale des Interakts
6. Exploration des Interpretationsakts auf durchgängige Kommunikationsfiguren
7. Explikation allgemeiner Zusammenhänge
8. Unabhängige Prüfung der auf der Vorebene formulierten, allgemeinen Hypothesen anhand von Interaktionsfolgen aus weiteren Fällen

Wesentliche Kennzeichen des Verfahrens sind, daß etwa auf der ersten und dritten Ebene versucht wird, den objektiven Kontext einer Äußerung durch die gedankenexperimentelle Konstruktion verschiedener möglicher Kontexte und ihren sukzessiven Ausschluß zu rekonstruieren. Die Analyse subjektiver Bedeutungen von Äußerungen und Handlungen spielt demgegenüber eine untergeordnete Rolle. Das Interesse richtet sich auf die Strukturen der Interaktion (vgl. hierzu auch Reichertz 1988). Das Vorgehen auf der Ebene 4 orientiert sich an den Interpretationen im Rahmen der Konversationsanalyse, während die fünfte Ebene sich dem Text in seinen formalen, sprachlichen (syntaktischen, semantischen oder pragmatischen) Merkmalen widmet. Die Ebenen 6 bis 8 streben eine zunehmende Verallgemeinerung der gefundenen Strukturen an – innerhalb des Textes wird geprüft, ob sich Kommunikationsfiguren als durchgängige Figuren bestätigen. Diese Figuren und Strukturen werden im Sinne von Hypothesen sukzessive im weiteren Material überprüft und gegebenenfalls falsifiziert.

Die Herausarbeitung von allgemeinen Strukturen aus Interaktionsprotokollen läßt sich nach Schneider (1985) auch in folgendem Ablauf der sequentiellen Feinanalyse darstellen: Zunächst wird die objektive Bedeutung des ersten Interakts rekonstruiert, d. h., ohne die konkreten Kontextbedingungen zu berücksichtigen. Dazu werden von der Forschergruppe «Geschichten über möglichst vielfältige, kontrastierende Situationen erzählt, die konsistent zu einer Äußerung passen» (Oevermann 1983, S. 236). Im nächsten Schritt werden die dabei gefundenen «allgemeinen Struktureigenschaften mit den konkreten Kontextbedingungen verglichen, in denen die analysierte Äußerung gefallen ist» (S. 237). Der Sinn einer Handlung läßt sich im Wechselspiel zwischen möglichen Kontexten, in denen sie gefallen sein könnte, und dem konkreten Kontext, in dem sie tatsächlich gefallen ist, rekonstruieren. Gedankenexperimentell analysieren die Interpreten im dritten Schritt die Implikationen der analysierten ersten Äußerung für den nächsten Interakt. Die dabei gefundenen, möglichen Optionen lassen sich als eine «Kontrastfolie für die Bestimmung der *tatsächlich* erfolgten nächsten Äußerung» (S. 274) verwenden. Durch den zunehmenden Ausschluß solcher alternativen Möglichkeiten des Verlaufs der Interaktion schält sich die Struktur des Falls heraus und wird schließlich durch die Überprüfung an weiteren Fällen generalisiert.

Beispiel: Klient-Berater-Interaktionen
Sahle (1987) hat mit diesem Verfahren die Interaktionen von Sozialarbeitern mit ihren Klienten untersucht und die beteiligten Sozialarbeiter zusätzlich interviewt. Es werden vier Fallanalysen vorgelegt. In jedem Fall hat die Autorin die Eröffnungssequenz ausführlich interpretiert, um daraus eine «Strukturformel» für die Interaktion herauszuarbeiten, die sie dann an einer nach dem Zufallsprinzip aus dem weiteren Text ausgewählten Passage überprüft. Aus den Analysen leitet sie Hypothesen über das berufliche Selbstverständnis der Sozialarbeiter ab und überprüft sie an den Interviews. In einem sehr knappen Vergleich bezieht Sahle die Fallanalysen aufeinander und diskutiert abschließend ihre Ergebnisse mit den beteiligten Sozialarbeitern.

Aktuellere Entwicklungen
Dieses Verfahren wurde für alltagssprachliche Interaktionen konzipiert, die aufgezeichnet und transkribiert als Material für Interpretationen zur Verfügung stehen. Die sequentielle Analyse will dabei die Aufschichtung sozialen Sinns aus dem Verlauf der Handlungen rekonstruieren. Liegen sie in ihrem Verlauf aufgezeichnet und anschließend transkribiert vor, läßt sich dieser Verlauf von Anfang bis Ende (zumindest der Aufzeichnung) sukzessive analysieren. Deshalb beginnt die Analyse immer mit der Eröffnungssequenz der Interaktion. Für die Analyse von Inter-

views mit diesem Ansatz ergibt sich das Problem, daß über Ereignisse und Verläufe nicht immer in ihrer chronologischen Reihenfolge berichtet wird. Der Interviewpartner erzählt beispielsweise eine bestimmte Phase seines Lebens und verweist im Laufe der Erzählung auf zeitlich früher anzusiedelnde Ereignisse. Auch im narrativen Interview und mehr noch bei Leitfaden-Interviews werden also Ereignisse und Erfahrungen nicht in ihrem Ablauf geschildert. Für die Verwendung sequenzanalytischer Verfahren zur Interpretation von Interviews ist zunächst die «sequentielle Ordnung der Geschichte des untersuchten Handlungssystems» aus den Äußerungen des Interviewpartners zu rekonstruieren (Schneider 1988, S. 234). Dazu werden die berichteten Ereignisse zunächst in ihre zeitliche Ordnung gebracht. Die Sequenzanalyse orientiert sich dann an dieser Ordnung und nicht am zeitlichen Ablauf des Interviews: «Der Beginn der Sequenzanalyse besteht also nicht in der Analyse des Gesprächsbeginns beim ersten Interview, sondern in der Analyse jener vom Interviewten berichteten Handlungsereignisse, die das zeitlich früheste ‹Dokument› aus der Fallgeschichte darstellen» (S. 234).

Weitere aktuelle Entwicklungen zielen auf die Ableitung einer Bildhermeneutik aus diesem Ansatz (Müller-Doohm 1993). Ausgehend von der Kritik am zunehmend engeren Strukturbegriff der Oevermanns (vgl. Reichertz 1988), versucht weiterhin Lüders (1991), die Unterscheidung zwischen subjektivem und sozialem Sinn in die Entwicklung einer Deutungsmusteranalyse zu übernehmen, die dann aber auch wieder mehr Interesse für die subjektiven Sichtweisen aufbringt.

Beitrag zur allgemeinen Methodendiskussion
In diesem Ansatz ist einerseits die sequenzanalytische Vorgehensweise am konsequentesten zum Programm erhoben und in methodische Schritte umgesetzt. Andererseits verdeutlicht er ebenso konsequent, daß subjektive Sichtweisen nur *einen* Zugang zu sozialen Phänomenen darstellen und daß Sinn und Bedeutungen auch auf der Ebene des Sozialen hergestellt und fortgeschrieben werden (vgl. hierzu in anderem Zusammenhang auch Silverman 1993). Schließlich wird die Idee einer Sozialwissenschaft als Textwissenschaft (Gross 1981) hier am konsequentesten durchgehalten. Ein weiterer Aspekt ist die Betonung der Forderung, Interpretationen von Texten in Gruppen durchzuführen, um darüber die Variationsbreite der Lesarten und Perspektiven auf den Text zu erweitern und gefundene Interpretationen in dieser Gruppe zu validieren.

Einordnung in den Forschungsprozeß
Theoretischer Hintergrund sind strukturalistische Modelle (vgl. Kapitel 2). Fragestellungen richten sich auf die Erklärung des sozialen Sinns von Handlungen oder Gegenständen (vgl. Kapitel 5). Auswahlentscheidungen werden in der Regel sukzessive (Fall für Fall) getroffen (vgl. Kapitel 7). Auf Erhebungsmethoden wird häufig verzichtet und statt dessen alltägliche Interaktion lediglich aufgezeichnet, wenngleich auch Interviews und seltener Feldnotizen aus Beobachtungsstudien mit der objektiven Hermeneutik interpretiert werden. Verallgemeinerung setzt bei diesem Vorgehen häufig an Fallstudien an und wird gelegentlich über Fallkontrastierung vorangetrieben (vgl. Kapitel 18).

Grenzen der Methode
Problematisch ist bei diesem Ansatz, daß er – schon wegen des großen Aufwandes, der mit der Methode verbunden ist – in der Regel auf Einzelfallanalysen beschränkt bleibt und der Sprung von der Fallanalyse zu allgemeinen Aussagen häufig ohne Zwischenschritte erfolgt. Weiterhin erschwert das Verständnis der Methode als Kunstlehre, die sich einer didaktischen Aufbereitung und Vermittlung kaum zuführen läßt, die allgemeinere Anwendung (für Auseinandersetzungen mit der Krise des Verfahrens vgl. Schneider 1994; für die Forderung nach einer Hermeneutik der Hermeneutik vgl. Bude 1994). Trotzdem ist eine relativ umfangreiche Forschungspraxis mit diesem Ansatz zu verzeichnen.

Die hier behandelten sequentiellen Verfahren haben als gemeinsames Kennzeichen, daß sie sich an der zeitlich-logischen Struktur des Textes orientieren und diese zum Ansatzpunkt der Interpretation nehmen. Damit bleiben sie näher am Text orientiert als kategorisierende Verfahren. Das Verhältnis von inhaltlichen und formalen Ansatzpunkten ist dabei unterschiedlich gestaltet: Die Konversationsanalyse ist hauptsächlich an formalen Merkmalen der Interaktion interessiert. Bei narrativen Analysen dient die formale Unterscheidung zwischen erzählenden und etwa argumentierenden Passagen von Interviews zur Entscheidung dafür, welche Passagen wieviel interpretative Aufmerksamkeit erhalten und wie glaubwürdig die enthaltenen Inhalte sind. In objektiv-hermeneutischen Analysen ist die formale Analyse des Textes eine eher nachgeordnete Ebene der Interpretation. Zum Teil arbeiten diese Verfahren mit aus Textpassagen abgeleiteten Hypothesen, um sie dann an anderen Passagen zu falsifizieren.

17. Textinterpretation – Methoden im Überblick

Texte sind in der qualitativen Forschung früher oder später die Basis interpretativer Arbeit und für Schlüsse aus empirischem Material insgesamt. Ansatzpunkt ist dabei, einen Text zu verstehen – ein Interview, eine Erzählung, eine Beobachtung in ihrer verschrifteten Form oder andere Dokumente. In der Regel geht es dabei um den verstehenden Nachvollzug des jeweiligen Falls. Die Rekonstruktion des Einzelfalls erfährt jedoch unterschiedliche Aufmerksamkeit: Inhaltsanalysen arbeiten häufig eher kategorien- als fallbezogen, der Ansatz von Strauss erhebt die Fallanalyse und vor allem ihren Abschluß nicht zum Prinzip. Die Konversationsanalyse widmet sich unmittelbar einer Kollektion von Beispielen des untersuchten Phänomens.

Beim thematischen Kodieren, bei der Analyse narrativer Interviews und in der objektiven Hermeneutik sind dagegen Fallanalysen der erste Schritt, die erst im zweiten Schritt kontrastierend miteinander verglichen werden. Die Globalauswertung dient der groben Aufbereitung für spätere fallorientierte oder fallvergleichende Analysen. Das Fallverständnis der verschiedenen Interpretationsverfahren läßt sich unterschiedlich im Spektrum zwischen «konsequenter Idiographik» und «Quasi-Nomothetik» (vgl. hierzu Flick 1989, S. 15 f) verorten. Die erste Alternative nimmt den Fall als Fall und schließt mehr oder minder direkt vom Einzelfall (von einem Gesprächsausschnitt, einer Biographie oder subjektiven Theorie) auf sich darin ausdrückende, allgemeine Strukturen oder Gesetzmäßigkeiten. Ein besonders konsequentes Beispiel hierfür sind die objektive Hermeneutik und verwandte fallrekonstruktive Ansätze (vgl. Hildenbrand 1991). In der zweiten Alternative werden verschiedene Beispiele zusammengestellt und dabei die einzelne Aussage – deshalb «Quasi-Nomothetik» – aus ihrem Kontext (dem Fall, dem Prozeß) und seiner Struktur zumindest teilweise herausgelöst zugunsten der darin enthaltenen allgemeinen Struktur.

Die Verfahren der Textinterpretation, die in den vorangegangenen Kapiteln ausführlicher behandelt wurden, sind entsprechend für die jeweilige eigene Fragestellung mehr oder weniger geeignet. Zur Orientierung bei Entscheidung für eine konkrete Methode lassen sich wieder vier Bezugspunkte skizzieren.

Erster Bezugspunkt: Kriterienbezogener Vergleich der Ansätze

Die verschiedenen Alternativen kodierender und sequentieller Interpretation von Texten lassen sich noch einmal vergleichend gegenüberstellen (vgl. Tabelle 11). Kriterium sind einerseits die Vorkehrungen, die in der jeweiligen Methode zur Gewährleistung einer ausreichenden Offenheit für die inhaltliche und formale Spezifik des einzelnen Textes enthalten sind. Andererseits lassen sich in den verschiedenen Verfahren die Vorkehrungen zur Sicherstellung eines ausreichenden Niveaus an Struktur und Tiefe in der Behandlung des Textes und Vorkehrungen, um dieses Niveau zu erhöhen, aufgreifen. Weitere Ansatzpunkte des Vergleichs sind der jeweilige Beitrag zur allgemeinen Entwicklung der Methode der Textinterpretation und die hauptsächlichen Anwendungsfelder, in denen die Methoden entwickelt bzw. verwendet werden. Den Abschluß bilden die Probleme der Durchführung, die damit verknüpft sind, und die deutlich gewordenen Grenzen des Ansatzes.

In das damit abgesteckte Feld methodischer Alternativen der Textinterpretation kann die einzelne Methode dann eingeordnet werden.

Zweiter Bezugspunkt: Die Auswahl der Methode und die Überprüfung ihrer Anwendung

Bei der Interpretation von Texten gilt, ähnlich wie bei der Erhebung von Daten, daß nicht jedes Verfahren in jedem Fall geeignet ist. Eine Entscheidung zwischen den behandelten methodischen Alternativen sollte anhand der eigenen Untersuchung, ihrer Fragestellung und Zielsetzung sowie den erhobenen Daten begründet und am zu interpretierenden Material überprüft werden. Auch bei der Interpretation empfiehlt es sich, solche Fragen zur Evaluation möglichst bald – bei Fallanalysen spätestens bei Abschluß des ersten Falles – zu stellen. Ein zentraler Aspekt ist dabei, ob das Verfahren in sich richtig angewendet worden ist – ob etwa das Prinzip der strengen Sequentialität eingehalten oder die Regeln der In-

	Kodierung und Kategorisierung			
Verfahren Kriterien	**Theoretisches Kodieren**	**Thematisches Kodieren**	**Qualitative Inhaltsanalyse**	**Globalauswertung**
Offenheit für den jeweiligen Text durch:	• offenes Kodieren	• Prinzip der Fallanalyse • kurze Fallcharakterisierung	• explizierende Inhaltsanalyse	• fallbezogene Aufbereitung von Texten
Strukturierung (z. B. Vertiefung) des Gegenstandes durch:	• axiales Kodieren • selektives Kodieren • W-Fragen • konstanter Vergleich	• Entwicklung einer thematischen Struktur für Fallanalyse • Kern und soziale Verteilung von Sichtweisen	• zusammenfassende Inhaltsanalyse • strukturierende Inhaltsanalyse	• Übersichtlichkeit erleichtert Orientierung bei der Suche nach zusätzlichen Belegen
Beitrag zur allgemeinen Entwicklung der Methode der Interpretation	• Kombination von Induktion und Deduktion • Verbindung von Offenheit und Strukturierung	• bezogen auf den Gegenstand Gruppenvergleich nach erfolgter Fallanalyse	• stark regelgeleitetes Verfahren zur Reduktion von Datenmengen	• ergänzender Vorschlag zur Orientierung in Texten bei kodierender Interpretation
Anwendungsbereich	• Theoriebildung in allen möglichen Inhaltsbereichen	• Gruppenvergleiche	• große Datenmengen in verschiedensten Inhaltsbereichen	• Vorbereitung für andere Verfahren
Probleme der Anwendung	• unscharfe Kriterien für den Abschluß von Kodierungen	• aufwendig durch Fallanalyse als Zwischenschritt	• Anwendung der schematischen Regeln ist häufig schwierig	• schneller Überblick über den Text darf Feinanalyse nicht ersetzen oder behindern
Grenzen der Methode	• Flexibilität der methodischen Regeln v. a. durch praktische Erfahrung vermittelbar	• begrenzt auf Studien mit vorab festgelegten Vergleichsgruppen	• stark an quantitativer Methodik orientiert	• Kompatibilität mit sequentiellen Analysen ist fraglich
Literatur	Strauss & Corbin (1990); Strauss (1991)	Flick (1995b)	Mayring (1983)	Böhm et al. (1992)

Tabelle 11: Verfahren der Textinterpretation

	Sequentielle Analysen			
	Konversations-analyse	Diskursanalyse	Narrative Analysen	Objektive Hermeneutik
	• sequentielle Analysehaltung	• Rekonstruktion der Versionen von Teilnehmern	• sequentielle Fallanalyse	• sequentielle Fallanalyse
	• vergleichende Analyse einer Kollektion von Fällen	• Hinzuziehung anderer Textformen	• Beurteilung formaler Qualität des Textes (erzählend vs. argumentativ)	• Interpretationsgruppe • Hinzuziehung von Kontext • Falsifikation von Hypothesen am Text
	• formale Analyse von natürlicher Interaktion zeigt Funktionsweise von Gesprächen	• Re-Orientierung der Diskursanalyse auf Inhalte und sozialwissenschaftliche Themen	• konkretes Modell zur Interpretation von Erzählungen	• Überschreitung subjektiver Perspektiven • Entwicklung einer Methodologie der Textinterpretation
	• formale Analyse von Alltags- und institutionellen Gesprächen	• inhaltliche Analyse von Alltagsgespräch und anderen Diskursen	• Biographieforschung	• alle Sorten von Texten und Bildern
	• Begrenzung auf formale Ordnung und auf minimale Sequenzen in Gesprächen	• kaum entwickelte eigene Methodik	• Fallverhaftetheit der Analysen erschwert Verallgemeinerung	• Übergang vom Einzelfall zu allgemeinen Aussagen
	• begrenzter Fokus auf sozialwissenschaftlich relevante Inhalte	• keine konkrete Festlegung des Diskursbegriffs	• Homologieannahme zwischen Erzählung und Wirklichkeit (bei Schütze)	• Strukturbegriff • Kunstlehre statt Methode
	Bergmann (1991b)	Harré (1995); Potter & Wetherell (1995)	Schütze (1983); Hildenbrand & Jahn (1988)	Oevermann et al. (1979); Schneider (1985, 1988)

haltsanalyse umgesetzt wurden. Dabei sind auch die besonderen Probleme, die der jeweilige Interpret mit der vom Verfahren verlangten Interpretationshaltung hat, zu berücksichtigen. Wenn sich auf dieser Ebene Probleme ergeben, ist es sinnvoll, diese und den Umgang mit dem Text gemeinsam in einer Interpretationsgruppe zu reflektieren. Lassen sie sich auf diesem Wege nicht beheben, sollte auch der Wechsel der Methode in Betracht gezogen werden. Ein weiterer Referenzpunkt zur Beurteilung der Angemessenheit eines Interpretationsverfahrens ist die Ebene, auf der Aussagen gemacht werden sollen: Wenn große Textmengen mit Blick auf die Repräsentativität von Ergebnissen auf der Basis vieler Interviews analysiert werden sollen, erschweren Ansätze wie die objektive Hermeneutik den Weg zum Ziel eher oder verbauen ihn sogar. Dagegen erscheint die qualitative Inhaltsanalyse hierfür geeigneter, ist jedoch für Fallanalysen wiederum kaum zu empfehlen.

Anhaltspunkte für die Entscheidung für ein Interpretationsverfahren und die Überprüfung ihrer Angemessenheit bietet die Checkliste von Tabelle 12.

Dritter Bezugspunkt: Gegenstandsangemessenheit der Methode

Die Interpretation der Daten ist häufig der entscheidende Schritt, von dem abhängt, welche Aussagen und Schlüsse sich aus – wie auch immer erhobenem – empirischem Material ableiten. Auch hier gilt, daß es – trotz der entsprechenden Rhetorik – kein Verfahren gibt, das in jedem Fall geeignet ist. Gerade Verfahren wie die objektive Hermeneutik wurden für einen bestimmten Gegenstandsbereich entwickelt (Interaktion in Familien unter sozialisationstheoretischer Perspektive; vgl. Oevermann et al. 1979) und zunehmend in ihrem Anwendungsbereich erweitert – sowohl hinsichtlich der untersuchten Materialien (Interviews, Bilder, Kunstwerke, Fernsehsendungen etc.) als auch hinsichtlich der analysierten Gegenstände und Themen (vgl. die Beiträge in Garz 1994). Ähnlich ist der Ansatz von Glaser und Strauss (1967) in den neueren Darstellungen von Strauss und Corbin (1990) durch einen zunehmenden Anspruch auf allgemeine Anwendbarkeit geprägt. Dies macht sich etwa an dem sehr allgemein gehaltenen Kodierparadigma (vgl. Kapitel 16) fest. Bei solchen Ausweitungen der postulierten Verwendbarkeit von Ansätzen sollte das Kriterium der Gegenstandsangemessenheit in doppelter Hinsicht wieder

Was ist eine gute Interpretation? – Wovon hängt das ab?	
Checkliste zur Auswahl eines Interpretationsverfahrens und zur Bewertung ihrer Anwendung	

1. Fragestellung:	Kann das Interpretationsverfahren und seine Anwendung die wesentlichen Aspekte der Fragestellung erfassen?
2. Interpretationsverfahren:	Muß entsprechend der methodischen Vorgaben und Zielsetzungen angewendet werden: kein Springen zwischen Interpretationsformen, außer: wenn es in der Fragestellung und/oder theoretisch begründet ist.
3. Interpret:	Kann der Interpret die Interpretationsform anwenden? Welche Rolle spielen eigene Ängste und Unsicherheiten?
4. Text/e:	Ist die Interpretationsform für den Text bzw. die Texte geeignet? Wie sind deren Struktur, Klarheit, Vielschichtigkeit berücksichtigt?
5. Erhebungsform:	Entspricht die Interpretationsform dem erhobenen Material und der Methode der Erhebung?
6. Spielraum für den Fall:	Ist für den Fall und seine Besonderheit im Rahmen der Interpretation Raum gegeben? Kann diese Besonderheit auch gegen den Rahmen der Interpretation deutlich werden?
7. Interpretationsverlauf:	Hat der Interpret die Interpretationsform realisiert? Hat er dem Material genügend Spielraum gelassen? Ist er mit seiner Rolle klargekommen? (Warum nicht?) War der Umgang mit dem Text klar definiert? (Warum nicht?)
→	**Bruchstellenanalyse zur Validierung der Interpretation/en möglichst zwischen dem ersten und zweiten Fall!**
8. Auswertungsziel:	Klar umgrenzte Aussagen in ihrer Häufigkeitsverteilung oder komplexe, vielschichtige Muster, Kontexte etc.? Theorieentwicklung oder Verteilung von Sichtweisen in sozialen Gruppen?
9. Anspruch auf Verallgemeinerung:	Auf welcher Ebene sollen Aussagen gemacht werden? – Über den Einzelfall (z. B. das befragte Subjekt und seine Biographie, eine Institution und ihre Wirkungsweise etc.)? – Gruppenbezogen (über eine Berufsgruppe, einen Typ von Institutionen etc.)? – Allgemeingültige Aussagen?

Tabelle 12: Checkliste für Interpretationsverfahren

stärker berücksichtigt werden. Zu klären ist nicht nur, für welche Gegenstände das jeweilige Interpretationsverfahren angemessen ist, sondern auch, für welche es *nicht* geeignet ist, um daraus die konkrete Verwendung der Methode begründet ableiten zu können.

**Vierter Bezugspunkt:
Einordnung der Methode in den Forschungsprozeß**

Schließlich sollte die gewählte Methode auf ihre Einordnung in den Forschungsprozeß hin geprüft werden. Zu klären ist dabei, ob das Vorgehen bei der Interpretation mit der Strategie der Datenerhebung zusammenpaßt. Wenn bei der Durchführung eines Interviews große Aufmerksamkeit auf die Gestalt der Erzählung in der Darstellung gelegt wird, ist es wenig sinnvoll, die so erhaltenen Daten einer Inhaltsanalyse zu unterziehen, bei der nur wenige Kategorien verwendet werden, die schon vorher feststanden. Die Versuche, Feldnotizen mit der objektiven Hermeneutik sequenzanalytisch zu interpretieren, haben sich als wenig praktikabel und ertragreich erwiesen. Ähnlich ist zu prüfen, ob das Vorgehen bei der Interpretation mit der Art der Auswahl von Material (vgl. Kapitel 7) vereinbar ist, ob der theoretische Rahmen der eigenen Studie dem theoretischen Hintergrund des Interpretationsverfahrens (vgl. Kapitel 2, 3) entspricht und ob die beiden Verständnisweisen des Forschungsprozesses (vgl. Kapitel 4) übereinstimmen. Wenn der Forschungsprozeß im klassischen Sinn linear konzipiert wird, ist bei Beginn der Interpretation relativ viel bereits festgelegt, vor allem welches Material erhoben wurde und wie. Dann stellt sich die Frage der Auswahl und Bewertung des Interpretationsverfahrens gerade mit Blick auf diese Vorgaben, denen es entsprechen sollte. In einem eher zirkulär konzipierten Forschungsprozeß kann die Interpretationsweise die Entscheidungen für die anderen Schritte vorgeben. Hier richtet sich die Erhebung in Auswahl und Methode nach den Notwendigkeiten, die sich aus der Art und dem Stand der Interpretation von Daten ergeben (vgl. hierzu Kapitel 4). An dieser Stelle wird schon deutlich, daß sich die Bewertung methodischer Alternativen und der Entscheidung zwischen ihnen besonders unter dem Blickwinkel des Prozesses der Forschung vornehmen läßt. Anhaltspunkte zur Beantwortung solcher Fragen liefern die jeweiligen Abschnitte zur Einordnung der einzelnen Methode in den Forschungsprozeß und die Fragestellung und Zielsetzung der konkreten empirischen Anwendung.

18. Geltungsbegründung

Das nach wie vor ungelöste Bewertungsproblem qualitativer Forschung wird immer wieder ins Feld geführt, wenn es darum geht, diese Forschungsrichtung insgesamt in Frage zu stellen.

Selektive Plausibilisierung
So lautet eine häufig geäußerte Kritik, qualitative Forschung mache Interpretationen und Ergebnisse für den Leser lediglich dadurch transparent und nachvollziehbar, daß ‹illustrative› Zitate aus Interviews oder Beobachtungsprotokollen eingeflochten werden. Insbesondere für den Fall, daß dies für den Autor «auch gleich das einzige Mittel zur Dokumentation seiner Aussagen» ist, merkt Bühler-Niederberger (1985, S. 475) kritisch an: «Die so vermittelte Glaubwürdigkeit reicht jedoch nicht aus». Warum dies so ist, verdeutlicht (wohl eher unfreiwillig, jedoch sehr anschaulich) Girtler (1984, S. 146):

«Wenn ich nun die Publikation über meine Forschung vorbereite, (...) stelle ich schließlich das Typische dar. Um dieses Typische bzw. die typischen Regeln, aus denen ich das zu untersuchende soziale Handeln ‹verstehe› und mit denen ich es ‹erkläre›, anschaulich und beweisbar zu machen, zitiere ich die entsprechenden Abschnitte aus meinen Beobachtungsprotokollen bzw. den Interviews. Selbstverständlich nur diese, von denen ich meine, daß sie das Typische der betreffenden Alltagswelt ansprechen.»

Über dieses Vorgehen, das sich auch als «selektive Plausibilisierung» (Flick 1989) bezeichnen läßt, ist jedoch das Problem der Nachvollziehbarkeit nicht hinreichend gelöst: Vor allem bleibt die Umgangsweise mit den Fällen und Passagen, von denen der Forscher «meint», sie seien nicht so anschaulich für das Typische oder gar davon abweichend bzw. dazu im Widerspruch, häufig im Dunkeln.

Die verschiedenen Facetten des hier angesprochenen Problems lassen sich unter der Überschrift Geltungsbegründung bei qualitativer Forschung bündeln. Darunter fallen im wesentlichen drei Themenkomplexe:

- Anhand welcher Kriterien lassen sich das Vorgehen und die Resultate bei qualitativer Forschung angemessen beurteilen?
- Welcher Grad an Verallgemeinerung der Ergebnisse läßt sich jeweils erreichen, und wie kann Verallgemeinerung gewährleistet werden?
- Insbesondere in den aktuelleren Diskussionen zu diesen Themen spielt die Frage der Darstellung von Vorgehen und Resultaten bei qualitativer Forschung eine immer größere Rolle (vgl. Kapitel 19).

Hinsichtlich der Kriterien zur Beurteilung von Vorgehen und Resultaten werden verschiedene Wege alternativ diskutiert: entweder die klassischen Kriterien wie Validität und Reliabilität auf qualitative Forschung anzuwenden bzw. sie zu diesem Zweck angemessen zu reformulieren. Oder neue, «methodenangemessene Gütekriterien» (Flick 1987) zu entwickeln, die der Besonderheit qualitativer Forschung dadurch gerecht werden, daß sie aus ihrem jeweiligen theoretischen Hintergrund entwickelt werden und der Besonderheit des Forschungsprozesses Rechnung tragen. Eine dritte Variante beschäftigt sich damit, wie man angesichts der Krise der Repräsentation und der Legitimation, die Denzin und Lincoln (1994b, S. 11) in der qualitativen Forschung jüngst konstatieren, überhaupt noch die Frage nach der Gültigkeit wissenschaftlicher Aussagen stellen kann. Diese Variante wird sicherlich weder der weiteren Etablierung qualitativer Forschung dienlich sein noch dazu beitragen, daß ihre Ergebnisse als relevant erachtet werden, weshalb hier die Aufmerksamkeit den ersten beiden Wegen gelten soll. Hinsichtlich der Verwendung klassischer Kriterien konzentriert sich die Diskussion auf Reliabilität und Validität (vgl. Kirk und Miller 1986).

Reliabilität

Um den Sinn von Reliabilität als Kriterium in qualitativer Forschung zu bestimmen, diskutieren Kirk und Miller drei Formen. Als «quichotische» Reliabilität sehen sie den Versuch an zu überprüfen, inwieweit eine einzelne Methode kontinuierlich zu unveränderten Messungen bzw. Ergebnissen führen kann. Diese Form der Reliabilität lehnen sie als trivial und irreführend ab. Gerade bei Feldforschung sind stereotyp sich wiederholende Aussagen oder Beobachtungen eher ein Indikator für bewußt vermittelte Versionen des Geschehens als Hinweise darauf, wie es wirklich war. Als «diachrone Reliabilität» bezeichnen Kirk und Miller die Stabilität von Meßergebnissen bzw. Beobachtungen im zeitlichen

Verlauf. Zum Problem wird hier die Voraussetzung, daß das untersuchte Phänomen selbst keinem Wandel unterliegen darf, damit dieses Kriterium greift. In den seltensten Fällen beschäftigen sich qualitative Studien mit solchen unveränderlichen Gegenständen. Als «synchrone Reliabilität» bezeichnen sie die Konstanz bzw. Konsistenz von Ergebnissen zum selben Zeitpunkt, aber bei Verwendung unterschiedlicher Erhebungsinstrumente. Hierzu halten Kirk und Miller fest, daß dieses Kriterium am aufschlußreichsten ist, wenn es *nicht* erfüllt ist. Dann müssen sich Fragen anschließen, warum dies so ist und hinsichtlich der verschiedenen Perspektiven auf einen Gegenstand, die sich bei der Anwendung verschiedener Methoden oder durch verschiedene Forscher ergeben.

Prozedurale Reliabilität
Reliabilität erhält ihre Bedeutung als Kriterium nur vor dem Hintergrund einer spezifischen Theorie über den Gegenstand und über die Verwendung von Methoden (Kirk und Miller 1986, S. 50). Jedoch lassen sich verschiedene Wege beschreiben, um die Reliabilität von Daten und Interpretationen zu erhöhen. In ethnographischer Forschung, für die Kirk und Miller diese Kriterien diskutieren, wird die Qualität der Aufzeichnung und Dokumentation von Daten zu einer zentralen Basis, um deren Reliabilität und die sich anschließender Interpretationen zu bestimmen. Ansatzpunkt sind hier vor allem die Feldnotizen, in denen Forscher ihre Beobachtungen dokumentieren. Zur Erhöhung der Reliabilität solcher Daten wird die mehr oder minder weitgehende Standardisierung der Aufzeichnungen vorgeschlagen, besonders wenn mehrere Beobachter die Daten erheben. Die (im Kapitel zur Dokumentation bereits behandelten) vier Formen von Feldnotizen zur Dokumentation des Prozesses von Spradley (1979) sind ein Ansatz zur Strukturierung der Dokumentation in Feldnotizen. Zur Erhöhung ihrer Reliabilität schlagen Kirk und Miller (1986, S. 57) Konventionen für Aufzeichnungen vor, die Silverman (1993, S. 147) weiterentwickelt (vgl. Abb. 14).

Dahinter steht die Idee, daß die Konventionalisierung von Aufzeichnungen die Vergleichbarkeit der Perspektiven, die zu den jeweiligen Daten geführt haben, erhöht. Besonders die Unterscheidung in den Feldnotizen zwischen Begriffen der Beobachteten und denen der Beobachter in der Dokumentation ermöglicht eine Reinterpretation und damit Überprüfung der Daten durch einen anderen Interpreten. Eine ähnliche Funktion wie solchermaßen konventionalisierte Aufzeichnungen haben

Zeichen	Konvention	Verwendung
« »	doppelte Anführungszeichen	wörtliche Zitate
‹ ›	einfache Anführungszeichen	Paraphrasen
( )	Klammern	Kontextdaten oder Interpretationen des Forschers
< >	spitze Klammern	(eigene) Begriffe der Untersuchten
/ /	Schrägstriche	Begriffe des Forschers
———	durchgezogene Linie	Beginn bzw. Ende eines Segments

Abbildung 14: Konventionalisierung von Feldnotizen (modifiziert nach Kirk und Miller 1986 und Silverman 1993)

Transkriptionsregeln, die das Zustandekommen der Daten in diesem Schritt verdeutlichen sollen.

Bei Interviewdaten läßt sich die Reliabilität durch eine Interviewschulung der verschiedenen Interviewer erhöhen und durch eine Überprüfung von Leitfäden oder Eingangsfragen in Probeinterviews oder nach dem ersten Interview (Silverman 1993, S. 148). Für Beobachtungen läßt sich die Forderung nach der Schulung von Beobachtern vor einem Einstieg in das Feld und die regelmäßige Evaluation des Beobachtens anschließen. Für die Interpretation von Daten können eine Schulung und die reflexive Verständigung über das Vorgehen bei der Interpretation und den Weg der Kodierung die Reliabilität von Interpretationen erhöhen. Aus der Analyse etwa der Eröffnungssequenz einer Erzählung eine Fallstrukturhypothese abzuleiten und diese an folgenden Sequenzen zu falsifizieren (Hildenbrand und Jahn 1988), ist eine weitere Möglichkeit, zu reliablen Interpretationen zu gelangen. Eine ähnliche Funktion hat die Überprüfung der beim offenen Kodieren entwickelten Kategorien an anderen Textpassagen im Ansatz von Strauss (1991). Es wird jeweils versucht, die Reliabilität einer gefundenen Interpretation dadurch zu überprüfen, daß sie konkret an anderen Ausschnitten desselben Textes oder an anderen Texten getestet wird.

Insgesamt betrachtet läuft die Diskussion um Reliabilität in der qualitativen Forschung auf eine Explikation in doppelter Hinsicht hinaus:

Einerseits soll das Zustandekommen der Daten dahin gehend expliziert werden, daß überprüfbar wird, was Aussage des jeweiligen Subjekts ist und wo die Interpretation des Forschers schon begonnen hat. Andererseits soll das Vorgehen im Feld bzw. Interview und mit dem Text in Schulungen und Überprüfungen expliziert werden, um die Vergleichbarkeit der Vorgehensweisen verschiedener Interviewer bzw. Beobachter zu verbessern. Schließlich soll sich die Reliabilität im gesamten Prozeß durch dessen reflexive Dokumentation erhöhen. Damit wird das Kriterium der Reliabilität in Richtung einer Prüfung der Verläßlichkeit von Daten und Vorgehensweisen reformuliert, die sich aus der Spezifik qualitativer Methoden heraus begründen läßt. Andere Verständnisweisen von Reliabilität wie die beliebig häufige Wiederholbarkeit von Erhebungen mit denselben Daten und Resultaten sind dagegen zurückzuweisen. Bei dieser Form der Reliabilität ist eher Mißtrauen den Daten gegenüber als Vertrauen in ihre Verläßlichkeit angebracht (Kirk und Miller 1986, S. 42).

Validität

Breitere Aufmerksamkeit in der Diskussion um qualitative Methoden als der Reliabilität gilt der Validität (z. B. bei Kvale 1989, 1991; Wolcott 1990a; Hammersley 1990, 1992). Die Frage der Validität läßt sich auch darin zusammenfassen, ob «der Forscher sieht, was er (...) zu sehen meint» (Kirk und Miller 1986, S. 21). Dabei können grundsätzlich drei Fehler auftreten: einen Zusammenhang, ein Prinzip o. ä. dort zu sehen, wo sie nicht zutreffen (Fehlertyp 1); sie dort zurückzuweisen, wo sie tatsächlich zutreffen (Fehlertyp 2); schließlich: die falschen Fragen zu stellen (Fehlertyp 3 – vgl. Kirk und Miller 1986, S. 29 f).

Ein Grundproblem in der Überprüfung der Validität bei qualitativer Forschung liegt in der Bestimmung des Verhältnisses zwischen den untersuchten Zusammenhängen und der Version, die der Forscher davon liefert. Anders formuliert: Wie würden sich diese Zusammenhänge darstellen, wenn sie nicht gerade Gegenstand empirischer Forschung wären? Und: Ist die Version des Forschers in den Zusammenhängen im Feld, in der Biographie des Interviewpartners o. ä., also im Gegenstand, begründet? Damit ist weniger die Annahme einer Realität impliziert, die unabhängig von sozialen Konstruktionen, d. h. Wahrnehmungen, Interpretationen und Darstellungen existiert, als die Frage, inwieweit die spezifischen Konstruktionen des Forschers in denen der Beteiligten empirisch begründet sind. Hammersley (1992, S. 50 f) skizziert in diesem Zusammenhang die Position eines «subtilen Realismus». Darin wird von drei Prämissen ausgegangen: (1) Die Gültigkeit von Wissen läßt sich nicht mit Sicherheit bestimmen. Annahmen lassen sich in ihrer Plausibilität und Glaubwürdigkeit beurteilen. (2) Phänomene existieren auch unabhängig von unseren jeweiligen Annahmen über sie. Unsere Annahmen über sie können den Phänomenen mehr oder weniger angemessen sein. (3) Wirklichkeit wird über die (verschiedenen) Perspektiven auf Phänomene zugänglich. Forschung zielt auf die Darstellung von Wirklichkeit ab, nicht auf ihre Abbildung.

Wenn man von dieser Position ausgeht, wird die Frage der Validität von qualitativer Forschung zu einer Frage, inwieweit die Konstruktionen des Forschers in den Konstruktionen derjenigen, die er untersucht hat, begründet sind (vgl. hierzu Schütz 1971) und inwieweit für andere diese Begründetheit nachvollziehbar wird (vgl. hierzu Kapitel 3). Damit wird das Zustandekommen der Daten ein Ansatzpunkt für die Bestimmung der Validität (Gerhardt 1985), ein anderer die Darstellung von Phänomenen und daraus abgeleiteten Schlüssen.

Analyse der Interviewsituation

Ein Ansatz der Validitätsbestimmung bei Interviews ist die formale Überprüfung, ob es in deren Verlauf gelungen ist, den angestrebten Grad an Authentizität zu gewährleisten. Im Rahmen biographischer Forschung mit narrativen Interviews wird dies etwa über die Beantwortung der Frage realisiert, ob es sich bei der erhaltenen Darstellung um eine Erzählung handelt. Die Frage der Validität der dabei enthaltenen Aussagen wird durch die Gleichsetzung von einer (v. a. durch Eingriffe des Forschers) ungehinderten Erzählung und valider Schilderung zu beantworten gesucht. Daß dies nur einen sehr begrenzten Ausschnitt des Problems behandelt, kritisieren verschiedene Autoren (z. B. Bude 1985; Gerhardt 1985; Flick 1995b).

Differenziertere Vorstellungen zur Überprüfung speziell von biographischen Selbstdarstellungen im Interview entwickelt Legewie (1987, S. 141). So sind als Geltungsansprüche, die ein Sprecher im Interview erhebt, zu differenzieren (und damit differenziert zu überprüfen), «(a) daß der Inhalt des Gesagten zutrifft (...); (b) daß das Gesagte in seinem Beziehungsaspekt sozial angemessen ist (...); (c) daß das Gesagte in seinem Selbstdarstellungsaspekt aufrichtig ist». Ansatzpunkt für die Validierung biographischer Äußerungen ist die Untersuchung der Interviewsituation daraufhin, inwieweit «die Voraussetzungen nicht-strategischer Kommunikation» gegeben waren und «Ziele und Besonderheiten des Interviews (...) in Form eines mehr oder weniger expliziten (...) ‹Arbeitsbündnisses› (...) ausgehandelt werden» (1987, S. 145 f). Zur zentralen Frage wird hier, ob Interviewpartner aufgrund der Interviewsituation einen Anlaß hatten, bewußt oder unbewußt eine spezifische, d. h. verfälschende Version ihrer Erfahrungen zu konstruieren, die sich nicht (oder nur begrenzt) mit ihren Sichtweisen deckt. Die Interviewsituation wird auf Anhaltspunkte für solche Verzerrungen analysiert. Dies soll Anhaltspunkte dafür liefern, welche systematischen Verzerrungen oder Täuschungen Bestandteil des aus dem Interview entstandenen Textes sind und inwieweit und wie genau diese bei der Interpretation zu berücksichtigen sind. Diese prüfenden Überlegungen des Forschers lassen sich durch die Einbeziehung der Interviewpartner weiter fundieren.

Kommunikative Validierung

Eine weitere Möglichkeit der Bestimmung von Validität zielt auf die Einbeziehung der Akteure – der untersuchten Subjekte oder Gruppen – in den weiteren Forschungsprozeß. Einen Weg hierzu bietet die Einführung kommunikativer Validierung in einem zweiten Termin nach Abschluß des Interviews und der Transkription (für konkrete Vorschläge vgl. Scheele und Groeben 1988).[1] Der Gewinn an Authentizität liegt hier darin, daß einerseits die inhaltliche Zustimmung des befragten Subjekts zu seinen Aussagen eingeholt wird. Andererseits nimmt das Subjekt die Strukturierung der Aussagen im Sinne der gesuchten komplexen Zusammenhänge (etwa subjektiven Vertrauenstheorien als Form beratungsrelevanten Alltagswissens, vgl. Flick 1989) selbst vor.

Für eine allgemeinere Anwendung solcher Strategien sind zwei Fragen noch nicht befriedigend beantwortet: (1) Wie ist das methodische Vorgehen bei der kommunikativen Validierung zu gestalten, damit es den untersuchten Sachverhalten und der Sicht der Subjekte tatsächlich gerecht wird? (2) Wie läßt sich jenseits der Zustimmung der Subjekte die Frage der Geltungsbegründung weitergehend beantworten? Einen Weg bietet

---

[1] Eine Zeitlang wurde kommunikative Validierung auch in bezug auf Interpretationen von Texten diskutiert (etwa bei Heinze 1987). Nicht zuletzt aufgrund der bei der Konfrontation mit Interpretationen auftretenden ethischen Probleme (vgl. hierzu Köckeis-Stangl 1982) hat dieses Verständnis kommunikativer Validierung an Bedeutung verloren.

hier die allgemeine Validierung der Rekonstruktionen im klassischen Sinn (vgl. als Überblick Flick 1987).

Reformulierungen des Validitätskonzepts
Mishler (1990) geht einen Schritt weiter in der Reformulierung des Konzepts der Validität. Er setzt am Prozeß der Validierung an (statt am Zustand der Validität) und definiert «Validierung als soziale Konstruktion von Wissen» (S. 417), durch die wir «Behauptungen über die ‹Vertrauenswürdigkeit› berichteter Beobachtungen, Interpretationen und Verallgemeinerungen aufstellen und diese bewerten» (S. 419). Schließlich umgeht «Validierung, verstanden als der soziale Diskurs, durch den Vertrauenswürdigkeit hergestellt wird, solche vertrauten Konventionen wie Reliabilität, Falsifikation und Objektivität». Als empirische Basis für diesen Diskurs und die Konstruktion von Vertrauenswürdigkeit erörtert Mishler die Verwendung von Beispielen aus narrativen Studien.

Lather (1993) greift verschiedene postmoderne und poststrukturalistische Theorien auf. Sie weist jedoch weniger die Frage nach der Legitimierung und damit Validierung wissenschaftlichen Wissens gänzlich zurück, sondern leitet daraus aktualisierte Begriffe von Validität ab, die sie in vier Rahmen faßt:

- Von Baudrillard leitet sie die Vorstellung der «ironischen Validität» ab. Hintergrund ist die Annahme, daß zunehmend Simulacren als Kopien ohne Originale an die Stelle von Repräsentationen als Abbildungen von realen Gegenständen getreten seien (S. 677), mit der Konsequenz für das Konzept der Validität: «Im Gegensatz zu den herrschenden Validitätspraktiken, in denen der rhetorische Charakter wissenschaftlicher Behauptungen mit methodologischen Sicherheiten maskiert wird, stellt eine Strategie der ironischen Validität die Formen in den Vordergrund und berücksichtigt dabei, daß sie rhetorisch und ohne Fundament, post-epistemisch sind und es ihnen an epistemologischer Untermauerung mangelt» (S. 677).
- Von Lyotard (1986) leitet sie die Vorstellung der «paralogischen/neo-pragmatischen Validität» ab: Wissenschaftliche Erkenntnis zielt demnach nicht auf Übereinstimmung mit der Realität, sondern auf die Aufdeckung von Unterschieden und darauf, Widersprüche in ihrer Spannung zu belassen. Validität von Erkenntnissen bestimmt sich dann danach, inwieweit diese Ziele erreicht wurden.
- Von Deleuze und Guattari (1976) und Derrida (1976) leitet Lather die Vorstellung der «rhizomatischen Validität» ab und schlägt schließlich als vierten Rahmen vor:
- Sinnliche Validität/situierte Validität: Hier wird die Frage nach der Geschlechtsspezifik der Erkenntnis und im Blick auf die Bewertung wissenschaftlicher Erkenntnis gestellt.

Inwieweit diese Konzepte zu einer Beantwortung der Frage beitragen, ob qualitative Daten und Ergebnisse bzw. die Forschung, die zu ihnen geführt hat, ein Mindestmaß an Glaubwürdigkeit aufweist, bleibt offen[2]. Ihr Stellenwert liegt vor allem darin, aktuelle theoretische Strömungen aufzugreifen und Wege für eine Refomulierung des Konzepts der Validität im Rahmen eines konstruktivistischen Forschungsverständnisses zu skizzieren.

Prozedurale Validität
Für den Prozeß in ethnographischer Forschung formuliert Wolcott (1990a, S. 127f) neun Punkte, deren Realisierung der Sicherung von Validität dienen sollen:

(1) Der Forscher soll im Feld weniger selber reden, sondern möglichst viel zuhören. Er soll (2) möglichst genaue Aufzeichnungen erstellen und (3) frühzeitig zu schreiben beginnen, und zwar (4) in einer Form, die es dem Leser seiner Aufzeichnungen und Berichte ermöglicht, selbst zu sehen, d. h. so viel an Daten mitzuliefern, daß Leser ihre eigenen Schlüsse ziehen können und die des Forschers nachvollziehen können. Der Bericht soll möglichst (5) vollständig und (6) offen sein. Der Forscher soll im Feld oder bei seinen Kollegen (7) Feedback zu seinen Ergebnissen und Darstellungen suchen. Darstellungen sollen eine Balance (8) zwischen den verschiedenen Aspekten und (9) durch Genauigkeit im Schreiben gekennzeichnet sein.

Diese Schritte zur Sicherstellung der Validität im Forschungsprozeß lassen sich als Versuch des sensiblen Agierens im Feld und vor allem als Verlagerung des Problems der Validität in der Forschung in den Bereich des Schreibens über Forschung zusammenfassen (vgl. hierzu das folgende Kapitel). Altheide und Johnson (1994, S. 489) formulieren schließlich das Konzept der «Validität-als-reflexive-Erklärung», das Forscher, den Gegenstand und den Prozeß der Sinnfindung in Beziehung setzt und Validität am Prozeß der Forschung und den verschiedenen Beziehungen darin festmacht:

---

2 Ein Problem gerade bei Ansätzen wie Lather (1993) ist, daß die Fragen und Konzepte der Postmoderne mit großer Begeisterung aufgegriffen werden, wobei jedoch einerseits die Zitate aus zweiter Hand überwiegen und andererseits die Auseinandersetzung mit den Begifflichkeiten weitgehend an den Worthülsen orientiert bleibt. Dieser Eindruck entsteht auch in verschiedenen Beiträgen gerade zur Geltungsbegründung in Denzin und Lincoln (1994a), wodurch mehr Fragen aufgeworfen werden als Wege der Behandlung von Problemen, wie sie mit Validitätsbestimmung verknüpft sind, vorgegeben werden.

«1. Der Beziehung zwischen dem, was beobachtet wird (Verhaltensweisen, Rituale, Bedeutungen) und den größeren kulturellen, historischen und organisatorischen Kontexten, innerhalb derer die Beobachtungen durchgeführt werden (die Materie);
2. Beziehungen zwischen dem Beobachter, dem bzw. den Beobachteten und dem Setting (der Beobachter);
3. der Frage der Perspektive (oder der Sichtweise), ob diejenige des Beobachters oder die der Mitglieder des Feldes verwendet werden, um eine Interpretation der ethnographischen Daten anzufertigen (die Interpretation);
4. die Rolle des Lesers im Endprodukt (die Leserschaft) und
5. die Frage des darstellenden, rhetorischen oder schriftstellerischen (authorial) Stiles, der von dem oder den Autoren verwendet wird, um eine Beschreibung und/oder Interpretation anzufertigen (der Stil).»

Damit wird die Validierung unter der Perspektive des gesamten Forschungsprozesses und der beteiligten Faktoren behandelt. Die Vorschläge bleiben dabei jedoch eher auf der Ebene der Programmatik, als daß konkrete Kriterien oder Anhaltspunkte formuliert werden, anhand deren sich einzelne Studien oder Bestandteile davon beurteilen lassen. Die Versuche der Verwendung oder Reformulierung von Validität und Validierung haben insgesamt mit verschiedenen Problemen zu kämpfen: Formale Analysen des Zustandekommens von Daten in der Interviewsituation beispielsweise sagen noch nichts über Inhalte und ihre angemessene Behandlung im weiteren Verlauf der Forschung aus. Das Konzept der kommunikativen Validierung (oder Member Checks) ist mit dem Problem konfrontiert, daß die Zustimmung dort als Kriterium schwierig ist, wo die Sicht des Subjekts systematisch überschritten wird – in Interpretationen, die ins soziale oder psychische Unbewußte vordringen wollen oder sich gerade aus der Unterschiedlichkeit verschiedener subjektiver Sichtweisen ableiten.[3] Die behandelten Reformulierungen des Validitätskonzepts zeichnen sich insgesamt durch eine gewisse Unschärfe aus, die der Forschungspraxis durch ihre generelle Problematisierung und Programmatik nicht unbedingt eine Lösung für die Frage der Geltungsbegründung anbietet. Als gemeinsame Tendenz bleibt jedoch eine Verlagerung von Validität zur Validierung und von der Beurteilung des einzelnen Schritts oder Bestandteils der Forschung zur Herstellung von

---

[3] Auf den Aspekt, daß Forschung gerade systematisch Erkenntnisse produzieren will, die der Alltagsreflexion nicht unmittelbar zugänglich sind, sei hier nur verwiesen (vgl. hierzu ausführlicher Flick 1987, S. 255).

Transparenz über den Forschungsprozeß festzuhalten (vgl. hierzu auch Kapitel 20).

Die Anwendung klassischer Kriterien auf qualitative Forschung wird in Frage gestellt, da «das ‹Wirklichkeitsverständnis›» beider Forschungsrichtungen dafür «zu unterschiedlich» (Lüders und Reichertz 1986, S. 97) sei. Ähnliche Vorbehalte finden sich schon bei Glaser und Strauss (1965/1979, S. 92). Sie

«bezweifeln, ob der Kanon quantitativer Sozialforschung als Kriterium (...) auf qualitative Forschung (...) anwendbar ist. Die Beurteilungskriterien sollten vielmehr auf einer Einschätzung der allgemeinen Merkmale qualitativer Sozialforschung beruhen – der Art der Datensammlung (...), der Analyse und Darstellung und der (...) Weise, in der qualitative Analysen gelesen werden.»

Aus dieser Skepsis resultieren im Lauf der Zeit eine Reihe von Versuchen, «methodenangemessene Kriterien» (Flick 1987) zu entwickeln und diese an die Stelle von Kriterien wie Validität und Reliabilität zu setzen. Dabei lassen sich Ansätze wie die Triangulation und Analytische Induktion, die schon länger diskutiert werden, von aktuelleren Neuentwicklungen unterscheiden.

Triangulation

Unter diesem Stichwort wird die Kombination verschiedener Methoden, verschiedener Forscher, Untersuchungsgruppen, lokaler und zeitlicher Settings sowie unterschiedlicher theoretischer Perspektiven in der Auseinandersetzung mit einem Phänomen verstanden.

Denzin (1989b, S. 237f) unterscheidet folgende Typen der Triangulation: Als «Daten-Triangulation» bezeichnet er die Einbeziehung unterschiedlicher Datenquellen in Abgrenzung zur Verwendung unterschiedlicher Methoden der Hervorbringung von Daten. Als «Subtypen der Daten-Triangulation» differenziert Denzin nach Zeit, Raum und Personen und propagiert die Untersuchung von Phänomenen zu verschiedenen Zeitpunkten, an verschiedenen Orten und Personen. Damit nähert er sich der Strategie des «theoretischen Sampling» von Glaser und Strauss (1967) an. In beiden Fällen wird von der gezielten und systematischen Auswahl und Einbeziehung von Personen und Untersuchungsgruppen, Zeitpunkten und lokalen Settings in die Untersuchung ausgegangen.

Als zweiten Typ der Triangulation nennt Denzin «Untersucher-Triangulation»: Unterschiedliche Beobachter oder Interviewer werden eingesetzt, um Verzerrungen durch die Person des Forschers aufzudecken bzw. zu minimieren. Dabei ist jedoch nicht die schlichte Arbeitsteilung oder Delegation vermeintlicher Routinetätigkeiten an Hilfskräfte gemeint, sondern der systematische Vergleich des Einflusses verschiedener Forscher auf den Untersuchungsgegenstand und die erhaltenen Resultate.

«Theorien-Triangulation» wird zum dritten Typ in der Systematik von Denzin. Ausgangspunkt ist «die Annäherung an die Daten unter Einbeziehung verschiedener Perspektiven und Hypothesen, wobei (...) verschiedene theoretische Sichtweisen nebeneinander gestellt werden, um ihre Nützlichkeit und Erklärungskraft zu prüfen» (1978, S. 297). Dadurch sollen hier aber auch die Erkenntnismöglichkeiten fundiert und verbreitert werden.

Als vierten Typ führt Denzin die «methodologische Triangulation» an. Auch hier sind wieder zwei Sub-Typen zu unterscheiden: Triangulation innerhalb einer Methode («within-method») und zwischen verschiedenen Methoden («between-method»). Als Beispiel für ersteres wird die Verwendung verschiedener, auf einen Sachverhalt zielender Subskalen innerhalb eines Fragebogens genannt, während seine Kombination mit einem Leitfaden-Interview ein Beispiel für den zweiten Subtyp ist.

Die Triangulation wurde zunächst als eine Strategie der Validierung der Ergebnisse, die mit den einzelnen Methoden gewonnen wurden, konzipiert. Der Fokus hat sich jedoch zunehmend in Richtung der Anreicherung und Vervollständigung der Erkenntnis und der Überschreitung der (immer begrenzten) Erkenntnismöglichkeiten der Einzelmethoden verlagert. So unterstreicht Denzin (1989b, S. 236) mittlerweile, daß die «Triangulation von Methoden, Forschern, Theorie und Daten die vernünftigste Strategie der Theoriekonstruktion bleibt».

Eine zusätzliche Erweiterung dieses Ansatzes ergibt sich durch die systematische Triangulation der unterschiedlichen theoretischen Perspektiven (Flick 1992a), die mit verschiedenen qualitativen Methoden verknüpft sind – etwa mit der Durchführung von Interviews zur Rekonstruktion einer subjektiven Theorie (z.B. über Vertrauen in Beratung) und der Untersuchung ihrer Anwendung durch die Konversationsanalyse von Beratungsgesprächen. Dabei wird eine Orientierung an der Sicht des Subjekts mit der Perspektive der Herstellung sozialer Wirklichkeiten verknüpft (vgl. Kapitel 2).

Triangulation läßt sich als Ansatz der Geltungsbegründung der Erkenntnisse, die mit qualitativen Methoden gewonnen wurden, verwenden, wobei die Geltungsbegründung nicht in der Überprüfung von Resultaten, sondern in der systematischen Erweiterung und Vervollständigung von Erkenntnismöglichkeiten liegt. Triangulation wird damit weniger zu einer Strategie der Validierung der Ergebnisse und Vorgehensweisen als zu einer Alternative dazu (vgl. Flick 1992b; Denzin und Lincoln 1994b), die Breite, Tiefe und Konsequenz im methodischen Vorgehen erhöht.

Analytische Induktion

Explizit an bestimmten Fällen setzt die analytische Induktion an. Darunter ist nach Bühler-Niederberger (1985, S. 476) zu verstehen: «Analytische Induktion ist eine Methode systematisierter Ereignisinterpretation, die sowohl den Prozeß der Genese wie auch der Prüfung von Hypothesen umfaßt. Ihr entscheidendes Instrument ist die Analyse der Ausnahme, des von der Hypothese abweichenden Falls.» Dieses Verfahren setzt nach der Entwicklung einer vorläufigen Theorie (bzw. eines Musters, Modells etc.) an der Suche nach und Analyse von abweichenden Fällen (oder gar Gruppen) an. Dabei ist die analytische Induktion vor allem an der Absicherung von gewonnenen Theorien und Erkenntnissen durch die Analyse bzw. Integration abweichender Fälle orientiert. Das Vorgehen der analytischen Induktion umfaßt folgende Schritte:

«1. Eine grobe Definition des zu erklärenden Phänomens wird formuliert.
2. Eine hypothetische Erklärung des Phänomens wird formuliert.
3. Ein Fall wird im Lichte dieser Hypothese studiert, um festzustellen, ob die Hypothese den Tatbeständen in diesem Fall entspricht.
4. Trifft die Hypothese nicht zu, so wird sie umformuliert oder das zu erklärende Phänomen so umdefiniert, daß dieser Fall ausgeschlossen wird.
5. Praktische Sicherheit kann erreicht werden, nachdem eine kleine Zahl von Fällen untersucht wurde, aber die Entdeckung jedes einzelnen negativen Falls durch den Forscher oder einen anderen Forscher widerlegt die Erklärung und verlangt eine Umformulierung.
6. Es werden so lange Fälle studiert, das Phänomen umdefiniert und die Hypothesen umformuliert, bis eine universelle Beziehung etabliert wird; jeder negative Fall ruft nach einer Umdefinition oder Umformulierung» (Bühler-Niederberger 1985, S. 478).

Als «Analyse negativer Fälle» wird dieses Konzept bei Lincoln und Guba (1985) aufgegriffen. Anknüpfungen ergeben sich zu Fragen der Verallgemeinerung von Fallstudien (s. u.), jedoch hat die analytische Induktion ihren eigenen Stellenwert als Prüfverfahren für Analysen.

Neue Kriterien

Seit Mitte der 80er Jahre lassen sich verschiedene Versuche feststellen, neue Kriterien zur Beurteilung qualitativer Forschung zu entwickeln.

Vertrauenswürdigkeit, Glaubwürdigkeit, Verläßlichkeit

Lincoln und Guba (1985) propagieren Vertrauenswürdigkeit, Glaubwürdigkeit, Übertragbarkeit, Zuverlässigkeit und Bestätigbarkeit als Kriterien qualitativer Forschung, wobei das erstgenannte zum zentralen Kriterium wird. Um die Glaubwürdigkeit qualitativer Forschung, Daten und Ergebnisse zu erhöhen, skizzieren sie fünf Strategien:

- Aktivitäten zur Erhöhung der Wahrscheinlichkeit, daß glaubwürdige Erkenntnisse produziert werden durch ein «verlängertes Engagement» und «ausdauernde Beobachtungen» im Feld und die Triangulation verschiedener Methoden, Forscher und Datensorten.
- «Peer debriefing»: Regelmäßige Besprechungen mit nicht an der Forschung beteiligten Personen, um die eigenen blinden Flecke aufzudecken sowie Arbeitshypothesen und Ergebnisse zu überprüfen.
- Die Analyse abweichender Fälle im Sinne der Analytischen Induktion.
- Angemessenheit in den Bezugspunkten von Interpretationen und ihrer Überprüfung.
- «Member checks» im Sinne der kommunikativen Validierung von Daten und Interpretationen mit den Mitgliedern der untersuchten Felder.

Prozedurale Verläßlichkeit: Auditing

Die Überprüfung der Verläßlichkeit (dependability) wird durch einen Prozeß des «auditing» vorgenommen, der am Vorgang der Buchprüfung im Finanzwesen orientiert ist. Dafür wird ein «Überprüfungspfad» (auditing trail) skizziert, der folgende Bereiche (vgl. auch Schwandt und Halpern 1988) erfassen soll:

- die Rohdaten, ihre Erhebung und Aufzeichnung;
- Datenreduktion und Ergebnisse von Synthesen durch Zusammenfassung, theoretische Notizen, Memos etc., Summaries, Kurzdarstellungen von Fällen etc.;

- Datenrekonstruktionen und Ergebnisse von Synthesen anhand der Struktur entwickelter und verwendeter Kategorien (Themen, Definitionen, Beziehungen), Erkenntnisse (Interpretationen und Schlüsse) sowie die erstellten Berichte mit ihren Integrationen von Konzepten und den Bezügen zu existierender Literatur;
- Prozeßnotizen, d. h. methodologische Notizen und Entscheidungen auch hinsichtlich der Herstellung von Vertrauens- und Glaubwürdigkeit der Erkenntnisse;
- Materialien in bezug auf Absichten und Anordnungen wie die Forschungskonzeption, persönliche Aufzeichnungen und Erwartungen der Beteiligten;
- Informationen über die Entwicklung der Instrumente einschließlich der Pilotversionen und vorläufigen Plänen (vgl. Lincoln und Guba 1985, S. 320f).

Dieses Konzept wird auch im Rahmen des Qualitätsmanagements genereller diskutiert (vgl. hierzu Kapitel 20).

Damit sind eine ganze Reihe von Ansatzpunkten für die Herstellung und Überprüfung einer Verfahrensrationalität im qualitativen Forschungsprozeß aufgezeigt. Auf diesem Weg lassen sich Vorgehen und Durchführung im Prozeß der Forschung offenlegen und beurteilen. Unter dem Blickwinkel der produzierten Erkenntnisse lassen sich die Fragen, die ein solcher Prozeß der Überprüfung beantworten soll, nach Huberman und Miles (1994, S. 439) allgemeiner zusammenfassen:

- Sind die Erkenntnisse in den Daten begründet (angemessenes Sampling, korrekte Gewichtung der Daten)?
- Sind Schlüsse logisch (korrekte Anwendung analytischer Strategien? Berücksichtigung alternativer Erklärungen)?
- Ist die Kategorienstruktur angemessen?
- Sind Forschungsentscheidungen und methodische Verschiebungen gerechtfertigt? (Waren Auswahlentscheidungen mit Arbeitshypothesen verknüpft)?
- Ausmaß der Verzerrung durch den Forscher (vorzeitiger Abschluß, unberücksichtigte Daten in den Feldnotizen, fehlende Suche nach abweichenden Fällen, empathische Gefühle)?
- Welche Strategien zur Erhöhung der Glaubwürdigkeit wurden angewendet (zweite Leser, Rückmeldung an Interviewpartner, Prüfungen durch Kollegen, angemessene Zeit im Feld)?

Dabei sind zwar die Ergebnisse Ausgangspunkt der Bewertung der Forschung, die zu ihnen geführt hat; jedoch wird diese Frage in der Verbindung einer ergebnisorientierten Sichtweise mit einem prozeßorientierten Herangehen zu beantworten gesucht.

Verallgemeinerung bei qualitativer Forschung

Ein Aspekt der Geltungsbegründung bei qualitativer Forschung ist die Verallgemeinerung gefundener Konzepte und Zusammenhänge als Analyse ihres Geltungsbereichs. Gleichzeitig ist dies ein Ansatzpunkt ihrer Beurteilung, wenn die Frage gestellt wird, welche Überlegungen und Schritte unternommen wurden, um den Geltungsbereich zu bestimmen bzw. zu erweitern. Dies wird unter dem Stichwort der Generalisierung diskutiert. Dabei sind die Ausgangspunkte die Analyse von Fällen und die Wege, die von ihnen ausgehend zu allgemeineren Aussagen beschritten werden. Das Problem der Generalisierung liegt bei qualitativer Forschung u. a. darin, daß ihr Ansatzpunkt häufig gerade die auf einen Kontext, auf einen konkreten Fall bezogene Analyse von Bedingungen, Zusammenhängen, Verläufen etc. ist. Durch diesen Kontextbezug gewinnt qualitative Forschung (häufig) eine spezifische Aussagekraft. Bei der Generalisierung wird dieser Kontextbezug gerade aufgegeben, um zu untersuchen, inwieweit die gefundenen Zusammenhänge auch unabhängig und außerhalb von spezifischen Kontexten gelten. In der Zuspitzung dieses Dilemmas behandeln etwa Lincoln und Guba (1985) das Problem unter der Überschrift «Die einzige Generalisierung ist: Es gibt keine Generalisierung». Jedoch skizzieren sie mit der Übertragbarkeit (transferability) von Erkenntnissen aus einem Kontext in einen anderen und der Passung (fittingness) als Grad der Vergleichbarkeit verschiedener Kontexte Kriterien und Wege für die Verallgemeinerung von Erkenntnissen.

Entsprechend werden verschiedene Möglichkeiten diskutiert, wie der Weg vom Fall zur Theorie so abgesteckt werden kann, daß sich zumindest eine gewisse Verallgemeinerung erreichen läßt. Ein erster Schritt ist die Klärung der Frage, welcher Grad an Verallgemeinerung mit der jeweiligen Studie überhaupt angestrebt wird und erreichbar ist, um angemessene Ansprüche an die Generalisierung abzuleiten. Ein zweiter Schritt ist die sorgfältige Einbeziehung von unterschiedlichen Fällen und Kontexten, in denen die untersuchten Zusammenhänge empirisch analysiert werden. Die Generalisierbarkeit der Ergebnisse hängt häufig eng mit der Realisierung der Auswahl zusammen, wobei das theoretische Sampling eine Strategie anbietet, die Variation der Bedingungen (Kleining 1982), unter denen ein Phänomen empirisch untersucht wird, möglichst breit zu gestalten. Der dritte Ansatzpunkt ist der systematische Vergleich erhobenen Materials. Auch hier kann wieder die Vorgehensweise bei der Entwicklung gegenstandsbegründeter Theorien einen Anhaltspunkt liefern.

Methode des konstanten Vergleichs
Neben der Methode des «theoretischen Sampling» schlägt Glaser (1969) für den Prozeß der Theorieentwicklung die «Methode des konstanten Vergleichs» als Verfahren bei der Auswertung von Texten vor. Es besteht im wesentlichen aus vier Stufen: «(1) Vergleich von Ereignissen, die in die jeweilige Kategorie passen, (2) Integration von Kategorie und ihren Inhalten, (3) Eingrenzung der Theorie und (4) Formulierung der Theorie» (S. 220). Zentral ist dabei für Glaser die systematische Zirkularität dieses Prozesses: «Obwohl es sich bei dieser Methode um einen kontinuierlichen Wachstumsprozeß handelt – jede Stufe transformiert sich nach einer Weile in die nächste –, bleiben vorherige Stufen während der gesamten Analyse wirksam und sorgen für eine kontinuierliche Entwicklung zur nächsten Stufe, bis die Analyse abgeschlossen ist» (ebd.).

Zur Methode des *konstanten* Vergleichs wird dieses Vorgehen, wenn Interpreten darauf achten, daß sie Kodierungen immer wieder mit bereits vollzogenen Kodierungen und Zuordnungen vergleichen, daß bereits kodiertes Material mit seiner Zuordnung nicht ‹erledigt› ist, sondern weiter im Prozeß des Vergleichs einbezogen bleibt.

Fallkontrastierung und Idealtypenbildung
Der konstante Vergleich wird in Strategien der Fallkontrastierung weiterentwickelt und systematisiert – am stärksten bei Gerhardt (1986b) in der auf Max Weber (1904) zurückgehenden Idealtypenbildung. Sie umfaßt folgende Schritte: Nach der Fallrekonstruktion und -kontrastierung lassen sich Typen bilden; anschließend werden «reine» Fälle ermittelt; im Vergleich zu diesen idealtypischen Verläufen läßt sich das Einzelfallverstehen systematisieren; durch weitere Typenbildungen findet dieser Prozeß über das Strukturverstehen, d. h. das Verstehen von Zusammenhängen, die über den einzelnen Fall hinausweisen, seinen Abschluß. Zentrale Instrumente sind der minimale Vergleich von möglichst ähnlichen Fällen und der maximale Vergleich von möglichst unterschiedlichen Fällen auf Unterschiede und Gemeinsamkeiten. Der Vergleich konkretisiert sich dabei zunehmend in Hinblick auf das im empirischen Material enthaltene Spektrum, dessen Endpunkte durch den maximalen Vergleich und dessen Zentrum durch den minimalen Vergleich besondere Aufmerksamkeit erfahren. Ähnlich schlägt Schütze (1983) die minimale und maximale Kontrastierung von Einzelfällen für die vergleichende Auswertung narrativer Interviews vor. Haupert (1991) ordnet zum Zweck der Typenbildung aus solchen Interviews die Fälle entlang

«rekonstruktiver Kriterien» und faßt die Biographien mit maximalen Ähnlichkeiten zu Gruppen zusammen, die «in der Folge als empirische Typen bezeichnet werden» (S. 240). Für jeden Typ werden dann typspezifische Alltagssituationen herausgearbeitet und fallübergreifend analysiert.

Verallgemeinerung bei qualitativer Forschung liegt in der schrittweisen Übertragung von Erkenntnissen aus Fallstudien und ihrem Kontext in allgemeinere und abstraktere Zusammenhänge, z. B. eine Typologie. Die Aussagekraft solcher Muster läßt sich dann wieder danach bestimmen, inwieweit unterschiedliche theoretische und methodische Perspektiven auf den Gegenstand – nach Möglichkeit auch von verschiedenen Forschern – trianguliert wurden und wie mit abweichenden Fällen umgegangen wurde. Zu berücksichtigen ist dabei auch, welcher Grad an Verallgemeinerung überhaupt mit der konkreten Studie angestrebt wird. Dann wird die Frage, ob die angestrebte Ebene der Verallgemeinerung erreicht worden ist, zu einem weiteren Kriterium der Bewertung von Ergebnissen qualitativer Forschung und des Prozesses, der zu ihnen geführt hat.

Kriterien zur Evaluation der Theoriebildung

Diese Verknüpfung von ergebnis- und prozeßorientierter Betrachtung des Vorgehens wird dort noch einen Schritt weiter entwickelt, wo die Entwicklung einer gegenstandsbegründeten Theorie generelles Ziel qualitativer Forschung ist. Corbin und Strauss (1990, S. 16) nennen vier Ansatzpunkte zur Beurteilung von empirisch begründeten Theorien und der Wege, die zu ihnen geführt haben. Danach sollen (1) die Validität, Reliabilität und Glaubwürdigkeit der Daten, (2) die Plausibilität und der Wert der Theorie selbst, (3) die Angemessenheit des Forschungsprozesses, der die Theorie erzeugt, entwickelt oder getestet hat und (4) die empirische Grundlage der Forschungsergebnisse kritisch geprüft werden. Zur Beurteilung des Forschungsprozesses selbst formulieren sie sieben Kriterien:

«1. Wie wurde die ursprüngliche Auswahl getroffen? Auf welcher Basis (selektives Sampling)?
2. Welche zentralen Kategorien tauchten auf?
3. Was waren einige der Ereignisse, Vorfälle, Handlungen etc., die auf einige dieser zentralen Kategorien hinwiesen?

4. Auf Basis welcher Kategorien ging das theoretische Sampling vor? D. h., wie haben theoretische Formulierungen Teile der Datensammlung angeleitet? Als wie repräsentativ erwiesen sich diese Kategorien, nachdem das theoretische Sampling durchgeführt wurde?
5. Welche Hypothesen betrafen Beziehungen zwischen den Kategorien? Auf welcher Basis wurden diese formuliert und getestet?
6. Gab es Beispiele, daß Hypothesen dem, was aktuell beobachtet wurde, nicht standhielten? Wie wurden diese Diskrepanzen erklärt? Wie haben sie die Hypothesen beeinflußt?
7. Wie und warum wurde die Kernkategorie ausgewählt? Erfolgte die Wahl plötzlich oder schrittweise, war sie schwierig oder einfach? Auf welcher Basis wurden die abschließenden analytischen Entscheidungen getroffen? Welche Rolle spielten die Erklärungskraft in bezug auf das untersuchte Phänomen und (...) Relevanz?»

Die Geltungsbegründung in der Theorieentwicklung läuft dabei letztlich auf die Beantwortung der Frage hinaus, inwieweit die Konzepte des Ansatzes von Strauss – wie das theoretische Sampling und die verschiedenen Formen der Kodierung – zur Anwendung kamen und diese entsprechend der methodischen Vorstellungen der Autoren erfolgt. Damit bleiben die Bemühungen der Überprüfung von Ergebnissen und Vorgehensweisen im eigenen System verhaftet. Zentralen Stellenwert erhält hier die Frage, ob die Ergebnisse und die Theorie in den empirischen Daten und Zusammenhängen begründet sind – ob es sich damit um eine gegenstandsbegründete Theorie(bildung) handelt oder nicht. Zur Überprüfung der Realisierung dieser Zielsetzung formulieren Corbin und Strauss Kriterien zur Beantwortung der Frage nach der empirischen Grundlage von Ergebnissen und Theorien:

«1. Werden Begriffe hervorgebracht?
2. Sind die Konzepte systematisch aufeinander bezogen?
3. Gibt es viele begriffliche Verknüpfungen, und sind die Kategorien weit entwickelt? Haben die Kategorien eine konzeptuelle Dichte?
4. Ist eine große Variationsbreite in der Theorie enthalten?
5. Sind die weiteren Bedingungen, die das untersuchte Phänomen beeinflussen, in seine Erklärung eingebaut?
6. Wurde ‹Prozeß› berücksichtigt?
7. Erscheinen die theoretischen Erkenntnisse bedeutsam und in welchem Maß?» (1990, S. 17f).

Auch hier ist wieder das formulierte Vorgehen und seine Einhaltung der Bezugspunkt. Damit wird die Methodologie von Strauss stärker formalisiert. Ihre Überprüfung ist zunehmend eine formale: wurden die Konzepte richtig angewendet? Die Autoren sehen selbst diese Gefahr, weshalb sie das siebte Kriterium der Relevanz in ihre Liste aufgenommen haben. Sie betonen, daß die formale Anwendung der Prozeduren der gegenstandsbegründeten Theoriebildung noch keine «gute Forschung» ausmachen. Bezugspunkte der Originalität der Ergebnisse aus der Sicht potentieller Leser, die Relevanz der Fragestellung und der Ergebnisse für die untersuchten Felder oder gar andere Felder spielen hier kaum eine Rolle.[4]

Solche Aspekte sind in den Kriterien enthalten, die Hammersley (1992, S. 64) als eine Synopse aus verschiedenen Ansätzen der Evaluation von Theorien, die aus empirischen Feldstudien entwickelt wurden, formuliert:

«1. der Grad, inwieweit eine allgemeine/formale Theorie formuliert wird;
2. der Grad der Entwicklung der Theorie;
3. die Neuheit der Behauptungen;
4. die Konsistenz der Behauptungen mit empirischen Beobachtungen und die Einbeziehung repräsentativer Beispiele aus den letzteren in den Bericht;
5. die Glaubwürdigkeit der Erklärungen für Leser und/oder die Untersuchten;
6. das Ausmaß, in dem die Ergebnisse in andere Settings übertragbar sind;
7. die Reflexivität der Erklärungen: der Grad der Bewertung der Effekte des Forschers und der verwendeten Forschungsstrategien auf die Ergebnisse und/oder der Umfang, in dem Lesern Informationen über den Forschungsprozeß geliefert werden.»

Die zuletzt genannten Kriterien sind insofern spezifisch für die Beurteilung qualitativer Forschung, ihrer Vorgehensweisen, Methoden und Ergebnisse, als sie an der Theoriebildung als einem Kennzeichen qualitativer Forschung ansetzen. Dabei werden der Weg, der zu der Theorie geführt hat, der Grad der Entwickeltheit der Theorie, die Ergebnis dieses Wegs ist, und schließlich ihre Übertragbarkeit auf andere Felder und zurück in den untersuchten Kontext zu Ansatzpunkten der Beurteilung von Forschung insgesamt.

---

4 Damit soll weniger die Konzeption der Forschung bei Strauss in Frage gestellt werden als der Ansatz zu seiner Überprüfung bei Corbin und Strauss (1990).

Alte oder neue Kriterien –
neue Antworten auf alte Fragen?

Die hier behandelten Ansätze der Geltungsbegründung bei qualitativer Forschung dienen der Methodisierung des Verstehens als Erkenntnisprinzip. Dabei werden Kriterien formuliert, die der Beurteilung der Angemessenheit der verwendeten Verfahren dienen. Zentrale Fragen sind, wie angemessen der jeweilige Fall (ob ein Subjekt oder ein Feld) rekonstruiert wurde, welcher Spielraum ihm dabei eingeräumt wird und welche Kontrollen in den Forschungsprozeß eingebaut wurden, um diesen Spielraum zu überprüfen. Es wird von der Konstruktion sozialer Wirklichkeit im untersuchten Feld und im Forschungsprozeß ausgegangen. Die entscheidende Frage ist jedoch, wessen Konstruktionen sich im Prozeß der Erkenntnis und der Formulierung der Ergebnisse wiederfinden bzw. durchgesetzt haben – die des Forschers oder diejenigen, die im untersuchten Feld anzutreffen sind. Die Geltungsbegründung macht sich dann daran fest, inwieweit die Erkenntnisse des Forschers in den Konstruktionen im Feld begründet sind und wie sich die Übersetzung und Dokumentation dieser Konstruktionen im Feld in die Texte, die das empirische Material darstellen, gestaltet. Ein weiterer Aspekt ist der Weg von der Fallanalyse zur entwickelten Theorie oder zu den allgemeineren Mustern, die gefunden wurden.

Damit wird Geltungsbegründung zu einer Frage der Analyse der Forschung als Prozeß. Auch nach der Auseinandersetzung mit den diskutierten Alternativen bleibt der Eindruck, daß beide Strategien – die Anwendung klassischer Gütekriterien und die Entwicklung neuer, spezifischer Kriterien – in der aktuellen Diskussion weiter verfolgt werden und keine der beiden Strategien bisher eine wirklich befriedigende Antwort auf die Frage der Geltungsbegründung geliefert hat. Die Gleichsetzung bzw. Verknüpfung neuer und alter Kriterien, die Miles und Huberman (1994, S. 278 f) vornehmen, stellt zwar eine interessante Perspektive der Ordnung in diesem Feld dar:
- Objektivität / Bestätigbarkeit
- Reliabilität / Verläßlichkeit / Auditierbarkeit
- Interne Validität / Glaubwürdigkeit / Authentizität
- Externe Validität / Übertragbarkeit / Passung
- Nutzung / Anwendung / Handlungsorientierung

Jedoch zeigt sie gleichzeitig, daß die bisherigen Versuche einer Neuformulierung von Kriterien für qualitative Forschung noch nicht wesentlich weiter geführt haben und die von verschiedenen Seiten geäußerten Probleme mit den klassischen Kriterien auch für die neuen zu diskutieren bleiben.

19. Darstellung qualitativer Forschung

Die Frage der Darstellung ist in der qualitativen Forschung – besonders in der Ethnographie – seit Mitte der 80er Jahre ins Zentrum des Interesses gerückt. Der Text ist in der Sozialwissenschaft nicht nur Instrument zur Dokumentation von Daten und Ansatzpunkt der Interpretation und damit Instrument der Erkenntnis, sondern auch und vor allem ein Instrument der Vermittlung und Kommunikation von Erkenntnis und Wissen. Schreiben wird gelegentlich sogar als der Kern von Sozialwissenschaft gesehen:

«Sozialwissenschaft machen heißt überwiegend, Texte zu produzieren. (...) Forschungserfahrungen müssen in Texte transformiert und an Texten nachvollzogen werden. Ein Forschungsprozeß hat nur dann ‹Ergebnisse›, wenn und insoweit sich diese in einem Bericht finden, ganz unabhängig davon, ob und welche Erfahrungen die Beteiligten konkret gemacht haben. Die Beobachtbarkeit und praktische Objektivität sozialwissenschaftlicher Phänomene wird in Texten und nirgends sonst konstituiert» (Wolff 1987, S. 333).

In diesem Zusammenhang wird Schreiben in der qualitativen Forschung in dreifacher Hinsicht relevant: bei der Darstellung der Ergebnisse; als Ansatzpunkt für die Beurteilung des Vorgehens, das zu ihnen geführt hat und damit auch der Ergebnisse selbst; schließlich als Ansatzpunkt für reflexive Überlegungen zum Status von Forschung insgesamt.

Pragmatische Funktion des Schreibens: Darstellung von Ergebnissen

Die verschiedenen Alternativen, die gefundenen Ergebnisse darzustellen, lassen sich zwischen zwei Polen ansiedeln. Auf der einen Seite steht die Zielsetzung, aus den Daten und Interpretationen im Sinne des Modells von Strauss (1991) eine Theorie zu entwickeln. Am anderen Ende steht die «Erzählung aus dem Feld» (van Maanen 1988), die die Zusammenhänge, denen der Forscher begegnet ist, anschaulich machen soll.

Theorien als Darstellungsform

Im vorigen Kapitel wurden bereits Kriterien zur Beurteilung von Theorien im Sinne von Strauss (1991) behandelt. Die Darstellung solcher Theorien verlangt nach Strauss und Corbin (1990, S. 229):

«(1) Eine klare, analytische Geschichte; (2) auf einer begrifflichen Ebene zu schreiben, wobei Beschreibungen nachgeordnet bleiben sollen; (3) die klare Spezifizierung von Beziehungen zwischen Kategorien, wobei jeweils die Ebenen der Konzeptualisierung deutlich bleiben sollen; (4) die Spezifizierung der Variationen und ihrer relevanten Bedingungen, Konsequenzen usw. einschließlich derjenigen im weiteren Sinne.»

Um diese Ziele zu erreichen, empfehlen die Autoren, zunächst einen allgemeinen logischen Entwurf der Theorie zu skizzieren. Dazu werden die analytische Logik der Geschichte entwickelt und die Umrisse der Theorie festgehalten. Am Anfang sollte eine klare Zusammenfassung des zentralen Entwurfs der Theorie stehen. Als dritten Schritt empfehlen sie die visuelle Vorstellung der ‹Architektur› des zentralen Entwurfs (S. 230 f). Damit legen sie den Hauptakzent in der Darstellung darauf, die zentralen Konzepte und Linien der entwickelten Theorie zu verdeutlichen. Die visuelle Verdeutlichung etwa in Form von Begriffsnetzen, Verlaufskurven etc. ist dabei ein Mittel, um der Darstellung größere Prägnanz zu verleihen. Um nicht in die Falle des perfekten Manuskripts (das nie fertig wird) zu geraten, empfehlen die Strauss und Corbin, im richtigen Moment die Dinge auch mal laufenzulassen und einen gewissen Grad an Unfertigkeit in Theorie und Darstellung zu akzeptieren (S. 235 f). Schließlich legen sie noch nahe, die potentielle Leserschaft für das Manuskript zu berücksichtigen und es auf die angezielte Leserschaft hin zu formulieren. In eine ähnliche Richtung gehen die Vorschläge von Lofland (1974, S. 102) für die Darstellung von Ergebnissen in Theorieform. Als Kriterien für das Verfassen wie für die Beurteilung solcher Berichte nennt er:

«(1) Der Bericht ist mittels eines allgemeinen konzeptuellen Rahmens organisiert; (2) der verwendete allgemeine Rahmen ist neuartig; (3) der Rahmen wird ausgearbeitet oder entwickelt im und durch den Bericht; (4) der Bericht ist ereignisreich im Sinne von reichlich dokumentiert in qualitativen Daten; (5) der Rahmen ist mit empirischem Material verwoben.»

Geschichten aus dem Feld
Van Maanen (1988) unterscheidet vor allem drei Formen der Darstellung von Forschungsergebnissen und -prozessen in ethnographischen Studien, die sich auch auf andere Formen qualitativer Forschung übertragen lassen.

Realistische Geschichten sind durch vier Konventionen gekennzeichnet: einerseits durch die Abwesenheit des Autors im Text – Beobachtungen werden als Fakten berichtet oder anhand von Zitaten aus Aussagen bzw. Interviews dokumentiert. Interpretationen sind nicht als subjektive Interpretationen formuliert. Der Fokus liegt andererseits auf den typischen Formen des Untersuchten, wozu die Darstellung und Analyse einer Fülle von Details dient. Weiterhin wird den Sichtweisen der Beteiligten (Mitglieder des Feldes, Interviewpartner etc.) in der Darstellung großer Spielraum eingeräumt: Wie haben sie das eigene Leben in seinem Verlauf erfahren? Was ist Gesundheit für den Interviewpartner? Schließlich versucht die Darstellung der Ergebnisse den Eindruck «interpretativer Omnipotenz» (S. 51) zu vermitteln. Die Interpretation bleibt nicht bei der subjektiven Sichtweise stehen, sondern geht durch vielfältige und weitreichende Interpretationen darüber hinaus. Der Autor kann eine begründete Interpretation liefern. Die Aussagen des Subjekts beispielsweise werden theoretisch auf ein allgemeineres Niveau gehoben, etwa durch die Verwendung von «erfahrungsfernen Konzepten» (Geertz) aus der sozialwissenschaftlichen Literatur zur Formulierung von Zusammenhängen. Ein Beispiel für diese Form der interpretativen Omnipotenz stellen Ergebnisdarstellungen bei der Anwendung der objektiven Hermeneutik (vgl. Kapitel 16) dar, in denen die wahren Handlungsgründe in herausgearbeiteten Strukturen weit jenseits des handelnden Subjektes gesucht werden (vgl. hierzu auch Reichertz 1988).

Geständnisgeschichten sind demgegenüber in ihrer Darstellung durch personalisierte Autorenschaft und Autorität gekennzeichnet. Hier verdeutlicht der Autor den eigenen Anteil am Beobachteten und der Weise seiner Interpretation auch in seinen Formulierungen. Sichtweisen des Autors sind ebenso Gegenstand der Darstellung wie Probleme, Pannen, Irrtümer (van Maanen 1988, S. 79) etc. im Feld. Trotzdem wird versucht, die eigenen Ergebnisse als begründet im untersuchten Gegenstand darzustellen. Hierzu ist Natürlichkeit in der Darstellung ein Mittel, um den Eindruck zu erhärten, daß auch in diesem Fall «ein Feldforscher und eine Kultur sich finden und trotz einiger anfänglicher (...) Mißverständnisse schließlich eine Liaison eingegangen sind». Ergebnis ist eine Mischung aus Beschreibung des untersuchten Gegenstandes und der dabei gewonnenen Erfahrungen. Ein Beispiel hierfür ist die Beschreibung des Einstiegs in das Untersuchungsfeld als Lernprozeß von Lau und Wolff (1983) bzw. dessen Scheitern (Kroner und Wolff 1986).

Impressionistische Geschichten sind in Form dramatischer Erinnerungen gehalten:

«Ereignisse werden annäherungsweise in der Reihenfolge, in der sie sich zugetragen haben sollen, wiedergegeben und schleppen all den Krimskrams mit, der mit den erinnerten Ereignissen assoziiert wird. Die Idee ist, ein Publikum in eine ungewöhnliche Welt und Geschichte hineinzuziehen und ihm zu gestatten, soweit als möglich, zu sehen, zu hören und zu fühlen, wie der Feldforscher gesehen, gehört und gefühlt hat. Solche Geschichten versuchen, das Publikum einfallsreich in die Situation im Feld zu versetzen» (van Maanen 1988, S. 103).

Das Wissen im Bericht wird Stück für Stück in fragmentierter Form entfaltet. Als Form der Darstellung wird oft die Erzählung gewählt. Es geht darum, die Spannung für die Leser aufrecht zu erhalten sowie Stimmigkeit und Glaubwürdigkeit zu vermitteln. Dabei sind impressionistische Berichte nie ganz fertig. Ihr Sinn wird im Kontakt mit den Lesern immer weiter ausgearbeitet (S. 120). Ein Beispiel hierfür ist die Darstellung des balinesischen Hahnenkampfs bei Geertz (1983c).

Andere Formen sind die *kritische Geschichte*, die vor allem auf Mißstände aufmerksam machen will und *formale Geschichten*, die eher auf theoretische Zusammenhänge in der Darstellung abzielen.

In diesen Formen des Berichts finden sich unterschiedliche Schwerpunktsetzungen in der Darstellung von Ergebnissen und Prozessen. Teilweise ergänzen sich diese Berichtsformen im Lauf der Zeit, etwa wenn zunächst eine realistische Schilderung und erst in einer zweiten Publikation eine eher als Geständnis oder Impression gehaltene Version des Feldkontaktes geliefert wird. Andererseits haben sich – wie van Maanen am Beispiel seiner eigenen Schreibstile belegt – die Konventionen für das Schreiben ethnographischer Berichte verändert, so daß heute insgesamt weniger realistische Geschichten und mehr impressionistische oder Geständnisgeschichten veröffentlicht werden – im doppelten Sinn: Es werden nicht nur mehr solche Arbeiten geschrieben, sondern auch zur Publikation angenommen. Im Übergang von den realistischen Geschichten zu den Geständnissen, aber auch bei der zunehmenden Realisierung, daß es weder die perfekte Theorie noch den perfekten Bericht darüber gibt, sollten auch die Dimension des partiellen Scheiterns und die Grenzen der eigenen Erkenntnisse als darstellenswerte Elemente der eigenen Ergebnisse Berücksichtigung finden.[5]

Schreiben können und schreiben lernen
Mit Blick auf die Darstellung von Ergebnissen – ob als Theorie oder als Geschichte – wird sich in nächster Zeit die Aufmerksamkeit verstärkt auf die Frage des Schreibens und des Schreiben-Könnens im Zusammenhang mit qualitativer Forschung richten (müssen). Wo sich Ergebnisse nicht knapp auf einen Zahlenwert, eine statistische Verteilung und Tabellen reduzieren lassen, sondern in Texten über Texten bestehen, also gerade bei qualitativer Forschung, bekommen die Überlegungen, die etwa Bekker (1993, 1994) zum Schreiben als (In-)Kompetenz des Sozialwissenschaftlers aufgrund eigener Erfahrungen mit Schreibseminaren speziell für Sozialwissenschaftler angestellt hat, besondere Relevanz. Dabei stellt Becker eine gewisse Furcht vor der eigenen Position bei Sozialwissenschaftlern fest, die für ihn einen Grund für die begrenzte Überzeugungskraft sozialwissenschaftlicher Texte liefert:

«Wir drücken uns deshalb so schwammig aus, weil wir fürchten, bei größerer Präzision von Kollegen auf offensichtlichen Irrwegen ertappt und ausgelacht zu werden. Besser etwas Harmloses, aber Ungefährliches sagen als etwas Verwegenes, das sich gegen Kritik möglicherweise nicht verteidigen läßt» (Becker 1993, S. 74).

Gerade Überlegungen zur Geltungsbegründung sozialwissenschaftlicher Erkenntnisse durch die systematische Einbeziehung des abweichenden Falls und der Kontrastierung von weit auseinander liegenden Fällen (vgl. das vorige Kapitel) ermöglichen für Becker ein offensiveres Umgehen mit Erkenntnis und Ergebnis, das auch ein eindeutigeres und greifbareres Schreiben und Darstellen gestattet:

---

5 Inwieweit der Vorschlag von Bude (1989), den «Essay als Form der Darstellung sozialwissenschaftlicher Erkenntnisse» zu verwenden, hier einen Weg zu weisen vermag, bleibt jedoch abzuwarten, gleiches gilt für die Diskussion um Ertrag und Besonderheit soziologischer Erzählungen, die derselbe Autor an anderer Stelle (1993) führt.

«Ängstliche Einschränkungen, die jede Aussage vernebeln, lassen indes die philosophische und methodologische Tradition außer acht, nach der zur Generalisierung in einer zwingenden allgemeingültigen Form auch das Benennen von Negativbeispielen gehört, die ihrerseits dazu genutzt werden können, jene zu stärken» (Becker 1993, S. 76).

Die stärkere Berücksichtigung der Rolle der Darstellung in jeder Form wissenschaftlicher Erkenntnis sollte nach Becker dazu führen, den potentiellen Leser als ein zentrales Moment in die Gestaltung des darstellenden Textes einzubeziehen – da Erkenntnisse und Ergebnisse nie in Reinform existieren und kommunizierbar sind, sondern von ihrer potentiellen Leserschaft zumindest mit-bestimmt werden. Dies aktiv bei der Gestaltung von sozialwissenschaftlichen Texten zu nutzen, ist ein weiterer Rat, den Becker (nicht nur für die Teilnehmer in seinen Schreib-Seminaren) formuliert:

«Einen Text klarer und verständlicher zu machen, heißt Erwägungen über seine potentiellen Leser anzustellen. Wer ist es, der ihn besser verstehen soll? Wer liest ihn überhaupt? Was müssen Leser wissen, um das Gesagte nicht mißzuverstehen oder dunkel und mißverständlich zu finden? Man wird anders schreiben für Personen, mit denen man in einem gemeinsamen Projekt eng zusammenarbeitet, als für fremde Fachkollegen, die das gleiche Spezialgebiet haben; wieder anders für wissenschaftliche Kollegen, die in anderen Bereichen und Disziplinen tätig sind, und noch einmal anders für den ‹intelligenten Laien›» (Becker 1993, S. 82).

Fragen der Darstellung werden in nächster Zeit die methodische Diskussion der qualitativen Sozialforschung stärker bestimmen, wenn der Trend zur Textwissenschaft weiter anhält. Texte, auch sozialwissenschaftliche, wollen und sollen eine bestimmte Version der Welt (im Sinne von Goodman 1984) zeichnen und wollen mit dieser Version überzeugen – andere Wissenschaftler insbesondere und den (potentiellen) Leser allgemein. Diese Überzeugung soll zwar nicht nur durch das «Wie» der Darstellung, sondern auch durch das «Was» des Dargestellten erreicht werden; doch Funktion und Wirkung von sozialwissenschaftlichen Texten hängen nicht zuletzt von der Berücksichtigung folgender Erfahrung ab: «Wir sprachen über wissenschaftliches Schreiben als eine Form der Rhetorik, darauf ausgerichtet zu überzeugen, und wir sprachen darüber, welche Formen der Überzeugung von der Gemeinschaft der Gelehrten als legitim und welche als illegitim angesehen werden» (Becker 1993, S. 79).

Entsprechend erfährt nicht nur die Technik des Schreibens in letzter

Zeit größere Aufmerksamkeit. Vielmehr sind auch die konstruktiven und interpretativen Prozesse, die bei der Herstellung und empirischen Bearbeitung von Texten ablaufen und schließlich die Fragen der Geltungsbegündung, welche an Text und Konstruktion, an Version und Interpretation, an Erkenntnis und Ergebnis zu richten sind, in das Zentrum der Diskussion über qualitative Forschung gerückt.[6]

Legitimative Funktion des Schreibens

Daß die Kommunizierbarkeit von sozialwissenschaftlichem Wissen von der Form seiner Darstellung wesentlich abhängt, wurde lange Zeit vernachlässigt, dringt aber mittlerweile von verschiedenen Seiten ins Zentrum der methodischen Diskussion, wie etwa Bude verdeutlicht:

«Es wird zu Bewußtsein gebracht, daß wissenschaftliches Wissen stets dargestelltes wissenschaftliches Wissen ist. Und daraus folgt, daß in der wissenschaftlichen Handlungslogik neben der ‹Logik der Forschung› eine ‹Logik der Darstellung› zu berücksichtigen ist. Wie bei der Konstitution einer wissenschaftlichen Erkenntnis forscherische Erfahrungsbildung und darstellerische Erfahrungssicherung zusammenhängen, darüber hat man erst begonnen nachzudenken und nachzuforschen» (Bude 1989, S. 527).

Hintergrund dieser Diskussion in die Sozialwissenschaften allgemein sind neben entsprechenden Überlegungen in der Geschichtswissenschaft (Koselleck 1990; Ginzburg 1990) auch die Überlegungen von Clifford Geertz (1988/1990) zur Rolle des «Anthropologen als Autor», der weniger ein Bild einer untersuchten Kultur an sich liefert, sondern eine spezifische Darstellung dieser Kultur, die deutlich von seinem jeweiligen Schreibstil geprägt ist. Aus diesem Grund setzt sich Geertz mit vier klassischen Forschern der Anthropologie (Malinowski, Evans-Pritchard, Levi-Strauss, Benedict) als vier klassischen Autoren von anthropologischen Texten und mit diesen Texten auch unter literarischen Gesichtspunkten auseinander. Dabei spielt in seinen Überlegungen die in der modernen Anthropologie geführte Diskussion um die «Krise der

---

[6] Dieser Eindruck entsteht nicht nur in den Publikationen zur Ethnographie, sondern allgemeiner bei der Auseinandersetzung mit dem von Denzin und Lincoln herausgegebenen Handbuch (1994a), das sehr stark von den aktuellen Diskussionen über das Schreiben von Ethnographie und Kultur in Zeiten der Postmoderne geprägt ist.

ethnographischen Repräsentation» eine zentrale Rolle.[7] In dieser Diskussion werden die in Kapitel 3 angesprochenen Probleme mit dem herkömmlichen Verständnis von Repräsentation aufgegriffen und auf das Problem der Darstellung des Anderen (d. h. hier: der anderen Kultur) hin zugespitzt:

«Die Hinwendung zum Text erschließt eine Dimension des wissenschaftlichen Erkenntnisprozesses, die bislang unterbelichtet blieb. Indem Erkenntnis als Textproduktion, als Verschriftlichung von Diskurs und Handlungspraxis thematisiert wird, werden die Bedingungen für die Möglichkeit einer Erörterung ethnographischer Repräsentationspraxis geschaffen» (Fuchs und Berg 1993, S. 64).

Bei der Ethnographie fremder und ferner Kulturen und dem Anliegen, diese Lesern verständlich zu machen, welche diese Kulturen nicht aus eigener Anschauung kennen, verschärft sich das Problem der Darstellung zusätzlich im Vergleich zu dem Versuch, Lesern einen Alltag, eine Biographie, ein institutionelles Milieu aus dem eigenen kulturellen Kontext zugänglich zu machen: «Ethnographie hat immer zu kämpfen gehabt mit dem Mißverhältnis zwischen begrenzter persönlicher Erfahrung, in der der Wissensprozeß gründet, und dem Anspruch auf ein autoritatives Wissen über eine ganze Kultur, den sie mit ihrem Produkt, den Texten, erhebt» (Fuchs und Berg 1993, S. 73).

In dem Moment, wo Sozialwissenschaften dieses kritische Hinterfragen der Bedingungen der Herstellung wissenschaftlicher Texte und ihrer Bedeutung für das darin Beschriebene, Erklärte oder Erzählte übernehmen[8], ist zugleich die Diskussion um die angemessene Form der Darstellung ihrer Erkenntnisse eröffnet.

Schreiben wird dann nicht nur als ein Bestandteil des Forschungsprozesses[9] gesehen, sondern auch als eine Forschungsmethode (Richardson

---

7 Diese Diskussion dokumentieren ausführlich die Bände von Berg und Fuchs (1993) und Clifford und Marcus (1986).
8 Daß sie dies tun sollte, hat allgemeiner schon vor einiger Zeit René König (1984, S. 23) festgehalten: «Die Vorstellung des ‹Fremden› oder der ‹fremden Ferne›, die für die Arbeit des Ethnologen fundierend sind, sind aber für den die eigene Wirklichkeit studierenden Soziologen ebenfalls bedeutsam; denn die Vorstellung, daß er als Mitglied der gegebenen gesellschaftlichen Realität auch über ein substantielles ‹Vorwissen› verfüge, das durch entsprechende Bearbeitung zum wissenschaftlichen Wissen entwickelt werden könnte, ist alles andere als selbstverständlich.»
9 Vgl. zu diesem Aspekt neben Becker (1993, 1994) auch Wolcott (1990b) und Richardson (1990).

1994), die ebenso wie andere Methoden dem Wandel der historischen und wissenschaftlichen Kontexte unterliegt. Insbesondere die Postmoderne hat das wissenschaftliche Schreiben im Bereich der qualitativen Forschung nachhaltig beeinflußt bzw. in seiner Selbstverständlichkeit in Frage gestellt. Besonderes Gewicht erhält das Schreiben im Forschungsprozeß, da die im vorigen Kapitel behandelten «neuen Kriterien» zur Beurteilung der Forschung insgesamt an der Darstellung von Ergebnis und Prozeß ansetzen. Wo statt der Reliabilität bestimmter Methoden und der Validität der Daten und Ergebnisse Vertrauens- und Glaubwürdigkeit von Forschung zu zentralen Kriterien werden (z. B. bei Lincoln und Guba 1985), verlagert sich das Geltungsproblem insgesamt auf die Ebene der Darstellung:

«Der Forschungsbericht mit der Darstellung und Reflexion des methodischen Vorgehens, mit all seinen Erzählungen über den Zugang zum und die Aktivitäten im Feld, mit seinen Dokumentationen unterschiedlicher Materialien, mit seinen verschrifteten Beobachtungen und Gesprächen, Auswertungen und theoretischen Schlüssen etc. stellt demnach die einzige Basis für die Beantwortung der Frage nach der Qualität der Untersuchung dar» (Lüders 1992, S. 19).

Wenn damit die Ergebnisse und Vorgehensweisen wissenschaftlicher Forschung vor allem nach ihrer Darstellung und der stilistischen etc. Qualität des Berichts oder Artikels bewertet werden, wird auch die Grenze zwischen Wissenschaft und Literatur fließend. In jedem Fall wird der Text damit ins Zentrum der Auseinandersetzung mit der Geltung von qualitativer Forschung gerückt. In Ergänzung zu den Darstellungen in Kapitel 3 (vgl. Abb. 4) wird der Text dann auch zur Beurteilung der Übersetzung von Erfahrungen in Konstruktionen und Interpretationen ein zentrales Element. Die Glaubwürdigkeit der Darstellung läßt sich somit in den Hinweisen auf Anstrengungen zur Realisierung der im vorangegangenen Kapitel behandelten Kriterien der Geltungsbegründung bestimmen: von kommunikativer Validierung über die Analyse der Interviewsituation, von konsequenter Realisierung des theoretischen Sampling und der Triangulation von Methoden und Perspektiven zu methodischen Ansatzpunkten zur Verallgemeinerung von Erkenntnissen durch den konstanten Vergleich und die Kontrastierung von Fällen bis zur Analyse abweichender Fälle (vgl. Abb. 15).

Einen Schritt über eine textzentrierte Behandlung der Glaubwürdigkeit hinaus geht Reichertz (1992), der verdeutlicht, daß diese Form der

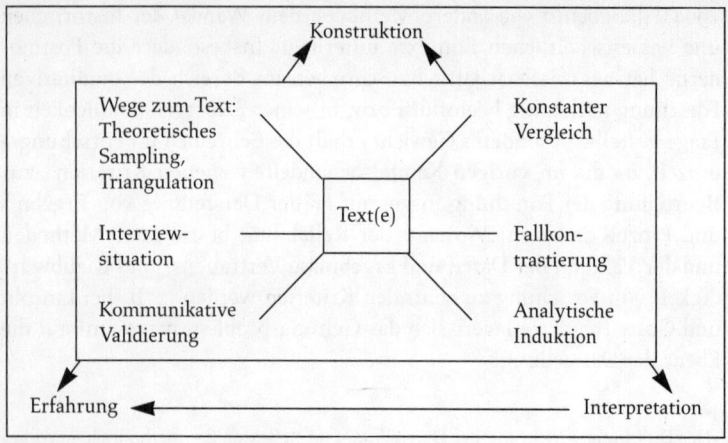

Abbildung 15: Geltungsbegründung am Text

Überzeugung hinsichtlich der Glaubwürdigkeit nicht nur im Text realisiert wird, sondern in der Interaktion zwischen Autor, Text und Leser:

«Entscheidend ist dagegen die im Text zum Ausdruck kommende Haltung, mit der sich der Ethnograph seinen eigenen Deutungen und den Deutungen seiner Kollegen zuwendet, um sie je nach den Erfordernissen des Einzelfalles auf einander zu beziehen. Nicht die schriftlich reklamierte Art des Deutens ist für den Leser relevant, sondern die im Text gezeigte Handlung des Deutens, die natürlich sich auch stets semiotischer, also fälschungsanfälliger Mittel bedienen muß» (Reichertz 1992, S. 346).

Reflexive Funktion des Schreibens

Forschung umfaßt dann nicht nur die Interaktion zwischen dem Forscher und dem Gegenstand, sondern auch die Interaktion zwischen dem Forscher und seinen potentiellen Lesern, für die er schließlich die Darstellung verfaßt. Diese Beziehung ist – ebenso wie der Text, der zu diesem Zweck erstellt wird, und das diesbezügliche Schreiben – in mehrfacher Hinsicht determiniert: «kontextuell (...), rhetorisch (...), institutionell (...), gattungsmäßig (...), politisch (...) und historisch (...)» (Clifford 1986, S. 6).

Allgemeiner betrachtet werden durch solche Überlegungen die Beziehung zwischen Autor, Text und Leser und die Bedingungen der Herstellung von wissenschaftlichen Texten in den Vordergrund gerückt im Vergleich zur Beziehung zwischen Forscher und Forschungsgegenstand, die im Text nur in zusammenfassender Weise dokumentiert wird. Eine ähnliche Reflexion ist hinsichtlich der Herstellung naturwissenschaftlicher Forschung zu verzeichnen (vgl. Knorr-Cetina 1984). Während sich dort aber noch Sozialwissenschaft mit dem ‹anderen› – konkret den Naturwissenschaftlern in ihren Labors und den Praktiken bei der ‹Fabrikation von Erkenntnis› – beschäftigt (wie sie dies schon immer tut), hat die Diskussion über das Schreiben in der Ethnographie und allgemeiner in der qualitativen Forschung zu einer Selbstreflexion sozialwissenschaftlicher Forschung geführt. Hier wird zunehmend auch die Rolle und das Selbstverständnis des qualitativen Forschers hinterfragt: «Der qualitative Forscher ist kein objektiver, autoritativer, politisch neutraler Beobachter, der außerhalb des Textes und über ihm steht» (Bruner 1993; zit. nach Lincoln und Denzin 1994, S. 576).

Daraus leitet sich die Frage ab, welche Gültigkeit das Dargestellte beanspruchen kann, wenn die Art der Darstellung durch den Autor wesentlich bestimmt, was dargestellt wird und wie. Die Frage wird unter der Überschrift der Autorität des Textes diskutiert:

«Mit der Autorität des Textes beziehen wir uns auf den Anspruch, den irgendein Text erhebt, genau, wahr und vollständig zu sein. Das heißt, gibt ein Text den Kontext und die Individuen, die er mutmaßlich darstellen soll, getreu wieder? Hat der Text das Recht zu behaupten, daß er ein Bericht an die weitere Welt ist, der nicht nur den Interessen des Forschers, sondern auch den Interessen derer entspricht, die untersucht werden?» (Lincoln und Denzin 1994, S. 578).

Daran schließen sich Fragen nach Ansprüchen qualitativer Forschung an die gegenstandsangemessene Analyse und Darstellung der untersuchten Kontexte und Personen und deren Berechtigung an. Die Infragestellung der Autorität des Textes führt schnell zu einer Infragestellung der Autorität und Berechtigung der Forschung insgesamt. In solchen Diskursen droht dann auch der ursprüngliche Anlaß der Forschung – Erkenntnisse über Lebenszusammenhänge und subjektive Sichtweisen sowie ihre Kontexte zu produzieren – in einem endlosen Diskurs der Selbstreferentialität unterzugehen.[10]

Auflösung der Wissenschaft im Schreibstil?

Dabei droht die qualitative Forschung, kaum daß sie sich ihren Platz in den Wissenschaften mühsam erkämpft hat, sich in endlosen Debatten über die Rolle und Probleme des Schreibens zu verlieren. So mag es sinnvoll sein, die Schreibstile etablierter Ethnographen als Autoren zu betrachten (Geertz 1990 über Levi-Strauss u. a.; Wolff 1992 dann wieder über Geertz), um darüber die Art des Schreibens in der Ethnographie von der in anderen Genres zu unterscheiden. Trotzdem sollte der Anspruch qualitativer Forschung, Wissenschaft zu betreiben, die Grenzen zu anderen Genres der Darstellung zu benennen, aber auch die Grenzen zwischen einer guten, erfolgreichen o. ä. Studie von einer weniger gelungenen oder gescheiterten bestimmen zu können, nicht aufgegeben werden. Zugunsten der Diskussion über das Schreiben in der Forschung darf also weder die Diskussion von Kriterien über Qualität in der Forschung – und zwar nicht nur solche hinsichtlich eines guten, vertrauenswürdigen Textes – aufgegeben werden, noch sollte die Praxis der Forschung insgesamt zu kurz kommen.

---

10 Lincoln und Denzin (1994, S. 576) sehen eine ähnliche Gefahr: «Endlose selbstreferentielle Kritiken der Poststrukturalisten können Berge von Texten mit wenig Bezügen zu konkreten menschlichen Erfahrungen produzieren.»

20. Perspektiven

Abschließend sollen noch einige Perspektiven und Trends skizziert werden, von denen für die Diskussion und Entwicklung qualitativer Forschung in den nächsten Jahren wesentliche Impulse zu erwarten sind. Dabei handelt es sich um Trends, deren Umsetzung bereits begonnen hat (der Einzug der Computer in die qualitative Forschung), die schon lange virulent, aber nicht befriedigend umgesetzt sind (die Verbindung mit quantitativer Forschung), die neue Formen der Qualitätsbestimmung ermöglichen werden (Prozeßevaluation und Qualitätsmanagement) oder die traditionelle Spannungsfelder qualitativer Forschung (zwischen Methoden und Haltung) und ihre Bedeutung für ihre didaktische Vermittlung in Erinnerung rufen.

Computer in qualitativer Forschung

Daß qualitative Forschung technischem Wandel unterliegt und von diesem wesentlich mitbestimmt wird, hat sich im Zusammenhang mit den neuen Aufzeichnungstechnologien und den neuen Formen von Daten, die sie erst ermöglichen, bereits gezeigt (vgl. Kapitel 14). In den letzten zehn Jahren hat jedoch auch bei der Analyse von Daten ein möglicherweise weitgehender technischer Wandel begonnen, der mit dem Einzug des Computers in die qualitative Forschung zusammenhängt. Hier lassen sich die generellen Veränderungen sozialwissenschaftlicher Arbeit durch PCs und Textverarbeitungsprogramme (vgl. hierzu auch Flick 1995b), aber auch spezielle Entwicklungen in der qualitativen Forschung und für sie feststellen. Wenn sich diese Entwicklungen stärker als bisher durchsetzen, werden sich vermutlich gravierende Veränderungen der qualitativen Forschungspraxis ergeben. Mittlerweile gibt es erste Überblicke über den sich ständig entwickelnden Markt, die zum Teil aus der Position des Entwicklers und Anwenders (Richards und Richards 1994) oder aus der anwendender qualitativer Forscher (Weitzman und Miles 1995) geschrieben worden sind.

Verwendungsweisen von Computern
Allgemeiner betrachtet lassen sich folgende Verwendungsweisen von Computern und Software im Rahmen qualitativer Forschung festhalten:

«1. Anfertigung von Notizen im Feld
2. Niederschrift oder Transkription von Feldnotizen
3. Editierung: Korrektur, Erweiterung oder Überarbeitung von Feldnotizen
4. Kodierung: Vergabe von Schlüsselworten oder Etiketten für Textsegmente, um das spätere Wiederfinden zu ermöglichen
5. Speicherung von Text in einer organisierten Datenbank
6. Suchen und Hervorholen: Lokalisierung relevanter Datensegmente und Zugänglichmachen für eine nähere Untersuchung
7. Datenverknüpfung: Verbindung von relevanten Datensegmenten untereinander, Bildung von Kategorien, Clustern oder Netzwerken von Informationen
8. Memoschreiben: das Schreiben von reflexiven Kommentaren zu einigen Aspekten der Daten als Basis für tiefere Analysen
9. Inhaltsanalysen: Häufigkeitsauszählung, Folge oder Lokalisierung von Wörtern und Sätzen
10. Präsentation von Daten: Einordnung ausgewählter oder reduzierter Daten in ein kondensiertes, organisiertes Format wie einer Matrix oder einem Netzwerk für die nähere Untersuchung
11. Schlüsse ziehen und Verifikation: Unterstützung des Forschers bei der Interpretation präsentierter Daten und bei der Überprüfung und Bestätigung von Ergebnissen
12. Theoriekonstruktion: Entwicklung systematischer, begrifflich kohärenter Erklärungen von Ergebnissen, Hypothesentest
13. Grafische Darstellung: Entwicklung von Diagrammen, die Ergebnisse oder Theorien darstellen
14. Vorbereitung von Zwischen- und Endberichten» (Miles und Huberman 1994, S. 44).

Dieser Liste ließen sich weitere Aspekte hinzufügen, vor allem die Transkription von Interviews, das Führen eines Forschungstagebuchs, die Kommunikation mit anderen Forschern über Computernetze sowie das Schreiben von Artikeln über die eigene Forschung oder ihre Methoden. Die meisten dieser Tätigkeiten lassen sich mit den üblichen Textverarbeitungsprogrammen mehr oder minder komfortabel oder umständlich ausführen (1, 2, 3, 8, 14, mit großem Geschick und luxuriösen Programmen auch 4, 6, 9 – vgl. Weitzman und Miles 1995, S. 5). Damit ist die erste Verwendungsweise von Computern in qualitativer Forschung skizziert: die Umfunktionalisierung oder auch einfache Verwendung von Textverarbeitungsprogrammen. Wenn deren Möglichkeiten nicht ausreichen, kann man auf vorhandene Software für spezielle Zwecke zurückgreifen oder selbst ein Programm entwickeln. Viele der heute verfügbaren Programme sind auf diesem Weg entstanden – ausgehend von bestimmten Bedürfnissen und Notwendigkeiten in einem konkreten Projekt. Manche Programme wurden dann in ihren Möglichkeiten so erweitert, daß sie sich auch für andere Fragestellungen und Datensorten verwenden lassen als ursprünglich geplant.

Spezielle Programme für die Analyse qualitativer Daten
Vor diesem Hintergrund sind mittlerweile ca. 25 Programme verfügbar, die speziell für die Analyse qualitativer Daten entwickelt wurden. Daraus ergibt sich einerseits eine gewisse Unübersichtlichkeit des Angebots. Andererseits unterliegen alle diese Programme bestimmten Begrenzungen, die aus dem jeweiligen Entwicklungshintergrund und -zweck und den Schwerpunktsetzungen in den Programmen resultieren.

Leitfragen für die Analyse von Programmen
Bei einer ersten Bestandsaufnahme (Flick 1991a) über die zum damaligen Zeitpunkt verfügbaren Programme dienten als Leitfragen für die Analyse von Computerprogrammen für qualitative Forschung (Flick 1991d, S. 800):

«● Datenbezogene Fragen: Für welche Art von Daten wurde das Programm konzipiert? Für welche Daten kann es darüber hinaus verwendet werden? Für welche Daten eher nicht?
● Tätigkeitsbezogene Fragen: Welche Tätigkeiten und Prozeduren kann man damit durchführen? Welche eher nicht?
● Prozeßbezogene Fragen: Wie hat das Programm nach bisherigen Erfahrungen den Umgang mit Daten und die Rolle des Forschers oder Interpreten beeinflußt? Welche neuen Möglichkeiten hat es eröffnet? Was ist damit schwieriger, umständlicher o. ä. im Interpretationsprozeß geworden?
● Technische Fragen: Was sind die für die Anwendungen notwendigen Voraussetzungen der Hardware (Computertyp, Größe des Arbeitsspeichers, Festplatte, Grafikkarte, Bildschirm…) bzw. der Software (Betriebssystem, andere notwendige Programme)? Vernetzungsmöglichkeiten mit anderen Programmen (SPSS, Textverarbeitung, Datenbanken…)
● Kompetenzbezogene Fragen: Welche spezifischen, v. a. technischen Kompetenzen setzt das Programm beim Anwender voraus (Programmierkenntnisse, ggf. in bestimmten Programmiersprachen etc.)?»

Obwohl mittlerweile wesentlich mehr und besser entwickelte Programme zur Verfügung stehen, sind diese Fragen immer noch vor deren

Einsatz zu stellen. Eine aktuelle Orientierung bieten Weitzman und Miles (1995), die einerseits Anhaltspunkte für die Entscheidung für oder gegen Computer zur Unterstützung qualitativer Analysen sowie für bestimmte Programme, andererseits einen kriterienbezogenen Test und Vergleich von 24 Programmen liefern.

Schlüsselfragen vor der Entscheidung für ein Programm
Dabei gehen Weitzman und Miles von einer Reihe von Schlüsselfragen aus (S. 7 f), die vor der Entscheidung für ein Programm oder die Verwendung von Computern insgesamt gestellt werden sollten:

- Um welchen Typ von Computernutzer handelt es sich? Hierfür geben sie Kriterien für vier Levels (vom Anfänger bis zum Hacker) an. Darüber hinaus stellt sich die Frage, welche Art von Computer verwendet werden soll oder bereits verwendet wird (IBM-DOS oder Apple?). Schließlich werfen sie an dieser Stelle die Frage nach der eigenen Erfahrung mit qualitativer Forschung auf: Anfänger in qualitativer Forschung sind in der Regel ebenso wie Anfänger im Umgang mit Computern von den anspruchsvollen Programmen, ihren Möglichkeiten und der Entscheidung für ein Programm überfordert.
- Wird die Entscheidung zur Verwendung eines Programms für ein konkretes Forschungsprojekt oder für die nächsten Jahre getroffen? Damit sind zwei Fragen verknüpft: nach dem Verhältnis von Aufwand für die Einarbeitung in das Programm und sonstige Vorbereitungen und dem Gewinn an Zeit und Möglichkeiten, wenn dann nur eine sehr begrenzte Menge von Daten ausgewertet werden soll; und die Frage, inwieweit das jeweilige Programm nach den aktuellen Bedingungen (Art der Daten, Fragestellung etc.) oder auch mit Blick auf spätere, möglicherweise komplexere Untersuchungen ausgewählt wird.
- Um welche Art von Daten und Projekt handelt es sich (eine oder mehrere Datenquellen, Fall- oder Vergleichsstudie; strukturierte oder offene Daten; einheitliche oder verschiedene Eingaben von Daten; Umfang der Datenbasis)?
- Welche Art der Analyse ist geplant (explorativ oder bestätigend, festgelegtes oder zu entwickelndes Kodierschema, mehrfache oder einfache Kodierung, ein Durchgang oder schrittweise Analyse, Feinheit der Analyse, Interesse am Kontext der Daten, welche Erwartung an die Präsentation von Daten und: nur qualitative oder auch zahlenmäßige Auswertung)?
- Wie wichtig ist die Nähe zu den Daten im Verlauf der Analyse: Soll

immer der interpretierte Text zugänglich sein oder nur die Kategorien etc.?
- Kostenbegrenzungen: Können das jeweilige Programm bzw. die dafür nötigen Computer angeschafft werden?

Zu ergänzen ist hier sicherlich die Frage, ob der notwendige Aufwand für die Einarbeitung in Computer und Programm insgesamt bzw. zum jeweiligen Zeitpunkt leistbar ist: Wer kurz vor Ende der Projektlaufzeit etwas hilflos vor einem Datenberg sitzt und nicht besonders fit im Umgang mit dem Computer ist, den wird ein Analyseprogramm auch nicht, zumindest nicht kurzfristig, ‹retten›.

Programmtypen
Die derzeit erhältlichen Programme lassen sich zu verschiedenen Typen zusammenfassen (Weitzman und Miles 1995; Richards und Richards 1994):
- Textverarbeitungsprogramme, mit denen man nicht nur schreiben kann, sondern in begrenztem Umfang auch Texte verwalten, Worte oder Wortfolgen suchen kann.
- Textsucheprogramme, mit denen sich speziell bestimmte Wortfolgen suchen, zusammenfassen, auflisten o. ä. lassen.
- Textverwaltungsprogramme zur Verwaltung, Suche, Sortierung und Ordnung von Textbestandteilen.
- Kodierungs- und Such-Programme (Code-and-Retrieve-Programs) zur Zerlegung des Textes in Segmente, um diese dann mit Kodes zu versehen, und zur Suche oder Auflistung aller Textsegmente, die mit dem jeweiligen Kode bezeichnet wurden. Dabei wird die Markierung, Ordnung, Sortierung und Zuordnung von Text und Kodes unterstützt und jeweils beides (Text und Kode) gemeinsam dargestellt und verwaltet.
- Kodebasierte Theoriebildung: Zusätzlich unterstützen diese Programme die Theoriebildung dadurch, daß sie nicht nur Schritte und Operationen auf der Ebene des Textes (Zuordnung einer oder mehrerer Textstellen zu einem Kode), sondern auch auf einer zweiten, der konzeptuellen Ebene (Beziehungen zwischen Kodes, Ober- und Unterkategorien, Kategoriennetze) unterstützen, jeweils unter Rückgriff auf die zugehörigen Textbestandteile. Teilweise sind hierzu mehr oder minder luxuriöse Grafikeditoren enthalten, und die Möglichkeit der Einbindung von Videodaten wird eröffnet.
- Begriffliche Netzwerk-Bildung ist mit der letzten Gruppe durch ausgedehnte Möglichkeiten der Entwicklung und Darstellung von Begriffs-

netzen, Kategoriennetzen und unterschiedlichen Möglichkeiten der Visualisierung von Relationen zwischen den jeweiligen Bestandteilen der Netze möglich.

Bei all diesen Möglichkeiten, die die verschiedenen Programme anbieten, ist immer zu bedenken, daß natürlich nicht die Programme die Theorie entwickeln – genausowenig, wie ein Textverarbeitungsprogramm einen Artikel schreibt. Beide unterstützen die jeweilige Tätigkeit dadurch, daß sie bestimmte Schritte vereinfachen und beschleunigen oder andere Möglichkeiten der Darstellung eröffnen.

ATLAS / ti als Beispiel

Dieses Programm wurde von Muhr (vgl. 1994) in einem Projekt an der TU Berlin entwickelt (vgl. Böhm, Mengel und Muhr 1994). Grundlage sind der Ansatz der gegenstandsbegründeten Theorieentwicklung und das theoretische Kodieren von Strauss (1991; vgl. Kapitel 15). Weitzman und Miles ordnen dieses Programm[1] in die letztgenannte, vor allem aber in die Gruppe der «kodebasierten Theorieentwickler» ein. Es bietet Bearbeitungen auf der textuellen und der konzeptuellen Ebene (s. o.). Aus dem Primärtext (wie das zu interpretierende Interview) und den zugehörigen Interpretationen bzw. Kodierungen wird am Bildschirm eine «hermeneutische Einheit» gebildet. Das Programm zeigt den Primärtext mit allen Kodes, die vergeben wurden, und Kommentaren in verschiedenen Fenstern auf dem Bildschirm an. Es bietet eine Reihe von Funktionen an, die in Form von Symbolen auf dem Bildschirm präsent sind (Suchen, Kopieren, Ausschneiden, Kodevergabe, Vernetzungsfunktionen etc.). Neben der Suche nach Wortfolgen im Text und der Zuordnung von Kodes ist vor allem die Darstellung von Kodes und Kategorien in Begriffsnetzen hilfreich. Dabei bleibt der Bezug zu den Textstellen, auf die sich Kategorien und Oberkategorien beziehen, jeweils erhalten und kann unmittelbar am Bildschirm dargestellt werden. Kodierungen lassen sich am Bildschirm auflisten oder ausdrucken. Schnittstellen zu SPSS und anderen Programmen sind eingebaut. Weiterhin ist möglich, daß verschiedene Autoren am selben Text an verschiedenen Computern arbeiten. Die Bewertung des Programms bei Weitzman und Miles (1995, S. 228) ist ausgesprochen positiv.

---

[1] Technische Voraussetzungen sind: IBM-kompatibler DOS-Rechner (386 DX, 40 Mhz) mit 8 MB RAM, VGA-Grafikkarte, DOS 3.0 und höher, Maus, Festplatte.

Fragen und Probleme bei der Verwendung von Computern
Bislang ist die Verwendung der vorhandenen Programme, die speziell für die Analyse qualitativer Daten entwickelt wurden, noch begrenzt, wogegen Textverarbeitungsprogramme im Forschungsprozeß unverzichtbar geworden sind. Daß sich die Analyseprogramme noch nicht stärker durchgesetzt haben, liegt einerseits an der relativen Neuheit der Programme, die zum Teil gerade erst aus der Entwicklungsphase in eine einigermaßen handhabbare, verläßliche und nutzerfreundliche Anwendungsphase getreten sind, oder – wie die Pionierprogramme zur computerunterstützten Inhaltsanalyse auf Großrechnern – schon wieder hoffnungslos veraltet sind. Andererseits ist – auch wenn alle moderneren Programme auf PCs, anderen Schreibtischcomputern oder Laptops laufen – immer noch die Bindung an einen Computer gegeben. Daraus resultieren Probleme des Zugangs (nicht jeder qualitative Forscher ist für Computer zu begeistern) und der Zugänglichkeit (neben dem Programm muß auch das Betriebssystem und das Gerät selber erlernt, beherrscht und genutzt werden). Die Zugänglichkeit ist aber auch räumlich zu verstehen, man muß eben am Computer auswerten zu Zeiten, in denen er verfügbar ist (vgl. Flick 1994).

Eine andere Frage ist die Verwendbarkeit von Computerprogrammen für die verschiedenen Interpretationsansätze. Bei sequentieller Analyse sind die Angebote der verschiedenen Programme wesentlich weniger relevant als bei Ansätzen der Kodierung bzw. Kategorisierung. Die Frage, inwieweit ein zunehmendes Vordringen von Computerprogrammen bei der Interpretation von Texten und die möglicherweise sich mit der Zeit ergebende Selbstverständlichkeit ihrer Benutzung zu einer Zurückdrängung bestimmter ‹inkompatibler› Umgangsweisen mit Texten führen wird, bleibt kritisch zu stellen. Heute werden selbstverständlich Tonbandaufzeichnungen zur Dokumentation verwendet. Nichtaufzeichenbares wie die Teilnehmende Beobachtung erhält dadurch und deshalb gelegentlich einen sekundären Stellenwert (etwa bei Bohnsack 1991). Ähnlich halten Richards und Richards (1994, S. 445), immerhin die Entwickler eines der führenden Programme (NUD•IST), fest: «Die Computermethode kann dramatische Implikationen für Forschungsprozeß und -ergebnisse haben, von unannehmbaren Beschränkungen für Analysen bis zur unerwarteten Eröffnung von Möglichkeiten.»

Computer werden sich in qualitativer Forschung – wie sonst auch – durchsetzen. Es bleibt abzuwarten, wie sich eben diese Forschung dabei verändert. Vielleicht führt die Verwendung von Computern zu neuen

Möglichkeiten der Dokumentation von Vorgehensweisen und einer höheren Transparenz im Forschungsprozeß. Damit kann sie nicht zuletzt einen Beitrag zur Verbesserung der Geltungsbegründung qualitativer Interpretationen leisten.

Qualitative und quantitative Forschung

Die Entwicklung qualitativer Methoden stand anfänglich häufig im Zeichen der Kritik an quantifizierenden Methoden und Forschungsstrategien (vgl. Kohli 1978 für das Beispiel der Befragungsverfahren). Die Auseinandersetzungen um das jeweilige Wissenschaftsverständnis sind zwar noch nicht beigelegt; jedoch hat sich eine breite Forschungspraxis in beiden Bereichen entwickelt, die für sich spricht, unabhängig davon, daß es jeweils gute und schlechte Forschung gibt. Andererseits hat sich die Kombination beider Strategien als eine Perspektive herauskristallisiert, die in unterschiedlicher Gestalt diskutiert und praktiziert wird.

Gegenstandsangemessenheit der Methoden als Bezugspunkt
Die ursprünglich vor allem an erkenntnistheoretischen und philosophischen Standpunkten orientierte Debatte über qualitative versus quantitative Forschung (vgl. Bryman 1988 als Überblick) hat sich mehr in Richtung forschungspraktischer Fragen der Angemessenheit des jeweiligen Ansatzes verlagert. Wilson (1982, S. 501) hält zum Verhältnis dieser beiden methodischen Traditionen fest:

«Somit ergänzen sich qualitative und quantitative Ansätze gegenseitig und konkurrieren nicht miteinander. Jede liefert eine Art von Information, die sich nicht nur von der anderen unterscheidet, sondern auch für deren Verständnis wichtig ist. (...) Die Anwendung einer bestimmten Methode kann man also nicht mit seinem ‹Paradigma› oder seinen Neigungen begründen, sondern sie muß von der Eigenart des jeweiligen Forschungsproblems ausgehen.»

In eine ähnliche Richtung argumentieren McKinlay (1993, 1995) und Baum (1995) im Bereich der Gesundheitswissenschaften. Das heißt, daß nicht grundsätzliche Erwägungen die Entscheidung für oder gegen qualitative Methoden bzw. für oder gegen quantitative Methoden bestimmen sollten, sondern der untersuchte Gegenstand und die an ihn herangetragenen Fragestellungen.

Kombination von qualitativen und quantitativen Methoden
Ähnliches gilt für die Entscheidung, wann beide Methoden miteinander kombiniert werden sollen. Diesbezüglich sind verschiedene Positionen in der Diskussion anzutreffen.

Überordnung quantitativer Forschung über qualitative Forschung
Diese Dominanz findet sich immer noch häufig, etwa dort, wo eine explorative Vorstudie mit offenen Interviews der eigentlichen Datenerhebung mit Fragebögen vorausgeht. Argumente wie die Repräsentativität der Stichprobe dienen oft zur Begründung dafür, daß erst die quantitativen Daten zu Ergebnissen im eigentlichen Sinn führen, während die qualitativen Daten eher einen illustrativen Stellenwert erhalten. Aussagen der offenen Interviews werden dann durch ihre Bestätigung und ihre Häufigkeit in den Fragebogendaten überprüft und ‹erklärt›.

Überordnung qualitativer Forschung über quantitative Forschung
Diese Position wird seltener, dafür aber radikaler vertreten. So sind für Oevermann et al. (1979, S. 16) quantitative Verfahren in jedem Fall nur «forschungsökonomische Abkürzungen des Datenerzeugungsprozesses», während erst qualitative Verfahren, besonders die von ihm entwickelte objektive Hermeneutik (vgl. Kapitel 16), in der Lage seien, die eigentlich wissenschaftlichen Erklärungen von Sachverhalten zu liefern. Kleining (1982) betont, daß qualitative Verfahren sehr gut ohne die anschließende Hinzuziehung quantitativer Methoden auskommen könnten, quantitative jedoch die qualitativen Methoden zur Erklärung der von ihnen festgestellten Zusammenhänge benötigten. Während Cicourel (1981) qualitative Methoden gerade dort für sinnvoll hält, wo es um mikrosoziologische Fragestellungen geht, bei makrosoziologischen Fragen dagegen die quantitativen Methoden zum Einsatz kommen sollten, macht McKinlay (1993) deutlich, daß in den Gesundheitswissenschaften auf der Ebene der sozialpolitischen Themen und Zusammenhänge gerade wegen deren höherer Komplexität qualitative Methoden eher zu relevanten Ergebnissen führen. So lassen sich forschungsprogrammatische und gegenstandsbezogene Begründungen für die Überordnung qualitativer Methoden finden.

Abstecken der Anwendungsfelder
Eine weitere Position in dieser Diskussion zielt auf das getrennte Nebeneinander der Forschungsstrategien, wiederum abhängig von Gegenstand und Fragestellung. Wer etwas über das subjektive Erleben bei einer chronisch-psychischen Krankheit wissen will, sollte biographische Interviews mit einigen Patienten führen und detailliert analysieren. Wer etwas über die Häufigkeit und Verteilung solcher Erkrankungen in der Bevölkerung wissen will, sollte eine epidemiologische Studie zu diesem Thema durchführen. Für die eine Fragestellung sind qualitative Methoden zuständig, für die andere sind quantitative Methoden eher geeignet, die sich dabei wechselseitig nicht ins Gehege kommen.

Triangulation qualitativer und quantitativer Forschung
Triangulation (vgl. Kapitel 18) kann sich auf die Verknüpfung verschiedener qualitativer Methoden beziehen (vgl. Flick 1992a), sie kann aber auch die Mischung von qualitativen und quantitativen Methoden beinhalten (vgl. Jick 1983). Dabei wird von einer wechselseitigen Ergänzung im methodischen Blick auf einen Gegenstand ausgegangen, wobei diese Ergänzung in der komplementären Kompensation der Schwächen und blinden Flecke der jeweiligen Einzelmethode liegt. Ausgangspunkt ist die sich langsam durchsetzende Erkenntnis, «daß qualitative und quantitative Methoden eher komplementär denn als rivalisierende Lager gesehen werden sollten» (Jick 1983, S. 135). Jedoch bleiben die verschiedenen Methoden nebeneinander stehen, ihr Schnittpunkt ist der jeweilige Gegenstand.

Überführung qualitativer Daten in quantitative Daten
Eine weitere Form der Kombination liegt in der Überführung der Daten aus einer Strategie in die andere. Es gibt immer wieder Versuche, Aussagen in offenen oder erzählenden Interviews (z. B. bei Mühlefeld et al. 1981) zu quantifizieren. Beobachtungen lassen sich ebenfalls in ihrer Häufigkeit analysieren. Die Häufigkeiten, mit denen bestimmte Kategorien besetzt sind, lassen sich bestimmen und die Besetzung verschiedener Kategorien miteinander vergleichen. Engel und Wuggenig (1991) stellen eine Reihe von statistischen Verfahren vor, mit denen sich solche Daten verrechnen lassen.

Überführung quantitativer Daten in qualitative Daten
Schwieriger wird in der Regel die umgekehrte Überführung. Aus Fragebogendaten läßt sich der Kontext der jeweiligen Antworten kaum noch erschließen, ohne daß explizit zusätzliche Methoden, etwa ergänzende Interviews mit einem Teil der Stichprobe, eingesetzt werden. Während die Analyse der Häufigkeit bestimmter, vorhandener Antworten aus Interviews zusätzliche Aufschlüsse für die Interpretation dieser Interviews liefern kann, müssen zur zusätzlichen Erklärung dafür, warum bestimmte Antwortmuster sich in Fragebögen gehäuft finden lassen, neue Datensorten (Interviews, Feldbeobachtungen) erhoben und hinzugezogen werden.

Integration qualitativer und quantitativer Forschung
Eine anspruchsvollere Strategie ist die Integration beider Forschungstraditionen in einem Forschungsdesign. Miles und Huberman (1994, S. 41) skizzieren vier Typen von Designs, die diese Kombinationsform realisieren (vgl. Abb. 16):
Während im ersten Design die beiden Strategien parallel verfolgt werden, liefert im zweiten Design die kontinuierliche Feldbeobachtung die Basis, auf die verschiedene Wellen der Erhebung in einer Umfrage bezogen sind bzw. aus der diese Wellen abgeleitet und gestaltet werden. Das dritte Design beginnt mit einer qualitativen Erhebung (z. B. ein Leitfaden-Interview), an die sich eine Fragebogenstudie als Zwischenschritt anschließt, bevor abschließend die aus beiden Schritten vorliegenden Ergebnisse in einer zweiten qualitativen Phase vertieft und überprüft werden. Im vierten Design ergänzt und vertieft eine Feldstudie die Umfrageergebnisse aus dem ersten Schritt, an die sich eine experimentelle Intervention in das Feld zur Überprüfung der Ergebnisse der ersten beiden Schritte anschließt (vgl. Patton 1990 für ähnliche Vorschläge gemischter Designs).

Die Probleme bei der Kombination von qualitativer und quantitativer Forschung sind bislang noch nicht befriedigend gelöst. Versuche der Integration beider Ansätze laufen häufig auf ein Nacheinander (mit unterschiedlichem Vorzeichen), Nebeneinander (mit unterschiedlichem Ausmaß der Unabhängigkeit beider Strategien) oder eine Über- bzw. Unterordnung (ebenfalls mit unterschiedlichem Vorzeichen) hinaus. Die Integration bleibt oft auf die Ebene des Forschungsdesigns begrenzt – die kombinierte Verwendung verschiedener Methoden mit unterschiedlichem Ausmaß der Bezugnahme aufeinander. Andererseits bestehen die

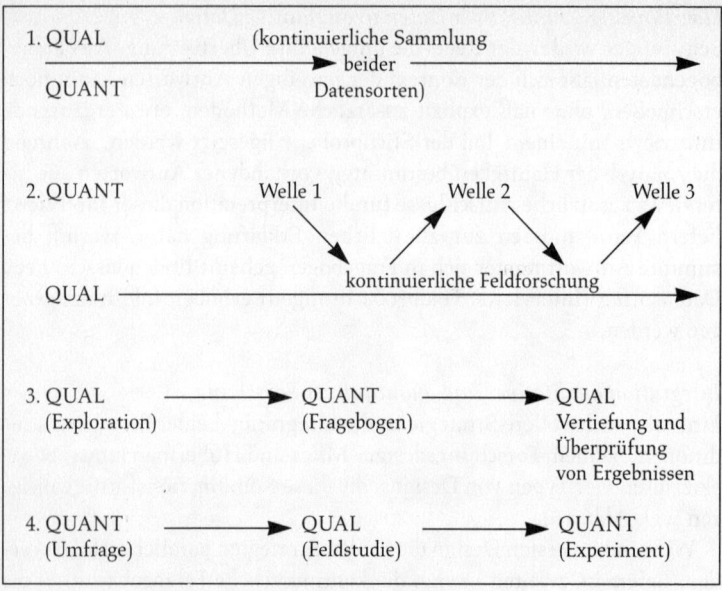

Abbildung 16: Forschungsdesigns zur Integration qualitativer und quantitativer Forschung (aus Miles und Huberman 1994, S. 41)

Unterschiede in den beiden Strategien hinsichtlich der angemessenen Designs (vgl. Kapitel 4) und der angemessenen Formen der Bewertung von Vorgehen, Daten und Ergebnissen weiter. Die Frage, wie dem bei der Kombination beider Strategien Rechnung getragen werden kann, bleibt weiter zu diskutieren.

Qualität in der qualitativen Forschung – Prozeßevaluation und Qualitätsmanagement

Die Frage nach der Geltungsbegründung qualitativer Forschung ist noch nicht abschließend beantwortet (vgl. Kapitel 18). Von dieser Feststellung ausgehend ergibt sich die Notwendigkeit, neue Wege in der Evaluation und der Bestimmung von Qualität in der qualitativen Forschung auszuprobieren. Dabei ist ein Ausgangspunkt, der sich aus dem Prozeßcharakter qualitativer Forschung (vgl. Kapitel 4) ebenso ergibt wie aus prozeduralen Bestimmungen von Verläßlichkeit und der Evaluation der Theoriebildung (vgl. Kapitel 18), Geltungsbegründung bei qualitativer Forschung prozeßbezogen zu bestimmen und mehr noch prozeßbezogen herzustellen.

Prozeßevaluation
Qualitative Forschung ist besonders in einen Prozeß einbezogen. Fragen des Sampling oder bezüglich bestimmter Methoden lassen sich dabei nicht für sich genommen sinnvoll stellen und beantworten. Ob eine getroffene Auswahl angemessen ist, läßt sich nur mit Blick auf die Fragestellung, die angezielten Ergebnisse und Verallgemeinerung und auf die angewendeten Methoden beantworten. Abstrakte Maße wie die Repräsentativität einer Stichprobe, die sich allgemein beurteilen lassen, helfen hier nicht weiter. Zentraler Ansatzpunkt zur Beantwortung solcher Fragen ist die Stimmigkeit des Forschungsprozesses, also ob die getroffene Auswahl auf die konkrete Fragestellung und das konkrete Vorgehen paßt. Maßnahmen zur Optimierung qualitativer Forschung im konkreten Fall müssen an den Stationen des qualitativen Forschungsprozesses (Flick 1991c) ansetzen. Entsprechend ist eine Akzentverschiebung in der Beurteilung qualitativer Methoden und ihrer Verwendung von der reinen Anwendungsevaluation zur Prozeßevaluation festzustellen (Flick 1995c).

Eine Umsetzung der Prozeßevaluation wird im Berliner Forschungsverbund «Public Health» realisiert. In diesem Verbund arbeiten 23 Projekte mit qualitativen und/oder quantitativen Methoden an verschiedensten gesundheitswissenschaftlichen Fragestellungen. Sie untersuchen z. B. Fragen der Vernetzung von Diensten und Angeboten, die Gestaltung des Alltags außerhalb der Klinik, der Bürgerbeteiligung an gesundheitsrelevanten Planungen sowie die Organisation von präventiven Maßnahmen. Die Projekte verwenden unter anderem narrative Interviews, Leitfaden-Interviews, teilnehmende Beobachtungen, Konversationsanalyse oder theoretisches Kodieren. Zur methodischen Begleitung und Prozeßevaluation der Verwendung qualitativer Methoden dient ein Querschnittsprojekt «Qualitative Methoden in den Gesundheitswissenschaften» (Flick 1992c). Ausgehend von einem Prozeßverständnis qualitativer Forschung wird ein kontinuierliches Programm von Projektberatungen, Kolloquien und Workshops realisiert. Darin werden die verschiedenen Teil-Projekte des Verbundes anhand der Stationen des qualitativen Forschungsprozesses (Formulierung und Eingrenzung der

Fragestellung, Sampling, Erhebung und Interpretation von Daten, Absicherung und Verallgemeinerung von Ergebnissen) beraten und evaluiert. Dieses Programm dient dazu, einen Rahmen für die projektübergreifende Diskussion methodischer Fragen der Umsetzung von Fragestellungen und der Anwendung von Methoden abzustecken. Leitgedanke dieser Akzentverschiebung von – die Methoden isoliert betrachtender – Anwendungsevaluation zu einer – den spezifischen Charakter von Forschungsprozeß und -gegenstand berücksichtigenden – Prozeßevaluation ist, daß die Anwendung qualitativer Methoden vor allem nach ihrer Stimmigkeit in Hinblick auf ihre Einbettung in den Prozeß der Forschung und auf den Gegenstand der Untersuchung zu beurteilen ist.

Damit verlagert sich der Aspekt der Geltungsbegründung auf die Ebene des Forschungsprozesses. Ziel dieser Verlagerung ist auch, ein anderes Verständnis der Qualität in der qualitativen Forschung zugrunde zu legen und projektbezogen zu realisieren.

Qualitätsmanagement

Anregungen zur Weiterentwicklung kann hierfür die allgemeine Diskussion zum Thema Qualitätsmanagement (Kamiske und Brauer 1995) liefern, die vor allem im Bereich der industriellen Produktion, aber auch für Dienstleistungen (Murphy 1994) geführt wird. Diese Diskussion ist sicherlich nicht uneingeschränkt auf den Gegenstand qualitativer Forschung übertragbar. Jedoch lassen sich einige der dort diskutierten Konzepte und Strategien aufgreifen, um eine gegenstandsangemessene Diskussion über Qualität in der Forschung voranzutreiben. Über das Konzept des Auditing (vgl. Kapitel 18; Lincoln und Guba 1985), das in beiden Bereichen diskutiert wird, ergeben sich bereits erste Anknüpfungspunkte: «Unter einem Audit versteht man die systematische, unabhängige Untersuchung einer Aktivität und deren Ergebnisse, durch die Vorhandensein und sachgerechte Anwendung spezifizierter Anforderungen beurteilt und dokumentiert werden» (Kamiske und Brauer 1995, S. 5).

Insbesondere das «Verfahrensaudit» ist für die qualitative Forschung interessant. Es soll sicherstellen, «daß die vorgegebenen Anforderungen eingehalten werden und für die jeweilige Anwendung zweckmäßig sind. (...) Vorrang hat immer das nachhaltige Abstellen von Fehlerursachen, nicht die einfache Fehleraufdeckung» (S. 8). Solche Qualitätsbestimmungen werden nicht abstrakt – etwa an bestimmten Methoden per se – vorgenommen, sondern mit Blick einerseits auf die Kundenorientierung (S. 95 f), andererseits auf die Mitarbeiterorientierung (S. 110 f).

Beim ersten Punkt ergibt sich die Frage, wer eigentlich die Kunden qualitativer Forschung sind. Qualitätsmanagement unterscheidet zwischen internen und externen Kunden. Während letztere die Abnehmer des jeweiligen Produktes sind, gehören zu den ersteren die Beteiligten an der Herstellung im weiteren Sinn (z. B. Mitarbeiter anderer Abteilungen). Für qualitative Forschung läßt sich diese Unterteilung in diejenigen, für die das Ergebnis nach außen produziert wird (Auftraggeber, Gutachter etc. als externe Kunden), und diejenigen, für die und an denen das jeweilige Ergebnis zu erzielen gesucht wird (Interviewpartner, untersuchte Institutionen etc. als interne Kunden), übersetzen. Konzepte wie «Member Checks» oder kommunikative Validierung (vgl. Kapitel 18) tragen dieser Orientierung explizit Rechnung. Die Gestaltung des Forschungsprozesses und -vorgehens in einer Weise, die die Untersuchten ausreichend zu Wort kommen läßt, realisiert sie implizit. Zur Überprüfung lassen sich beide Aspekte explizit analysieren: Inwieweit ist die Untersuchung so verlaufen, daß sie die Fragestellung beantwortet (externe Kundenorientierung) und den Perspektiven der Beteiligten ausreichend Raum läßt (interne Kundenorientierung)?

Die Mitarbeiterorientierung will berücksichtigen, daß «Qualität unter Anwendung geeigneter Techniken, aber auf der Basis einer entsprechenden Geisteshaltung entsteht» (S. 110). Übertragen auf qualitative Forschung unterstreicht dies, daß nicht nur die Anwendung von Methoden, sondern auch die Haltung, mit der die Forschung durchgeführt wird, wesentlich ihre Qualität bestimmt. Dabei ist die «Übertragung von (Qualitäts-)Verantwortung auf die Mitarbeiter durch die Einführung von Selbstprüfung anstelle von Fremdkontrolle» (S. 111) ein weiterer Ansatzpunkt. Qualität im qualitativen Forschungsprozeß wird sich nur realisieren lassen, wenn sie mit den beteiligten Forschern gemeinsam hergestellt und überprüft wird. Zunächst wird gemeinsam festgelegt, was eigentlich unter Qualität in diesem Zusammenhang zu verstehen ist. Zum Qualitätsmanagement gehören dann «Tätigkeiten (...), die die Qualitätspolitik, die Ziele und Verantwortlichkeiten festlegen sowie diese durch Mittel wie Qualitätsplanung, Qualitätslenkung, Qualitätssicherung/Qualitätsmanagement-Darlegung und Qualitätsverbesserung verwirklichen» (ISO 1994; zit. nach Kamiske und Brauer 1995, S. 149).

Diese Leitgedanken des Qualitätsmanagements laufen hinaus auf
- eine möglichst klare Festlegung der zu erreichenden Ziele und einzuhaltenden Standards des Projekts. Daran müssen alle Forscher und Mitarbeiter beteiligt werden;

- eine Festlegung, wie diese Ziele und Standards und allgemeiner die angestrebte Qualität zu erreichen sind; damit sind eine Einigung über die Weise der Anwendung bestimmter Methoden und ihre Umsetzung, etwa durch gemeinsame Interviewtrainings und deren Auswertung, Voraussetzungen für Qualität im Forschungsprozeß;
- die klare Festlegung der Verantwortlichkeiten für die Herstellung von Qualität im Forschungsprozeß und
- die Transparenz der Beurteilung und Sicherstellung der Qualität im Prozeß.

Realisieren läßt sich dies durch eine möglichst klare Definition der Ziele, die Dokumentation der Vorgehensweisen und Probleme sowie eine regelmäßige gemeinsame Reflexion von Vorgehen und Problemen. Eine gemeinsame Prozeßevaluation, verknüpft mit Beratung, Schulung und Fortbildung, wie sie weiter oben skizziert wurde, kann ein Instrument zur Umsetzung des Qualitätsmanagements in der qualitativen Forschung sein. Andere Strategien werden sich anschließen und die Diskussion um die angemessene Realisierung und Evaluation qualitativer Forschung vorantreiben. Dabei sind die gegenstandsspezifische Bestimmung, was Qualität ist, deren Herstellung und Sicherstellung im Prozeß und die Erfahrung, daß Qualität sich nur in der Kombination von Methoden und einer entsprechenden Haltung realisieren läßt, Anknüpfungspunkte zur Diskussion um Qualitätsmanagement.

Didaktische Fragen

Überblicke über die Methoden in qualitativer Forschung stehen derzeit vor zwei grundsätzlichen Problemen. Einerseits ist das Feld der Alternativen, die unter der Überschrift qualitative Forschung gebündelt werden, in theoretischer und methodischer Hinsicht nach wie vor sehr heterogen. Deshalb laufen solche Überblicke Gefahr, eine vereinheitlichende Darstellung zu geben, wo der dargestellte Gegenstand eher uneinheitlich ist und bleiben wird. Die gelegentlich angestrebte Kanonisierung und Kodifizierung zielt möglicherweise an der realisierbaren Einheitsstiftung vorbei, und es bleibt grundsätzlicher zu fragen, wie wünschenswert diese Einheitsstiftung eigentlich ist. Auschlußreicher ist die Verdeutlichung der unterschiedlichen theoretischen, methodischen und generellen Zielsetzungen der verschiedenen Alternativen.

Andererseits stehen derartige Überblicke vor dem Problem, daß der

Akzent auf die Methoden Gefahr läuft, den Blick darauf, daß qualitative Forschung sich nicht in der Anwendung von Methoden im Sinne von Techniken erschöpft, eher zu verstellen als zu eröffnen. Es geht dabei nicht nur um das Spannungsfeld von Technik und Kunstlehre in den Methoden, sondern darum, daß qualitative Forschung eine spezifische Forschungshaltung beinhaltet. Diese macht sich fest am Primat des Gegenstandes über die Methode, der Orientierung am Prozeß der Forschung und an seiner Stimmigkeit bei methodischen Entscheidungen und ihrer Umsetzung sowie an der Haltung, mit der der Forscher seinem ‹Gegenstand› gegenübertreten sollte. Neben Neugier, Offenheit und Flexibilität im Umgang mit Methoden gehört ein besonderes Maß an Reflexion über den Gegenstand, die Angemessenheit der Fragestellung und Methoden, aber auch über die eigenen Wahrnehmungen und blinden Flecken zu dieser Haltung. Hieraus ergeben sich zwei Konsequenzen.

Bei der didaktischen Vermittlung qualitativer Methoden ergibt sich die Notwendigkeit, Wege zwischen der Vermittlung von Techniken (wie formuliert man eine Eingangsfrage beim narrativen Interview, was ist ein axialer Kode?) und der notwendigen Haltung zu finden. Neugier und Flexibilität sind nicht in Vorlesungen über Geschichte und Methoden qualitativer Forschung zu vermitteln. Die angemessene Anwendung qualitativer Methoden kommt häufig erst mit der Erfahrung, mit den Problemen, mit dem Scheitern und mit dem Weitermachen im Feld. Dabei ist – wie bei jeder Forschung – die rein methodische Ebene von der Ebene der Anwendung zu unterscheiden. Das konkrete Feld mit seinen Widerständigkeiten und Notwendigkeiten erschwert häufig die optimale Anwendung einer bestimmten Interviewtechnik. Jedoch spitzen sich die Probleme bei qualitativen Methoden noch dadurch zu, daß der Spielraum der Anwendung und die Notwendigkeit zu Flexibilität in den meisten Methoden so groß sind, daß vieles erst in der Situation der Anwendung entschieden werden kann. Im Erfolgsfall eröffnet diese Flexibilität im Leitfaden-Interview gerade den Weg zur subjektiven Sicht des Interviewpartners, im anderen Fall erschwert sie die Orientierung in der Anwendung, und die «Leitfadenbürokratie», vor der Hopf (1978) warnt, ist die Folge. Konsequent und erfolgreich angewendet, eröffnet das narrative Interview dem Interviewpartner die Möglichkeit, seine Lebensgeschichte ungestört zu entfalten und dem Interviewer die Möglichkeit, Erzählungen und Darstellung in ihrem zeitlich-sequentiellen Kontext zu erhalten und einzuordnen. Im anderen Fall wird die Situation zu der Karikatur, die Kreissl und Wolfersdorff-Ehlert (1985, S. 103) folgendermaßen als «paradoxes Anliegen» umschreiben: «Ich will gar nichts von dir, erzähl mir doch mal deine Geschichte.» Im Erfolgsfall erlauben Verfahren wie das theoretische Kodieren oder objektive Hermeneutik, einen Weg in die Struktur des Textes oder auch des Falls zu finden, im anderen Fall bringen sie den Forscher in eine Situation, die Südmersen (1983) mit «Hilfe, ich ersticke in Texten!» umschreibt.

Ein Verständnis qualitativer Forschung läßt sich kaum nur theoretisch vermitteln. In der Ausbildung sind darüber hinaus praktische Erfahrungen in der Anwendung der Methoden und im Kontakt mit konkreten Gegenübern notwendig. Lehr-Forschungsprojekte, die es erlauben, über längere Zeit an einer Fragestellung und mit einer oder mehreren Methoden konkret zu arbeiten, liefern hier sicherlich am ehesten den Rahmen, um praktische Erfahrungen zu sammeln, die erst ein Verständnis der Möglichkeiten und Grenzen qualitativer Methoden ermöglichen. Interview- und Interpretationsverfahren lassen sich nur in der Kombination mit praktischer Anwendung und der gemeinsamen Auswertung von Erfahrungen und Problemen vermitteln und erlernen.

Jenseits der grundsätzlichen Gewißheit, daß qualitative Forschung gar nicht funktionieren kann, die immer noch von Skeptikern und Gegnern dieser Ansätze formuliert wird, wird das Scheitern qualitativer Forschung viel zu selten thematisiert. Angesichts der verschiedenen Überblicke und Handbücher, die mittlerweile verfügbar sind, entsteht gelegentlich der Eindruck, daß qualitative Methoden auf einem gesicherten Wissen beruhen, das nur noch richtig angewendet werden muß. Dabei kann gerade die Analyse des Scheiterns qualitativer Forschungsstrategien (exemplarisch hierzu Borman et al. 1986; oder konkreter zum Einstieg in das Untersuchungsfeld Lau und Wolff 1983; Kroner und Wolff 1986) Einsichten über ihr Funktionieren in der Begegnung mit konkreten Feldern, Institutionen oder Menschen liefern.

Qualitative Forschung: Kunst oder Methode?

Die andere Seite der Medaille liegt in der Überbetonung der Anteile der Kunst an der qualitativen Forschung. Bei verschiedenen Methoden wird der Anspruch explizit erhoben, eine Kunstlehre zu sein (z. B. für die objektive Hermeneutik). Bei anderen Methoden entsteht gelegentlich der Eindruck, daß die Anwendungen derer, die sie entwickelt haben, noch am ehesten der Maßstab zur Beurteilung der Möglichkeiten der Methode sind. Dahinter bleiben theoretisch-methodische Darstellungen und Anwendungen anderer hinsichtlich der Einsicht, die sie in Vorgehen und Verfahren liefern können, deutlich zurück. Weiterhin vermittelt etwa das Handbuch von Denzin und Lincoln (1994a) an vielen Stellen den Eindruck qualitativer Forschung als einer Kunstlehre: Verschiedene Kapitel sind übertitelt wie «Interview: Die Kunst der Wissenschaft» (Fontana und Frey 1994) und geben dann relativ wenig konkrete Hinweise darauf, wie Interviews zu gestalten und durchzuführen sind. Auch die Zustandsbeschreibung des aktuellen Standes der qualitativen Forschung, die Denzin und Lincoln (1994b) einleitend geben, vermittelt den Eindruck, daß angesichts der diskutierten Krisen der Repräsentation und Legitimation Fragen der Methode und ihrer Anwendung stark in den Hintergrund rücken bzw. als überholt in die vergangene «modernistische Phase» eingeordnet werden. Dies kann mit der starken Orientierung der Darstellung insgesamt an der Ethnographie verbunden sein, in der nach Hammersley und Atkinson (1983) oder Lüders (1992) einzelne Methoden in eine pragmatisch-pluralistische Haltung eingehen bzw. dahinter verschwinden. Gerade die große Aufmerksamkeit, die in diesem Zusammenhang die Darstellung der Forschung und die damit verbundenen Krisen und Probleme erhalten, wird sicherlich weder die methodische Entwicklung noch die Anwendung der entwickelten Methoden forcieren und auch nicht unbedingt zu mehr und besserer Forschung führen. Vielleicht läßt sich qualitative Forschung doch angemessener als Kunst *und* Methode verstehen. Fortschritte sind eher aus der Kombination von methodischen Entwicklungen und ihrer erfolgreichen, reflektierten Anwendung in möglichst vielen Feldern und Fragestellungen zu erwarten.

Literatur

Adler, P. A., Adler, P. (1987), Membership Roles in Field Research. Beverley Hills: Sage.

Adler, P. A., Adler, P. (1994), Observational Techniques. In: Denzin, N., Lincoln, Y. S. (Hg.) (1994a), S. 377–393.

Agar, M. H. (1980), The professional Stranger. New York: Academic Press.

Agger, B. (1991), Critical Theory, Poststructuralism, Postmodernism: Their sociological relevance. *American Review of Sociology*, 17, S. 105–131.

Altheide, D. L., Johnson, J. M. (1994), Criteria for Assessing Interpretive Validity in Qualitative Research. In: Denzin, N., Lincoln, Y. S. (Hg.) (1994a), S. 485–499.

Amann, K., Knorr-Cetina, K. (1991), Qualitative Wissenschaftssoziologie. In: Flick, U. et al. (Hg.) (1991), S. 419–425. München: Psychologie Verlags Union.

Arbeitsgruppe Bielefelder Soziologen (1973), Alltagswissen, Interaktion und gesellschaftliche Wirklichkeit (Bd. 1–2). Reinbek: Rowohlt.

Aster, R., Merkens, H., Repp, M. (Hg.) (1989), Teilnehmende Beobachtung. Werkstattberichte und methodologische Reflexionen. Frankfurt: Campus.

Bateson, G., Mead, M. (1942), Balinese character. A photographic analysis (Bd. 2). New York: New York Academy of Sciences.

Baum, F. (1995), Researching Public Health: Behind the Qualitative-quantitative methodological debate. *Social Science and Medicine*, 40, S. 459–468.

Beck, U. (1986), Risikogesellschaft. Auf dem Weg in eine andere Moderne. Frankfurt: Suhrkamp.

Beck, U., Bonß, W. (Hg.) (1989), Weder Sozialtechnologie noch Aufklärung? Analysen zur Verwendung sozialwissenschaftlichen Wissens. Frankfurt: Suhrkamp.

Becker, H. S. (1986), Doing Things together. Selected Papers. Evanston, Ill.: Northwestern University Press.

Becker, H. S. (1993), Schreiben und Denken in den Sozialwissenschaften – Ein Erlebnisbericht. *Leviathan*, 21, S. 69–88.

Becker, H. S. (1994), Die Kunst des professionellen Schreibens. Ein Leitfaden für die Geistes- und Sozialwissenschaften. Frankfurt: Campus.

Becker, H. S., Geer, B., Hughes, E. C., Strauss, A. L. (1961), Boys in white. Student culture in medical school. Chicago: University of Chicago Press.

Becker, H., Geer, B. S. (1979), Teilnehmende Beobachtung – die Analyse qualitativer Forschungsergebnisse. In: Hopf, C., Weingarten, E. (Hg.) (1979), S. 139–165.

Berg, E., Fuchs, M. (Hg.) (1993), Kultur, soziale Praxis, Text. Die Krise der ethnographischen Repräsentation. Frankfurt: Suhrkamp.

Bergmann, J. R. (1980), Interaktion und Exploration – Eine konversationsanalytische Studie zur sozialen Organisation der Eröffnungsphase von psychiatrischen Aufnahmegesprächen. Konstanz: Dissertation.

Bergmann, J. R. (1981), Ethnomethodologische Konversationsanalyse. In: Schröder, P., Steger, H. (Hg.), Dialogforschung. Jahrbuch 1980 des Inst. für deutsche Sprache, S. 9–51. Düsseldorf: Schwann.

Bergmann, J. R. (1985), Flüchtigkeit und methodische Fixierung sozialer Wirklichkeit.

Aufzeichnungen als Daten der interpretativen Soziologie. In: Bonß, W., Hartmann, H. (Hg.) (1985b), S. 299–320.

Bergmann, J. R. (1991a), «Studies of Work»/Ethnomethodologie. In: Flick, U. et al. (Hg.) (1991), S. 269–272.

Bergmann, J. R. (1991b), Konversationsanalyse. In: Flick, U. et al. (Hg.) (1991), S. 213–218.

Bergold, J. B., Flick, U. (Hg.) (1987), Ein-Sichten. Zugänge zur Sicht des Subjekts mittels qualitativer Forschung. Tübingen: DGVT-Verlag.

Blumer, H. (1938), Social Psychology. In: Schmidt, E. (Hg.), Man and Society, S. 144–198. New York.

Blumer, H. (1969/1973), Der methodologische Standort des Symbolischen Interaktionismus. In: Arbeitsgruppe Bielefelder Soziologen (Hg.) (1973), S. 80–146.

Böhm, A., Legewie, H., Muhr, T. (1992), Kursus Textinterpretation: Grounded Theory. Berlin: Technische Universität, Bericht aus dem IfP Atlas 92–93, Ms.

Böhm, A., Muhr, T., Mengel, A. (Hg.) (1994), Texte verstehen: Konzepte, Methoden, Werkzeuge. Konstanz: Universitätsverlag (Schriften zur Informationswissenschaft).

Bohnsack, R. (1991), Rekonstruktive Sozialforschung. Einführung in Methodologie und Praxis qualitativer Forschung. Opladen: Leske & Budrich.

Bonß, W. (1982), Die Einübung des Tatsachenblicks. Zur Struktur und Veränderung empirischer Sozialforschung. Frankfurt: Suhrkamp.

Bonß, W. (1991), Soziologie. In: Flick, U. et al. (Hg.) (1991), S. 36–39.

Bonß, W., Hartmann, H. (1985a), Konstruierte Gesellschaft, rationale Deutung – Zum Wirklichkeitscharakter soziologischer Diskurse. In: Bonß, W., u. Hartmann, H. (Hg.) (1985b), S. 9–48.

Bonß, W., Hartmann, H. (Hg.) (1985b), Entzauberte Wissenschaft (Soziale Welt, Sonderband 3). Göttingen: Schwartz.

Borman, K. M., LeCompte, M., Goetz, J. P. (1986), Ethnographic Research and Qualitative Research Design and why it doesn't work. *American Behavioral Scientist*, 30, S. 42–57.

Bortz, J. (1984), Lehrbuch der empirischen Forschung. Heidelberg: Springer.

Bruner, J. (1987), Life as Narrative. *Social Research*, 54, S. 11–32.

Bruner, J. (1990), Acts of Meaning. Cambridge/MA: Harvard University Press.

Bruner, J. (1991), The Narrative Construction of Reality. *Critical Inquiry*, S. 1–21.

Bryman, A. (1988), Quantity and Quality in Social Research. London: Unwin Hyman.

Bude, H. (1984), Rekonstruktion von Lebenskonstruktionen – eine Antwort auf die Frage, was die Biographieforschung bringt. In: Kohli, M., Robert, G. (Hg.) (1984), S. 7–28.

Bude, H. (1985), Der Sozialforscher als Narrationsanimateur. Kritische Anmerkungen zu einer erzähltheoretischen Fundierung der interpretativen Sozialforschung. *Kölner Zeitschrift für Soziologie und Sozialpsychologie*, 37, S. 327–336.

Bude, H. (1989), Der Essay als Form der Darstellung sozialwissenschaftlicher Erkenntnisse. *Kölner Zeitschrift für Soziologie und Sozialpsychologie*, 41, S. 526–539.

Bude, H. (1991), Die Rekonstruktion kultureller Sinnsysteme. In: Flick, U. et al. (Hg.) (1991), S. 101–113.

Bude, H. (1993), Die soziologische Erzählung. In: Jung, T., Müller-Doohm, S. (Hg.), «Wirklichkeit» im Deutungsprozeß. Verstehen und Methoden in den Kultur- und Sozialwissenschaften, S. 409–429. Frankfurt: Suhrkamp.

Bude, H. (1994), Das Latente und das Manifeste. Aporien einer «Hermeneutik des Verdachts». In: Garz, D. (Hg.) (1994), S. 114–124.

Bude, H. (1995), Verallgemeinerung und Darstellung. Workshop des Projektes Q1b im Berliner Forschungsverbund Public Health (Mimeo).

Bühl, W. (Hg.) (1972), Verstehende Soziologie. München: Nymphenburger Verlagsanstalt.

Bühler-Niederberger, D. (1985), Analytische Induktion als Verfahren qualitativer Methodologie. *Zeitschrift für Soziologie*, 14, S. 475–485.

Cicourel, A. V. (1964), Method and measurement in sociology New York: Free Press (dt.: «Methode und Messung in der Soziologie». Frankfurt: Suhrkamp, 1970).

Cicourel, A. V. (1981), Notes on the Integration of micro- and macrolevels of analysis. In: Knorr-Cetina, K., Cicourel, A. V. (Hg.), Advances in Social Theory and Methodology: Towards an Integration of Micro- and Macro-Sociologies, S. 51–80. London: Routledge & Kegan Paul.

Clifford, J. (1986), Introduction: Partial Truths. In: Clifford, J., Marcus, G. E. (Hg.) (1986), S. 1–26.

Clifford, J., Marcus, G. E. (Hg.) (1986), Writing Culture. The Poetics and Politics of Ethnography. Berkeley: The University of California Press.

Corbin, J., Strauss, A. (1990), Grounded Theory Research: Procedures, Canons and Evaluative Criteria. *Qualitative Sociology*, 13, S. 3–21.

Coulter, J. (1983), Rethinking Cognitive Theory. London: Macmillan.

D'Andrade, R. G. (1987), A folk model of the mind. In: Holland, D., Quin, N. (Hg.), Cultural Models in language and thought, S. 112–149. Cambridge: Cambridge University Press.

Dabbs, J. M. (1982), Making Things Visible. In: Van Maanen, J., Dabbs, J. M., Faulkner, R., Varieties of Qualitative Research, S. 31–64. London: Sage.

Decker, F. (1979), Forschung und Erfahrung. Wandlungen eines Projekts. In: Horn, K. (Hg.), Aktionsforschung, S. 111–163. Frankfurt: Syndikat.

Deleuze, G., Guattari, F. (1976), Rhizome. Introduction. Paris: Les éditions de Minuit (dt. Berlin: Merve, 1977).

Denzin, N. K. (1978), The Research act (2. Aufl.). Chicago: Aldine.

Denzin, N. K. (1988), Interpretive Biography. London: Sage.

Denzin, N. K. (1989a), Interpretative interactionism. London: Sage.

Denzin, N. K. (1989b), The Research Act (3. Aufl.). Englewood Cliffs: Prentice Hall.

Denzin, N. K. (1989c), Reading Tender Mercies: Two Interpretations. *Sociological Quarterly*, 30, S. 1–19.

Denzin, N. K. (Hg.) (1993), Studies in Symbolic Interactionism (Bd. 15). Greenwich: JAI Press.

Denzin, N. K. (1994), The Art and Politics of Interpretation. In: Denzin, N., Lincoln, Y. S. (Hg.) (1994a), S. 500–515.

Denzin, N., Lincoln, Y. S. (Hg.) (1994a), Handbook of Qualitative Research. London: Sage.

Denzin, N., Lincoln, Y. S. (1994b), Introduction: Entering the Field of Qualitative Research. In: Denzin, N., Lincoln, Y. S. (Hg.) (1994a), S. 1–18.

Derrida, J. (1976), Die Schrift und die Differenz. Frankfurt: Suhrkamp.
Devereux, G. (1967), Angst und Methode in den Verhaltenswissenschaften. München: Hanser.
Dörner, D. (1983), Empirische Psychologie und Alltagsrelevanz. In: Jüttemann, G. (Hg.), Psychologie in der Veränderung, S. 13–29. Weinheim: Beltz.
Douglas, J. D. (1976), Investigative social research. Beverley Hills: Sage.
Dreher, M., Dreher, E. (1982), Gruppendiskussion. In: Huber, G. L., Mandl, H. (Hg.), Verbale Daten, S. 141–164. Weinheim: Beltz.
Edwards, D., Potter, J. (1992), Discursive Psychology. London: Sage.
Ehlich, K., Switalla, B. (1976), Transkriptionssysteme – Eine exemplarische Übersicht. *Studium Linguistik*, 2, S. 78–105.
Engel, U., Wuggenig, U. (1991), Statistische Auswertungsverfahren nominalskalierter Daten. In: Flick, U. et al. (Hg.) (1991), S. 237–242.
Englisch, F. (1991), Bildanalyse in struktural-hermeneutischer Einstellung – Methodische Überlegungen und Analysebeispiele. In: Garz, D., Kraimer, K. (Hg.), Qualitativ-empirische Sozialforschung, S. 133–176. Opladen: Westdeutscher Verlag.
Faltermaier, T. (1994), Gesundheitsbewußtsein und Gesundheitshandeln. Über den Umgang mit Gesundheit im Alltag. Weinheim: Beltz Psychologie Verlags Union.
Fielding, N. G., Fielding, J. L. (1986), Linking data. Beverley Hills: Sage.
Fielding, N. G., Lee, R. M. (Hg.) (1991), Using Computers in Qualitative Research. London: Sage.
Fischer-Rosenthal, W. (1991), Zum Konzept der subjektiven Aneignung von Gesellschaft. In: Flick, U. et al. (Hg.) (1991), S. 78–89.
Fleck, L. (1935/1980), Entstehung und Entwicklung einer wissenschaftlichen Tatsache. Frankfurt: Suhrkamp.
Flick, U. (1987), Methodenangemessene Gütekriterien in der qualitativ-interpretativen Forschung. In: Bergold, J. B., Flick, U. (Hg.) (1987), S. 246–263.
Flick, U. (1989), Vertrauen, Verwalten, Einweisen. Subjektive Vertrauenstheorien in sozialpsychiatrischer Beratung. Opladen: Deutscher Universitätsverlag.
Flick, U. (1991a), Ad-hoc-Gruppe «Verwendung von Computern in der Qualitativen Forschung». In: Glatzer, W. (Hg.), Modernisierung moderner Gesellschaften – 25. Dt. Soziologentag, Beiträge der Sektions- und Ad-hoc-Gruppen, S. 800–820. Opladen: Westdeutscher Verlag.
Flick, U. (Hg.) (1991b), Alltagswissen über Gesundheit und Krankheit – Subjektive Theorien und soziale Repräsentationen. Heidelberg: Asanger.
Flick, U. (1991c), Stationen des qualitativen Forschungsprozesses. In: Flick, U. et al. (Hg.) (1991), S. 148–175.
Flick, U. (1991d), Vom Ersticken in Texten zum Absturz ins Programm? – Verwendung von Computern in der Qualitativen Forschung. In: Glatzer, W. (Hg.), Modernisierung moderner Gesellschaften – 25. Dt. Soziologentag, Beiträge der Sektions- und Ad-hoc-Gruppen, S. 800–803. Opladen: Westdeutscher Verlag.
Flick, U. (1992a), Entzauberung der Intuition. Triangulation von Methoden und Datenquellen als Strategie der Geltungsbegründung und Absicherung von Interpretationen. In: Hoffmeyer-Zlotnik, J. (Hg.), Analyse qualitativer Daten, S. 11–55. Opladen: Westdeutscher Verlag.
Flick, U. (1992b), Triangulation Revisited – Strategy of or Alternative to Validation of Qualitative Data. *Journal for the Theory of Social Behavior*, 22, S. 175–197.

Flick, U. (1992 c), Querschnittsprojekt «Q1a – Qualitative Methoden in den Gesundheitswissenschaften». Projektantrag im Rahmen des Berliner Forschungsverbundes Public Health. Berlin: Ms.

Flick, U. (1994), Hermeneuten-Zirkel am PC – Erfahrungen mit ATLAS/ti aus einem Lehr-Forschungsprojekt. In: Böhm, A. et al. (Hg.) (1994), S. 198–209.

Flick, U. (Hg.) (1995 a), Psychologie des Sozialen. Repräsentationen in Wissen und Sprache. Reinbek: Rowohlt.

Flick, U. (1995 b), Psychologie des technisierten Alltags. Opladen: Westdeutscher Verlag.

Flick, U. (1995 c), Qualitative Forschung in der Sozialpsychiatrie – Methoden und Anwendung. *Psychiatrische Praxis*, 3, S. 91–96.

Flick, U., Kardorff, E. v., Keupp, H., Rosenstiel, L. v., Wolff, S. (Hg.) (1991, ²1995), Handbuch Qualitative Sozialforschung. München: Psychologie Verlags Union.

Flick, U., Niewiarra, S. (1994), Alltag, Lebensweisen und Gesundheit. Berlin: Technische Universität Berlin: Bericht 94–95 aus dem Institut für Psychologie, Ms.

Fontana, A., Frey, J. H. (1994), Interviewing: The Art of Science. In: Denzin, N., Lincoln, Y. S. (Hg.) (1994a), S. 361–376.

Freud, S. (1912), Ratschläge für den Arzt bei der psychoanalytischen Behandlung. Gesammelte Werke (Bd. 8), S. 376–387. Frankfurt: Fischer.

Friedrichs, J. (1973), Methoden empirischer Sozialforschung. Reinbek: Rowohlt.

Friedrichs, J., Lüdtke, H. (1973), Teilnehmende Beobachtung. Weinheim: Beltz.

Fuchs, M., Berg, E. (1993), Phänomenologie der Differenz. Reflexionsstufen ethnographischer Repräsentation. In: Berg, E., Fuchs, M. (Hg.) (1993), S 11–108.

Fuchs, W. (1984), Biographische Forschung. Eine Einführung in Praxis und Methoden. Opladen: Westdeutscher Verlag.

Garfinkel, H. (1967), Studies in ethnomethodology. Englewood Cliffs/N. J.: Prentice Hall.

Garfinkel, H. (1986), Ethnomethodological studies of work. London: Routledge & Kegan Paul.

Garfinkel, H., Sacks, H. (1970), On formal structures of practical actions. In: McKinney, Tiryyakian, E. (Hg.), Theoretical Sociology. New York: Appleton.

Garz, D. (Hg.) (1994), Die Welt als Text. Frankfurt: Suhrkamp.

Garz, D., Kraimer, K. (1994), Die Welt als Text. Zum Projekt einer hermeneutisch-rekonstruktiven Sozialwissenschaft. In: Garz, D. (Hg.) (1994), S. 7–21.

Gebauer, G., Wulf, C. (1992), Mimesis: Kultur, Kunst, Gesellschaft. Reinbek: Rowohlt.

Geertz, C. (1973), The Interpretation of Cultures – Selected Essays. New York: Basic Books.

Geertz, C. (1983 a), Local Knowledge. Further essays in interpretative anthropology. New York: Basic Books.

Geertz, C. (1983 b), Dichte Beschreibung. Beiträge zum Verstehen kultureller Systeme. Frankfurt: Suhrkamp.

Geertz, C. (1983 c), «Deep Play»: Bemerkungen zum balinesischen Hahnenkampf. In: Geertz, C. (1983 b), S. 202–261.

Geertz, C. (1988), The anthropologist as author. Stanford/CA: Stanford University Press (dt. Die künstlichen Wilden – Der Anthrologe als Schriftsteller. München: Hanser, 1990).

Gerdes, K. (Hg.) (1979), Explorative Sozialforschung. Einführende Beiträge aus «Natural Sociology» und Feldforschung in den USA. Stuttgart: Enke.
Gerhardt, U. (1985), Erzähldaten und Hypothesenkonstruktion. Überlegungen zum Gültigkeitsproblem in der biographischen Sozialforschung. *Kölner Zeitschrift für Soziologie und Sozialpsychologie*, 37, S. 230–256.
Gerhardt, U. (1986a), Patientenkarrieren. Eine medizinsoziologische Studie. Frankfurt: Suhrkamp.
Gerhardt, U. (1986b), Verstehende Strukturanalyse. Die Konstruktion von Idealtypen bei der Auswertung qualitativer Forschungsmaterialien. In: Soeffner, H. G. (Hg.), Sozialstruktur und soziale Typik, S. 31–83. Frankfurt: Campus.
Ginzburg, C. (1990), Veranschaulichung und Zitat – Wahrheit in der Geschichte. In: Braudel, F., et al., Der Historiker als Menschenfresser. Über den Beruf des Geschichtsschreibers. Berlin: Wagenbach.
Girtler, R. (1984), Methoden der qualitativen Sozialforschung. Wien: Böhlau.
Girtler, R. (1991), Forschung in Subkulturen. In: Flick, U. et al. (Hg.) (1991), S. 385–390.
Glaser, B. G. (1969), The constant comparative method of qualitative analysis. In: McCall, G. J., Simmons, J. L. (Hg.), Issues in Participant Observation. Reading: Addison-Weasley.
Glaser, B. G. (1978), Theoretical Sensitivity. Mill Valley: University of California.
Glaser, B. G., Strauss, A. L. (1965/1974), Awareness of dying. Chicago: Aldine (dt. Interaktion mit Sterbenden. Göttingen: Vandenhoek und Rupprecht).
Glaser, B. G., Strauss, A. L. (1967), The discovery of grounded theory. Strategies for qualitative research. New York: Aldine.
Glaser, B. G., Strauss, A. L. (1965/1979), Die Entdeckung gegenstandsbegründeter Theorie: Eine Grundstrategie qualitativer Forschung. In: Hopf, C., Weingarten, E. (Hg.) (1979), S. 91–112.
Goffman, E. (1961), Asylums. Essays on the social situation of mental patients and other inmates. New York: Anchor (Doubleday) (dt.: «Asyle», Frankfurt: Suhrkamp, 1968).
Gold, R. L. (1958), Roles in sociological field observations. *Social Forces*, 36, S. 217–223.
Goodman, N. (1984), Weisen der Welterzeugung. Frankfurt: Suhrkamp.
Grathoff, R. (1978), Alltag und Lebenswelt als Gegenstand der phänomenologischen Sozialtheorie. In: Hammerich, K., Klein, M. (Hg.), *Kölner Zeitschrift für Soziologie und Sozialpsychologie*, Sonderheft 20: Materialien zur Soziologie des Alltags, S. 67–85.
Groeben, N., Wahl, D., Schlee, J., Scheele, B. (1988), Das Forschungsprogramm Subjektive Theorien. Tübingen: Francke.
Gross, P. (1981), Ist die Sozialwissenschaft eine Textwissenschaft? In: Winkler, P. (Hg.), Methoden der Analyse von Face-to-Face-Situationen, S. 143–168. Stuttgart: Metzler.
Guba, E. G. (Hg.) (1990), The paradigm dialog. Newbury Park: Sage.
Guba, E. G., Lincoln, Y. S. (1994), Competing Paradigms in Qualitative Research. In: Denzin, N., Lincoln, Y. S. (Hg.) (1994a), S. 105–117.
Habermas, J. (1967), Zur Logik der Sozialwissenschaften. Tübingen.
Habermas, J. (1985), Die neue Unübersichtlichkeit. Frankfurt: Suhrkamp.

Hammersley, M. (1990), Reading ethnographic Research – A critical guide. London: Longman.
Hammersley, M. (1992), What's wrong with ethnography? London: Routledge.
Hammersley, M., Atkinson, P. (1983), Ethnography – Principles in Practice. London: Tavistock.
Harper, D. (1994), On the Authority of the Image: Visual Methods at the Crossroads. In: Denzin, N., Lincoln, Y. S. (Hg.) (1994a), S. 403–412.
Harré, R. (1995), Zur Epistemologie sozialer Repräsentationen. In: Flick, U. (Hg.) (1995a), S. 165–174.
Haupert, B. (1991), Vom narrativen Interview zur biographischen Typenbildung. In: Garz, D., Kraimer, K. (Hg.), Qualitativ-empirische Sozialforschung, S. 213–254. Opladen: Westdeutscher Verlag.
Haupert, B. (1994), Objektiv-hermeneutische Fotoanalyse am Beispiel von Soldatenfotos aus dem zweiten Weltkrieg. In: Garz, D. (1994) (Hg.), S. 281–314.
Heinze, T. (1987), Qualitative Sozialforschung. Opladen: Westdeutscher Verlag.
Heritage, J. (1985), Recent developments in conversation analysis. *Sociolinguistics*, 15, S. 1–17.
Herkommer, S. (1979), Gesellschaftsbewußtsein und Gewerkschaften. Hamburg: VSA.
Hermanns, H. (1984), Ingenieurleben – Der Berufsverlauf von Ingenieuren in biographischer Perspektive. In: Kohli, M., Robert, G. (Hg.) (1984), S. 164–191.
Hermanns, H. (1991), Narratives Interview. In: Flick, U. et al. (Hg.) (1991), S. 182–185.
Herzlich, C. (1991), Soziale Repräsentation von Gesundheit und Krankheit und ihre Dynamik im sozialen Feld. In: Flick, U. (Hg.) (1991b), S. 293–302.
Hildenbrand, B. (1983), Alltag und Krankheit – Ethnographie einer Familie. Stuttgart: Klett-Cotta.
Hildenbrand, B. (1987), Wer soll bemerken, daß Bernhard krank wird? – Familiale Wirklichkeitskonstruktionsprozesse bei der Erstmanifestation einer schizophrenen Psychose. In: Bergold, J. B., Flick, U. (Hg.) (1987), S. 151–162.
Hildenbrand, B. (1991), Fallrekonstruktive Forschung. In: Flick, U. et al. (Hg.) (1991), S. 256–260.
Hildenbrand, B., Jahn, W. (1988), «Gemeinsames Erzählen» und Prozesse der Wirklichkeitskonstruktion in familiengeschichtlichen Gesprächen. *Zeitschrift für Soziologie*, 17, S. 203–217.
Hitzler, R. (1988), Sinnwelten – Ein Beitrag zum Verstehen von Kultur. Opladen: Westdeutscher Verlag.
Hitzler, R., Honer, A. (1991), Qualitative Verfahren zur Lebensweltanalyse. In: Flick, U. et al. (Hg.) (1991), S. 382–384.
Hoffmann-Riem, C. (1980), Die Sozialforschung einer interpretativen Soziologie. Der Datengewinn. *Kölner Zeitschrift für Soziologie und Sozialpsychologie*, 32, S. 339–372.
Hollingshead, A. B., Redlich, F. (1958), Social Class and Mental Illness. New York: Wiley (dt.: Der Sozialcharakter psychischer Störungen. Frankfurt: Fischer, 1975).
Holzkamp, K. (1986), Die Verkennung von Handlungsbegründungen als empirische Zusammenhangsannahmen in sozialpsychologischen Theorien: Methodologische

Fehlorientierungen infolge von Begriffsverwirrung. *Zeitschrift für Sozialpsychologie*, 17, S. 216–239.

Hopf, C. (1978), Die Pseudo-Exploration. Überlegungen zur Technik qualitativer Interviews in der Sozialforschung. *Zeitschrift für Soziologie*, 7, S. 97–115.

Hopf, C. (1985), Nichtstandardisierte Erhebungsverfahren in der Sozialforschung – Überlegungen zum Forschungsstand. In: Kaase, M., Küchler, M. (Hg.), Herausforderungen der empirischen Sozialforschung, S. 86–108. Mannheim: ZUMA.

Hopf, C. (1991), Qualitative Interviews in der Sozialforschung. In: Flick, U. et al. (Hg.) (1991), S. 177–181.

Hopf, C., Weingarten, E. (Hg.) (1979), Qualitative Sozialforschung. Stuttgart: Klett-Cotta.

Hradil, S. (Hg.) (1992), Zwischen Bewußtsein und Sein. Opladen: Leske und Budrich.

Huber, G. L. (1991), Computerunterstützte Auswertung Qualitativer Daten. In: Flick, U. et al. (Hg.) (1991), S. 243–248.

Huberman, A. M., Miles, M. B. (1994), Data Management and Analysis Methods. In: Denzin, N., Lincoln, Y. S. (Hg.) (1994a), S. 428–444.

Humphreys, L. (1973), Toilettengeschäfte. In: Friedrichs, J. (Hg.), Teilnehmende Beobachtung abweichenden Verhaltens, S. 254–287. Stuttgart: Enke.

Iser, W. (1991), Das Fiktive und das Imaginäre. Frankfurt: Suhrkamp.

Jacob, E. (1987), Qualitative Research Traditions: A Review. *Review of Educational Research*, 57, S. 1–50.

Jick, T. (1983), Mixing Qualitative and Quantitative Methods: Triangulation in Action. In: Maanen, J. v. (Hg.), Qualitative Methodology, S. 135–148. London: Sage.

Joas, H. (1988), Symbolischer Interaktionismus. Von der Philosophie des Pragmatismus zu einer soziologischen Forschungstradition. *Kölner Zeitschrift für Soziologie und Sozialpsychologie*, 40, S. 417–446.

Jodelet, D. (1991), Soziale Repräsentationen psychischer Krankheit in einem ländlichen Milieu in Frankreich: Entstehung, Struktur, Funktionen. In: Flick, U. (Hg.) (1991b), S. 269–292.

Jorgensen, D. L. (1989), Participant Observation. A Methodology for Human Studies. London: Sage.

Jüttemann, G. (Hg.) (1985), Qualitative Forschung in der Psychologie. Weinheim: Beltz.

Kamiske, G. F., Brauer, J. P. (1995), Qualitätsmanagement von A bis Z – Erläuterungen moderner Begriffe des Qualitätsmanagements (2. Aufl.). München: Carl Hanser Verlag.

Keupp, H. (1982), Sozialepidemiologie. In: Keupp, H., Rerrich, D. (Hg.), Psychosoziale Praxis – Ein Handbuch in Schlüsselbegriffen, S. 23–32. München: Urban & Schwarzenberg.

Kirk, J. L., Miller, M. (1986), Reliability and Validity in qualitative Research. Beverley Hills: Sage.

Kleining, G. (1982), Umriß zu einer Methodologie qualitativer Sozialforschung. *Kölner Zeitschrift für Soziologie und Sozialpsychologie*, 34, S. 224–253.

Knorr-Cetina, K. (1984), Die Fabrikation von Erkenntnis. Frankfurt: Suhrkamp.

Knorr-Cetina, K. (1989), Spielarten des Konstruktivismus. *Soziale Welt*, 20, S. 69–79.

Knorr-Cetina, K., Mulkay, M. (Hg.) (1983), Science observed. Perspectives on the social studies of science. London: Sage.

Köckeis-Stangl, E. (1982), Methoden der Sozialisationsforschung. In: Hurrelmann, K., Ulich, D. (Hg.), Handbuch der Sozialisationsforschung., S. 321–370. Weinheim: Beltz.

König, R. (1984), Soziologie und Ethnologie. *Kölner Zeitschrift für Soziologie und Sozialpsychologie*, Sonderheft 26: Ethnologie als Sozialwissenschaft, S. 17–35.

Koepping, K. P. (1987), Authentizität als Selbstfindung durch den anderen. Ethnologie zwischen Engagement und Reflexion, zwischen Leben und Wissenschaft. In: Duerr, H. P. (Hg.), Authentizität und Betrug in der Ethnologie, S. 7–37. Frankfurt: Suhrkamp.

Kohli, M. (1978), «Offenes» und «geschlossenes» Interview. Neue Argumente zu einer alten Kontroverse. *Soziale Welt*, 9, S. 1–25.

Kohli, M., Robert, G. (Hg.) (1984), Biographie und soziale Wirklichkeit. Neuere Beiträge und Forschungsperspektiven. Stuttgart: Metzler.

Koselleck, R. (1990), Darstellung, Ereignis und Struktur. In: Braudel, F., et al., Der Historiker als Menschenfresser. Über den Beruf des Geschichtsschreibers. Berlin: Wagenbach.

Kreissl, R., Wolfersdorff-Ehlert, C. (1985), Selbstbetroffenheit mit summa cum laude? Mythos und Alltag qualitativer Methoden in der Sozialforschung. In: Bonß, W., Hartmann, H. (Hg.) (1985b), S. 91–110.

Kroner, W., Wolff, S. (1986), Der praktische Umgang mit Wissenschaft – Reflexionen zu einem mißglückten Einstieg in das Forschungsfeld. In: Lüdtke, H. (Hg.), Freizeitforschung, S. 127–154. Opladen: Leske & Budrich.

Krüger, H. (1983), Gruppendiskussionen. Überlegungen zur Rekonstruktion sozialer Wirklichkeit aus der Sicht der Betroffenen. *Soziale Welt*, 34, S. 90–109.

Krüger, H. H., Marotzki, W. (Hg.) (1994), Erziehungswissenschaftliche Biographieforschung. Opladen: Leske und Budrich.

Küchler, M. (1980), Qualitative Sozialforschung – Modetrend oder Neuanfang. *Kölner Zeitschrift für Soziologie und Sozialpsychologie*, 32, S. 373–386.

Kunstforum 114, Imitation und Mimesis. Juli / August 1991

Kvale, S. (Hg.) (1989), Issues of Validity in Qualitative Research. Lund: Studenlitteratur.

Kvale, S. (1991), Validierung: Von der Beobachtung zu Kommunikation und Handeln. In: Flick, U. et al. (Hg.) (1991), S. 427–432.

Lamnek, S. (1988), Qualitative Sozialforschung Bd. 1: Methodologie. München: Psychologie Verlags Union.

Lamnek, S. (1989), Qualitative Sozialforschung Bd. 2: Methoden und Techniken. München: Psychologie Verlags Union.

Lather, P. (1993), Fertile Obsession: Validity after post-structuralism. *Sociological Quarterly*, 35, S. 673–693.

Lau, T., Wolff, S. (1983), Der Einstieg in das Untersuchungsfeld als soziologischer Lernprozeß. *Kölner Zeitschrift für Soziologie und Sozialpsychologie*, 35, S. 417–437.

Legewie, H. (1987), Interpretation und Validierung biographischer Interviews. In: Jüttemann, G., Thomae, H. (Hg.), Biographie und Psychologie, S. 138–150. Berlin: Springer.

Legewie, H. (1991), Feldforschung und Teilnehmende Beobachtung. In: Flick, U. et al. (Hg.) (1991), S. 189–192.
Leithäuser, T. (1991), Psychoanalytische Methoden in der Sozialforschung. In: Flick, U. et al. (Hg.) (1991), S. 278–283.
Lincoln, Y. S., Denzin, N. K. (1994), The Fifth Moment. In: Denzin, N., Lincoln, Y. S. (Hg.) (1994a), S. 575–587.
Lincoln, Y. S., Guba, E. G. (1985), Naturalistic Inquiry. London: Sage.
Livingston, E. (1986), The ethnomethodological foundations of mathematics. London: Routledge & Kegan Paul.
Lofland, J. H. (1974), Styles of Reporting Qualitative Field Research. *American Sociologist*, 9, S. 101–111.
Lofland, J., Lofland, L. H. (1984), Analyzing social settings (2. Aufl.). Belmont: Wadsworth.
Lüders, C. (1991), Deutungsmusteranalyse – Annäherungen an ein risikoreiches Konzept. In: Garz, D., Kraimer, K. (Hg.), Qualitativ-empirische Sozialforschung, S. 377–408. Opladen: Westdeutscher Verlag.
Lüders, C. (1992), Von der Teilnehmenden Beobachtung zur ethnographischen Beschreibung – Ein Literaturbericht. In: König, E., Zedler, P. (Hg.), Bilanz qualitativer Forschung. Weinheim: Deutscher Studienverlag (im Druck).
Lüders, C., Reichertz, J. (1986), Wissenschaftliche Praxis ist, wenn alles funktioniert und keiner weiß warum. Bemerkungen zur Entwicklung qualitativer Sozialforschung. *Sozialwissenschaftliche Literaturrundschau*, 12, S. 90–102.
Lyotard, J. F. (1986), Das postmoderne Wissen – Ein Bericht. Wien: Böhlau.
Malinowski, B. (1916/1948), Magic, science and religion and other essays. New York: Natural History Press.
Mangold, W. (1973), Gruppendiskussionen. In: König, R. (Hg.), Handbuch der empirischen Sozialforschung, S. 228–259. Stuttgart: Enke.
Matthes, J. (1984), Über die Arbeit mit lebensgeschichtlichen Erzählungen in einer nicht-westlichen Kultur. In: Kohli, M., Robert, G. (Hg.) (1984), S. 284–295.
Matthes, J. (1985), Die Soziologen und ihre Wirklichkeit – Anmerkungen zum Wirklichkeitsverhältnis der Soziologie. In: Bonß, W., Hartmann, H. (Hg.) (1985b), S. 49–64.
Mayring, P. (1983), Qualitative Inhaltsanalyse. Grundlagen und Techniken (2. Aufl.). Weinheim: Deutscher Studien Verlag.
McKinlay, J. B. (1993), The promotion of health through planned sociopolitical change: challenges for research and policy. *Social Science and Medicine*, 38, S. 109–117.
McKinlay, J. B. (1995), Towards Appropriate Levels, Research Methods and Healthy Public Policies. In: Guggenmoos-Holzmann, I., Bloomfield, K., Brenner, H., Flick, U. (Hg.), Quality of Life and Health: Concepts, Methods, and Applications. Berlin: Basil Blackwell.
Merkens, H. (1989), Einleitung. In: Aster, R. et al. (Hg.) (1989), S. 9–18.
Merton, R. K., Fiske, M., Kendall, P. L. (1956), The focused interview. Glenoe, Ill.: Free Press.
Merton, R. K., Kendall, P. L. (1946/1979), The focussed interview. *American Journal of Sociology*, 51, S. 541–557 (dt. in Hopf, C., Weingarten, E. (Hg.) (1979), S. 171–203).

Meuser, M., Nagel, U. (1991), ExpertInneninterviews – vielfach erprobt, wenig bedacht. Ein Beitrag zur qualitativen Methodendiskussion. In: Garz, D., Kraimer, K. (Hg.), Qualitativ-empirische Sozialforschung, S. 441–468. Opladen: Westdeutscher Verlag.

Middleton, D., Edwards, D. (Hg.) (1990), Collective Remembering. London: Sage.

Miles, M. B., Huberman, A. M. (1994), Qualitative Data Analysis: A sourcebook of new methods (2. Aufl.). Newbury: Sage.

Mishler, E. G. (1986), The Analysis of Interview-Narratives. In: Sarbin, T. R. (Hg.), Narrative Psychology, S. 233–255. New York: Praeger.

Mishler, E. G. (1990), Validation in Inquiry-Guided Research: The Role of Exemplars in Narrative Studies. *Harvard Educational Review*, 60, S. 415–442.

Morse, J. M. (1994), Designin Funded Qualitative Research. In: Denzin, N., Lincoln, Y. S. (Hg.) (1994a), S. 220–235.

Moscovici, S. (1973), Foreword. In: Herzlich, C., Health and Illness: A Social Psychological Analysis. London: Academic Press.

Mühlefeld, C., Windolf, R., Lampert, N., Krüger, K. (1981), Auswertungsprobleme offener Interviews. *Soziale Welt*, 32, S. 325–352.

Muhr, T. (1994), ATLAS/ti: Ein Werkzeug für die Textinterpretation. In: Böhm, A. et al. (Hg.) (1994), S. 317–324.

Müller-Doohm, S. (1993), Visuelles Verstehen. Konzepte kultursoziologischer Bildhermeneutik. In: Jung, T., Müller-Doohm, S. (Hg.), «Wirklichkeit» im Deutungsprozeß, S. 438–456. Frankfurt: Suhrkamp.

Murphy, J. A. (1994), Dienstleistungsqualität in der Praxis. München: Carl Hanser Verlag.

Niemann, M. (1989), Felduntersuchungen an Freizeitorten Berliner Jugendlicher. In: Aster, R. et al. (Hg.) (1989), S. 71–83.

Nießen, M. (1977), Gruppendiskussion. Interpretative Methodologie, Methodenbegründung, Anwendung. München: Fink.

Nothdurft, W. (1987), Gesprächsanalyse subjektiver Konfliktorganisationen – Ein natürliches Design zur Rekonstruktion individuellen Konfliktverständnisses. In: Bergold, J. B., Flick, U. (Hg.) (1987), S. 98–114.

Oevermann, U. (1983), Zur Sache. Die Bedeutung von Adornos methodologischem Selbstverständnis für die Begründung einer materialen soziologischen Strukturanalyse. In: Friedeburg, L. v., Habermas, J. (Hg.), Adorno-Konferenz 1983, S. 234–292. Frankfurt: Suhrkamp.

Oevermann, U., Allert, T., Konau, E., Krambeck, J. (1979), Die Methodologie einer «objektiven Hermeneutik» und ihre allgemeine forschungslogische Bedeutung in den Sozialwissenschaften. In: Soeffner, H. G. (Hg.), Interpretative Verfahren in den Sozial- und Textwissenschaften, S. 352–433. Stuttgart: Metzler.

Patton, M. Q. (1990), Qualitative Evaluation and Research Methods (2. Aufl.). London: Sage.

Petermann, W. (1991), Fotografie- und Filmanalyse. In: Flick, U. et al. (Hg.) (1991), S. 228–231.

Pollock, F. (1955), Gruppenexperiment – ein Studienbericht. Frankfurt: Europäische Verlagsanstalt.

Potter, J., Wetherell, M. (1995), Soziale Repräsentation, Diskursanalyse und Rassismus. In: Flick, U. (Hg.) (1995a), S. 177–200.

Reichertz, J. (1988), Verstehende Soziologie ohne Subjekt. *Kölner Zeitschrift für Soziologie und Sozialpsychologie*, 40, S. 207–221.

Reichertz, J. (1989), Hermeneutische Auslegung von Feldprotokollen? – Verdrießliches über ein beliebtes Forschungsmittel. In: Aster, R. et al. (Hg.) (1989), S. 84–102.

Reichertz, J. (1991), Objektive Hermeneutik. In: Flick, U. et al. (Hg.) (1991), S. 223–227.

Reichertz, J. (1992), Beschreiben oder Zeigen – Über das Verfassen ethnographischer Berichte. *Soziale Welt*, 43, S. 331–350.

Richards, T. J., Richards, L. (1994), Using Computers in Qualitative Research, In: Denzin, N., Lincoln, Y. S. (Hg.) (1994a), S. 445–462.

Richardson, L. (1990), Writing Strategies – Reaching Diverse Audiences. London: Sage.

Richardson, L. (1994), Writing: A Method of Inquiry. In: Denzin, N., Lincoln, Y. S. (Hg.) (1994a), S. 516–529.

Ricœur, P. (1981), Mimesis and Representation. *Annals of Scholarship*, 2, S. 15–32.

Ricœur, P. (1988), Zeit und Erzählung (Bd. 1). München: Fink.

Riemann, G. (1987), Das Fremdwerden der eigenen Biographie. Narrative Interviews mit psychiatrischen Patienten. München: Fink.

Rogers, C. R. (1944), The nondirective method as a technique for social research. *American Journal of Sociology*, 50, S. 279–293.

Ruff, F. M. (1991), Gesundheitsgefährdungen durch Umweltbelastungen – Ein neues Deutungsmuster. In: Flick, U. (Hg.) (1991b), S. 101–116.

Sacks, H., Schegloff, E., Jefferson, G. (1974), A simplest systematics for the organization of turntaking for conversation. *Language*, 4, S. 696–735.

Sahle, R. (1987), Gabe, Almosen, Hilfe. Opladen: Westdeutscher Verlag.

Saldern, M. v. (Hg.) (1986), Mehrebenenanalyse. Beiträge zur Erfassung hierarchisch strukturierter Realität. München: Psychologie Verlags Union.

Sanjek, R. (Hg.) (1990), Fieldnotes: The making of Anthropology. Albany: State University of New York Press.

Sarbin, T. R. (Hg.) (1986), Narrative Psychology – The Storied Nature of Human Conduct. New York: Praeger.

Schatzmann, L., Strauss, A. L. (1973), Field research. Englewood Cliffs/N. J.: Prentice Hall.

Scheele, B., Groeben, N. (1988), Dialog-Konsens-Methoden zur Rekonstruktion Subjektiver Theorien. Tübingen: Francke.

Schegloff, E., Sacks, H. (1974), Opening up closings. In: Turner, R. (Hg.), Ethnomethodology, S. 233–264. Harmondsworth: Penguin.

Schneider, G. (1985), Strukturkonzept und Interpretationspraxis der objektiven Hermeneutik. In: Jüttemann, G. (Hg.) (1985), S. 71–91.

Schneider, G. (1988), Hermeneutische Strukturanalyse von qualitativen Interviews. *Kölner Zeitschrift für Soziologie und Sozialpsychologie*, 40, S. 223–244.

Schneider, G. (1994), Sozialwissenschaftliche Hermeneutik und «strukturale» Systemtheorie. Zu den Grenzen und Entwicklungsmöglichkeiten der «objektiven Hermeneutik». In: Garz, D. (Hg.) (1994), S. 153–194.

Schütz, A. (1971), Gesammelte Schriften (Bd. 1). Den Haag: Nijhoff.

Schütze, F. (1976), Zur Hervorlockung und Analyse von Erzählungen thematisch relevanter Geschichten im Rahmen soziologischer Feldforschung. In: Arbeitsgruppe Bielefelder Soziologen (Hg.), Kommunikative Sozialforschung, S. 159–260. München: Fink.

Schütze, F. (1977), Die Technik des narrativen Interviews in Interaktionsfeldstudien, dargestellt an einem Projekt zur Erforschung von kommunalen Machtstrukturen. Manuskript der Universität Bielefeld, Fakultät für Soziologie.

Schütze, F. (1983), Biographieforschung und narratives Interview. *Neue Praxis*, 3, S. 283–293.

Schwandt, T. A., Halpern, E. S. (1988), Linking auditing and Metaevaluation. Enhancing Quality in Applied Research. London: Sage.

Silverman, D. (1993), Interpreting Qualitative Data. Methods for Analysing Talk, Text and Interaction. London: Sage.

Spöhring, W. (1989), Qualitative Sozialforschung. Stuttgart: Teubner.

Spradley, J. P. (1979), The ethnographic interview. New York: Holt, Rinehart und Winston.

Spradley, J. P. (1980), Participant observation. New York: Rinehart & Winston.

Sprenger, A. (1989), Teilnehmende Beobachtung in prekären Handlungssituationen. Das Beispiel Intensivstation. In: Aster, R. et al. (Hg.) (1989), S. 35–56.

Stegmüller, W. (1973), Probleme und Resultate der Wissenschaftstheorie und Analytischen Philosophie, Bd. 2.2.: Theoriestrukturen und Theoriedynamik. Berlin: Springer.

Steinert, H. (Hg.) (1973), Symbolische Interaktion. Arbeiten zu einer reflexiven Soziologie. Stuttgart: Klett.

Strauss, A. (1995), Im Gespräch (mit Heiner Legewie und Barbara Schervier-Legewie). *Journal für Psychologie*, 3, S. 64–75.

Strauss, A. L. (1991), Grundlagen Qualitativer Sozialforschung. München: Fink.

Strauss, A. L., Corbin, J. (1990), Basics of Qualitative Research. London: Sage.

Strauss, A. L., Schatzmann, L., Bucher, R., Ehrlich, D., Sabshin, M. (1964), Psychiatric Ideologies and Institutions. New York: Free Press of Glencoe.

Streeck, J. (1991), Sprachanalyse als empirische Geisteswissenschaft. Von der «philosophy of mind» zur «kognitiven Linguistik». In: Flick, U. et al. (Hg.) (1991), S. 90–100.

Stryker, S. (1976), Die Theorie des Symbolischen Interaktionismus. In: Auwärter, M., Kirsch, E., Schröter, K. (Hg.), Seminar: Kommunikation, Interaktion, Identität, S. 257–274. Frankfurt: Suhrkamp.

Südmersen, I. (1983), Hilfe, ich ersticke in Texten! – Eine Anleitung zur Aufarbeitung narrativer Interviews. *Neue Praxis*, 13, S. 294–306.

Thomas, W. I., Znaniecki, F. (1918–1920), The polish peasant in Europe and America (Bd. 1–2). New York: Knopf.

Toulmin, S. (1994), Kosmopolis. Die unerkannten Aufgaben der Moderne. Frankfurt: Suhrkamp.

Van Maanen, J. (1988), Tales of the field: On writing ethnography. Chicago: University of Chicago Press.

Wahl, K., Gravenhorst, L., Honig, S. M. (1982), Wissenschaftlichkeit und Interessen. Zur Herstellung subjektivitätsorientierter Sozialforschung. Frankfurt: Suhrkamp.

Weber, M. (1904), Die «Objektivität» sozialwissenschaftlicher und sozialpolitischer

Erkenntnis. In: Winkelmann, J. (Hg.) (1988), Max Weber – Gesammelte Aufsätze zur Wissenschaftslehre, S. 146–214. Tübingen: Mohr.

Weber, M. (1919), Wissenschaft als Beruf. In: Winkelmann, J. (Hg.) (1988), Max Weber – Gesammelte Aufsätze zur Wissenschaftslehre, S. 582–613. Tübingen: Mohr.

Weingarten, E., Sack, F., Schenkein, J. (Hg.) (1976), Ethnomethodologie. Beiträge zu einer Soziologie des Alltagshandelns. Frankfurt: Suhrkamp.

Weitzman, E., Miles, M. B. (1995), Computerprogramms for qualitative Data Analysis: A software sourcebook. London: Sage.

Wiedemann, P. M. (1991), Gegenstandsnahe Theoriebildung. In: Flick, U. et al. (Hg.) (1991), S. 440–445.

Wilson, T. P. (1982), Quantitative «oder» qualitative Methoden in der Sozialforschung. Kölner Zeitschrift für Soziologie und Sozialpsychologie, 34, S. 469–486.

Winograd, T., Flores, F. (1986), Understanding Computers and Cognition. Reading/MA: Addison-Wesley.

Witzel, A. (1982), Verfahren der qualitativen Sozialforschung – Überblick und Alternativen. Frankfurt: Campus.

Witzel, A. (1985), Das problemzentrierte Interview. In: Jüttemann, G. (Hg.), Qualitative Forschung in der Psychologie, S. 227–255. Weinheim: Beltz.

Wolcott, H. F. (1990a), On Seeking – and Rejecting – Validity in Qualitative Research. In: Eisner, W., Peshkin, A. (Hg.), Qualitative Inquiry in Education. The Continuing Debate, S. 121–152. New York: Teachers College Press.

Wolcott, H. F. (1990b), Writing up Qualitative Research. London: Sage.

Wolff, S. (1986), Das Gespräch als Handlungsinstrument. Konversationsanalytische Aspekte sozialer Arbeit. Kölner Zeitschrift für Soziologie und Sozialpsychologie, 38, S. 55–84.

Wolff, S. (1987), Rapport und Report. Über einige Probleme bei der Erstellung plausibler ethnographischer Texte. In: Ohe, W. v. d. (Hg.), Kulturanthropologie. Beiträge zum Neubeginn einer Disziplin, S. 333–364. Berlin: Reimer.

Wolff, S. (1991), Gregory Bateson, Margaret Mead: «Balinese Character» (1942) – Qualitative Forschung als disziplinierte Subjektivität. In: Flick, U. et al. (Hg.) (1991), S. 135–141.

Wolff, S. (1992), Die Anatomie der Dichten Beschreibung – Clifford Geertz als Autor. In: Matthes, J. (Hg.), Zwischen den Kulturen? Sozialwissenschaften vor dem Problem des Kulturvergleichs, S. 339–361. Soziale Welt Sonderband 8. Göttingen: Schwartz.

Wolff, S. (1993), Der Einstieg in das Untersuchungsfeld. Workshop des Projektes Q1b im Berliner Forschungsverbund Public Health (Mimeo).

Wolff, S., Knauth, B., Leichtl, G. (1988), Kontaktbereich Beratung – Eine konversationsanalytische Untersuchung zur Verwendungsforschung. Projektbericht, Hildesheim.

Wundt (1900–1920), Völkerpsychologie. Leipzig: Engelmann.

Znaniecki, F. (1934), The method of sociology. New York: Farrar und Rinehart.

Ergänzungen zum Literaturverzeichnis (1999)

Für die Ergänzungen zum Literaturverzeichnis wurden Titel zusammengestellt, die seit der Fertigstellung dieses Buchs erschienen sind und neuere Entwicklungen qualitativer Forschung präsentieren, praktische Anleitungen zu ihrer Durchführung liefern oder mittlerweile in deutscher Übersetzung vorliegen.

Denzin, N. K. (1997), Interpretive Ethnography. Ethnographic Practices for the 21st Century. Newbury Park: Sage.
Flick, U., Kardorff, E. v., Steinke, I. (Hg.) (2000), Qualitative Forschung – Ein Handbuch. Reinbek: Rowohlt (rowohlts enzyklopädie).
Friebertshäuser, B., Prengel, A. (Hg.) (1997), Handbuch qualitative Methoden in der Erziehungswissenschaft. Weinheim, München: Juventa.
Glaser, B. G., Strauss, A. L. (1967/1998), Grounded Theory: Strategien qualitativer Forschung. Bern: Hans Huber.
Hepp, A., Winter, R. (Hg.) (1999), Kultur–Medien–Macht. Cultural Studies und Medienanalyse (2. Aufl.). Opladen: Westdeutscher Verlag.
Hildenbrand, B. (1999), Fallrekonstruktive Familienforschung – Anleitungen für die Praxis. Opladen: Leske & Budrich.
Hirschauer, S., Ammann, K. (Hg.) (1997), Die Befremdung der eigenen Kultur. Zur ethnographischen Herausforderung soziologischer Empirie. Frankfurt: Suhrkamp.
Hitzler, R., Honer, A. (Hg.) (1997), Sozialwissenschaftliche Hermeneutik. Opladen: Leske & Budrich.
Jessor, R., Colby, A., Shweder, R. A. (Hg.) (1996), Ethnography and Human Development. Chicago: Chicago University Press.
Kelle, U., Kluge, S. (1999), Vom Einzelfall zum Typus. Fallvergleich und Fallkontrastierung in der qualitativen Sozialforschung. Opladen: Leske & Budrich.
Kvale, S. (1996), InterViews. An Introduction to qualitative research interviewing. Thousand Oaks: Sage.
Lunt, P., Livingstone, S. (1996), Rethinking the Focus Group in Media Research. *Journal of Communication* 46 (2), S. 79–98.
Schmidt, S. J. (1998), Die Zähmung des Blicks. Konstruktivismus – Empirie – Wissenschaft. Frankfurt: Suhrkamp.
Silverman, D. (Hg.) (1997), Qualitative Research – Theory, Method and Practice, London: Sage.
Steinke, I. (1999), Kriterien für die Bewertung qualitativer Forschung. München, Weinheim: Juventa.
Strauss, A., Corbin, J. (1990/1996), Grounded Theory. Grundlagen Qualitativer Sozialforschung. Weinheim: Beltz, PVU.
Strobl, R., Böttger, A. (Hg.) (1996), Wahre Geschichten? Zur Theorie und Praxis qualitativer Interviews. Baden-Baden: Nomos.
Sutter, T. (Hg.) (1997), Beobachtung verstehen, Verstehen beobachten. Opladen: Westdeutscher Verlag.

Verzeichnis der Abbildungen

Abbildung 1: Phasen in der Geschichte qualitativer Forschung — S. 20
Abbildung 2: Forschungsperspektiven qualitativer Forschung und ihre Ansatzpunkte — S. 39
Abbildung 3: Verstehen zwischen Konstruktion und Interpretation — S. 47
Abbildung 4: Prozeß der Mimesis — S. 50
Abbildung 5: Prozeßmodelle und Theorie — S. 61
Abbildung 6: Fragestellungen im Forschungsprozeß — S. 64
Abbildung 7: Mitgliedschaften im Feld (nach Adler und Adler 1987, S. 33) — S. 72
Abbildung 8: Beispiel einer Samplestruktur bei vorgegebenen Dimensionen — S. 80
Abbildung 9: Beispiel einer Samplestruktur als Ergebnis des Prozesses — S. 84
Abbildung 10: Ausschnitt aus einer subjektiven Theorie über Vertrauen in Beratung — S. 103
Abbildung 11: Beispiel eines Dokumentationsbogens — S. 193
Abbildung 12: Beispiel für Segmentierung und offenes Kodieren — S. 199
Abbildung 13: Beispiel für die thematische Struktur von Fallanalysen beim thematischen Kodieren — S. 208
Abbildung 14: Konventionalisierung von Feldnotizen (modifiziert nach Kirk und Miller 1986 und Silverman 1993) — S. 242
Abbildung 15: Geltungsbegründung am Text — S. 270
Abbildung 16: Forschungsdesigns zur Integration qualitativer und quantitativer Forschung (aus Miles und Huberman 1994, S. 41) — S. 284

Verzeichnis der Tabellen

Tabelle 1: Theoretische Positionen in qualitativer Forschung — S. 42
Tabelle 2: Typen von Fragestellungen — S. 68
Tabelle 3: Auswahlentscheidungen im Forschungsprozeß — S. 78
Tabelle 4: Theoretisches versus statistisches Sampling (aus: Wiedemann 1991, S. 441) — S. 83
Tabelle 5: Vergleich der Verfahren zur Erhebung verbaler Daten — S. 146 f
Tabelle 6: Checkliste für Interviewverfahren — S. 149
Tabelle 7: Verläßlichkeit von Beobachtungen (aus Becker und Geer 1979, S. 162) — S. 165
Tabelle 8: Vergleich der Verfahren zur Erhebung visueller Daten — S. 178 f
Tabelle 9: Checkliste für Beobachtungsverfahren — S. 182 f
Tabelle 10: Thematische Kodierung subjektiver Technikdefinitionen — S. 210
Tabelle 11: Verfahren der Textinterpretation — S. 234 f
Tabelle 12: Checkliste für Interpretationsverfahren — S. 237 f

Namenregister

Adler, P. A. 71, 76, 77, 152 ff, 178
Adler, P. 71, 76, 77, 152 ff, 178
Agar, M. 76
Agger, B. 37
Altheide, D. L. 247
Amann, K. 35, 65
Arbeitsgruppe Bielefelder Soziologen 17
Aster, R. 166
Atkinson, P. 166, 291

Bateson, G. 168
Baum, F. 280
Beck, U. 9, 12
Becker, H. S. 29, 111, 159, 165, 169, 265, 266, 268
Benedict, R. 267
Berg, E. 44, 167, 268
Bergmann, J. R. 32, 34, 159, 174, 187, 188, 194, 196, 218 ff, 235
Bergold, J. B. 28, 30, 66, 188
Blumer, H. 10, 29, 32
Böhm, A. 18, 198, 200, 202, 215, 234, 278
Bohnsack, R. 19, 147, 279
Bonß, W. 11, 12, 16, 37
Borman, K. M. 290
Bortz, J. 13
Brauer, J. P. 286 f
Bruner, E. M. 271
Bruner, J. 10, 51, 115, 223 f
Bryman, A. 280
Bude, H. 36, 68, 124, 224, 231, 244, 265, 267
Bühl, W. 17
Bühler-Niederberger, D. 85, 239, 251

Cicourel, A. V. 17, 281
Clifford, J. 19, 44, 167, 268, 270
Cooley, C. H. 29
Corbin, J. 19, 56, 197 f, 200 ff, 234, 236, 256 f, 262
Coulter, J. 221

D'Andrade, R. G. 36
Dabbs, J. M. 170
Decker, F. 189
Deleuze, G. 246
Denzin, N. K. 19 ff, 29, 30, 31 f, 37, 45, 85, 154, 157, 163, 167 ff, 172 f, 178 f, 225, 240, 249 ff, 271, 291

Derrida, J. 37, 246
Devereux, G. 77, 163
Dörner, D. 10
Douglas, J. D. 71
Dreher, E. 133, 135 f
Dreher, M. 133, 135 f

Edwards, D. 35, 221
Ehlich, K. 192
Engel, U. 282
Englisch, F. 172
Evans-Pritchard, E. E. 267

Faltermaier, T. 30
Fielding, J. L. 67
Fielding, N. G. 18, 67
Fischer-Rosenthal, W. 16
Fiske, M. 131
Fleck, L. 65
Flick, U. 9, 15, 18, 28, 30 f, 34, 38 ff, 53, 66 f, 75, 79, 84, 86, 89, 100, 115, 123 f, 126, 147, 161, 188, 192, 196, 198, 207, 220, 224, 232, 234, 239 f, 244 f, 249, 250 f, 273, 275, 279, 282, 285
Flores, F. 19, 44
Fontana, A. 131, 291
Foucault, M. 30
Freud, S. 58
Frey, J. H. 131, 291
Friedrichs, J. 152
Fuchs, M. 44, 167, 268
Fuchs, W. 112, 121

Garfinkel, H. 17, 32 f
Garz, D. 37, 43, 194, 227, 236
Gebauer, G. 47 f, 50, 52
Geer, B. 111, 159
Geertz, C. 10, 19, 31, 159, 263, 264, 267, 272
Gerdes, K. 17
Gerhardt, U. 18, 80, 124, 244, 255
Ginzburg, C. 267
Girtler, R. 158, 166, 239
Glaser, B. G. 17, 19, 29, 56, 58, 60, 61, 66, 81, 82, 108, 154, 197, 203, 236, 249, 255
Goffman, E. 17, 152
Gold, J. 153, 163
Goodman, N. 46, 50, 60, 266
Grathoff, R. 18
Groeben, N. 30, 31, 99, 101, 104, 146, 245

Gross, P. 44, 230
Guattari, F. 246
Guba, E.G. 19, 40, 167, 252 ff, 269, 286

Habermas, J. 9, 17
Hall, E. T. 169
Halpern, E. S. 252
Hammersley, M. 166 f, 243 f, 258, 291
Harper, D. 168 f, 171, 179
Harré, R. 10, 35, 221, 235
Hartmann, H. 11, 12
Haupert, B. 171, 224, 255
Heidegger, M. 30
Heinze, T. 245
Herkommer, S. 137
Heritage, J. 33, 221
Hermanns, H. 115 ff, 124, 147, 226
Herzlich, C. 38
Hildenbrand, B. 28, 40, 59, 76, 89, 140, 147, 225, 232, 235, 242
Hitzler, R. 76, 166 f
Hoffmann-Riem, C. 17 f 57, 63, 94, 104
Hollingshead, A. B. 14
Holzkamp, K. 66
Honer, A. 166 f
Hopf, C. 17 f, 40, 94, 97 f 113, 188, 289
Hradil, S. 9
Huber, G. L. 18
Huberman, A. M. 19, 253, 259, 274, 283
Humphreys, L. 154

Iser, W. 47

Jacob, E. 19
Jahn, W. 140, 147, 225, 235, 242
Jick, T. 282
Joas, H. 29
Jodelet, D. 38
Johnson, J. M. 247
Jorgensen, D. L. 157
Jüttemann, G. 17

Kamiske, G. F. 286, 287
Kendall, P. 94 ff, 131, 146
Keupp, H. 15
Kirk, J. L. 240 f, 243
Kleining, G. 17 f, 60, 86 f, 254, 281

308

Knorr-Cetina, K. 35, 45, 65, 271
Köckeis-Stangl, E. 245
Koepping, K. P. 161
Kohli, M. 18, 30, 94, 116, 280
König, R. 268
Koselleck, R. 267
Kraimer, K. 194
Kreissl, R. 289
Kroner, W. 73, 264, 290
Krüger, H. H. 18, 116,
Krüger, H. 133, 135 f, 147
Küchler, M. 18
Kvale, S. 243

Lamnek, S. 19, 123, 166
Lather, P. 246
Lau, T. 72 f, 76, 264, 290
Lee, R. M. 18
Legewie, H. 18, 66, 157, 244
Leithäuser, T. 37
Levi-Strauss, C. 267, 272
Lincoln, Y. S. 19 f, 37, 40, 45, 167, 240, 251 ff, 269, 271, 286, 291
Livingston, E. 34
Lofland, J. H. 68 f, 189, 262
Lofland, L. H. 68 f, 156, 189
Lüders, C. 28, 37, 166, 179, 230, 249, 269, 291
Lyotard, J. F. 10, 246

Maanen, J. van 194, 261, 263 f
Malinowski, B. 19, 267
Mangold, W. 133, 137 ff,
Marcus, G. E. 19, 44, 167, 268
Marotzki, W. 18, 116
Matthes, J. 45, 121
Mayring, P. 212 ff, 235
McKinlay, J. B. 280, 281
Mead, G. H. 29
Mead, M. 168
Mengel, A. 278
Merkens, H. 156
Merton, R. 94 ff, 131, 146
Meuser, M. 109 f, 146
Middleton, D. 35
Miles, M. B. 18 f, 253, 259, 273 f, 276 ff, 283

Miller, M. 240 f, 243
Mishler, E. G. 246
Morse, J. M. 88
Moscovici, S. 38
Mühlefeld, C. 18, 282
Muhr, T. 278
Mulkay, M. 35
Müller-Doohm, S. 172, 227, 230
Murphy, J. A. 286

Nagel, U. 109 f, 146
Niemann, M. 155
Nießen, M. 133
Niewiarra, S. 198
Nothdurft, W. 187

Oevermann, U. 18, 36, 37, 66, 225, 227, 228 f, 235, 281

Park, E. 29
Patton, M. Q. 87, 89, 283
Petermann, W. 168, 174
Pollock, F. 132
Potter, J. 35, 221 f

Redlich, F. 14
Reichertz, J. 28, 37, 183, 189, 228, 230, 249, 263, 269
Richards, L. 18, 273, 277, 279
Richards, T. J. 18, 273, 277, 279
Richardson, L. 268
Ricœur, P. 44, 48 f, 52
Riemann, G. 116, 117, 119 f, 124
Robert, G. 18, 30, 116
Rogers, C. L. 95, 97
Ruff, F. M. 107

Sack, F. 17
Sacks, H. 33, 219
Sahle, R. 229
Saldern, M. v. 13
Sanjek, R. 189
Sarbin, T. R. 10, 115
Schatzman, L. 17
Scheele, B. 99, 101, 104, 146, 245

Schegloff, E. 219
Schenkein, J. 17
Schneider, G. 227, 228, 230, 231, 235
Schütz, A. 46, 53, 76, 244
Schütze, F. 18, 70, 115, 116, 118 ff, 123 f, 147, 223, 226, 235, 255
Schwandt, T. A. 252
Silverman, D. 222, 230, 241 f
Spöhring, W. 19, 137
Spradley, J. P. 111, 147, 154, 158, 160, 178, 190, 241
Sprenger, A. 162
Stegmüller, W. 31
Steinert, H. 17
Strauss, A. L. 17, 19, 29, 56, 58, 60, 61, 66, 68, 69, 81, 82, 108, 154, 189, 191, 193, 196 ff, 206 ff, 210, 211, 235, 236, 242, 249, 256 f, 261 f, 278
Streeck, J. 36
Stryker, S. 30
Südmersen, I. 63, 124, 290
Switalla, B. 192

Thomas, W. I. 16, 29 f
Toulmin, S. 24

Wahl, K. 77
Weber, M. 11, 255
Weingarten, E. 17
Weitzman, E. 18, 273 f, 276 ff
Wetherell, M. 35, 221 f, 235
Wiedemann, P. M. 83
Wilson, T. 280
Winograd, T. 19, 44
Witzel, A. 105 f, 125, 146, 192
Wolcott, H. F. 243, 247, 268
Wolfersdorff-Ehlert, C. 289
Wolff, S. 34, 72, 73, 76, 168, 219 f, 261, 264, 272, 290
Wuggenig, U. 282
Wulf, C. 47, 48, 50, 52
Wundt, W. 16

Znaniecki, F. 16, 85

Sachregister

Abbildung 45, 51
- faktisch gegebener Zusammenhänge 44
- von Realität 53

Abschweifungen des Interviewten 113
Abstecken der Anwendungsfelder 282
Abstraktion, methodische 14
Achsenkategorien 201 f
Akteur 160
Alltäglichkeiten 128
Alltag 14, 18, 32, 46, 66, 188, 268
- -serzählung 49, 121
- -sgespräche 35, 219
- -srelevanz 10
- -ssituation des Erzählens 140
- -ssituationen 158
- -stheorien 12
- -swissen 33, 46, 129, 207

Analogiesetzung von Erzählung und Erfahrung 123

Analyse
- der Erhebungssituation 212
- der Interviewsituation 269
- des Einzelfalls 226
- -, narrative 218, 226, 231
- negativer Fälle 252
- -, sequentielle 36, 139, 141, 164, 168, 196, 221, 229, 279
- von Fällen 254

Angemessenheit 14, 244
- der Methode 181
- der Samplingstruktur 90
- des Forschungsprozesses 256

Annäherung an ein Feld 191
Anonymisierung der Daten 193
Anreicherung von Kategorien 203
Anwendungsevaluation 285
Anwerbephase 122
Arbeitsbündnis 112, 245
Argumentation 117
Atlas/ti 278
Auditing 252, 259, 286
Aufbereitung von Texten 216
Aufbrechen von Texten 204
Aufmerksamkeit, gleichschwebende 36, 58
Aufzeichnung 22, 23, 43, 168, 186, 221, 247
- von Daten 186
- von Alltagsgesprächen 70
- -en über Analysen und Interpretationen 190
- Standardisierung der – 241
- -stechnologien 273

Aushandlung
- des Zugangs zu Institutionen 74
- gemeinsamer Sprachregelungen 73
- -, soziale 138
- von Nähe und Distanz 77

Aussagestruktur wissenschaftlicher Theorien 31

Außenperspektive 161
Auswahl 174, 254
- von Beobachtungssituationen 160, 164
- des Materials 78
- eines Settings 154
- im Material 78
- kritischer Fälle 87
- von Fällen 63, 138, 150
- -entscheidungen 59, 231, 253
- -, schrittweise 85, 164, 171, 174, 226
- -strategie 22, 105, 167
- -verfahren 21

Auswertung
- -, statistische 11
- -seinheit 212

Authentizität 244
Autorität des Textes 271

Bedeutung 29, 45, 67, 158, 163, 228
- -, kulturelle 38
- -, objektive 227, 229
- -, subjektive 10, 15, 28, 33, 38, 227
- -smuster 173

Bedingungen 11, 203
Befragungen 57, 177
Begriff 257
- -liche Netzwerk-Bildung 277
- -sbestimmungen 127
- – snetze 262, 278

Belege 217
Beobachter
- -rollen 71, 153, 154, 163, 170
- -training 154, 155, 242
- -, teilnehmender 70, 159, 180, 189
- Überflutung des – 162

Beobachtung 22, 43, 57, 94, 139, 152, 153, 158, 174, 189, 196, 232, 246
- aus zweiter Hand 168
- -, beschreibende 154
- -, deskriptive 158
- -, fokussierte 154, 158
- Fremd- 153
- in künstlichen Situationen 153
- in natürlichen Situationen 153
- -, nicht-teilnehmende 152
- -, öffentliche Räume 157
- -, offene 152, 159
- optimaler Beginn 162
- Phasen der – 154, 158
- Planung der – 163
- -, reine 71, 180
- Rollenfindung bei 154
- -sbögen 180
- -, selektive 154, 158
- -skapazität des Forschers 162
- -sleitfäden 162
- -sperspektive 162
- -sprotokolle 140, 176, 239

- -sschema 153
- -strainings 180
- -sverlauf 182
- -, systematische 153
- -sziele 162
- -, teilnehmende 18, 23, 32, 38, 65, 71, 76, 111, 152, 153, 157, 158, 159, 163, 166, 279, 285
  - Phasen teilnehmender Beobachtung 158
- -, unsystematische 153
- -, verdeckte 152, 153, 155, 157, 159

Beschreibung 67, 77, 264
- -, dichte 31, 159

Bestätigbarkeit 252
Bewertung von Forschung 20
Beziehung
- mit dem Interviewten 121
- zwischen Kategorien 201
- zwischen Begriffen 197
- -saspekt 244

Bilanzierungsphase 116f,
Bildertafeln 169
Bildhermeneutik 172, 230
Biographie 44, 51, 65, 90, 116, 121,122, 224, 232, 243, 268
- -kern 224
- -muster 9
- -träger 70

biographisch 31, 75, 180

Cassettenrecorder 187
Chicagoer Schule 16, 19, 29, 71
Computer 18, 23, 273
- -netze 274
- Verwendungsweisen von 274

Darstellung 18, 19, 21, 23, 43, 46, 48, 78, 118, 125, 129, 143, 167, 168, 170, 191, 226, 240, 244, 247, 248, 261, 264, 266, 269, 270f, 278, 291
- von Erfahrungen 51, 115
- -, grafische 274
- -, kondensierte 190

Daten
- -aufzeichnung 186
- -bank 274
- -, biographische 105
- -erhebung 58, 63, 143, 145, 162, 177
- -huberei, qualitative 188
- -schutz 73, 77
- -sorten 85
- -, verbale 22, 143
- -verknüpfung 274
- -, visuelle 22, 23

Definition
- -, subjektive 126
  - der Situation 99

Denken
- -, deduktives 202
- -, induktives 202

Denkstile 65

Design 158
- -, natürliches 187
Deskription einer Lebenswelt 66
Detaillierungszwang 118
Deutungsmuster 10, 36
- -analyse 230
Dilemma zwischen Teilnahme und Beobachtung 71
Dimensionen 200, 203
Diskurs 10, 41, 221, 246
- -analyse 221, 222
- -ive Psychologie 35
Diskussion
- -sanreiz 136
- -sgruppen 139
- -sleiter 137
  - Funktion des 135
  - nichtdirektiver Stil des 136
Distanz 161, 163
- -, wissenschaftliche 72
Diversifikation von Lebenswelten 10
Dokumentarfilme, wissenschaftliche 174
Dokumentation 23
- der Vorgehensweisen und Probleme 288
- von Daten 186
- von Kontext 109, 194
- -sbögen 192
- -, reflexive 243
Dokumentenanalyse 157, 167
Dynamik von Gruppen 131,132, 137

Einbeziehung von Kontext 57
Einfluß der Aufzeichnung 187
Eingangsfrage 116, 122, 242, 289
Eingrenzung der Fragestellung 66, 285
Einheit, hermeneutische 278
Einnahme einer Innenperspektive 77
Einordnung in den Forschungsprozeß 148, 181, 238
Einstieg in das Feld 156, 242, 264
- als Herstellungsprozeß 73
Einzelfall 16, 40, 109, 270
- -analysen 207, 231
- -verstehen 255
Entwicklung der Instrumente 253
Entzauberung
- der Welt 11
- der Wissenschaft 11
Epidemiologie 14, 282
Epiphany 31
Episoden 125, 128
Erfahrung 46, 48, 52, 53, 74, 88, 114, 125, 128, 268
- -sweisen 90, 127
- -, prä-narrative Qualität der – 51
Erfassung eines breiten Spektrums 95, 96
Erhebungsverfahren 22
- Entscheidung zwischen – 144, 180,
Erkenntnis 12, 50
- als Textproduktion 268
Erklärungen, ethnographische 111

311

Erleben, subjektives 282
Eröffnungs-
– -frage 122
– -sequenz 225, 229, 242
Erzähl-
– -anreiz 105
– -aufforderung 116, 117, 122, 126, 143, 145
– -bares Ganzes 125
– -kompetenz 125
– -schemata 121
– -stimulus 140
– -zwänge 123
Erzählen
– von Verläufen 118
– , gemeinsames familiengeschichtliches 130, 140, 141
– Grenzen des 124
Erzählung 10, 20, 22, 44, 48, 49, 51, 53, 108, 114, 115, 120, 122, 125, 128, 129, 140, 144, 152, 171, 208, 223, 226, 232, 244, 264,
– , biographische 30, 51, 119, 130, 224
– Definition von 115
– als Gestalt 122
– aus dem Feld 261
– von bestimmten Situationen 128, 130
– , ungehinderte 244
Ethnograph 270
Ethnographie 19, 23, 44, 166, 167, 168, 261, 267, 268, 271, 272, 291
Ethnomethodologie 17, 19, 28, 32, 33, 35, 71, 72, 218, 221
Evaluation 284
– der Theoriebildung 258, 285
– des Beobachtens 242
– qualitativer Forschung 288
– -sforschung 87
Expertenwissen 110
Explikation 242
– der jeweiligen Kontexte 224
– des (formalen) Vorgehens 136
Extremfälle 87, 91

Fall 114, 220
– abweichender 86, 87, 91, 251, 253, 256, 265, 269
– -analyse 16, 40, 59, 89, 106, 121, 124, 141, 207, 209, 211, 217, 223, 226, 233, 236, 259
– -auswahl 78, 85
– -geschichte 202, 224, 230
– Grobstruktur des 227
– -konstituierung 89
– -kontrastierung 86, 265, 269
– Motto des 207
– -rekonstruktion 40, 91, 176, 232, 255
– , sensibler 87
– -struktur 196
– -strukturhypothese 225, 227, 242
– -studie 91, 167, 231, 252
– , typischer 87
– -vergleich 141, 209, 231, 255
Falsifikation 57, 225, 227, 228, 231, 242, 246

Feinanalyse, sequentielle 208, 228
Feld
– -beobachtung 283
– -forscher 263, 264
– -forschung 71, 111, 240
– -forschungs-Journal 190
– Geschichten über das 194
– -kontakt 63, 190
– -notizen 43, 159, 183, 186, 189, 231, 238, 241, 253, 274
– Formen von 190
– -studie 283, 258
Feminismus 19, 30, 274
Festlegung der zu erreichenden Ziele 287
Fiktion 49
Film 168, 169, 174
– -analyse 23
Fixierung 186
Flexibilität 166, 204
Focus Groups 131
Fokussierung von Gefühlen 97
Forschung
– als Prozeß 259
– als Störung 74
– , biographische 18, 116, 244
– , ethnographische 241, 247, 248
– , experimentelle 11, 17, 56, 283
– in Institutionen 71
– -sanliegen 74
– -sdesign 22, 63, 66, 67, 81, 283
– -sergebnisse, empirische Grundlage der 256
– -sethik 77, 153 , 157, 159, 188
– -shaltung 167, 168, 289
– lineares Modell der 56, 59, 61
– -sperspektive 67
– -sprozeß 17, 21, 98, 129, 183, 238
 – Orientierung am 289
– -stagebuch 16, 186, 191, 274
Frage
– Ad-hoc- 106
– , beschreibende 111
– -Antwort-Schema 115, 144
– -Antwort-Sequenzen 129
– -bogen 70, 94, 112, 281, 283
– , ethnographische 111
– -formen 95
– , generative 69
– , halbstrukturierte 95
– , hypothesengerichtete 101
– , kontrastive 111
– , offene 100
– , strukturelle 111
– , strukturierte 95
– , unstrukturierte 95
Fragestellung 9, 10, 12, 13, 22, 58, 63, 66, 90, 98, 105, 108, 111 ff, 123, 124 f, 130, 138, 143, 144, 157, 158, 159, 166, 167, 171, 173, 177, 180, 182, 191 f, 203, 205, 207, 211 f, 226, 231, 233, 280, 282, 285, 287
Fremder 19

- professioneller 76, 161
Fremdheit und Vertrautheit 77, 161

Ganzheit 14
Gedächtnis 35
- -protokoll 188
-, kollektives 35
Gegenstandsangemessenheit 13, 145, 148, 164, 166, 181, 183, 236
- der Analyse 271
- der Diskussion über Qualität 286, 288
- der Methoden 17, 280
Gegenstandsorientierung 106, 108
Geltung
- -sansprüche 52, 244
- -sbegründung 23, 86, 191, 213, 239, 245, 247, 250, 257, 259, 265, 267, 269, 280, 284, 285
- -sproblem 269
Genehmigung 72
Generalisierung 213, 254, 266
Generierung von Hypothesen 98
Genres, verwischte 19
Geschichte qualitativer Forschung 16
Geschichten,
-, analytische 262
-, formale 264
-, Geständnis- 263
-, impressionistische 264
-, kritische 264
-, realistische 263
Geschicktwerden 73
Geschlechtsspezifik der Feldarbeit 156
Gesetze, allgemeingültige 11
Gesprächsanalysen 75
Gesprächsführung, non-direktive 95, 97
Gestalt
- der Erzählung 218
- des Textes 218
- -erschließungszwang 118
Glaubwürdigkeit 239, 244, 252, 253, 256, 258, 264, 269
- Erhöhung der 253
Gliederung 216
- -sstichworte 216
Globalauswertung 215, 232
going native 161, 163
Grobanalyse, sequentielle 227
Grundgesamtheit 83
Gruppen
-, heterogene 133
-, homogene 133, 134
-, künstliche 133, 136
-, natürliche 133, 136
-, reale 133, 136
-, von Interpreten 227
- -diskussion 106, 108, 132, 133, 135, 141, 144
  - Ablauf von – 136
  - organisatorischer Aufwand bei – 138
  - Phasen in – 137

- als gemeinsamer Problemlösungsprozeß 133
- -größe 134
- -interviews 131
- -meinung 133
Gültigkeit 11, 14, 18, 20, 23, 240, 244, 271
Gütekriterien
-, klassische 20, 23, 45, 59, 240, 249, 259
-, methodenangemessene 69, 240, 249

Haltung 21, 104, 270, 273, 287 ff
Handlung 49, 90, 160, 165, 176
- -sforschung 189
- -sgründe 66
- -sraum 90
- -sweise, institutionelle 12
Häufigkeitsauszählungen 157
Haupterzählung 116, 118
Hermeneutik 48
-, objektive 18, 28, 36, 37, 43, 171, 183, 187, 196, 217, 218, 225, 227, 231, 232, 236, 238, 281, 290
-, strukturale 227
Herstellung
- der Wirklichkeit 35, 48, 190
- naturwissenschaftlicher Forschung 271
- sozialer Wirklichkeiten 32, 36, 156, 167, 221, 250
- subjektiver Wirklichkeit 36
- von Transparenz 248
- von Qualität im Forschungsprozeß 288
- -sleistungen 34
-, soziale 221
Hervorholen 274
Hollywoodfilme 172
Homologieannahme zwischen Erzählung und Wirklichkeit 224
Hypothese 10, 12, 57, 63, 69, 228, 231, 250, 251, 257
- -ntest 150, 225

Idealtypenbildung 255
Idiographik, konsequente 232
Illoyalität 113
In-vivo-Kodes 198
Induktion 10, 16
-, analytische 85, 249, 251, 252
Informant, guter 88
Inhaltsanalyse 94, 102, 148, 232, 274
-, computerunterstütze 279
-, explikative 213, 215
-, qualitative 108, 196, 204, 212, 215, 236
-, strukturierende 214
-, zusammenfassende 213
Inhalt 244
- -sangabe 172
- -sverzeichnisses 216
Innenperspektive 77, 161
Institution 70
Integration qualitativer und quantitativer Forschung 283

Intelligenz, künstliche 19
Intensivinterview 167
Intention 36, 228
Interaktion 16, 29, 32, 33, 38, 48, 67, 131, 158, 164, 231
– , natürliche 227
– -sablauf 41
– -sanalysen 140
– -seinbettung des Falls 227
– -sprozesse 65
– -ismus, interpretativer 31, 174
– -ismus symbolischer 17, 19, 28, 29, 32, 164, 205
– Organisation sozialer – 35
Interpretation 22, 23, 35, 41, 43, 44, 49, 58, 88, 106, 156, 158, 172, 174, 186, 188, 191, 233, 241, 242, 246, 248, 263, 278, 280
– , realistische 173
– , subjektive 94
– von Daten 12, 46, 59, 139, 196, 286
– von Erfahrungen 49
– von Texten 279
– -sgruppe 206, 236
– -shaltung 236
– -sverfahren 21, 172, 290
Interventionen in das untersuchte Feld 176
Interview 18, 19, 21, 22, 32, 38, 43, 44, 51, 65, 70, 75, 78, 90, 97, 107, 121, 124, 152, 157, 163, 189, 196, 222, 226, 229 ff, 239, 243, 250, 278, 290
– , biographisches 109, 112, 171, 282
– , episodisches 124, 125, 128, 145, 206, 211
  – Grundprinzip des 126
– , ethnographisches 111
– , Experten- 109, 110
– , fokussiertes 18, 94, 109, 145, 171
– , halbstandardisiertes 99, 109
– , narratives 18, 56, 115, 123, 128, 131, 141, 143, 145, 226, 230, 285, 289
– , offenes 70, 94, 122, 281
– , problemzentriertes 105, 109, 125
– , rhetorisches 110
– , standardisiertes 112
– , teilstandardisiertes 113
– -durchführung 94, 121
– -er 95, 97
– -fehler 113
– -leitfäden 63
– -partner 88, 102, 145, 287
– -situation 97, 112, 122, 248
– -training 97, 113, 121, 128, 145, 242, 288
– -verlauf 113
Introspektion 157
– , retrospektive 95
ISO-Norm 9001 287

Kanonisierung 21, 288
Kategorien 200 f, 211 f, 217, 253, 257, 278
– -schema 215
– -struktur 253
– -system 207

– , vorgegebene 150
Kategorisierung 23, 157, 174, 196 ff, 215, 231
Kausalzusammenhänge 11
Kernkategorie 202, 203, 207, 257
Koda 117
Kode
– , axialer 216, 289
– , konstruierter 198
– Zuordnung von 278
– -notizen 198, 200, 202
Kodieren
– , abschnittsweises 200
– , axiales 197, 201, 202
– , offenes 197, 198, 200, 201, 203, 204, 205, 242
– , selektives 197, 202, 207, 216
– , thematisches 129, 206, 210, 217, 232
– , theoretisches 58, 129, 183, 197, 215, 216, 278, 285, 290
Kodier-
– -einheit 212
– -paradigma 68, 201 ff, 208, 236
Kodierung 23, 98, 105, 108, 164, 174, 196, 197, 203, 211, 242, 257, 274, 278
– -s- und Such-Programm 277
– Ziele der 200
Kodifizierung 288
Kognition 35
Kombination
– von Induktion und Deduktion 204
– von qualitativen und quantitativen Methoden 281
Kommunikation 15, 107
– -sfiguren 228
– , nicht-strategische 245
Kompetenzen 275
Komplexität 13, 14
Kondensierungszwang 118
Konfrontationsfrage 100 ff,
Konstruktion 49, 52 f, 224, 267
– des Forschers 244
– einer ‹neuen› Realität 186
– ersten und zweiten Grades 46
– -sleistungen 46
– sozialer Wirklichkeit 22, 23, 41, 43, 46, 48, 53, 62, 131, 172, 176, 186, 259
– , subjektive 46
– untersuchter Wirklichkeit 170, 195
– von Fragebögen 11
– von Texten 48
– von Versionen 222
– , soziale 38, 60, 222, 226, 243
  – von Wirklichkeit 129, 138, 141, 172
  – von Wissen 246
– des Dargestellten 224
Konstruktivismus 211, 247
– , sozialer 45
Kontext 33, 219, 228
– , alltäglicher 14, 24
– -analyse, enge 213
– -analyse, weite 213

- -bedingungen 229
- – bezug 254
- -einheit 212
- -informationen 113, 192
- –, möglicher 228
- -protokolle 16, 186
- –, situativer 38
- –, sozialer 10, 53
Kontextualisieren 196
Kontrastierung
- –, maximale 86, 255
- –, minimale 86, 255
Konventionen für Aufzeichnungen 241
Konversation
- Organisationsprinzipien alltäglicher 220
- -sanalyse 33, 35, 187, 192, 196, 217, 218, 221, 222, 228, 231, 232, 250, 285
Konzepte 201
–, sensibilisierende 10, 66
Krise
- der Legitimation 240, 291
- der Repräsentation 19, 21, 44, 240, 267, 291
Kriterien 240, 272
–, angemessene 18
- der Interviewdurchführung 94
–, neue 23, 269
Kunden
- -orientierung 286
- –, externe 287
- –, interne 287
- qualitativer Forschung 287
Kunstlehre 37, 205, 231, 289, 290
- qualitativer Forschung als – 291
Kurz-
- -beschreibung 207
- -biographie des Erzählers 224
- -fragebogen 106, 107

Laborforschung 35
Leben
- als Erzählung 223
- -sgeschichte 51, 116, 128, 129, 224, 289
 - als soziale Konstruktion 225
- -skonstruktionen 224
- -sverläufe 226
- -swelt 157, 167
 –, kleine 167
 - Pluralisierung der 9
Legitimation wissenschaftlicher Erkenntnis 45
Legitimierung 246
Lehr-Forschungsprojekte 290
Leitfaden 95, 105, 106, 113, 126, 128, 242
- Interview 18, 22, 94, 99, 108, 109, 114, 122, 124, 128, 131, 137, 143 ff, 167, 206, 215, 230, 250, 283, 285, 289
 - Durchführung von 98
- -bürokratie 113, 289
- -gestaltung 94, 97
- Schutzfunktion des 113
- thematisches Spektrum des Leitfadens 96

Leitfragen 128, 208
- für die Analyse von Computerprogrammen 275
Leitthemen 209
Leitung, formale 135
Lesarten,
–, realistische 172, 173
–, subversive 172, 173
Leser 248, 258, 266, 268, 270
- -schaft 262, 266
Linie der Geschichte 203
Logik
- der Darstellung 267
- der Forschung 56, 267

Materialien, visuelle 169, 177
Medien, visuelle 168
Mehrebenenanalysen 13
Member Checks 248, 252, 287
Memo 191, 252
- schreiben 274
Merkmalsverteilung 83
Metaphysik der Strukturen 37
Methode
–, biographische 16, 108, 109,
- des konstanten Vergleichs 255
–, standardisierte 10
Mikroanalyse, strukturierte 173
Milieu 28
–, institutionelles 268
–, lebensweltliches 224
Mimesis 47, 48, 49
Mitarbeiterorientierung 286, 287
Mitgliedschaftsrollen 72
Modell
- -bildung 56
- der Wirklichkeit 14
–, kulturelles 36
–, strukturalistisches 138, 171, 231
–, theoretisches 212
Moderation 132
Montage 170
Muster 203
Mythologisierung des Erzählens 130

Nachfrageteil, narrativer 116, 117
Nachvollziehbarkeit 18, 239, 247
Natürlichkeit der Aufzeichnung 188
Neuheit der Behauptungen 258
Nichtbeeinflussung der Interviewpartner, 94
Niederschrift, ausführliche 190
NUD·IST 279

Oberfläche des Erlebens und Handelns 36
Objektivität 11, 12, 246
Offenheit 14, 21, 115, 143, 144, 177, 181, 233, 289
- der Datenerhebung 158
Operationalisierung 10, 57
Ordnung 219
–, sequentielle 230

Paradigmen 40
-, alternative 19
Paraphrase 150, 204, 213, 215, 224
Passung 254
Periode der traditionellen Forschung 19
Person des Forschers 71
Perspektive 13, 99, 211, 248
- der Teilnehmer 71
- auf Phänomene 244
-, subjektive 15, 112
- Unterschiedlichkeit der 15
Phänomenologie 19, 30
Phantasien 126
Phase, modernistische 19
Photo 168, 169
-, gestelltes 170
- -Elicitation-Interview 171
- -graphie 23, 168
- in Familienalben 169
Plausibilität 244, 256
Plausibilisierung, selektive 239
Politik der Interpretation 21
Postmoderne 10, 20, 30, 45, 246f, 267, 269
Postscriptum 106, 107
Poststrukturalisten 272
Pragmatismus 29
Praktiken, lokale 220
Präsentation von Daten 274
Präsenz der Aufzeichnung 187, 191
Primärauswahl 88
Primärtext 278
Primat des Gegenstandes über die Methode 289
Prinzip der Offenheit 17, 57, 63, 104
Prioritätenlisten 205
Probeinterviews 97, 121, 145, 242
Problemzentrierung 105, 108
Professionalisierung 90
Programmentwicklung 275
Programmtypen 277
Projektberatungen 285
Protokollbögen 155
Protokollierungen 159, 191
Prozeduren 197
Prozeß 9
-, biographischer 164, 171
- der Aushandlung 71, 75
- der Validierung 246
- des Kodierens 197
- -charakter qualitativer Forschung 284
- -evaluation 23, 273, 285, 286, 288
-, interpretativer 267
- -notizen 253
- -orientierung 106, 108
- -strukturen des Lebenslaufes 120, 223
- -verständnis qualitativer Forschung 108, 285
Psychoanalyse 28, 36

Qualität
- -sbestimmungen 286
- -smanagement 23, 253, 273, 286, 287, 288
- -splanung 287
- -spolitik 287
- -sverbesserung 287
Quantifizierung 11, 13
Quasi-Nomothetik 232

Rahmenschaltelemente, narrative 223
Rationalisierung 51
Realitätsgehalt von Erzählungen 226
Realismus, subtiler 244
Reduktion
- von Material 212, 214
- von Komplexität 57
Reflexion 13
- des Forschungsprozesses 191
- des Forschers 15
-, permanente 59
Reflexivität 14, 21, 33
- von Erklärungen 258
Regeln 38, 39
- der Struktur-Lege-Technik 102, 103, 105
- des Handelns 36
Rekonstruktion 41
- von Strukturen 16
- des Einzelfalls 232
- subjektiver Theorien 99
Relationen 203
Relevanz 14, 57, 85, 257, 258
Reliabilität 23, 240, 241 ff, 246, 249, 256, 269
-, diachrone 240
-, prozedurale 241
-, quichotische 240
-, synchrone 241
Renaissance qualitativer Methoden 17
Repertoire, interpretatives 35, 222
Repräsentation, soziale 38, 129, 211
Repräsentativität 57, 82, 85 f, 236
- der Stichprobe 281, 285
Retouche 170
Rohdaten 252
Rollen-
- -spiel 113
- -verteilung, spezifische 219
- -zuweisung 71
Routinen 15, 76, 118
- des Alltags 28, 33
- im Feld 161
Routinisierungen 128
Rückkehr
- zum Besonderen 24
- zum Lokalen 24
- zum Mündlichen 24
- zum Zeitgebundenen 24

Sampling 170, 206, 253, 256, 286
-, gezieltes 87
- maximale Variation im – 87
-, statistisches 83
- Struktur des 91
-, theoretisches 58, 61, 80, 81, 85, 123, 139,

164, 167, 205, 206, 211, 216, 249, 254, 257, 269
- Vorab-Festlegung der Samplestruktur 81
Sättigung, theoretische 82, 86, 154, 203, 205
Scheitern qualitativer Forschung 290
Schlüssel
- -einheiten der Erfahrung 225
- -fragen für die Verwendung von Software 276
- -konzepte 66
- -personen 160
- -szenen 173
Schneeballprinzip 76
SPSS 278
Schreiben 274, 247
- als Form der Rhetorik 266
- als Forschungsmethode 268
- legitimative Funktion des – 267
- pragmatische Funktion des – 261
- der Theorie 58
Schreib-
- -seminare 265
- -stil 267, 272
Segmentierung 198, 199, 223
Sekundärauswahl 88
Selbst-
- -beobachtung des Forschers 153, 156
- -darstellungsaspekt 244
- -darstellungsphotos 170
- -referentialität 272
- -reflexion sozialwissenschaftlicher Forschung 271
- -verständlichkeiten 76, 161
Selektivität der Aufzeichnung 190
Sequentialität 223
-, strenge 227
Sequenzanalyse 218, 230
Sequenzierung des Interviews 224
Setting 248
Sicherstellung
- der Qualität 288
- von Validität 247
Sicht des Subjekts 28, 30, 41, 67, 248, 250
Sichtweise 90
- des Befragten 95
- der Beteiligten 263
-, subjektive 16, 39, 53, 99, 108, 215, 230, 248
Sinn
-, subjektiver 29, 36, 221, 226
- -strukturen, latente 16, 36, 39, 41, 227
- -systeme, kulturelle 36
- -zuschreibung 35
Software 274
Sondierungen
-, allgemeine 106
-, spezifische 106
Sozialisation 89
Soziologie
-, naturalistische 17
-, existentielle 71, 72
-, visuelle 169

Sparsamkeitsregel der Aufzeichnung 191
Spezifität 94, 95
Spezifizierung von Beziehungen 262
Spielräume für den Interviewpartner 145
Sprachanalysen 36
Sprecherwechsel in Gesprächen 219
Standards 11, 287
-, methodische 12
Starter, autorisierter 220
Stegreif-Erzählungen 116, 118
Steuerung
- der Dynamik 135
- der Gruppe 132, 137
- durch den Interviewer 143
- -sfunktion des Leitfadens 109
- -sprobleme 110
- -, thematische 135
Stichproben
- -gewinnung 82
- -verfahren 86
- -ziehung 79
-, repräsentative 11
Stimmigkeit 21, 264, 286, 289
- des Forschungsprozesses 285
- von Fragestellungen 69
Stimulierung von Erzählungen 128
Strategien 201
Struktur 66, 195, 228, 263
-, allgemeine 228
-, thematische 208, 209
Struktur-Lege-Technik 100, 102, 104
Strukturalismus 28, 30, 37
Strukturbegriff 37
Strukturierung 57, 123, 143
-, sinnhafte 219
- der Situation 96, 130
Strukturverstehen 255
Studie, methodenexplorative 148
Studies of Work 34
Subjekt 14, 22, 48
Subjektivität 11, 15, 90
Subkultur 70, 158, 160, 163
Subkulturen
Suche nach Wortfolgen 278

Tagebuch, 190
-, photographisches 171
Tagesablauf 126, 160
Tagesprotokolle 190
Tatsachen 45
Technikfolgenabschätzung, qualitative 188
Teilnahme, aktive 71
Teilnehmer 154
- -rollen 39, 154, 158
Text 22, 35, 37, 41, 43, 49, 62, 91, 174, 176, 186, 243, 261
- aufbrechen 200
- und Wirklichkeiten 43
- -analyse 171
-, formale 223
- verfahren 172

- -interpretation 23
- -stellen als Belege 202
- -sucheprogramme 277
- -verarbeitungsprogramm 273 f, 277 ff
  - Verwendung von 274
- -verwaltungsprogramme 277
- -, visueller 175
- -wissenschaft 44, 230, 266
Themen zurückführen 96
Theorie 57
- als Begriffsnetz 197
- als Version der Welt 60
- -bildung 158, 191, 196, 258
  - gegenstandsbegründete 56, 59, 258
  - kodebasierte 277
- -entwicklung 58, 59, 62, 81 f, 105, 108, 123, 138, 150, 164, 167, 196, 203, 205, 211, 226, 261
  - gegenstandsbegründete 191, 278
  - kodebasierte 278
- -entwurf 262
- -, empirisch begründete 14
- -, formale 204, 205, 258
- -formulierung 203, 255
- -, gegenstandsbegründete 60, 197, 205
- -, gegenstandsbezogene 204
- -generierung 82
- -konstruktion 250, 274
- -, poststrukturalistische 246
- -, subjektive 30, 31, 40, 41, 90, 99, 101, 102, 104, 105, 144, 232, 250
Thomas-Theorem 30
Tiefenstrukturen 28, 36
Tiefgründigkeit 95, 96
Tonbandaufzeichnung 44, 106, 108, 279
Transkript 49, 78, 124, 176
Transkription 22, 23, 44, 88, 102, 172, 174, 175, 186, 193, 194, 218, 274
- -sregeln 192, 242
- -ssysteme 192
- Genauigkeit der 194
- Kontrolle der 193
Transparenz im Forschungsprozeß 280, 288
Triangulation 99, 129, 156, 168, 171, 249, 250, 252, 269, 282
- between-method 250
- der Perspektiven 40
- von Daten 85, 249
- von Theorien 250
- von verschiedenen Methoden 181
- -, methodologische 250
- systematische Perspektiven 67, 250
- von Untersuchern 250
Typen 214, 255
- von Fragestellungen 68
- -bildung 255
Typologie 35, 40, 123, 204, 226, 256

Überführung qualitativer in quantitative Daten 282
Übergänge zurückführende 96

Überordnung
- qualitativer Forschung 281
- quantitativer Forschung 281
Übertragbarkeit 37, 252, 254, 258
Umfrage 283
- -, standardisierte 11
- -ergebnisse 283
- -forschung 132
Unbewußtes, psychisches oder soziales 28
Untersuchung-
- -sideen 13
- -steilnehmer 70
Ursache-Wirkungs-Zusammenhänge 13

Validierung 133, 172, 230, 246, 248, 250
- biographischer Äußerungen 244
- -, kommunikative 31, 100, 102, 245, 248, 252, 269, 287
Validität 23, 123, 240, 243 ff, 249, 256, 269
- als-reflexive-Erklärung 247
- -, ironische 246
- -, paralogischen / neo-pragmatische 246
- -, prozedurale 247
- Reformulierung von 246, 248
- -, rhizomatische 246
- -, sinnliche / situierte 246
- -sbestimmung bei Interviews 244
Variablen 11, 14, 57
Variationsbreite 230, 257
Verallgemeinerbarkeit 88, 91
Verallgemeinerung 11, 18, 67, 105, 139, 145, 186, 191, 205, 211, 226, 228, 231, 240, 246, 252, 254, 269, 285, 286
- Grad an 256
Verbindung qualitativer und quantitativer Forschung 23, 273
Verdichtung von Komplexität 57
Verfahren
- -saudit 286
- -, sequentielle 150, 171, 174, 183, 230
- -, statistische 282
Vergleich
- -, konstanter 209, 269
- -, maximaler 255
- -, minimaler 255
Vergleichbarkeit 139, 206, 208
- der Analysen 206
- der Daten 114
- der Interpretationen 211
- der Vorgehensweisen 243
Verhältnis von Gegenstand und Methode 56
Verifizierung 202
Verlagerung von Validität zur Validierung 248
Verläßlichkeit 243, 252, 285
- -, prozedurale 252
- von Beobachtungen 165
- von Photos 170
Verlauf
- -, biographischer 105, 123, 144, 226
- -skurven 262
- -smuster 223

Vermittlung
- von Techniken 289
- zwischen dem Interviewverlauf und dem Leitfaden 113
- zwischen den verschiedenen Teilnehmern 131
- -sprobleme 112
-, didaktische 273, 289
Vernetzungsmöglichkeiten 275
Verschriftung 43, 186, 194
Versionen
- der Welt 46, 50, 53, 60, 266
- der Wirklichkeit 19
-, konversationelle 221
Verstehen 40, 43, 48, 50, 61, 91, 158, 161, 163, 176, 194, 232
Versuchsplanung 11
Verteilung 11, 14, 157, 282
-, soziale 206, 209
Vertrauenswürdigkeit 246, 252, 269
Verwendungsforschung 12
Verzerrung 253
-, systematische 245
Video-
- -aufzeichnungen 153, 218
- -recorder 187
Völkerpsychologie 16
Vollerhebung 80
Vorab-Setzungen 33, 219
Vorgehensweise, streng sequentielle 220
Vorstudie, explorative 281
Vorverständnis 49, 60
Vorwissen, theoretisches 10

W-Fragen 200
Wahrnehmung, selektive 190
Wandel 241

Wechsel von Themen 113
Welterzeugung 46, 50
Wiederholbarkeit 243
Wirklichkeit
- -en, mannigfaltige 46
- -skonstruktion 125, 140, 141, 225
Wissen
-, implizites 101
-, lokales 10
-, narrativ-episodisches 124
-, semantisches 124
-, soziales 38
- -sprozesse 164
-, verkörpertes 34

Zeile-für-Zeile-Kodierung 200
Zeitdruck 113
Zensur 170
Zitate 189, 263
Zufalls-
- -auswahl 57, 82, 91
- -prinzip 11
- -verfahren 155
Zug-um-Zug-Herstellung 34, 218, 220
Zugang 164, 167
-, fallorientierter 158
- zu Einzelpersonen 74
- zum Feld 22, 70, 155, 158, 160
- zu Institutionen 72
- Ebenen der Regelung des 72
-, wiederholbarer 174
Zugzwänge des Erzählens 118, 125
Zuhören, aktives 121, 145
Zumutungen an die Beteiligten 70, 74
Zusammenfassung 196, 204, 252
Zustimmung des Befragten 245
Zuverlässigkeit 252

rowohlts enzyklopädie

Eine Auswahl

Herbert Bruhn / Rolf Oerter / Helmut Rösing (Hg.)
Musikpsychologie
Ein Handbuch (55526)

Andreas Diekmann
Empirische Sozialforschung
Grundlagen, Methoden, Anwendungen (55551)

Uwe Flick (Hg.)
Psychologie des Sozialen
Repräsentationen in Wissen und Sprache (55536)

Gunter Gebauer / Christoph Wulf
Mimesis
Kultur – Kunst – Gesellschaft (55497)
Spiel – Ritual – Geste
Mimetisches Handeln in der sozialen Welt (55591)

Siegfried Grubitzsch / Petra Muckel
Orientierung Psychologie
Was sie kann, was sie will (55610)

Siegfried Grubitzsch / Klaus Weber (Hg.)
Psychologische Grundbegriffe
Ein Handbuch (55588)

Heiner Keupp u.a.
Identitätskonstruktionen
Das Patchwork der Identitäten in der Postmoderne (55634)

Paul Mecheril / Thomas Teo (Hg.)
Psychologie und Rassismus (55569)

Michael Sonntag
«Das Verborgene des Herzens»
Zur Geschichte der Individualität (55598)

Klaus-Jürgen Tillmann
Sozialisationstheorien
Eine Einführung in den Zusammenhang von
Gesellschaft, Institution und Subjektwerdung (55476)